DISCOURS DE MÉTAPHYSIQUE

TEXTES DE LEIBNIZ À LA MÊME LIBRAIRIE

Caractéristique géométrique. Texte établi, introduit et annoté par J. Etcheverria, traduit, annoté et postfacé par M. Parmentier, 1995.

Confessio philosophi. La profession de foi du philosophe. Texte, traduction et notes par Y. Belaval, 1993.

Correspondance avec Thomasius (1663-1712).Texte établi, traduit et commenté par R. Bodeüs, 1993.

De l'horizon de la doctrine humaine. La restitution universelle. Introduction, textes, traduction et notes par M. Fichant, 1991.

Des cas perplexes en droit. Introduction, traduction et notes par Pol Boucher, 2009.

Des conditions. Introduction, traduction (texte latin en vis-à-vis) et notes par P. Boucher, 2003.

Discours de métaphysique. Édition collationnée avec le texte autographe par H. Lestienne, introduction par A. Robinet, 1994.

Discours de métaphysique et correspondance avec Arnauld. Introduction, texte et commentaire par G. Le Roy, 1993.

L'estime des apparences : 21 manuscrits de Leibniz sur les probabilités, la théorie des jeux, l'espérance de vie. Textes établis, traduits, introduits et annotés par M. Parmentier, 1995.

La quadrature du cercle. Introduction, traduction et notes par M. Parmentier. Texte latin édité par E. Knobloch, 2004.

La naissance du calcul différentiel : 26 articles des Acta Eruditorum. Traduction, introduction et commentaire de M. Parmentier, 1995.

La réforme de la dynamique. Texte établi, commenté et annoté par M. Fichant, 1994.

Le droit de la raison. Textes réunis et présentés par R. Sève, 1994.

Malebranche et Leibniz. Relations personnelles présentées par A. Robinet, avec les textes complets des auteurs et de leurs correspondants, revus, corrigés et inédits.

Marginalia in Newtoni Principia Mathematica (1687). Edition critique en langue allemande par E. A. Fellmann. Traduction française par J.-F. Courtine, 1999.

Opuscules philosophiques choisis. Texte latin, traduction en vis-à-vis, introduction et notes par P. Schrecker, 2001.

35 lettres de Leibniz au R. P. Des Bosses, dans C. Frémont, *L'Être et la relation*, 1981.

BIBLIOTHÈQUE DES TEXTES PHILOSOPHIQUES
Fondateur : Henri GOUHIER Directeur : Jean-François COURTINE

LEIBNIZ

DISCOURS DE MÉTAPHYSIQUE ET CORRESPONDANCE AVEC ARNAULD

INTRODUCTION, TEXTE ET COMMENTAIRE
par

Georges LE ROY

PARIS
LIBRAIRIE PHILOSOPHIQUE J. VRIN
6, Place de la Sorbonne, V^{e}
2014

Imprimé en France

ISSN 0249-7972

ISBN 978-2-7116-0482-1

www.vrin.fr

INTRODUCTION

Le 1/11 février 1686, Leibniz écrivait au Landgrave Ernest de Hesse-Rheinfels : « J'ai fait dernièrement (étant à un endroit où quelques jours durant je n'avais rien à faire) un petit discours de Métaphysique, dont je serais bien aise d'avoir le sentiment de M. Arnauld. » Et il ajoutait quelques lignes plus loin : « J'ai joint ici le sommaire des articles qu'il contient, car je ne l'ai pas encore pu faire mettre au net[1]. » Le *Discours de métaphysique* annoncé dans ces termes a donc été composé, selon toute vraisemblance, dans les derniers mois de 1685 ou, au plus tard, dans le courant de janvier 1686. Rien ne permet de dire si Leibniz a eu l'intention, en résumant les principes de sa philosophie, d'atteindre un assez large public ; il est en tout cas certain que, dès février 1686 et sans attendre la copie du texte lui-même, il a voulu communiquer à Arnauld un sommaire de ses thèses et préparer par là un échange de vues.

A cette époque, Leibniz était installé à Hanovre depuis une dizaine d'années : il n'exerçait officiellement que des fonctions subalternes de bibliothécaire et de conseiller de justice ; mais il jouissait auprès des ducs de Brunswick-Lunebourg d'une autorité que ses avis et ses conseils rendaient chaque jour plus manifeste. En dépit des tâches variées et des missions particulières qui lui étaient sans cesse confiées, il travaillait pour lui-même, à ses heures de loisir, et mettait au point ses idées personnelles : il esquissait des projets sans nombre, sur le plan politique comme sur le plan religieux ; il entrait en relation avec de nombreux correspondants et n'hésitait pas à écrire, sur les sujets les plus divers, de longues

1. *Lettre au Landgrave*, 1/11 février 1686, ci-dessous, p. 79.

lettres qui formaient parfois de véritables mémoires ; il s'intéressait aux questions scientifiques et philosophiques les plus hautes : il en poursuivait l'examen sous mille formes différentes et publiait à l'occasion certains résultats partiels auxquels il estimait être parvenu. Mais, à travers les méditations qu'il reprenait sans fin, ce qu'il cherchait par dessus tout, c'était à définir pour lui-même les principes généraux d'une métaphysique. Le *Discours* de 1686 offre ainsi, dans la densité de son texte, une synthèse de réflexions jusqu'alors dispersées. Par lui-même, il constitue un exposé d'ensemble, — le premier en date et sans nul doute l'un des plus complets, — où se trouve ramassée en formules singulièrement fortes une doctrine que reprendront bientôt d'innombrables opuscules et qui inspirera plus tard les grandes œuvres de la vieillesse : il en présente, sous une forme serrée, tous les thèmes essentiels. Au reste, de 1686 à 1690 il se prolonge par une série de lettres, quelquefois fort longues et toujours très riches, dont le but immédiat est de répondre à quelques objections d'Arnauld, mais dont le développement donne occasion à des reprises ou à des commentaires d'une importance majeure : rien n'éclaire de façon plus profonde l'ouvrage lui-même.

On ne peut comprendre le *Discours de métaphysique*, dans toute sa richesse et sa plénitude, qu'à la condition de ne pas le séparer de la *Correspondance* qui lui fait suite. C'est assurément le *Discours*, ou du moins le sommaire de celui-ci, qui a été l'occasion de la *Correspondance* ; mais, en retour, la *Correspondance* est venue préciser et compléter sur un grand nombre de points le texte initial du *Discours*. Certaines objections d'Arnauld ont obligé Leibniz à revenir sur ses premières formules ; le refus opposé à quelques-unes des thèses qu'il soutenait l'ont contraint de reprendre l'explication de sa doctrine. Lettres et traité doivent être ainsi replacés dans les circonstances historiques qui en éclairent l'origine et le développement : la pensée même de Leibniz est indépendante de ces circonstances ; mais l'expression qui lui a été donnée ne prend tout son sens que par elles et à leur lumière.

* * *

A dire vrai, les premières relations de Leibniz avec Arnauld sont antérieures de quinze ans au *Discours de métaphysique* : elles ont débuté très modestement, en 1671, par une longue lettre de Leibniz, à laquelle Arnauld, semble-t-il, n'a pas donné de réponse ; mais, au cours des années suivantes, — pendant le séjour de Leibniz à Paris, de 1672 à 1676, — elles se sont rapidement affermies à l'occasion de rencontres et d'entretiens directs.

Les raisons qui ont déterminé Leibniz à écrire à Arnauld, en novembre 1671, restent pour nous assez mal définies. Leibniz n'avait que 25 ans à cette date, et, simple secrétaire du baron de Boinebourg au service de l'Electeur de Mayence, il n'était pas encore connu : sans doute venait-il de publier deux mémoires de physique, dédiés à l'Académie des Sciences de Paris et à la Société Royale de Londres, *Theoria motus abstracti* et *Theoria motus concreti* ; mais son nom n'était que celui d'un tout jeune homme, qui tentait seulement de percer et cherchait d'abord un appui auprès de ses aînés, savants, philosophes et théologiens. Tout au contraire, Arnauld, qui approchait alors de la soixantaine, était à l'apogée de la gloire ; il semblait, sinon aux yeux de tous, du moins dans certains milieux catholiques, l'un des plus illustres représentants de la pensée française : la Paix de l'Eglise conclue en 1668-1669 lui permettait de vivre désormais au grand jour et de ne plus errer de retraite en retraite, caché sous des noms d'emprunt ; elle l'incitait même à se détourner de la polémique janséniste et à s'engager plus à fond dans la défense de la foi contre les Calvinistes : c'était le temps où, avec Nicole, il faisait paraître le premier des volumes consacrés au problème de *La perpétuité de la foi de l'Eglise catholique touchant l'Eucharistie.* Ce qui a pu donner à Leibniz l'idée d'écrire à Arnauld, c'est le souci, tout à la fois politique et religieux, de travailler au rétablissement de l'union des Eglises et le désir d'apporter, sur le plan de la pensée philosophique, les éléments d'une doctrine assurant l'accord des esprits. Déjà, vers la fin de 1667 ou au début de 1668, il avait composé une *Confessio naturae contra atheistas*, où il montrait que les explications mécanistes de la science postulent l'existence de Dieu. Mais, mieux encore, l'année suivante il avait entrepris un grand ouvrage de philosophie religieuse, *Demonstrationes Catholicae* : si l'on en croit les plans établis à ce sujet, en accord avec Boinebourg, il comptait exposer successivement : 1° la démonstration de l'existence de Dieu, — 2° la démonstration de l'immortalité et de l'immatérialité de l'âme, — 3° la démonstration de la possibilité des mystères de la foi chrétienne, — 4° la démonstration de l'autorité de l'Eglise catholique et de l'Ecriture. Quelques écrits de la même époque, relatifs à la possibilité du mystère de l'Eucharistie, à la défense de la Trinité, à l'Incarnation, à la possibilité de la grâce, aux rapports de la toute puissance et de l'omniscience de Dieu avec la liberté humaine, voire même à l'unité de l'Eglise romaine, attestent par ailleurs l'importance que Leibniz attachait aux questions religieuses[1]. Tout en accordant une large place dans ses réflexions aux problèmes scientifiques, sans doute rêvait-il de concilier par ses démonstrations la foi chrétienne et la philosophie moderne[2].

Ce qui est sûr en tout cas, c'est qu'en novembre 1671 Leibniz n'hésitait pas à écrire une longue lettre, de caractère purement philosophique, mais très précise et très riche, afin de se présenter à Arnauld et de nouer si possible avec lui, comme avec d'autres correspondants, des relations intellectuelles[3]. Il se recommandait habilement de Boinebourg et il évoquait avec complaisance les discussions théologiques qui les avaient d'abord rapprochés. Plus précisément, il prenait prétexte des travaux récents d'Arnauld et des débats auxquels avait donné lieu, entre catholiques et protestants, l'interprétation des mystères de la foi, pour souligner l'intérêt des tentatives philosophiques dont le but est d'établir sur des principes solides la vérité de la religion. Il résumait à ce propos, en vue d'une reprise éventuelle, quelques-unes des idées qu'il avait déjà développées dans ses deux mémoires sur la théorie du mouvement ; il rappelait que, pour lui, « la géométrie ou philosophie du lieu conduit à la philosophie du mouvement ou du corps, et la philosophie du mouvement à la science de l'esprit » ; il s'inscrivait en faux contre Descartes et déclarait pouvoir montrer que « l'essence du corps ne consiste pas dans l'étendue », mais plutôt « dans le mouvement » ; il ajoutait que « le véritable lieu de notre esprit est un certain point ou centre » et que « la pensée consiste dans l'effort — ou *conatus* — comme le corps dans le mouvement » ; il expliquait en outre « que tout corps peut être compris comme un esprit momentané, mais privé de mémoire, — que tout effort ou *conatus*, — dans le corps en tant que détermination et dans l'esprit en tant que degré d'activité, — est indestructible, — que le corps

1. Voir l'ensemble des textes réunis sous le titre de *Demonstrationes Catholicae* dans la grande édition de l'Académie de Berlin : *G.W. Leibniz. Sämtliche Schriften und Briefe*, Reihe, VI, Bd. I, p. 489-548. Voir aussi, à ce sujet, la *Lettre à Jean-Frédéric*, automne 1679 (*Ibid.*, Reihe II, Bd. I, p. 487-491).

2. Cf. Jean Baruzi, *Leibniz et l'organisation religieuse de la terre*, Paris, Alcan, 1907, p. 187-215.

3. Cf. *Lettre à Arnauld*, novembre 1671, éd. Gerhardt, *Die Philosophischen Schriften von G.W. Leibniz*, t. I, p. 68-82, ou éd. de l'Académie de Berlin, *G.W. Leibniz, Sämtliche Schriften und Briefe*, Reihe II, Bd. I, p. 169-181. On s'est parfois demandé si cette lettre a été réellement envoyée ; il ne fait guère de doute cependant qu'elle a été transmise à Arnauld par L. Ferrand, car celui-ci écrivait à Leibniz le 3 décembre 1671 : « J'ai remis votre lettre à Arnauld, mais il ne m'a donné aucune réponse » (*G.W. Leibniz, Sämtliche Schriften und Briefe*, Reihe I, Bd. I, p. 175).

consiste dans le développement des mouvements et l'esprit dans l'harmonie des efforts ou *conatus* »[1]. Il mentionnait enfin avec le plus grand soin les conséquences morales et théologiques, auxquelles les principes en question pouvaient conduire, et il donnait rapidement quelques indications sur ses études personnelles ou ses projets scientifiques. Peut-être espérait-il obtenir l'adhésion d'Arnauld à la philosophie qu'il entendait fonder, au delà du cartésianisme ; peut-être voulait-il plus simplement attirer sur lui l'attention et obtenir, sinon quelque encouragement, du moins un accueil favorable. Il cherchait à se faire connaître, à prendre contact avec l'un des hommes dont l'influence et l'autorité comptaient parmi les plus étendues, et par là sans doute à préparer, dans les domaines philosophiques, théologiques et scientifiques, des échanges ultérieurs d'idées.

Quelques mois plus tard, au printemps de 1672, il arrivait d'ailleurs à Paris et n'avait rien de plus pressé que d'être introduit auprès d'Arnauld. Les raisons les plus variées devaient l'y pousser. Arnauld ne jouissait-il pas d'une autorité considérable, qui représentait une force et pouvait être précieuse dans des négociations iréniques ? N'était-il pas en mesure, — par son neveu, Arnauld de Pomponne, alors ministre de Louis XIV, — de faciliter la mission diplomatique *De expeditione aegyptiaca*, dont Leibniz était chargé ? De fait, Arnauld semble avoir accueilli Leibniz le mieux du monde : sans doute la recommandation de Boinebourg, ancien protestant converti au catholicisme, avait préparé la rencontre ; mais, pour finir, la souplesse et l'intelligence de Leibniz furent certainement décisives. Dès septembre 1672, Arnauld n'hésitait pas à écrire un mot d'introduction à son neveu Pomponne : « Celui qui vous rendra ce billet est un gentilhomme allemand, qui a infiniment de l'esprit et qui est très habile en toutes sortes de sciences. Il m'est venu voir trois ou quatre fois pour m'entretenir de philosophie[2]. » De son côté Leibniz éprouvait pour Arnauld une vive admiration : « Le réputé M. Arnauld, écrivait-il le 26 mars 1673 au duc Jean-Frédéric, est un homme de la plus profonde et solide pensée que puisse avoir un vrai philosophe ; son but est, non seulement d'illuminer les cœurs des clartés de la religion, mais encore de ranimer la flamme de la raison, éclipsée par les passions humaines ; non seulement de convertir les hérétiques, mais encore ceux qui représentent aujourd'hui la plus grande hérésie, les athées

1. *Ibid.*, éd. Gerhardt, t. I, p. 71-73.

2. Arnauld, *Lettre à A. de Pomponne*, 12 septembre 1672, éd. Klopp, *Die Werke von Leibniz*, t. II, p. 139.

et les libertins ; non seulement de réfuter ses contradicteurs, mais encore de rendre meilleurs ses partisans. Ses pensées en viennent ainsi à chercher comment, lorsque cela est possible, une réforme des abus ouvertement répandus supprimerait, chez les dissidents, la cause de la division : dans ce dessein, sur différents points importants, il a fait le premier pas et, en homme avisé, il va par degrés[1]. » De toute évidence, Leibniz semblait attendre beaucoup d'Arnauld, non seulement pour sa mission officielle, mais aussi, et peut-être plus encore, pour sa propre formation. Les dispositions qu'avait manifestées la lettre de 1671 demeuraient ce qu'elles avaient été ; elles ne pouvaient manquer d'inspirer des visites et des conversations, très déférentes assurément de la part de Leibniz, mais pour lui singulièrement fécondes.

Ce que furent en fait ces conversations, il est difficile de le préciser en toute certitude ; mais on peut dire avec vraisemblance sur quels sujets elles portèrent. Leibniz gardait toujours une extrême prudence, et par suite, devant Arnauld, il ne soulevait guère de questions relatives au rapprochement des Eglises : il hésitait à reprendre les controverses qu'il avait récemment soutenues avec le baron de Boinebourg ; il s'abstenait même de faire état des lettres de recommandation que celui-ci lui avait données en vue de discussions éventuelles : « Comme j'allais avec toute la circonspection possible, pour ne me pas découvrir mal à propos, écrira-t-il plus tard au duc Jean-Frédéric, la mort du Baron survint, qui m'ôta l'espérance de réussir par cette voie : ainsi je ne m'expliquai pas à M. Arnauld[2]. » Les questions proprement philosophiques — et, parmi ces questions, celles qui touchent en particulier à la religion — ne manquaient pas cependant d'être débattues à maintes reprises : Leibniz rappellera en effet, dans la Préface des *Essais de Théodicée*, qu'il s'était occupé très tôt « d'accorder la raison avec la foi à l'égard de l'existence du mal », et qu'il avait eu, à propos des problèmes ainsi soulevés, plusieurs entretiens « avec le célèbre M. Arnauld, à qui je communiquai même un dialogue latin de ma façon sur cette matière, environ l'an 1673, où je mettais déjà en fait que Dieu ayant choisi le plus parfait de tous les mondes possibles, avait été porté par sa sagesse à permettre le mal qui y était annexé »[3]. Mais ce sont peut-être les questions scientifiques

1. *Lettre à Jean-Frédéric*, 26 mars 1673, éd. de l'Académie de Berlin, *G.W. Leibniz, Sämtliche Schriften und Briefe*, Reihe II, Bd. I, p. 231.
2. *Lettre à Jean-Frédéric*, automne 1679 (*Ibid.*, p. 488).
3. *Essais de Théodicée*, Préface, éd. Gerhardt, *Die philosophischen Schriften von G.W. Leibniz*, t. VI, p. 43.

qui, plus que d'autres, retenaient l'attention d'Arnauld et de Leibniz dans leurs rencontres. « Il me venait voir souvent, dira Arnauld. C'est un fort bel esprit et très savant dans les mathématiques[1]. » Et Leibniz précisera de son côté : « J'ai eu l'honneur de connaître M. Arnauld assez particulièrement, et j'honore infiniment son mérite, qui est reconnu de toute la terre ; nous nous sommes souvent entretenus des sciences, car il n'est pas moins excellent géomètre que grand théologien[2]. » L'initiation de Leibniz aux mathématiques modernes date en effet de 1673-1674. Sans doute Arnauld n'y a pas contribué directement, car il n'avait lui-même, quoi qu'en dise Leibniz, qu'une culture scientifique moyenne ; mais indirectement, par ses relations avec Huygens et par la connaissance qu'il avait des papiers de Pascal, il a permis à Leibniz de pénétrer dans un monde nouveau pour lui et de parfaire une éducation mathématique encore incomplète. De fait, en 1675, dans les derniers mois de son séjour à Paris, Leibniz découvrait, par une intuition qui d'ailleurs lui est propre, le principe de calcul infinitésimal : les questions qui s'y rapportent avaient été, sans conteste, au centre de nombreux entretiens.

Les premières relations entre Leibniz et Arnauld sont donc demeurées d'ordre essentiellement intellectuel. Elles ont été inspirées, dans le principe, par des préoccupations religieuses, en rapport avec le problème de l'union des Eglises. Mais elles se sont maintenues, dans la pratique, sur le terrain moins brûlant des questions scientifiques ou philosophiques. C'est d'ailleurs Leibniz qui a pris l'initiative des démarches, et Arnauld s'est simplement prêté de bonne grâce à des entretiens variés.

Aucune suite immédiate n'a été donnée à ces rencontres, ni par Arnauld, ni par Leibniz. Il fallut attendre 1683, sept ans après le retour de Leibniz en Allemagne et l'installation à Hanovre, pour que fût tentée une reprise de contact. Celle-ci parut d'abord condamnée à l'échec, mais bientôt elle réussit et s'avéra solide. En dépit d'une certaine réticence de la part d'Arnauld et grâce aux efforts de Leibniz, un véritable dialogue finit par s'engager sur le plan métaphysique, dans une correspondance qui s'est poursuivie pendant plusieurs années.

La décision, une fois de plus, vint de Leibniz, mais sous une forme d'abord détournée. Il fut fait appel aux bons offices d'un ami commun, le Landgrave de Hesse-Rheinfels. Celui-

1. Arnauld, *Lettre au Landgrave Ernest de Hesse-Rheinfels*, 10 mai 1683, dans *Œuvres d'Arnauld*, t. II, p. 255.

2. *Lettre au Landgrave Ernest de Hesse-Rheinfels*, 27 avril/7 mai 1683, éd. de l'Académie de Berlin, *G.W. Leibniz, Sämtliche Schriften und Briefe*, Reihe I, Bd. III, p. 285-286.

ci s'était converti au catholicisme en 1652 et avait publié en 1660 un ouvrage anonyme intitulé *Le catholique sincère et discret* ; il avait fait plusieurs voyages en France et y avait connu personnellement Arnauld. Leibniz n'était entré en rapport avec lui que d'une manière tout à fait accidentelle en 1680 ; mais très vite les deux hommes s'étaient liés d'une amitié profonde, dans un même esprit de tolérance[1]. Rien n'était donc plus naturel, de la part de Leibniz, que de s'adresser au Landgrave. Aussi, le 4/14 août 1683, l'a-t-il prié d'être son intermédiaire et de transmettre à Arnauld un petit écrit mathématique. « Quand j'étais à Paris, disait-il, nous nous sommes entretenus quelquefois de la géométrie. C'est pourquoi je supplie V. A. S. de lui envoyer de ma part les papiers ci-joints sur quelques découvertes géométriques. Car parmi tant d'autres belles connaissances, il sait parfaitement bien ce qu'il y a de plus beau dans la géométrie. Ce que je lui envoie a déjà été approuvé et estimé par les premiers mathématiciens de France et d'Angleterre, et je me souviens de lui en avoir parlé en France. J'avoue cependant très volontiers que ces sortes de curiosités n'ont point de meilleur usage que celui de perfectionner l'art d'inventer et de raisonner juste[2]. » Sans doute s'agit-il ici de la *Nova methodus pro maximis et minimis*, où se trouvait énoncé le principe du calcul infinitésimal, dont la découverte remontait à 1675 : le texte en devait paraître un an plus tard dans les *Acta eruditorum* d'octobre 1684 ; mais, dans la pensée de Leibniz, l'envoi qui en était fait à Arnauld par avance avait pour but de renouer d'anciennes relations. Arnauld cependant ne répondit pas. Tout entier à la polémique qu'il venait d'engager avec Malebranche sur le problème *Des vraies et des fausses idées*, il craignit de se perdre en des discussions d'ordre mathématique vers lesquelles rien ne l'attirait. « J'y entrevois de fort belles choses, écrivit-il au Landgrave à propos du travail de Leibniz, mais il faudrait trop me rompre la tête et y employer trop de temps pour le comprendre tout à fait[3]. » En réalité, les mathématiques pures n'intéressaient guère Arnauld.

1. Cf. *Lettre au Landgrave de Hesse-Rheinfels*, 21 avril 1680, éd. de l'Académie de Berlin, *G.W. Leibniz, Sämtliche Schriften und Briefe*, Reihe I, Bd. III, p. 243. Sur les rapports de Leibniz et du Landgrave, voir d'une façon générale, *Leibniz und Landgraf Ernst von Hessen-Rheinfels. Ein ungedruckter Briefwechsel*, herausgegeben von *Chr. von Rommel*, 2 vol., Francfort, 1847.

2. *Lettre au Landgrave de Hesse-Rheinfels*, 4/14 août 1683, éd. de l'Académie de Berlin, *G.W. Leibniz, Sämtliche Schriften und Briefe*, Reihe I, Bd. III, p. 319 ou Reihe II, Bd. I, p. 536.

3. Arnauld, *Lettre au Landgrave de Hesse-Rheinfels*, 30 septembre 1683, dans *Œuvres d'Arnauld*, t. II, p. 355.

Une tentative du même genre, — mais susceptible, cette fois, de toucher plus directement Arnauld, — eut encore lieu, un an plus tard, vers la fin de 1684, peu après la publication par Leibniz des *Meditationes de cognitione, veritate et ideis*. La controverse qui devait opposer si longtemps Arnauld et Malebranche venait alors de s'ouvrir : Leibniz n'avait lu, à cette date, ni le livre d'Arnauld, *Des vraies et des fausses idées*, paru en 1683, ni la réponse de Malebranche, *Réponse au livre de M. Arnauld*, parue en 1684, ni moins encore la réplique d'Arnauld, *Défense de M. Arnauld*, parue elle aussi en 1684 ; mais il avait pu suivre les débuts de la querelle entre les deux philosophes à travers les comptes rendus publiés, dès 1684, dans les *Nouvelles de la République des Lettres* et dans les *Acta eruditorum*[1]. Ce fut pour prendre position personnellement dans le débat qu'il écrivit les *Meditationes de cognitione, veritate et ideis* et les fit paraître dans les *Acta eruditorum* de novembre 1684. Il s'y posait à certains égards en conciliateur, mais, par sa critique de Malebranche, il semblait donner raison à Arnauld, tout en ne développant dans le fond que ses propres idées. Rien n'était plus normal, après cela, que de chercher à connaître les sentiments d'Arnauld, voire même à en provoquer l'expression. Ecrivant au Landgrave le 29 décembre 1684, il soulignait ainsi l'extrême importance — « tant pour juger que pour inventer » — de la méthode d'analyse qu'il n'avait cessé de prescrire. « Et j'ai dit ce qui me semble, ajoutait-il, dans un petit échantillon inséré *in Actis Eruditorum* de Leipzig, mois de novembre 1684, p. 537, sur quoi je serais bien aise d'apprendre le sentiment de Mons. Arnauld[2]. » Mais très vite l'espoir d'obtenir une réponse dut être encore abandonné : Arnauld, comme l'année précédente, ne parut pas s'intéresser aux remarques présentées par Leibniz ; il n'exprima aucun jugement, et les efforts pour le tirer de sa réserve demeurèrent sans résultats. Une fois de plus, Arnauld ne semblait point se soucier de répondre aux avances qui lui étaient faites, en raison sans doute des polémiques qui l'absorbaient, mais peut-être aussi par crainte de se voir entraîné dans de nouvelles discussions.

Leibniz revint à la charge, avec une inlassable patience, et,

1. Ce n'est que dans le courant de 1685 que Leibniz prit une connaissance directe des principaux ouvrages d'Arnauld et de Malebranche relatifs au début de la polémique sur les vraies et les fausses idées. Voir, sur ce point, André Robinet, *Malebranche et Leibniz. Relations personnelles*, Paris, Vrin, 1955, p. 138-139 et p. 194-224.

2. *Lettre au Landgrave de Hesse-Rheinfels*, 29 décembre 1684, éd. de l'Académie de Berlin, *G.W. Leibniz, Sämtliche Schriften und Briefe*, Reihe I, Bd. IV, p. 342, ou Reihe II, Bd. I, p. 544.

en février 1686, il tenta de nouveau, par l'intermédiaire du Landgrave, de toucher personnellement Arnauld. Cette fois, ce fut le succès : Arnauld répondit, et répondit rapidement ; et tout de suite s'engagea entre les deux hommes une profonde et large correspondance, où de part et d'autre la sincérité fut égale, mais où du côté de Leibniz l'ampleur et la densité des analyses s'affirmèrent de façon exceptionnelle. Leibniz s'adressa très modestement à Arnauld, pour lui soumettre les idées développées dans le *Discours de métaphysique* qu'il venait d'achever quelques semaines plus tôt. Il ne lui envoya point le texte même du *Discours*, dont, disait-il, la copie n'avait pu encore être établie ; mais il lui fit parvenir un sommaire de 37 articles, résumant point par point les paragraphes de sa rédaction. Tout semble indiquer qu'Arnauld n'eut jamais entre les mains le texte proprement dit du *Discours* : car on ne voit à aucun moment, dans la *Correspondance*, que Leibniz en annonce l'envoi ou qu'Arnauld en accuse réception ; on constate même qu'à la fin de sa lettre du 4/14 juillet 1686 Leibniz éprouve le besoin de résumer l'argument relatif à la distinction de la force et de la quantité de mouvement que contenait déjà l'article 17 du *Discours* : or la chose eût été inutile, si Arnauld avait connu le *Discours* lui-même. C'est donc à partir du sommaire, et du sommaire seulement, que l'échange de vues se poursuivit : d'où, pour Arnauld, certaines difficultés qui l'embarrassèrent, et, pour Leibniz, l'obligation d'éclairer à maintes reprises, par des commentaires plus précis, quelques-unes de ses formules initiales. Le Landgrave n'intervint qu'à titre d'intermédiaire, transmettant à chacun des correspondants, sans prendre part lui-même aux discussions, les lettres qu'il recevait. Arnauld ne fit pas toujours preuve d'un empressement extrême, et, après ses premières critiques, il laissa longtemps certaines explications de Leibniz sans réponse. Leibniz dut parfois insister pour faire reprendre une discussion qu'Arnauld eût volontiers laissé s'éteindre. Il y parvint pendant près de deux ans, au cours des années 1686-1687 : ce sont sans nul doute ses efforts qui, constamment, donnèrent vie à la correspondance, comme c'est sa pensée qui en constitua finalement toute la richesse.

En fait le rythme des échanges fut assez lent, même dans les débuts, tant à cause de l'intermédiaire auquel Arnauld et Leibniz n'ont cessé d'avoir recours en la personne du Landgrave, qu'à cause d'une certaine réserve toute instinctive, de la part d'Arnauld, et d'une difficulté, voire même de quelque incompréhension, devant tout ce qui faisait la force des idées de Leibniz et son génie. D'Arnauld lui-même, — si on laisse de côté les simples billets d'envoi destinés au Landgrave, —

il n'y a que cinq grandes lettres, échelonnées du 13 mars 1686 au 28 août 1687 : d'abord assez rapprochées, elle se sont faites moins fréquentes à mesure que le temps passait. Toutes elles manifestent, à travers une série de remarques ou d'objections de détail, les réactions d'un esprit que heurte une philosophie jugée contraire aux enseignements de la foi et que déroute d'autre part une forme de pensée non-cartésienne. Dans le fond, Arnauld s'y montre toujours soucieux, non point peut-être de discuter pour eux-mêmes certains problèmes philosophiques, tels que les avait posés le *Discours*, mais plutôt d'obtenir par un appel à des considérations morales la conversion de Leibniz au catholicisme. De Leibniz, au contraire, les lettres sont tout à la fois plus nombreuses et plus longues : on en compte une dizaine, auxquelles viennent s'ajouter, outre les billets d'envoi au Landgrave, les premières esquisses de plusieurs d'entre elles ou quelques notes additionnelles de portée secondaire. Elles révèlent le désir de ne rien laisser dans l'ombre, le souci de répondre à toutes les difficultés soulevées, un effort porté à son degré le plus haut pour expliquer sans réticence une pensée complexe, un art toujours très sûr de ramasser en formules lapidaires tous les thèmes d'une doctrine extraordinairement riche. Leibniz s'affirme ici, avec une maîtrise incomparable, dans tout l'éclat de son génie, comme celui qui voit, qui domine et qui sait dire. Arnauld finira cependant par se lasser, dès la fin de 1687 ; après deux années de silence, qui seront d'ailleurs des années de voyage, Leibniz tentera encore de renouer le dialogue dans le courant de mars 1690, en écrivant une lettre dont le but sera de chercher à nouveau la discussion ; mais Arnauld ne réagira point, et quelques années plus tard il mourra sans avoir répondu, s'éteignant à Bruxelles le 8 août 1694.

La correspondance avec Arnauld a donné à Leibniz l'occasion de préciser, en des termes qui peuvent paraître définitifs, la plupart des grandes thèses de sa métaphysique. A l'arrière plan se profile constamment l'architecture du *Discours*, dont un simple résumé servit de point de départ à l'échange des lettres. Ces *Lettres*, dont certaines constituent de véritables petits mémoires, ne font que développer, sur les points décisifs du système, le contenu du texte initial. Il faut donc tout à la fois rattacher les explications données dans la *Correspondance* à la doctrine du *Discours* et prolonger la synthèse qu'offre celui-ci par les commentaires qu'y ajoute celle-là.

*
* *

Aborde-t-on maintenant le *Discours* ? Si l'on en considère, pour commencer, le texte même, on n'est pas seulement frappé par la richesse et la diversité des analyses, mais aussi par la rigueur de la pensée : à travers les méandres de discussions métaphysiques soulevées par l'examen des grands problèmes, le progrès de la réflexion se développe d'après un plan très ferme dont la ligne générale est fidèlement suivie. Ce plan n'est pas sans rappeler celui de Malebranche dans le *Traité de la nature et de la grâce* : on sait en effet[1] que Leibniz a lu le livre de Malebranche dans le courant de 1685 ; aussi n'est-il pas étonnant qu'en composant quelques mois plus tard le *Discours de métaphysique* il ait pu retenir, outre certains éléments de détail, l'ordre et la structure d'ensemble du *Traité* : à son tour, il va, suivant une loi ontologique, de la considération de Dieu à celle des créatures, pour définir ensuite, par le concours de la nature et de la grâce, l'achèvement de la vie et de la destinée humaines. Mais, plus profondément et par delà toute référence à un ouvrage contemporain, le plan du *Discours* évoque, d'autre part, celui des Sommes médiévales ou des Systèmes néo-platoniciens : dans celles-là comme dans ceux-ci, quelque importants que soient à certains égards les thèmes empruntés par les scolastiques à la révélation chrétienne, les démarches de la pensée se développent suivant des voies analogues ; elles décrivent toujours, quoiqu'en des termes parfois différents, un double processus, menant de Dieu aux créatures, puis des créatures à Dieu, comme dans une sorte de flux et de reflux ontologiques : Leibniz y aperçoit dès lors une forme traditionnelle d'exposition. Quels que soient les modèles qu'il ait sous les yeux, et peut-être même sans qu'il cherche de propos délibéré à reproduire l'un ou l'autre, il procède, dans la présentation de sa doctrine, conformément à une méthode classique, par descente et remontée : prenant appui sur l'idée de Dieu, il passe régulièrement à l'étude des êtres créés, définit dans son principe la nature du monde physique, revient naturellement à l'examen des substances individuelles, pour faire voir enfin l'union indissoluble des esprits à Dieu. La réflexion se déroule chez lui de manière cyclique en cinq étapes.

Dans un premier temps (§ 1-7), Leibniz prend d'abord en considération l'action créatrice dont le monde dépend. Sans s'arrêter aux preuves de l'existence de Dieu, il souligne la souveraine perfection qui appartient à Dieu, et qui fonde, en quelque sorte *a priori*, la bonté du monde (§ 1). Mais, prolongeant aussitôt ses premières analyses, il développe

1. Cf. André Robinet, *Malebranche et Leibniz, Relations personnelles* Paris, Vrin, 1955, p. 139-141.

quelques conséquences touchant l'ordre des créatures (§ 2-4) et l'activité du Créateur (§ 5-7). Il lui semble évident, — contrairement à ceux qui refusent aux choses toute bonté intrinsèque (§ 2) et contrairement à ceux qui dénoncent en elles certaines imperfections (§ 3), — que le monde, pris dans son ensemble, est le meilleur qui puisse être, puisqu'il vient d'un Dieu souverainement parfait, et que par suite l'homme est tenu de faire preuve à l'égard de Dieu d'un amour plein de confiance et vraiment actif, puisqu'il sait que tout est pour le mieux (§ 4). Il n'est pas moins certain, d'autre part, que le principe de l'initiative, dont le monde constitue l'aboutissement, répond en Dieu au souci de donner l'être à l'œuvre la plus riche par les moyens les plus simples (§ 5), en sorte que, pour finir, tout manifeste, sans distinctions superflues, l'efficace d'une seule et même volonté générale, essentiellement bonne (§ 6-7). La détermination de la volonté créatrice et l'excellence du monde créé traduisent également l'absolue perfection de Dieu, qui domine tout.

Dans un deuxième temps (§ 8-16), Leibniz passe à la considération des êtres créés, tels qu'ils ont été posés dans l'existence à titre de substances individuelles. Il en définit la nature (§ 8-9) : il montre, par comparaison avec un sujet logique dont la notion enferme la série des prédicats, que toute substance représente un sujet métaphysique réel qui contient à l'avance, sinon à l'état explicite, au moins sous forme virtuelle, la totalité des attributs appelés à paraître dans un développement progressif ; et il conclut de là que, prise en elle-même, chaque substance doit être unique en son genre et ne peut avoir commencé que par création, comme elle ne pourrait finir que par annihilation, et que, par rapport à ce qui l'entoure ou la fonde, elle ne cesse d'exprimer l'univers, dont elle porte toujours le reflet, et finit par imiter Dieu, dont elle rappelle l'autonomie. Ce lui est une occasion pour souligner que de telles vues offrent un caractère traditionnel (§ 10-12) : sous le nom de substance, elles réintroduisent en effet, d'après lui, la notion scolastique de forme substantielle, — non point sans doute que celle-ci permette d'expliquer le détail des phénomènes eux-mêmes, mais en sorte qu'elle rende compte de façon intelligible du fondement de ces phénomènes. Ce lui est aussi une occasion pour souligner que les mêmes vues n'offrent pas de difficultés insurmontables (§ 13) : bien comprises, elles se concilient aisément, dit-il, avec l'affirmation de la liberté humaine, — puisque l'inhérence des attributs au sujet ne correspond point à une connexion nécessaire, qui impliquerait une détermination absolue, mais à une connexion contingente, qui ne suppose qu'une détermination conditionnelle fixée par un choix divin. Il peut définir, après cela, les rapports des substances les unes avec les autres (§ 14-16) : car, s'il est vrai que chaque substance individuelle enferme dans sa nature tout ce qui lui doit arriver, il est clair que les différentes substances forment autant de mondes fermés, qui dans le fond ne dépendent réellement que de Dieu, quoique elles semblent soumises pratiquement à des influences réciproques ; à bien prendre les choses, toutes les substances s'entre-répondent, dans leurs développements, en vertu d'un accord supérieur qui découle de l'action créatrice elle-même et par qui tout se compense. Le monde prend la figure d'un immense système, composé d'une infinité de monades individuelles, que Dieu pose directement dans l'existence, et réglé par une harmonie préétablie, dont le maintien ne cesse d'assurer un équilibre universel.

Dans un troisième temps (§ 17-22), Leibniz cherche dès lors à montrer comment doit être conçu l'univers physique proprement dit, qui correspond à l'ordre de la matière et constitue par là le plus bas degré de l'être. Or il lui paraît que la notion de force en exprime la nature essentielle (§ 17-18) et que la notion de finalité en fournit l'explication suprême (§ 19-22). De la force il établit l'existence par delà le mouvement, en développant une critique serrée du cartésianisme ; puis il en précise la nature, en y faisant voir une réalité comparable à celle des formes substantielles. Quant à la finalité, il note qu'on y doit recourir, comme l'avait déjà reconnu Platon, pour une pleine intelligence des choses ; il entend l'invoquer, — sinon exclusivement, car bien des faits s'expliquent par le jeu des causes efficientes, — du moins chaque fois que se trouve prise en considération l'économie d'un ensemble ou, plus profondément, celle de l'univers entier. Ainsi se superpose à la science des Modernes, qui ne traite que de mouvements et ne considère qu'une causalité mécanique, une science, entrevue par les Anciens, qui fait place à des forces réelles et admet l'action d'une finalité. Cette science se rattache, par les principes qui la commandent, à l'ordre supérieur, authentiquement métaphysique, que définissent les substances véritables. De ce fait, le monde physique n'apparaît plus comme hétérogène à celui des êtres spirituels, mais il se situe plutôt, dans une sorte d'aboutissement, à la limite dernière des choses.

Dans un quatrième temps (§ 23-31), Leibniz revient désormais à la considération des substances immatérielles, et plus spécialement des esprits, qui sont capables de faire retour à Dieu. A cet égard, il distingue immédiatement deux voies, — celle de l'entendement, c'est-à-dire de la connaissance intellectuelle, qui est ordonnée au vrai (§ 23-29), et celle de la volonté, c'est-à-dire de l'action morale, qui est ordonnée au bien (§ 30-31), — deux voies dans lesquelles doivent être conduits, et finalement repris par Dieu lui-même, les sujets individuels qui constituent à son degré le plus haut le monde des créatures. Sur l'entendement, — dont les connaissances peuvent mener en effet à Dieu, parce qu'elles en dépendent, — Leibniz s'arrête assez longuement et précise tour à tour la nature (§ 23-25) et l'origine (§ 26-29) des idées : celles-ci, dont seule une analyse peut dire s'il est légitime de les accepter comme vraies, n'offrent pas toujours, — pas plus que les définitions qui en dérivent, — les mêmes caractères de précision et partant la même valeur ; mais toutes elles viennent à la pensée de son propre fonds : elles sont véritablement innées à l'esprit, bien qu'elles paraissent en pratique tirées de l'expérience ; leur surgie s'explique par une action de Dieu, — non point, comme le soutenait Malebranche, grâce à la vision de quelques essences intelligibles, — mais, conformément à la nature de la substance, en vertu d'une spontanéité constitutive de chaque sujet, par explicitation de richesses implicites. Sur la volonté, — dont les actions peuvent également mener à Dieu, parce qu'elles en sont inspirées, — Leibniz est plus bref, mais il discerne avec soin l'inclination du vouloir (§ 30) et l'apport de la grâce (§ 31) : le vouloir proprement dit correspond à la spontanéité même de l'être, mais à une spontanéité tendue vers le bien et foncièrement libre, ne dépendant que de soi comme ferait celle d'un automate spirituel ; quant à la grâce, elle anime intérieurement le vouloir, pour peu que celui-ci sache y donner consentement, mais elle est un don gratuit, dont l'octroi, fixé par une décision de Dieu, s'inscrit d'avance dans le développement même des êtres. Entendement et volonté définissent de la sorte, comme l'indiquaient déjà les doctrines scolastiques, les deux moyens offerts aux âmes pour s'élever à Dieu, car ils correspondent, à titre de lumière ou de secours, aux deux formes que prend l'action divine dans les esprits. Par là se prépare lentement une union des créatures au Créateur, dont l'achèvement doit marquer le terme ultime de l'activité créatrice.

Dans un dernier temps (§ 32-37), Leibniz s'efforce enfin de décrire l'union à Dieu à laquelle aboutissent les esprits. Il rappelle d'abord le principe de cette union (§ 32-33), en soulignant à nouveau la totale dépendance de chaque être par rapport au Créateur, — d'où se tire, par manière de digression et à titre d'exemple, une explication des difficultés relatives au problème des rapports de l'âme et du corps et un éclaircissement précieux touchant l'étendue de la perception.

Mais Leibniz entend aussi définir les degrés que cette union comporte (§ 34-35) : admettant l'existence d'une hiérarchie entre les êtres qui forment le monde, il souligne plus spécialement les caractères propres aux esprits ; semblables en leur fond à toutes les substances, ils offrent en effet ceci de remarquable qu'ils accèdent par leur progrès au plan de la raison et, partant, à une forme plus haute d'immortalité ; aussi sont-ils capables, par là-même, d'entrer en union étroite avec Dieu, de lui ressembler plus complètement et d'être davantage l'objet de ses complaisances : ils constituent un monde moral qui se dégage du monde physique. Leibniz évoque donc, pour finir, l'image de la cité où se consomme l'union rendue possible (§ 36-37) : reprenant une formule, dont s'étaient déjà servis les Stoïciens et que saint Augustin avait à son tour adoptée, il montre avec force, — mais sans s'astreindre à suivre exactement les doctrines anciennes, — que les créatures les plus parfaites doivent composer avec le Créateur une Cité des esprits ou, mieux encore, une Cité de Dieu ; il précise sur quels fondements cette Cité repose et comment Jésus-Christ l'a révélée jadis aux hommes. La grâce achève la nature, sans heurts, par transitions insensibles. Avec elle, du moins, vient se clore, — dans l'épanouissement harmonieux des substances individuelles les plus pures, unies à Dieu en un royaume qui couronne le monde, — l'ultime étape du rapprochement où se rejoignent, par la connaissance et l'action, les créatures et le Créateur.

Bref, du début à la fin du *Discours de métaphysique*, et suivant le rythme d'une descente et d'une remontée de caractère ontologique, Leibniz déploie d'une façon grandiose le tableau du monde : considéré dans son ensemble, celui-ci revêt la forme d'une immense architecture, dont les détails vont à l'infini, mais dont l'ordre demeure intelligible ; il se situe d'ailleurs, tout entier, dans une dépendance radicale par rapport à Dieu, en qui les êtres ont en effet leur origine et leur fin. A travers les vues ainsi exposées, on discerne certains thèmes constamment repris et toujours étroitement associés : l'idée, suggérée par les premiers travaux de physique et souvent approfondie dans la suite, que tout est suspendu à l'esprit, aux substances individuelles d'abord, mais finalement à Dieu, conçu, en tant que puissance créatrice, comme l'Esprit souverain ; — l'idée, déduite de réflexions anciennes sur la logique, que le monde décrit de la sorte est par nature pleinement intelligible, parce qu'il s'avère, en droit, sinon en fait, entièrement perméable à la raison ; — l'idée, imposée par une méditation plus récente sur les mathématiques, que ce même monde enveloppe l'infini, du fait qu'il correspond à une somme d'éléments dont le nombre paraît défier l'analyse : seule une harmonie supérieure, fondée en Dieu, peut au reste accorder l'infinité qui appartient au réel et l'intelligibilité qu'exige la raison. Leibniz semble tenter une synthèse, où viennent se fondre et se compléter les vues les plus variées : sous la forme d'une métaphysique d'allure néoplatonicienne, il développe une pensée qui, grâce à la mathématique du calcul infinitésimal, prétend assurer, au moins dans le principe, l'analyse de l'infini ; plus précisément il cherche par sa doctrine à satisfaire également aux exigences du réel et à celles de l'esprit, en resaisissant l'infini qu'impliquent les choses et en créant l'analyse que réclame l'entendement.

Passe-t-on maintenant à la *Correspondance entre Leibniz et Arnauld* ? La perspective change, car les discussions portent alors, non point sur l'ensemble de la doctrine présentée dans le *Discours*, mais sur certains problèmes seulement, qui, pour être fondamentaux, n'en sont pas moins partiels. Le débat est engagé par Arnauld, à propos de l'article 13, sur la question de la liberté : il se poursuit pendant six mois autour des mêmes thèmes, en dépit des efforts de Leibniz pour l'élargir, s'étendant ainsi au treize premières lettres de la *Correspondance*, du 11 février au 12 août 1686 ; plus précisément, si l'on néglige les simples lettres d'envoi ou quelques billets d'importance secondaire, il se ramasse naturellement en deux grands groupes de textes : 1° une première critique d'Arnauld, en date du 13 mars 1686 (*Lettre* II), à laquelle Leibniz répond aussitôt, le 12 avril 1686 (*Lettres* III-IV) ; — 2° une nouvelle critique d'Arnauld, en date du 13 mai 1686 (*Lettre* VI), à laquelle Leibniz répond également avec beaucoup de précision, le 14 juillet 1686 (*Lettres* IX-X), non sans chercher en même temps à donner plus d'ampleur à la discussion (*Lettre* XI). Le débat porte ensuite, à partir de septembre 1686, sur la théorie de la substance qu'implique la définition de la liberté ; il se concentre d'ailleurs tout de suite autour de deux problèmes, — celui de l'accord des substances entre elles et celui de la notion de forme substantielle, — à quoi Leibniz joint d'autre part un certain nombre de remarques relatives à la notion de force en physique ; trois grands groupes de textes peuvent être distingués, que vient compléter, pour finir, une dernière lettre de Leibniz : 1° les premières observations critiques d'Arnauld, en date du 28 septembre 1686 (*Lettre* XIV), auxquelles Leibniz répond, dès qu'il en a connaissance, le 8 décembre 1686 (*Lettres* XVI — XVII — XVIII) ; — 2° de nouvelles observations d'Arnauld, en date du 4 mars 1687 (*Lettre* XIX), auxquelles Leibniz répond longuement, le 30 avril 1687 (*Lettre* XX, — à laquelle s'ajoutent les compléments, plus brefs, du 1er août 1687, *Lettre* XXI) ; — 3o une dernière série d'observations d'Arnauld, en date du 28 août 1687 (*Lettre* XXII), auxquelles Leibniz répond aussi très longuement, le 9 octobre 1687 (*Lettre* XXVI, — à laquelle s'ajoutent les compléments, plus brefs, du 4 janvier 1688, *Lettre* XXVII) ; — 4o enfin, après deux années de silence, qui correspondent au voyage de Leibniz en Autriche et en Italie, une dernière lettre de Leibniz tente vainement, le 23 mars 1690, de renouer des relations avec Arnauld (*Lettre* XXVIII). Ces échanges de vues offrent donc à Leibniz l'occasion de préciser, au sujet de quelques thèses fondamentales de sa doctrine, les principes mêmes sur lesquels repose toute la métaphysique du *Discours*. Ils en complètent de façon lumineuse la plupart des enseignements.

Touchant le problème de la liberté, dont l'examen fait l'objet de la première partie de la *Correspondance*[1], Arnauld exprime immédiatement la crainte de voir Leibniz verser dans un véritable fatalisme : si chaque substance individuelle enferme à l'avance tout ce qui lui doit arriver, Dieu ne se trouve-t-il pas lié par des déterminations qu'il ne lui est pas possible de modifier (*Lettre* II) ? Plus exactement, et pour tenir compte des précisions apportées par Leibniz, Arnauld se demande si la liaison des prédicats au sujet est intrinsèque et préexiste par conséquent au décret de Dieu dans la création, comme paraît le croire Leibniz, ou si cette liaison est au contraire extrinsèque et découle en réalité d'une libre décision de Dieu, comme l'expérience le donne à penser ; il se demande même plus particulièrement, si *tous* les prédicats de chaque sujet sont inhérents à celui-ci, comme le soutient Leibniz, ou si *certains* d'entre eux seulement s'y trouvent contenus à l'avance, comme semble le suggérer l'expérience ; il veut résoudre la question, non point *a priori* d'après les idées dont la présence est supposée en Dieu, mais *a posteriori* d'après les faits qui s'observent dans la nature (*Lettre* VI). Dans le fond, Arnauld se réfère constamment à une vision du monde toute contraire à celle de Leibniz et beaucoup plus conforme à celle du sens commun : il se refuse à concevoir un monde, où tout soit rigoureusement déterminé, dès la création, sous forme de substances posées une fois pour toutes dans l'existence avec tous les événements qui leur surviendront ; il incline à se représenter les êtres et les choses, avec moins de cohérence, comme dépendant certes de Dieu, en tant que créatures, mais comme pouvant se développer avec quelque souplesse, non sans laisser une certaine place à de l'imprévisible.

1. Cf. *Lettres* I à XIII.

La pensée de Leibniz, telle qu'elle apparaît déjà dans le *Discours* et telle que la définissent à nouveau les réponses à Arnauld, révèle une inspiration très différente. Leibniz estime que sa théorie de la liberté, — si elle est bien comprise, — ne conduit nullement au fatalisme : il suffit de se rappeler la distinction qui oppose connexion nécessaire et connexion contingente, pour comprendre que l'inhérence des prédicats au sujet, dans la substance individuelle, correspond à une connexion purement contingente et, par conséquent, exclut la nécessité absolue, puisque son contraire n'implique point contradiction. Pour répondre de façon plus directe aux questions posées, Leibniz précise le sens exact de ses formules : sur la question de savoir si la liaison des prédicats au sujet est intrinsèque ou extrinsèque, il fait remarquer qu'on ne doit point se laisser enfermer dans un dilemme, — qu'en un sens la liaison des prédicats est intrinsèque, puisqu'elle dépend de la notion du sujet, mais qu'en un autre sens elle est extrinsèque, puisque le choix du sujet lui-même dépend d'une décision initiale de Dieu, — tout s'expliquant sans peine, pour peu que l'on reconnaisse que Dieu n'agit point dans la création par une série de décrets indépendants les uns des autres, mais par un décret unique où s'exprime une même volonté générale ; — quant à la question de savoir si *tous* les prédicats ou *certains* d'entre eux seulement sont enfermés à l'avance dans la notion du sujet, Leibniz n'hésite pas à dire qu'aucune distinction n'est ici légitime et que, pour chaque substance individuelle, tous les prédicats se trouvent également inclus dans la notion du sujet créé ; — ces affirmations s'imposent, ajoute-t-il, non point *a posteriori*, pour des raisons de fait tirées de l'expérience, mais en quelque sorte *a priori*, en considération des idées dont il est raisonnable de concevoir la présence dans l'entendement de Dieu au moment de la création (*Lettres* IX-X). Tout se rapporte au fond, chez Leibniz, à une conception très rigoureuse de l'activité créatrice : d'après lui, Dieu n'opère, à l'origine, que par un acte unique de sa volonté ; du fait qu'il tend à la réalisation de l'ordre le meilleur, il choisit en une seule fois le système complet des choses ; on ne saurait concevoir une suite de décisions relatives aux différentes substances, mais seulement un décret général posant dans l'être la totalité des créatures ; il est donc clair que le monde, pris dans son ensemble, suppose un choix primordial, mais qu'une fois ce choix effectué les parties qui composent le tout sont rigoureusement déterminées jusque dans leurs plus petits détails ; il est permis d'évoquer l'image d'un développement nécessaire, pour marquer que la détermination des événements est désormais certaine, mais il doit être entendu que la nécessité en question demeure conditionnelle, en tant que subordonnée à une décision libre, et nullement absolue, comme le veut le fatalisme.

Avec la seconde partie de la *Correspondance*[1], ce sont de nouvelles questions qui passent au premier plan et donnent matière au débat. Leibniz suggère lui-même cet élargissement, en soulignant, à la fin de sa lettre du 14 juillet 1686 (*Lettre* X), l'importance majeure, dans une doctrine de la substance, de la thèse logique sur laquelle repose sa théorie de la liberté ; mais, en fait, les problèmes examinés sont ceux sur lesquels Arnauld demande expressément des explications. Il s'agit toujours de difficultés qui ont rapport à la notion de substance. Le problème de la liberté, qui a été seul retenu jusqu'à présent, a été en effet l'occasion, pour Leibniz, de développements relatifs à la nature de la substance. Aussi Arnauld réclame-t-il très naturellement des précisions sur certaines conséquences ou certaines applications de cette doctrine, en particulier là où celle-ci paraît s'écarter de la métaphysique cartésienne. Tout se réduit, au reste, à deux séries de remarques. Leibniz ayant indiqué, touchant le problème des rapports des substances entre elles, que sa conception conduit inévitablement à la théorie de l'harmonie préétablie, Arnauld demande des éclaircissements sur cette dernière théorie et suggère un rapprochement avec la doctrine des causes occasionnelles, telle qu'elle se rencontre chez Malebranche. D'autre part, Leibniz ayant soutenu que la nature des corps ne se peut comprendre, comme le pensait Descartes, par la seule étendue, mais requiert, à titre de fondement, la réalité de quelques formes substantielles analogues aux âmes, Arnauld hésite à se rallier à une thèse où il croit apercevoir, comme l'avait déjà fait remarquer Descartes, d'inextricables difficultés, et qu'il juge d'ailleurs tout à fait superflue, sinon dans le cas de l'homme, du moins dans le cas des corps bruts et des simples vivants. Il éprouve en somme un embarras extrême devant les prolongements anticartésiens de la doctrine leibnizienne de la substance, et, partant, il réagit avec vigueur. Encore une fois, c'est Leibniz qui attire l'attention d'Arnauld sur les conséquences de la métaphysique nouvelle ; mais c'est Arnauld qui relève les points sur lesquels un accord semble particulièrement difficile. Avec insistance, et à trois reprises, il revient sur les objections qu'il pense devoir présenter et dont le poids lui paraît décisif (*Lettres* XIV, XIX, XXII).

Dans ses réponses, dont plusieurs sont fort longues et constituent de véritables mémoires, Leibniz s'attache avant tout

1. Cf. *Lettres* XIV à XXVIII.

à élucider les deux groupes de considérations, — sur la théorie de l'harmonie préétablie et sur la notion de forme substantielle, — dont Arnauld éprouve quelque peine à admettre le principe. Sur la théorie de l'harmonie préétablie, les explications sont relativement brèves, mais nettes (*Lettres* XVI, XVII, XX, XXVI). Leibniz montre que l'hypothèse en question découle directement de la définition de la substance : il est bien clair en effet que, si chaque substance enferme à l'avance tout ce qui lui doit arriver et si d'ailleurs toutes les substances expriment la totalité de l'univers, aucune influence des êtres les uns sur les autres n'est concevable ; il faut imaginer un accord de développements qui s'entre-répondent, c'est-à-dire une harmonie ou une concomitance, assurant l'ordre et l'équilibre du monde. Le principe de l'occasionalisme, tel que Malebranche l'a conçu, n'apporte pas de solution satisfaisante : il postule une intervention constante de Dieu et, par conséquent, il suppose admis, contre toute évidence, que les causes secondes sont naturellement dépourvues d'efficace. L'idée d'expression semble traduire, au contraire, de façon beaucoup plus exacte, le type de rapports qu'entretiennent toutes les substances les unes avec les autres ; elle met également en lumière et la correspondance de leurs déterminations et l'indépendance de leurs natures, en sorte qu'elle est seule pleinement intelligible. Sur la notion de forme substantielle, les commentaires de Leibniz sont, d'autre part, beaucoup plus longs et très nuancés (*Lettres* XVI, XVII, XX, XXVI). Soulignant d'abord les raisons qui légitiment sa thèse, Leibniz fait remarquer, contre Descartes, que l'étendue n'explique pas la nature des corps, puisqu'elle n'offre, en elle-même, ni principe d'unité, ni principe d'action ; il prétend, avec la philosophie de l'Ecole, que la présence d'un principe formel à la racine des choses peut seule rendre compte de la réalité des êtres et de leurs actions. Sans doute ajoute-t-il par souci d'exactitude qu'une distinction s'impose : il est vrai que les corps inorganiques, — qui sont de simples agrégats, *unum per accidens*, — ne comportent pas nécessairement de formes substantielles ; mais les corps organisés, — qui constituent des composés véritables, *unum per se*, — supposent de toute évidence de pareilles formes ; celles-ci n'apparaissent en somme, de façon manifeste, que là où s'affirme une unité réelle. Leibniz en vient cependant à déclarer, pour finir, que l'existence de ces formes doit être reconnue, non sans quelques différences de degrés, à tous les plans de l'être : non seulement au niveau de l'âme humaine, ce qui va de soi ; mais au niveau des vivants, pour expliquer l'unité et la spontanéité de leur nature ; et même au niveau de la matière, pour rendre compte de la liaison des phénomènes. Il ne craint pas d'évoquer les représentants de la tradition qu'il entend prolonger, et, à maintes reprises, il affirme sur ce point la valeur de certaines vues d'origine aristotélicienne.

Mêlées à ces considérations, ou plutôt appelées à titre de contre-épreuve et de confirmation, les discussions relatives au fondement de la mécanique se trouvent constamment citées par Leibniz dans les dernières lettres à Arnauld (*Lettres* X, XVII, XXI, XXVI, XXVII). Leibniz rappelle la distinction qu'il a établie, contre Descartes, entre la force et la quantité de mouvement ; il insiste sur le primat de la force par rapport au mouvement et sur la conservation de la force dans le monde ; il dégage enfin quelques-unes des conséquences qu'entraîne en dynamique le nouveau principe ainsi défini. Sans doute les circonstances l'invitent-elles à revenir fréquemment sur ce thème : non pas qu'Arnauld fasse preuve d'un intérêt bien vif pour le problème qui retient Leibniz ; il se borne à présenter sur ce point quelques observations sommaires ; mais c'est Leibniz lui-même qui ne peut s'empêcher de faire part de ses vues ; car, parallèlement aux lettres qu'il adresse à Arnauld, il mène alors une polémique assez vive avec l'abbé Catelan et Malebranche sur les questions rappelées ici. L'importance qu'il attache à l'idée de force vient de ce qu'il croit trouver en celle-ci une sorte de justification du recours aux formes substantielles : il apparaît une fois de plus, d'après lui, que les phénomènes physiques ne peuvent être conçus de manière pleinement intelligible sans référence à quelque réalité métaphysique ; la démonstration de l'erreur cartésienne, au sujet du mouvement, et la définition de la force, à titre de principe fondamental, en constituent un exemple éclatant. Ainsi est-il naturel qu'un résumé de la doctrine en question et des débats auxquels elle donne lieu soit régulièrement envoyé à Arnauld : celui-ci doit y trouver l'illustration concrète de la philosophie nouvelle. Jusqu'à la fin de la *Correspondance*, et parfois en de courts billets, Leibniz a donc soin de tenir Arnauld au courant des discussions engagées.

En définitive, — malgré quelques remarques incidentes ou certaines réflexions imprévues, comme en comporte inévitablement tout échange d'idées, — ce sont toujours des problèmes concernant la nature et les propriétés de la substance qui demeurent au centre des lettres de Leibniz et d'Arnauld. A propos du problème de la liberté, c'est la question de la nature de la substance, envisagée en elle-même ou dans son rapport à l'acte créateur, qui se trouve mise en cause. Ensuite, ce qui se trouve examiné, à propos de la théorie de l'harmonie préétablie, c'est la question des rapports des substances entre elles, et, à propos de la notion de forme substantielle, c'est la question de la place des substances dans le monde. Leibniz reprend, bien entendu, des indications déjà données dans le *Discours*, mais il y ajoute, à titre de compléments, des détails qui en précisent la portée. Bref, en développant la théorie de la substance individuelle et en achevant par là de déterminer le statut ontologique des créatures, ses lettres mettent définitivement en évidence les principes de la métaphysique dont il se réclame et qu'il propose à l'assentiment d'Arnauld.

* * *

Si l'on rapproche dès lors le *Discours* et la *Correspondance*, et si l'on confronte les enseignements qu'ils apportent, on ne manque pas d'être frappé par un fait assez significatif : l'accent n'est pas mis dans les deux cas sur le même aspect du système. Certes, une commune inspiration et des thèses identiques reparaissent de part et d'autre, en sorte que la *Correspondance* constitue naturellement un commentaire du *Discours* : rien n'est plus normal, d'ailleurs, puisque les lettres à Arnauld n'ont pour but que d'expliquer la métaphysique dont les articles du Sommaire donnent un résumé. Mais l'intérêt se déplace, quand on passe d'un groupe de textes à l'autre : dans le *Discours*, le système est présenté suivant un ordre qui va de Dieu au monde, puis du monde à Dieu ; ce que Leibniz souligne tour à tour, c'est la dépendance des créatures par rapport au Créateur qui les pose dans l'être et l'élévation de ces mêmes créatures vers Dieu conçu comme le monarque d'une cité des esprits ; dans la *Correspondance*, au contraire, la pensée se concentre à peu près exclusivement sur la notion de substance ; ce que Leibniz s'applique à élucider, c'est l'ensemble des problèmes concernant les substances individuelles, leurs caractères, leurs relations et leurs formes. Il suffit de comparer, pour s'en convaincre, le plan d'abord suivi par Leibniz dans le *Discours* lui-même et celui qui est adopté pour la synthèse finale que présente la *Lettre* du 23 mars 1690. Le grand rythme binaire de descente et de remontée, qui exprime une sorte de flux et de reflux ontologiques, cède désormais la place à une construction progressive, par recours à une méthode dont le développement se fonde sur une analyse de la substance et qui s'achève, en allant du simple au complexe, dans la considération de Dieu et de la cité des esprits : à la métaphysique d'allure néoplatonicienne paraît se substituer dès maintenant une véritable monadologie.

N'assiste-t-on pas ainsi, grâce à la *Correspondance* entre

Leibniz et Arnauld, à une réflexion décisive ? Il est clair que, dans le *Discours*, Leibniz ne craint pas de suivre un plan classique, et que, — peut-être sous l'influence de Malebranche dont il vient alors de lire le *Traité de la nature et de la grâce*, — il présente sa doctrine dans le cadre des métaphysiques traditionnelles. Mais il est clair aussi que, dans sa *Correspondance*, il est conduit à insister sur les problèmes relatifs à la notion de substance, et que, — sans doute à cause des questions qui lui sont posées, mais aussi par une tendance de sa propre pensée, — il précise avant tout le caractère des êtres qui composent le monde. On peut donc se demander si l'effort pour définir en toute rigueur la nature des substances individuelles ne l'incite pas à concevoir aussi l'ensemble de son système en fonction de ces substances : certains opuscules postérieurs au *Discours de métaphysique* en témoignent nettement, — tels, pour s'en tenir à ceux que Leibniz lui-même a publiés, l'essai *De primae philosophiae emendatione*, le *Système nouveau de la nature et de la communication des substances* ou le *De ipsa natura*. Au reste, il est certain qu'à la fin de sa vie, dans les exposés d'ensemble que représentent la *Monadologie* et les *Principes de la nature et de la grâce*, Leibniz présentera sa doctrine suivant le schéma tracé dans sa dernière *Lettre à Arnauld* du 23 mars 1690, et non d'après le plan adopté dans le *Discours*. Il partira de la définition de la substance individuelle ou monade, pour s'élever, en tenant compte des degrés de perfection que présentent les différentes substances, jusqu'à la considération de Dieu, conçu comme Etre suprême absolument parfait, et pour décrire enfin l'équilibre harmonieux du monde et la hiérarchie des êtres, dont l'achèvement s'accomplit dans la cité de Dieu. Les thèses qui constituent le système demeureront inchangées, mais le mode de présentation sera désormais tout personnel. C'est ce que laissent deviner, après la synthèse du *Discours*, les commentaires de la *Correspondance*.

NOTE SUR L'ÉTABLISSEMENT ET LA PRÉSENTATION DU TEXTE

Le *Discours de Métaphysique* et la *Correspondance entre Leibniz et Arnauld* n'ont été publiés pour la première fois qu'au XIXe siècle : 1° *Briefwechsel zwischen Leibniz, Arnauld und dem Landgrafen Ernst von Hessen-Rheinfels aus den Handschriften der Königlichen Bibliothek zu Hannover*, herausgegeben von C.L. GROTEFEND, Hannover, 1846 (Grotefend publie la *Correspondance*, p. 1-136, et donne, en Appendice, le *Discours de métaphysique*, p. 154-192) ; — 2° *Nouvelles lettres et opuscules inédits de Leibniz, précédés d'une Introduction*, par A. FOUCHER DE CAREIL, Paris, 1857 (Foucher de Careil publie séparément les *Lettres* de Leibniz et les *Lettres* d'Arnauld, p. 207-316, et donne à titre de complément le *Discours de métaphysique*, p. 330-378) ; — 3° *Die philosophischen Schriften von Gottfried Wilhelm Leibniz*, herausgegeben von C.J. GERHARDT, t. II, Berlin, 1879 (*Correspondance entre Leibniz et Arnauld*, p. 11-138) et t. IV, Berlin, 1880 (*Discours de métaphysique*, p. 427-463) ; — 4° à ces éditions on peut joindre les *Œuvres philosophiques de Leibniz*, par PAUL JANET, 2 vol., Paris, 1866 (sans doute n'y trouve-t-on pas le *Discours de métaphysique*, mais la *Correspondance entre Leibniz et Arnauld* y est reproduite, t. I, p. 577-691). — Toutes ces éditions ont une même source : les manuscrits de Leibniz conservés à la Bibliothèque de Hanovre et retrouvés par Grotefend. L'édition de Grotefend, — que reproduisent assez fidèlement celles de Foucher de Careil et de Janet, — a été établie d'après ces manuscrits. L'édition de Gerhardt repose, à son tour, sur les mêmes manuscrits ; mais une nouvelle lecture des papiers de Leibniz a permis quelques corrections, en sorte que le texte donné paraît très sûr.

Deux découvertes sont venues cependant, au XXe siècle, enrichir les publications des premiers éditeurs. — 1° L'abbé

Henri Lestienne a retrouvé le manuscrit autographe du *Discours de métaphysique.* Grotefend et Gerhardt n'avaient eu sous les yeux qu'une copie de ce manuscrit, — copie d'ailleurs excellente et corrigée de la main de Leibniz, — qui correspond sans nul doute au texte définitif. Mais Lestienne découvrit — outre deux fragments de copies différentes jusqu'alors inconnues — le brouillon même du *Discours.* Il réussit à en déchiffrer les surcharges, à distinguer, sous les ratures, la rédaction primitive, et à suivre jusque dans le détail le travail de révision auquel Leibniz s'était livré. L'édition nouvelle ainsi procurée — *Discours de métaphysique, par G.W. Leibniz. Nouvelle édition collationnée pour la première fois avec le texte autographe de l'auteur. Introduction et notes* par H. Lestienne, Paris, Alcan, 1907 (réédition, Paris, Vrin, 1929) — reproduit avec quelques corrections le texte définitif de la copie, que Grotefend et Gerhardt avaient déjà fait connaître, mais elle indique aussi, grâce à une composition typographique appropriée, l'origine des divers éléments dont est formé le *Discours.* — 2° De son côté, Mme Rodis-Lewis a publié les *Lettres de Leibniz,* telles qu'elles furent effectivement adressées à Arnauld entre 1686 et 1690. Grotefend et Gerhardt n'avaient pu faire état que des documents conservés à la Bibliothèque de Hanovre ; ils n'avaient donc utilisé, — avec les lettres d'Arnauld, — que les esquisses ou les minutes de Leibniz, revues ultérieurement par lui pour une éventuelle publication. Par bonheur cependant, les lettres envoyées à Arnauld — ou plutôt une copie de ces lettres, établie par Duparc, abbé de Bellegarde, — ont été retrouvées tout récemment, parmi les papiers concernant Arnauld, aux Archives nationales de La Haye. Une édition critique en a été donnée, — *Lettres de Leibniz à Arnauld, d'après un manuscrit inédit, avec une introduction historique et des notes critiques,* par Geneviève Lewis, Paris, Presses universitaires de France, 1952, — qui permet, non seulement de corriger certaines erreurs de lecture de Grotefend et de Gerhardt, mais surtout de relever les additions ou retouches que Leibniz a apportées à son texte au moment de l'envoi.

L'édition actuelle ne vise nullement à remplacer celle de l'abbé Lestienne ou celle de Mme Rodis-Lewis ; elle n'a pour but que de présenter ensemble le *Discours de métaphysique* et la *Correspondance entre Leibniz et Arnauld,* de donner de l'un et de l'autre un texte aussi fidèle et sûr que possible, et d'ajouter, pour l'intelligence des doctrines, quelques notes historiques et quelques éclaircissements. Pour le *Discours de métaphysique,* elle reproduit le texte définitif de l'édition Lestienne, — sans relever cependant sous les ratures, sauf en quelques cas exceptionnels, la première rédaction que ce texte a remplacée, — et sans établir d'alinéas à l'intérieur de chaque article, puisque Leibniz n'en avait pas distingué. Pour la *Correspondance entre Leibniz et Arnauld*, elle reproduit en principe le texte — seul complet — de l'édition Gerhardt : toutefois, dans le cas des lettres effectivement envoyées à Arnauld, le texte publié par Mme Rodis-Lewis, d'après la copie de La Haye, a été naturellement préféré au texte donné par Gerhardt d'après les minutes de Hanovre ; de même, pour les lettres échangées entre Leibniz et le Landgrave Ernest de Hessen-Rheinfels, le texte de la grande édition publiée par l'Académie de Berlin (*Leibniz, Sämtliche Schriften und Briefe*, Reihe I, Bd. IV, 1950) a été régulièrement suivi. Partout, l'orthographe moderne a été substituée à l'orthographe ancienne, pour faciliter la lecture.

DISCOURS DE MÉTAPHYSIQUE

DISCOURS DE MÉTAPHYSIQUE[1]

1. — De la perfection divine et que Dieu fait tout de la manière la plus souhaitable.

La notion de Dieu la plus reçue et la plus significative que nous ayons[1], est assez bien exprimée en ces termes que Dieu est un être absolument parfait[2], mais on n'en considère pas assez les suites ; et pour y entrer plus avant, il est à propos de remarquer qu'il y a dans la nature plusieurs perfections toutes différentes, que Dieu les possède toutes ensemble, et que chacune lui appartient au plus souverain degré. Il faut connaître aussi ce que c'est que perfection, dont voici une marque assez sûre[3], savoir que les formes ou natures qui ne sont pas susceptibles du dernier degré, ne sont pas des perfections, comme par exemple la nature du nombre ou de la figure. Car le nombre le plus grand de tous (ou bien le nombre de tous les nombres), aussi bien que la plus grande de toutes les figures, impliquent contradiction, mais la plus grande science et la toute-puissance n'enferment point d'impossibilité. Par conséquent la puissance et la science sont des perfections, et, en tant qu'elles appartiennent à Dieu, elles n'ont point de bornes[4]. D'où il s'ensuit[5] que Dieu possédant la sagesse suprême et infinie agit de la manière la plus parfaite, non seulement au sens métaphysique, mais encore moralement parlant, et qu'on peut exprimer ainsi à notre égard que plus on sera éclairé et informé des ouvrages de Dieu, plus on sera disposé à les trouver excellents et entièrement satisfaisant à tout ce qu'on aurait pu souhaiter.

2. — Contre ceux qui soutiennent qu'il n'y a point de bonté dans les ouvrages de Dieu, ou bien que les règles de la bonté et de la beauté sont arbitraires.

Ainsi[1] je suis fort éloigné[2] du sentiment de ceux qui soutiennent qu'il n'y a point de règles de bonté et de perfection dans la nature des choses, ou dans les idées que Dieu en a ; et que les ouvrages de Dieu ne sont bons que par cette raison formelle que Dieu les a faits. Car si cela était, Dieu, sachant qu'il en est l'auteur, n'avait que faire de les regarder par après et de les trouver bons, comme le témoigne la sainte écriture, qui ne paraît s'être servie de cette anthropologie que pour nous faire connaître que leur excellence se connaît à les regarder en eux-mêmes, lors même qu'on ne fait point de réflexion sur cette dénomination extérieure toute nue, qui les rapporte à leur cause. Ce qui est d'autant plus vrai, que c'est par la considération des ouvrages qu'on peut découvrir l'ouvrier. Il faut donc que ces ouvrages portent en eux son caractère. J'avoue[3] que le sentiment contraire me paraît extrêmement dangereux et fort approchant de celui des derniers novateurs[4], dont l'opinion est, que la beauté de l'univers et la bonté que nous attribuons aux ouvrages de Dieu, ne sont que des chimères des hommes qui conçoivent Dieu à leur manière. Aussi, disant que les choses ne sont bonnes par aucune règle de bonté, mais par la seule volonté de Dieu, on détruit, ce me semble, sans y penser, tout l'amour de Dieu et toute sa gloire[5]. Car pourquoi le louer de ce qu'il a fait, s'il serait également louable en faisant tout le contraire ? Où sera donc sa justice et sa sagesse, s'il ne reste qu'un certain pouvoir despotique, si la volonté tient lieu de raison, et si, selon la définition des tyrans, ce qui plaît au plus puissant est juste par là même ? Outre qu'il semble que toute volonté suppose quelque raison de vouloir et que cette raison est naturellement antérieure à la volonté. C'est pourquoi je trouve encore cette expression de quelques autres philosophes[6] tout à fait étrange, qui disent que les vérités éternelles de la métaphysique et de la géométrie, et par conséquent aussi les règles de la bonté, de la justice et de la perfection, ne sont que les effets de la volonté de Dieu, au lieu qu'il me semble que ce ne sont que des suites de son entendement, qui, assurément, ne dépend point de sa volonté, non plus que son essence.

3. — Contre ceux qui croient que Dieu aurait pu mieux faire.

Je ne saurais non plus approuver[1] l'opinion de quelques modernes[2] qui soutiennent hardiment, que ce que Dieu fait n'est pas dans la dernière perfection, et qu'il aurait pu agir bien mieux. Car il me semble[3] que les suites de ce sentiment sont tout à fait contraires à la gloire de Dieu : *Uti minus malum habet rationem boni, ita minus bonum habet rationem mali*[4]. Et c'est agir imparfaitement, que d'agir avec moins de perfection qu'on n'aurait pu. C'est trouver à redire à un ouvrage d'un architecte que de montrer qu'il le pouvait faire meilleur. Cela va encore contre la sainte écriture, lorsqu'elle nous assure de la bonté des ouvrages de Dieu. Car comme les imperfections descendent à l'infini, de quelque façon que Dieu aurait fait son ouvrage, il aurait toujours été bon en comparaison des moins parfaits, si cela était assez ; mais une chose n'est guère louable, quand elle ne l'est que de cette manière. Je crois aussi[5] qu'on trouvera une infinité de passages de la divine écriture et des Saints Pères, qui favoriseront mon sentiment, mais qu'on n'en trouvera guère pour celui de ces modernes[6], qui est à mon avis inconnu à toute l'antiquité, et ne se fonde que sur le trop peu de connaissance que nous avons de l'harmonie générale de l'univers et des raisons cachées de la conduite de Dieu, ce qui nous fait juger témérairement que bien des choses auraient pu être rendues meilleures. Outre que ces modernes insistent sur quelques subtilités peu solides, car ils s'imaginent que rien n'est si parfait qu'il n'y ait quelque chose de plus parfait, ce qui est une erreur[7]. Ils croient aussi de pourvoir par là à la liberté de Dieu, comme si ce n'était pas la plus haute liberté d'agir en perfection suivant la souveraine raison. Car de croire que Dieu agit en quelque chose sans avoir aucune raison de sa volonté, outre qu'il semble que cela ne se peut point, c'est un sentiment peu conforme à sa gloire ; par exemple supposons que Dieu choisisse entre A et B, et qu'il prenne A sans avoir aucune raison de le préférer à B, je dis que cette action de Dieu, pour le moins ne serait point louable ; car toute louange doit être fondée en quelque raison qui ne se trouve point ici *ex hypothesi*. Au lieu que je tiens que Dieu ne fait rien dont il ne mérite d'être glorifié.

4. — Que l'amour de Dieu demande une entière satisfaction et acquiescence touchant ce qu'il fait sans qu'il faille être quiétiste pour cela.

La connaissance générale de cette grande vérité[1], que Dieu agit toujours de la manière la plus parfaite et la plus souhaitable qu'il soit possible, est, à mon avis, le fondement de l'amour que nous devons à Dieu sur toutes choses, puisque celui qui aime cherche sa satisfaction dans la félicité ou perfection de l'objet aimé et de ses actions. *Idem velle et idem nolle vera amicitia est*[2]. Et je crois qu'il est difficile de bien aimer Dieu, quand on n'est pas dans la disposition de vouloir ce qu'il veut quand on aurait le pouvoir de le changer. En effet ceux qui ne sont pas satisfaits de ce qu'il fait me paraissent semblables à des sujets mécontents dont l'intention n'est pas fort différente de celle des rebelles. Je tiens donc que suivant ces principes, pour agir conformément à l'amour de Dieu, il ne suffit pas d'avoir patience par force, mais il faut être véritablement satisfait de tout ce qui nous est arrivé suivant sa volonté. J'entends cet acquiescement quant au passé. Car quant à l'avenir, il ne faut pas être quiétiste ni attendre ridiculement à bras croisés ce que Dieu fera, selon ce sophisme que les anciens appelaient λόγον ἄεργον, *la raison paresseuse*[3], mais il faut agir selon la volonté présomptive de Dieu, autant que nous en pouvons juger, tâchant[4] de tout notre pouvoir de contribuer au bien général et particulièrement à l'ornement et à la perfection de ce qui nous touche, ou de ce qui nous est prochain et pour ainsi dire à portée. Car quand l'événement aura peut-être fait voir que Dieu n'a pas voulu présentement que notre bonne volonté ait son effet, il ne s'ensuit pas de là qu'il n'ait pas voulu que nous fissions ce que nous avons fait. Au contraire, comme il est le meilleur de tous les maîtres, il ne demande jamais que la droite intention, et c'est à lui de connaître l'heure et le lieu propres à faire réussir les bons desseins.

5. — En quoi consistent les règles de perfection de la divine conduite, et que la simplicité des voies est en balance avec la richesse des effets.

Il suffit donc[1] d'avoir cette confiance en Dieu[2], qu'il fait tout pour le mieux, et que rien ne saurait nuire à ceux qui l'aiment ; mais de connaître en particulier les raisons qui l'ont pu mouvoir à choisir cet ordre de l'univers, à souffrir les péchés, à dispenser ses grâces salutaires d'une certaine manière, cela passe les forces d'un esprit fini, surtout quand il n'est pas encore parvenu à la jouissance de la vue de Dieu. Cependant on peut faire quelques remarques générales touchant la conduite de la Providence dans le gouvernement des choses. On peut donc dire[3] que celui qui agit parfaitement est semblable à un excellent géomètre qui sait trouver les meilleures constructions d'un problème ; à un bon architecte qui ménage sa place et le fonds destiné pour le bâtiment de la manière la plus avantageuse, ne laissant rien de choquant, ou qui soit destitué de la beauté dont il est susceptible ; à un bon père de famille, qui emploie son bien en sorte qu'il n'y ait rien d'inculte ni de stérile ; à un habile machiniste qui fait son effet par la voie la moins embarrassée qu'on puisse choisir ; à un savant auteur, qui enferme le plus de réalités dans le moins de volume qu'il peut. Or les plus parfaits de tous les êtres, et qui occupent le moins de volume, c'est-à-dire qui s'empêchent le moins, ce sont les esprits, dont les perfections sont les vertus[4]. C'est pourquoi il ne faut point douter que la félicité des esprits ne soit le principal but de Dieu, et qu'il ne la mette en exécution autant que l'harmonie générale le permet. De quoi nous dirons davantage tantôt[5]. Pour ce qui est de la simplicité des voies de Dieu, elle a lieu proprement à l'égard des moyens, comme au contraire la variété, richesse ou abondance y a lieu à l'égard des fins ou effets. Et l'un doit être en balance avec l'autre, comme les frais destinés pour un bâtiment avec la grandeur et la beauté qu'on y demande. Il est vrai que rien ne coûte à Dieu, bien moins qu'à un philosophe qui fait des hypothèses pour la fabrique de son monde imaginaire, puisque Dieu n'a que des décrets à faire pour faire naître un monde réel ; mais, en matière de sagesse, les décrets ou hypothèses tiennent lieu de dépenses à mesure qu'elles sont plus indépendantes les unes des autres : car la raison veut qu'on évite la multiplicité dans les hypothèses ou principes, à peu près comme le système le plus simple est toujours préféré en astronomie[6].

6. — Dieu ne fait rien hors de l'ordre et il n'est pas même possible de feindre des événements qui ne soient point réguliers.

Les volontés ou actions de Dieu[1] sont communément divisées en ordinaires ou extraordinaires[2]. Mais il est bon de considérer que Dieu ne fait rien hors d'ordre. Ainsi ce qui passe pour extraordinaire ne l'est qu'à l'égard de quelque ordre particulier établi parmi les créatures. Car, quant à l'ordre universel, tout y est conforme. Ce qui est si vrai que, non seulement rien n'arrive dans le monde qui soit absolument irrégulier, mais on ne saurait même rien feindre de tel. Car supposons, par exemple, que quelqu'un fasse quantité de points sur le papier à tout hasard, comme font ceux qui exercent l'art ridicule de la géomance. Je dis qu'il est possible de trouver une ligne géométrique dont la notion soit constante et uniforme suivant une certaine règle, en sorte que cette ligne passe par tous ces points, et dans le même ordre que la main les avait marqués. Et si quelqu'un traçait[3] tout d'une suite une ligne qui serait tantôt droite, tantôt cercle, tantôt d'une autre nature, il est possible de trouver une notion, ou règle, ou équation commune à tous les points de cette ligne, en vertu de laquelle ces mêmes changements doivent arriver. Et il n'y a[4], par exemple, point de visage dont le contour ne fasse partie d'une ligne géométrique et ne puisse être tracé tout d'un trait par un certain mouvement réglé. Mais quand une règle est fort composée, ce qui lui est conforme passe pour irrégulier. Ainsi on peut dire que, de quelque manière que Dieu aurait créé le monde, il aurait toujours été régulier et dans un certain ordre général. Mais Dieu a choisi celui qui est le plus parfait, c'est-à-dire celui qui est en même temps le plus simple en hypothèses et le plus riche en phénomènes, comme pourrait être une ligne de géométrie dont la construction serait aisée et les propriétés et effets seraient fort admirables et d'une grande étendue. Je me sers[5] de ces comparaisons pour crayonner quelque ressemblance imparfaite de la sagesse divine, et pour dire ce qui puisse au moins élever notre esprit à concevoir en quelque façon ce qu'on ne saurait exprimer assez. Mais je ne prétends point d'expliquer par là ce grand mystère dont dépend tout l'univers.

7. — Que les miracles sont conformes à l'ordre général, quoi qu'ils soient contre les maximes subalternes, et de ce que Dieu veut ou qu'il permet, par une volonté générale ou particulière.

Or, puisque rien ne se peut faire qui ne soit dans l'ordre, on peut dire que les miracles[1] sont aussi bien dans l'ordre que les opérations naturelles qu'on appelle ainsi parce qu'elles sont conformes à certaines maximes subalternes que nous appelons la nature des choses. Car on peut dire que cette nature n'est qu'une coutume de Dieu, dont il se peut dispenser à cause d'une raison plus forte que celle qui l'a mû à se servir de ces maximes. Quant aux volontés générales ou particulières[2], selon qu'on prend la chose, on peut dire que Dieu fait tout suivant sa volonté la plus générale, qui est conforme au plus parfait ordre qu'il a choisi ; mais on peut dire aussi qu'il a des volontés particulières qui sont des exceptions de ces maximes subalternes susdites, car la plus générale des lois de Dieu qui règle toute la suite de l'univers est sans exception. On peut dire aussi[3] que Dieu veut tout ce qui est un objet de sa volonté particulière ; mais quant aux objets de sa volonté générale, tels que sont les actions des autres créatures, particulièrement de celles qui sont raisonnables, auxquelles Dieu veut concourir, il faut distinguer : car si l'action est bonne en elle-même, on peut dire que Dieu la veut et la commande quelquefois, lors même qu'elle n'arrive point, mais, si elle est mauvaise en elle-même et ne devient bonne que par accident, parce que la suite des choses, et particulièrement le châtiment et la satisfaction, corrige sa malignité et en récompense le mal avec usure, en sorte qu'enfin il se trouve plus de perfection dans toute la suite que si tout le mal n'était pas arrivé, il faut dire que Dieu le permet, et non pas qu'il le veut, quoiqu'il y concoure à cause des lois de nature qu'il a établies, et parce qu'il en sait tirer un plus grand bien[4].

8. — Pour distinguer les actions de Dieu et des créatures, on explique en quoi consiste la notion d'une substance individuelle.

Il est assez difficile de distinguer les actions de Dieu de celles des créatures[1] ; car il y en a qui croient que Dieu fait tout, d'autres s'imaginent qu'il ne fait que conserver la force qu'il a donnée aux créatures : la suite fera voir combien l'un ou l'autre se peut dire[2]. Or puisque les actions et passions appartiennent proprement aux substances individuelles *(actiones sunt suppositorum)*[3], il serait nécessaire d'expliquer ce que c'est qu'une telle substance. Il est bien vrai que[4], lorsque plusieurs prédicats s'attribuent à un même sujet, et que ce sujet ne s'attribue à aucun autre, on l'appelle substance individuelle ; mais cela n'est pas assez et une telle explication n'est que nominale. Il faut donc considérer ce que c'est que d'être attribué véritablement à un certain sujet. Or il est constant que toute prédication véritable a quelque fondement dans la nature des choses, et lorsqu'une proposition n'est pas identique, c'est-à-dire lorsque le prédicat n'est pas compris expressément dans le sujet, il faut qu'il y soit compris virtuellement, et c'est ce que les philosophes appellent *in-esse*, en disant que le prédicat est dans le sujet. Ainsi il faut que le terme du sujet enferme toujours celui du prédicat, en sorte que celui qui entendrait parfaitement la notion du sujet, jugerait aussi que le prédicat lui appartient. Cela étant, nous pouvons dire que la nature d'une substance individuelle ou d'un être complet est d'avoir une notion si accomplie qu'elle soit suffisante à comprendre et à en faire déduire tous les prédicats du sujet à qui cette notion est attribuée. Au lieu que l'accident est un être dont la notion n'enferme point tout ce qu'on peut attribuer au sujet à qui on attribue cette notion. Ainsi la qualité de roi qui appartient à Alexandre le Grand[5], faisant abstraction du sujet, n'est pas assez déterminée à un individu, et n'enferme point les autres qualités du même sujet, ni tout ce que la notion de ce prince comprend, au lieu que Dieu voyant la notion individuelle ou hecceïté d'Alexandre, y voit en même temps le fondement et la raison de tous les prédicats qui se peuvent dire de lui véritablement, comme par exemple qu'il vaincrait Darius et Porus, jusqu'à y connaître *a priori* (et non par expérience) s'il est mort d'une mort naturelle ou par poison, ce que nous ne pouvons savoir que par l'histoire. Aussi[6], quand on considère bien la connexion des choses, on peut dire qu'il y a de tout temps dans l'âme d'Alexandre des restes de tout ce qui lui est arrivé, et les marques de tout ce qui lui arrivera, et même des traces de tout ce qui se passe dans l'univers, quoiqu'il n'appartienne qu'à Dieu de les reconnaître toutes.

9. — Que chaque substance singulière exprime tout l'univers à sa manière, et que dans sa notion tous ses événements sont compris avec toutes leurs circonstances et toute la suite des choses extérieures.

Il s'ensuit de cela plusieurs paradoxes considérables[1] ; comme entre autres qu'il n'est pas vrai que deux substances se ressemblent entièrement et soient différentes *solo numero*[2], et que ce que saint Thomas assure sur ce point des anges ou intelligences *(quod ibi omne individuum sit species infima)* est vrai de toutes les substances, pourvu qu'on prenne la différence spécifique comme la prennent les géomètres à l'égard de leurs figures[3] ; *item* qu'une substance ne saurait commencer que par création, ni périr que par annihilation[4] ; qu'on ne divise pas une substance en deux, ni qu'on ne fait pas de deux une, et qu'ainsi le nombre des substances naturellement n'augmente et ne diminue pas, quoiqu'elles soient souvent transformées. De plus[5], toute substance est comme un monde entier et comme un miroir de Dieu ou bien de tout l'univers, qu'elle exprime chacune à sa façon, à peu près comme une même ville est diversement représentée selon les différentes situations de celui qui la regarde. Ainsi l'univers est en quelque façon multiplié autant de fois qu'il y a de substances, et la gloire de Dieu est redoublée de même par autant de représentations toutes différentes de son ouvrage. On peut même dire que toute substance porte en quelque façon le caractère de la sagesse infinie et de la toute-puissance de Dieu, et l'imite autant qu'elle en est susceptible. Car elle exprime, quoique confusément, tout ce qui arrive dans l'univers, passé, présent ou avenir, ce qui a quelque ressemblance à une perception ou connaissance infinie ; et comme toutes les autres substances expriment celle-ci à leur tour, et s'y accommodent, on peut dire qu'elle étend sa puissance sur toutes les autres à l'imitation de la toute-puissance du Créateur.

10. — Que l'opinion des formes substantielles a quelque chose de solide, mais que ces formes ne changent rien dans les phénomènes et ne doivent point être employées pour expliquer les effets particuliers.

Il semble[1] que les anciens aussi bien que tant d'habiles gens accoutumés aux méditations profondes, qui ont enseigné la théologie et la philosophie il y a quelques siècles, et dont quelques-uns sont recommandables pour leur sainteté, ont eu quelque connaissance de ce que nous venons de dire, et c'est ce qui les a fait introduire et maintenir les formes substantielles qui sont aujourd'hui si décriées. Mais ils ne sont pas si éloignés de la vérité, ni si ridicules que le vulgaire de nos nouveaux philosophes se l'imagine[2]. Je demeure d'accord[3] que la considération de ces formes ne sert de rien dans le détail de la physique, et ne doit point être employée à l'explication des phénomènes en particulier. Et c'est en quoi nos scolastiques ont manqué, et les médecins du temps passé à leur exemple, croyant de rendre raison des propriétés des corps en faisant mention des formes et des qualités, sans se mettre en peine d'examiner la manière de l'opération ; comme si on se voulait contenter de dire qu'une horloge a la qualité horodictique provenant de sa forme, sans considérer en quoi tout cela consiste. Ce qui peut suffire, en effet, à celui qui l'achète, pourvu qu'il en abandonne le soin à un autre. Mais ce manquement et mauvais usage des formes ne doit pas nous faire rejeter une chose dont la connaissance est si nécessaire en métaphysique que sans cela je tiens qu'on ne saurait bien connaître les premiers principes ni élever assez l'esprit à la connaissance des natures incorporelles et des merveilles de Dieu. Cependant[4], comme un géomètre n'a pas besoin de s'embarrasser l'esprit du fameux labyrinthe de la composition du continu, et qu'aucun philosophe moral et encore moins un jurisconsulte ou politique n'a point besoin de se mettre en peine des grandes difficultés qui se trouvent dans la conciliation du libre arbitre et de la Providence de Dieu, puisque le géomètre peut achever toutes ses démonstrations, et le politique peut terminer toutes ses délibérations sans entrer dans ces discussions, qui ne laissent pas d'être nécessaires et importantes dans la philosophie et dans la théologie : de même[5] un physicien peut rendre raison des expériences, se servant tantôt des expériences plus simples déjà faites, tantôt des démonstrations géométriques et mécaniques, sans avoir besoin des considérations générales qui sont d'une autre sphère ; et s'il y emploie le concours de Dieu ou bien quelque âme, archée, ou autre chose de cette nature, il extravague aussi bien que celui qui, dans une délibération importante de pratique, voudrait entrer dans les grands raisonnements sur la nature du destin et de notre liberté ; comme en effet les hommes font assez souvent cette faute sans y penser, lorsqu'ils s'embarrassent l'esprit par la considération de la fatalité, et même parfois sont détournés par là de quelque bonne résolution ou de quelque soin nécessaire[6].

11. — Que les méditations des théologiens et des philosophes qu'on appelle scolastiques ne sont pas à mépriser entièrement.

Je sais que j'avance un grand paradoxe en prétendant de réhabiliter en quelque façon l'ancienne philosophie et de rappeler *postliminio*[1] les formes substantielles presque bannies ; mais peut-être qu'on ne me condamnera pas légèrement, quand on saura que j'ai assez médité sur la philosophie moderne[2], que j'ai donné bien du temps aux expériences de physique et aux démonstrations de géométrie, et que j'ai été longtemps persuadé de la vanité de ces êtres, que j'ai été enfin obligé de reprendre malgré moi et comme par force, après avoir fait moi-même des recherches qui m'ont fait reconnaître que nos modernes ne rendent pas assez de justice à saint Thomas et à d'autres grands hommes de ce temps-là, et qu'il y a dans les sentiments des philosophes et théologiens scolastiques bien plus de solidité qu'on ne s'imagine, pourvu qu'on s'en serve à propos et en leur lieu. Je suis même persuadé que, si quelque esprit exact et méditatif prenait la peine d'éclaircir et de digérer leur pensée à la façon des géomètres analytiques, il y trouverait un trésor de quantité de vérités très importantes et tout à fait démonstratives[3].

12. — Que les notions qui consistent dans l'étendue enferment quelque chose d'imaginaire et ne sauraient constituer la substance des corps.

Mais, pour reprendre le fil de nos considérations[1], je crois que celui qui méditera sur la nature de la substance, que j'ai expliquée ci-dessus, trouvera que toute la nature du corps ne consiste pas seulement dans l'étendue, c'est-à-dire dans la grandeur, figure et mouvement, mais qu'il faut nécessairement y reconnaître quelque chose qui ait du rapport aux âmes, et qu'on appelle communément forme substantielle, bien qu'elle ne change rien dans les phénomènes, non plus que l'âme des bêtes, si elles en ont. On peut même démontrer que la notion de la grandeur, de la figure et du mouvement n'est pas si distincte qu'on s'imagine, et qu'elle enferme quelque chose d'imaginaire et de relatif à nos perceptions, comme le sont encore (quoique bien davantage) la couleur, la chaleur, et autres qualités semblables dont on peut douter si elles se trouvent véritablement dans la nature des choses hors de nous. C'est pourquoi ces sortes de qualités ne sauraient constituer aucune substance. Et s'il n'y a point d'autre principe d'identité dans les corps que ce que nous venons de dire, jamais un corps ne subsistera plus d'un moment. Cependant[2] les âmes et les formes substantielles des autres corps sont bien différentes des âmes intelligentes, qui seules connaissent leurs actions, et qui non seulement ne périssent point naturellement, mais même gardent toujours le fondement de la connaissance de ce qu'elles sont ; ce qui les rend seules susceptibles de châtiment et de récompense, et les fait citoyens de la république de l'univers, dont Dieu est le monarque ; aussi s'ensuit-il que tout le reste des créatures leur doit servir, de quoi nous parlerons tantôt plus amplement.

13. — Comme la notion individuelle de chaque personne renferme une fois pour toutes ce qui lui arrivera jamais, on y voit les preuves *a priori* de la vérité de chaque événement, ou pourquoi l'un est arrivé plutôt que l'autre, mais ces vérités, quoique assurées, ne laissent pas d'être contingentes, étant fondées sur le libre arbitre de Dieu ou des créatures, dont le choix a toujours ses raisons qui inclinent sans nécessiter.

Mais avant que de passer plus loin[1], il faut tâcher de satisfaire à une grande difficulté qui peut naître des fondements que nous avons jetés ci-dessus[2]. Nous avons dit que la notion d'une substance individuelle enferme une fois pour toutes tout ce qui lui peut jamais arriver, et qu'en considérant cette notion on y peut voir tout ce qui se pourra véritablement énoncer d'elle, comme nous pouvons voir dans la nature du cercle toutes les propriétés qu'on en peut déduire. Mais il semble que par là la différence des vérités contingentes et nécessaires sera détruite, que la liberté humaine n'aura plus aucun lieu, et qu'une fatalité absolue régnera sur toutes nos actions aussi bien que sur tout le reste des événements du monde. A quoi je réponds qu'il faut faire distinction entre ce qui est certain et ce qui est nécessaire : tout le monde demeure d'accord que les futurs contingents sont assurés, puisque Dieu les prévoit, mais on n'avoue pas, pour cela, qu'ils soient nécessaires. Mais (dira-t-on) si quelque conclusion se peut déduire infailliblement d'une définition ou notion, elle sera nécessaire. Or est-il que nous soutenons que tout ce qui doit arriver à quelque personne est déjà compris virtuellement dans sa nature ou notion, comme les propriétés le sont dans la définition du cercle, ainsi la difficulté subsiste encore. Pour y satisfaire solidement, je dis que la connexion ou consécution est de deux sortes : l'une est absolument nécessaire dont le contraire implique contradiction, et cette déduction a lieu dans les vérités éternelles, comme sont celles de géométrie ;

l'autre n'est nécessaire qu'*ex hypothesi* et pour ainsi dire par accident, mais elle est contingente en elle-même, lorsque le contraire n'implique point. Et cette connexion est fondée, non pas sur les idées toutes pures et sur le simple entendement de Dieu, mais encore sur ses décrets libres, et sur la suite de l'univers. Venons à un exemple[3] : puisque Jules César deviendra dictateur perpétuel et maître de la république, et renversera la liberté des Romains, cette action est comprise dans sa notion, car nous supposons que c'est la nature d'une telle notion parfaite d'un sujet de tout comprendre, afin que le prédicat y soit enfermé, *ut possit inesse subjecto*[4]. On pourrait dire[5] que ce n'est pas en vertu de cette notion ou idée qu'il doit commettre cette action, puisqu'elle ne lui convient que parce que Dieu sait tout. Mais on insistera que sa nature ou forme répond à cette notion, et puisque Dieu lui a imposé ce personnage il lui est désormais nécessaire d'y satisfaire. J'y pourrais répondre[6] par l'instance des futurs contingents, car ils n'ont rien encore de réel que dans l'entendement et volonté de Dieu, et puisque Dieu leur y a donné cette forme par avance, il faudra tout de même qu'ils y répondent. Mais j'aime mieux satisfaire aux difficultés que de les excuser par l'exemple de quelques autres difficultés semblables, et ce que je vais dire servira à éclaircir aussi bien l'une que l'autre. C'est donc maintenant[7] qu'il faut appliquer la distinction des connexions, et je dis que ce qui arrive conformément à ces avances est assuré, mais qu'il n'est pas nécessaire, et si quelqu'un faisait le contraire, il ne ferait rien d'impossible en soi-même, quoiqu'il soit impossible *(ex hypothesi)* que cela arrive. Car si quelque homme était capable d'achever toute la démonstration[8], en vertu de laquelle il pourrait prouver cette connexion du sujet qui est César et du prédicat qui est son entreprise heureuse ; il ferait voir, en effet, que la dictature future de César a son fondement dans sa notion ou nature, qu'on y voit[9] une raison pourquoi il a plutôt résolu de passer le Rubicon que de s'y arrêter, et pourquoi il a plutôt gagné que perdu la journée de Pharsale, et qu'il était raisonnable et par conséquent assuré que cela arrivât, mais non pas qu'il est nécessaire en soi-même, ni que le contraire implique contradiction. A peu près[10] comme il est raisonnable et assuré[11] que Dieu fera toujours le meilleur, quoique ce qui est moins parfait n'implique point. Car on trouverait que cette démonstration de ce prédicat de César n'est pas aussi absolue que celles des nombres, ou de la géométrie, mais qu'elle suppose la suite des choses que Dieu a choisie librement, et qui est fondée sur le premier décret libre de Dieu, qui porte de faire toujours ce qui est le plus parfait, et sur le décret que Dieu a fait (en suite du premier) à l'égard de la nature humaine, qui est que l'homme fera toujours (quoique librement) ce qui paraîtra le meilleur. Or toute vérité qui est fondée sur ces sortes de décrets est contingente, quoiqu'elle soit certaine ; car ces décerts ne changent point la possibilité des choses, et comme j'ai déjà dit, quoique Dieu choisisse toujours le meilleur assurément, cela n'empêche pas que ce qui est moins parfait ne soit et demeure possible en lui-même, bien qu'il n'arrivera point, car ce n'est pas son impossibilité, mais son imperfection, qui le fait rejeter. Or rien n'est nécessaire dont l'opposé est possible. On sera donc en état de satisfaire à ces sortes de difficultés[12], quelque grandes qu'elles paraissent (et en effet elles ne sont pas moins pressantes à l'égard de tous les autres qui ont jamais traité cette matière), pourvu qu'on considère bien que toutes les propositions contingentes ont des raisons pour être plutôt ainsi qu'autrement, ou bien (ce qui est la même chose) qu'elles ont des preuves *a priori* de leur vérité qui les rendent certaines, et qui montrent que la connexion du sujet et du prédicat de ces propositions a son fondement dans la nature de l'un et de l'autre ; mais qu'elles n'ont pas des démonstrations de nécessité, puisque ces raisons ne sont fondées que sur le principe de la contingence ou de l'existence des choses, c'est-à-dire sur ce qui est ou qui paraît le meilleur parmi plusieurs choses également possibles ; au lieu que les vérités nécessaires sont fondées sur le principe de contradiction et sur la possibilité ou impossibilité des essences mêmes, sans avoir égard en cela à la volonté libre de Dieu ou des créatures.

14. — Dieu produit diverses substances, selon les différentes vues qu'il a de l'univers, et par l'intervention de Dieu la nature propre de chaque substance porte que ce qui arrive à l'une répond à ce qui arrive à toutes les autres, sans qu'elles agissent immédiatement l'une sur l'autre.

Après avoir connu, en quelque façon, en quoi consiste la nature des substances, il faut tâcher d'expliquer la dépendance que les unes ont des autres, et leurs actions et passions[1]. Or il est premièrement très manifeste[2] que les substances créées dépendent de Dieu qui les conserve et même qui les produit continuellement par une manière d'émanation, comme nous produisons nos pensées. Car Dieu tournant pour ainsi dire de tous côtés et de toutes les façons le système général des phénomènes qu'il trouve bon de produire pour manifester sa gloire, et regardant toutes les faces du monde de toutes les manières possibles, puisqu'il n'y a point de rapport qui échappe à son omniscience, le résultat de chaque vue de l'univers, comme regardé d'un certain endroit, est une substance qui exprime l'univers conformément à cette vue, si Dieu trouve bon de rendre sa pensée effective et de produire cette substance. Et comme la vue de Dieu est toujours véritable, nos perceptions le sont aussi, mais ce sont nos jugements qui sont de nous et qui nous trompent. Or nous avons dit ci-dessus[3] et il s'ensuit de ce que nous venons de dire, que chaque substance est comme un monde à part, indépendant de toute autre chose, hors de Dieu[4] ; ainsi tous nos phénomènes, c'est-à-dire tout ce qui nous peut jamais arriver, ne sont que des suites de notre être ; et comme ces phénomènes gardent un certain ordre[5] conforme à notre nature[6], ou pour ainsi dire au monde qui est en nous, qui fait que nous pouvons faire des observations utiles pour régler notre conduite qui sont justifiées par le succès des phénomènes futurs, et qu'ainsi nous pouvons souvent juger de l'avenir par le passé sans nous tromper, cela suffirait pour dire que ces phénomènes sont véritables sans nous mettre en peine s'ils sont hors de nous et si d'autres s'en aperçoivent aussi : cependant, il est très vrai que les perceptions ou expressions de toutes les substances s'entre-répondent, en sorte que chacun suivant avec soin certaines raisons ou lois qu'il a observées, se rencontre avec l'autre qui en fait autant[7], comme lorsque plusieurs s'étant accordés de se trouver ensemble en quelque endroit à un certain jour préfixe, le peuvent faire effectivement s'ils veulent. Or, quoique tous expriment les mêmes phénomènes[8], ce n'est pas pour cela que leurs expressions soient parfaitement semblables, mais il suffit qu'elles soient proportionnelles ; comme plusieurs spectateurs croient voir la même chose, et s'entre-entendent en effet, quoique chacun voie et parle selon la mesure de sa vue. Or[9], il n'y a que Dieu (de qui tous les individus émanent continuellement, et qui voit l'univers[10] non seulement comme ils le voient, mais encore tout autrement qu'eux tous), qui soit cause de cette correspondance de leurs phénomènes, et qui fasse que ce qui est particulier à l'un, soit public à tous ; autrement il n'y aurait point de liaison. On pourrait donc dire en quelque façon[11], et dans un bon sens, quoique éloigné de l'usage, qu'une substance particulière n'agit jamais sur une autre substance particulière et n'en pâtit non plus, si on considère que ce qui arrive à chacune n'est qu'une suite de son idée ou notion complète toute seule, puisque cette idée enferme déjà tous les prédicats ou événements, et exprime tout l'univers. En effet, rien ne nous peut arriver que des pensées et des perceptions, et toutes nos pensées et nos perceptions futures ne sont que des suites, quoique contingentes, de nos pensées et perceptions précédentes, tellement que si j'étais capable de considérer distinctement tout ce qui m'arrive ou paraît à cette heure, j'y pourrais voir tout ce qui m'arrivera ou me paraîtra à tout jamais ; ce qui ne manquerait pas[12], et m'arriverait tout de même, quand tout ce qui est hors de moi serait détruit, pourvu qu'il ne restât que Dieu et moi. Mais comme nous attribuons à d'autres choses comme à des causes agissant sur nous ce que nous apercevons d'une certaine manière, il faut considérer le fondement de ce jugement, et ce qu'il y a de véritable[13].

15. — L'action d'une substance finie sur l'autre ne consiste que dans l'accroissement du degré de son expression, joint à la diminution de celle de l'autre, autant que Dieu les oblige de s'accommoder ensemble.

Mais sans entrer dans une longue discussion, il suffit à présent[1], pour concilier le langage métaphysique avec la pratique, de remarquer que nous nous attribuons davantage et avec raison les phénomènes que nous exprimons plus parfaitement, et que nous attribuons aux autres substances ce que chacune exprime le mieux. Ainsi une substance qui est d'une étendue infinie, en tant qu'elle exprime tout, devient limitée par la manière de son expression plus ou moins parfaite. C'est donc ainsi qu'on peut concevoir que les substances s'entr'empêchent ou se limitent, et par conséquent on peut dire dans ce sens qu'elles agissent l'une sur l'autre, et sont obligées pour ainsi dire de s'accommoder entre elles. Car il peut arriver qu'un changement qui augmente l'expression de l'une, diminue celle de l'autre. Or la vertu d'une substance particulière[2] est de bien exprimer la gloire de Dieu, et c'est par là qu'elle est moins limitée. Et chaque chose quand elle exerce sa vertu ou puissance, c'est-à-dire quand elle agit, change en mieux et s'étend, en tant qu'elle agit : lors donc qu'il arrive un changement dont plusieurs substances sont affectées (comme en effet tout changement les touche toutes), je crois qu'on peut dire que celle qui immédiatement par là passe à un plus grand degré de perfection ou à une expression plus parfaite, exerce sa puissance, et *agit*, et celle qui passe à un moindre degré fait connaître sa faiblesse, et *pâtit*. Aussi tiens-je que toute action d'une substance qui a de la perfection importe quelque *volupté*, et toute passion quelque *douleur*, et *vice versa*[3]. Cependant, il peut bien arriver qu'un avantage présent soit détruit par un plus grand mal dans la suite ; d'où vient qu'on peut pécher en agissant ou exerçant sa puissance et en trouvant du plaisir.

16. — Le concours extraordinaire de Dieu est compris dans ce que notre essence exprime, car cette expression s'étend à tout, mais il surpasse les forces de notre nature ou notre expression distincte, laquelle est finie et suit certaines maximes subalternes.

Il ne reste à présent que d'expliquer comment il est possible que Dieu ait quelquefois de l'influence sur les hommes ou sur les autres substances par un concours extraordinaire et miraculeux[1], puisqu'il semble[2] que rien ne leur peut arriver d'extraordinaire ni de surnaturel, vu que tous leurs événements ne sont que des suites de leur nature. Mais il faut se souvenir[3] de ce que nous avons dit ci-dessus à l'égard des miracles dans l'univers, qui sont toujours conformes à la loi universelle de l'ordre général, quoiqu'ils soient au-dessus des maximes subalternes. Et d'autant que toute personne ou substance est comme un petit monde qui exprime le grand, on peut dire de même que cette action extraordinaire de Dieu sur cette substance ne laisse pas d'être miraculeuse, quoiqu'elle soit comprise dans l'ordre général de l'univers en tant qu'il est exprimé par l'essence ou notion individuelle de cette substance. C'est pourquoi, si nous comprenons dans notre nature tout ce qu'elle exprime, rien ne lui est surnaturel, car elle s'étend à tout, un effet exprimant toujours sa cause et Dieu étant la véritable cause des substances. Mais comme ce que notre nature exprime plus parfaitement lui appartient d'une manière particulière, puisque c'est en cela que sa puissance consiste, et qu'elle est limitée, comme je viens de l'expliquer, il y a bien des choses qui surpassent les forces de notre nature, et même celles de toutes les natures limitées. Par conséquent, afin de parler plus clairement, je dis que les miracles et les concours extraordinaires de Dieu ont cela de propre qu'ils ne sauraient être prévus par le raisonnement d'aucun esprit créé, quelque éclairé qu'il soit, parce que la compréhension distincte de l'ordre général les surpasse tous ; au lieu que tout ce qu'on appelle naturel dépend des maximes moins générales que les créatures peuvent comprendre. Afin donc que les paroles soient aussi irrépréhensibles que le sens[4], il serait bon de lier certaines manières de parler avec certaines pensées, et on pourrait appeler notre essence ou idée, ce qui comprend tout ce que nous exprimons, et comme elle exprime notre union avec Dieu même, elle n'a point de limites, et rien ne la passe. Mais ce qui est limité en nous pourra être appelé notre nature ou notre puissance, et à cet égard ce qui passe les natures de toutes les substances créées, est surnaturel[5].

17. — Exemple d'une maxime subalterne ou loi de la nature, où il est montré que Dieu conserve toujours la même force, mais non pas la même quantité de mouvement, contre les cartésiens et plusieurs autres.

J'ai déjà souvent fait mention des maximes subalternes ou des lois de la nature[1], et il semble qu'il serait bon d'en donner un exemple[2] : communément nos nouveaux philosophes[3] se servent de cette règle fameuse que Dieu conserve toujours la même quantité de mouvement dans le monde[4]. En effet, elle est fort plausible, et du temps passé, je la tenais pour indubitable[5]. Mais depuis j'ai reconnu en quoi consiste la faute[6]. C'est que M. Descartes et bien d'autres habiles mathématiciens ont cru que la quantité de mouvement, c'est-à-dire la vitesse multipliée par la grandeur du mobile, convient entièrement à la force mouvante, ou[7] pour parler géométriquement, que les forces sont en raison composée des vitesses et des corps. Or il est bien raisonnable[8] que la même force se conserve toujours dans l'univers. Aussi quand on prend garde aux phénomènes on voit bien que le mouvement perpétuel mécanique n'a point de lieu, parce qu'ainsi la force d'une machine, qui[9] est toujours un peu diminuée par la friction et doit finir bientôt, se réparerait, et par conséquent s'augmenterait d'elle-même sans quelque impulsion nouvelle du dehors ; et on remarque aussi que la force d'un corps n'est pas diminuée qu'à mesure qu'il en donne à quelques corps contigus[10] ou à ses propres parties en tant qu'elles ont un mouvement à part. Ainsi ils ont cru que ce qui peut se dire de la force se pourrait aussi dire de la quantité de mouvement. Mais, pour en montrer la différence[11], je suppose[12] qu'un corps tombant d'une certaine hauteur acquiert la force d'y remonter, si sa direction le porte ainsi, à moins[13] qu'il ne se trouve quelques empêchements : par exemple un pendule remonterait parfaitement à la hauteur dont il est descendu, si la résistance de l'air et de quelques autres petits obstacles ne diminuaient un peu sa force acquise. Je suppose aussi qu'il faut autant de force pour élever un corps A d'une livre à la hauteur CD de quatre toises, que d'élever un corps B de quatre livres à la hauteur EF d'une toise. Tout cela est accordé par nos nouveaux philosophes. Il est donc manifeste[14] que le corps A étant tombé de la hauteur CD a acquis autant de force précisément que le corps B tombé de la hauteur EF ; car[15] le corps B étant parvenu en F et y ayant la force de remonter jusqu'à E (par la première supposition), a par conséquent la force de porter un corps de quatre livres, c'est-à-dire son propre corps, à la hauteur EF d'une toise, et de même le corps A étant parvenu en D et y ayant la force de remonter jusqu'à C, a la force de porter un corps d'une livre, c'est-à-dire son propre corps, à la hauteur CD de quatre toises. Donc (par la seconde supposition) la force de ces deux corps est égale. Voyons maintenant si la quantité de mouvement est aussi la même de part et d'autre : mais c'est là où on sera surpris de trouver une différence grandissime. Car il a été démontré par Galilée[16] que la vitesse acquise par la chute CD est double de la vitesse acquise par la chute EF, quoique la hauteur soit quadruple. Multiplions donc le corps A, qui est comme 1, par sa vitesse, qui est comme 2, le produit ou la quantité de mouvement sera comme 2 ; et de l'autre part multiplions le corps B, qui est comme 4, par sa vitesse qui est comme 1, le produit ou la quantité de mouvement sera comme 4 ; donc la quantité de mouvement du corps A au point D est la moitié de la quantité de mouvement du corps B au point F, et cependant leurs forces sont égales ; donc[17] il y a bien de la différence entre la quantité de mouvement et la force, ce qu'il fallait montrer. On voit par là[18] comment la force doit être estimée par la quantité de l'effet qu'elle peut produire, par exemple par la hauteur à laquelle un corps pesant d'une certaine grandeur et espèce peut être élevé, ce qui est bien différent de la vitesse qu'on lui peut donner. Et pour lui donner le double de la vitesse, il faut plus que le double de la force. Rien n'est plus simple que cette preuve ; et M. Descartes n'est tombé ici dans l'erreur que parce qu'il se fiait trop à ses pensées, lors même qu'elles n'étaient pas encore assez mûres. Mais je m'étonne que depuis ses sectateurs ne se sont pas aperçus de cette faute : et j'ai peur qu'ils ne commencent peu à peu d'imiter quelques péripatéticiens, dont ils se moquent, et qu'ils ne s'accoutument comme eux de consulter plutôt les livres de leur maître que la raison et la nature.

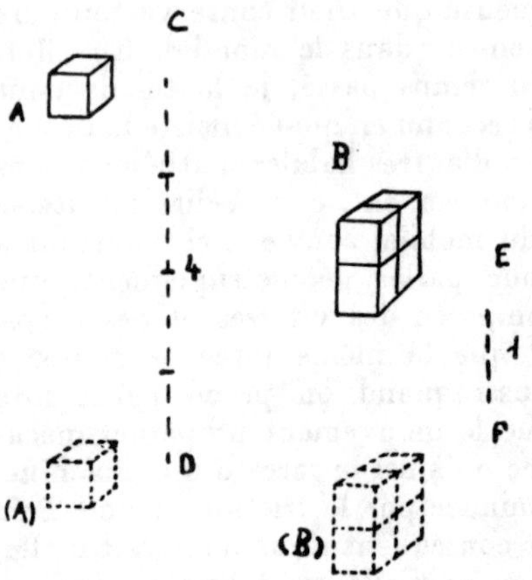

18. — La distinction de la force et de la quantité de mouvement est importante entre autres pour juger qu'il faut recourir à des considérations métaphysiques séparées de l'étendue afin d'expliquer les phénomènes des corps.

Cette considération[1] de la force distinguée de la quantité de mouvement est assez importante non seulement en physique[2] et en mécanique pour trouver les véritables lois de la nature et règles du mouvement, et pour corriger[3] même plusieurs erreurs de pratique qui se sont glissées dans les écrits de quelques habiles mathématiciens, mais encore dans la métaphysique pour mieux entendre les principes, car le mouvement, si on n'y considère[4] que ce qu'il comprend précisément et formellement, c'est-à-dire un changement de place, n'est pas une chose entièrement réelle, et quand plusieurs corps changent de situation entre eux, il n'est pas possible de déterminer par la seule considération de ces changements, à qui entre eux le mouvement ou le repos doit être attribué, comme[5] je pourrais faire voir géométriquement, si je m'y voulais arrêter maintenant. Mais la force ou cause prochaine de ces changements est quelque chose de plus réel, et il y a assez de fondement pour l'attribuer à un corps plus qu'à l'autre ; aussi n'est-ce que par là qu'on peut connaître à qui le mouvement appartient davantage. Or cette force est quelque chose de différent de la grandeur de la figure et du mouvement, et on peut juger par là que tout ce qui est conçu dans le corps ne consiste pas uniquement dans l'étendue et dans ses modifications, comme nos modernes se persuadent. Ainsi nous sommes encore obligés de rétablir quelques êtres ou formes, qu'ils ont bannis[6]. Et il paraît de plus en plus, quoique tous les phénomènes particuliers de la nature se puissent expliquer mathématiquement ou mécaniquement par ceux qui les entendent, que néanmoins les principes généraux de la nature corporelle et de la mécanique même sont plutôt métaphysiques que géométriques, et appartiennent plutôt à quelques formes ou natures indivisibles comme causes des apparences qu'à la masse corporelle ou étendue. Réflexion qui est capable de réconcilier la philosophie mécanique[7] des modernes avec la circonspection de quelques personnes intelligentes et bien intentionnées qui craignent avec quelque raison qu'on ne s'éloigne trop des êtres immatériels au préjudice de la piété[8].

19. — Utilité des causes finales dans la physique.

Comme je n'aime pas de juger des gens en mauvaise part[1], je n'accuse pas nos nouveaux philosophes[2], qui prétendent de bannir les causes finales de la physique[3], mais je suis néanmoins obligé d'avouer que les suites de ce sentiment me paraissent dangereuses[4], surtout[5] quand je le joins à celui que j'ai réfuté au commencement de ce discours, qui semble aller à les ôter tout à fait comme si Dieu ne se proposait aucune fin ni bien, en agissant , ou comme si le bien n'était pas l'objet de sa volonté[6]. Et pour moi je tiens au contraire que c'est là où il faut chercher le principe de toutes les existences et des lois de la nature, parce que Dieu se propose toujours le meilleur et le plus parfait[7]. Je veux bien avouer[8] que nous sommes sujets à nous abuser quand nous voulons déterminer les fins ou conseils de Dieu, mais ce n'est que lorsque nous les voulons borner à quelque dessein particulier, croyant qu'il n'a eu en vue qu'une seule chose, au lieu qu'il a en même temps égard à tout ; comme[9] lorsque nous croyons que Dieu n'a fait le monde que pour nous, c'est un grand abus, quoiqu'il soit très véritable qu'il l'a fait tout entier pour nous, et qu'il n'y a rien dans l'univers qui ne nous touche et qui ne s'accommode aussi aux égards qu'il a pour nous, suivant les principes posés ci-dessus[10]. Ainsi lorsque nous voyons quelque bon effet ou quelque perfection qui arrive ou qui s'ensuit des ouvrages de Dieu, nous pouvons dire sûrement que Dieu se l'est proposée. Car il ne fait rien par hasard, et n'est pas semblable à nous, à qui il échappe quelquefois de bien faire. C'est pourquoi[11], bien loin qu'on puisse faillir en cela, comme font les politiques outrés qui s'imaginent trop de raffinement dans les desseins des princes, ou comme font des commentateurs qui cherchent trop d'érudition dans leur auteur ; on ne saurait attribuer trop de réflexions à cette sagesse infinie, et il n'y a aucune matière où il y ait moins d'erreur à craindre tandis qu'on ne fait qu'affirmer, et pourvu qu'on se garde ici des propositions négatives qui limitent les desseins de Dieu. Tous ceux qui voient[12] l'admirable structure des animaux se trouvent portés à reconnaître la sagesse de l'auteur des choses, et je conseille à ceux qui ont quelque sentiment de piété et même[13] de véritable philosophie, de s'éloigner des phrases de quelques esprits forts prétendus, qui disent qu'on voit parce qu'il se trouve qu'on a des yeux, sans que les yeux aient été faits pour voir. Quand on est sérieusement dans ces sentiments qui donnent tout à la nécessité de la matière ou à un certain hasard (quoique l'un et l'autre doivent paraître ridicules à ceux qui entendent ce que nous avons expliqué ci-dessus), il est difficile qu'on puisse reconnaître un auteur intelligent de la nature. Car[14] l'effet doit répondre à sa cause, et même il se connaît le mieux par la connaissance de la cause et il est déraisonnable d'introduire une intelligence souveraine ordonnatrice des choses et puis, au lieu d'employer sa sagesse, ne se servir que des propriétés de la matière pour expliquer les phénomènes. Comme si[15], pour rendre raison d'une conquête qu'un grand prince a faite en prenant quelque place d'importance, un historien voulait dire que c'est parce que les petits corps de la poudre à canon étant délivrés à l'attouchement d'une étincelle se sont échappés avec une vitesse capable de pousser un corps dur et pesant contre les murailles de la place, pendant que les branches des petits corps qui composent le cuivre du canon étaient assez bien entrelacées, pour ne se pas disjoindre par cette vitesse ; au lieu de faire voir comment la prévoyance du conquérant lui a fait choisir le temps et les moyens convenables, et comment sa puissance a surmonté tous les obstacles[16].

20. — Passage remarquable de Socrate chez Platon contre les philosophes trop matériels.

Cela me fait souvenir d'un beau passage de Socrate dans le *Phédon* de Platon[1], qui est merveilleusement conforme à mes sentiments sur ce point, et semble être fait exprès contre nos philosophes trop matériels. Aussi ce rapport m'a donné envie de le traduire, quoiqu'il soit un peu long ; peut-être que cet échantillon pourra donner occasion à quelqu'un de nous faire part de quantité d'autres pensées belles et solides qui se trouvent dans les écrits de ce fameux auteur[2]. « J'entendis un jour, dit-il, quelqu'un lire dans un livre d'Anaxagore, où il y avait ces paroles *qu'un être intelligent était cause de toutes choses, et qu'il les avait disposées et ornées.* Cela me plut extrêmement, car je croyais que si le monde était l'effet d'une intelligence, tout serait fait de la manière la plus parfaite qu'il eût été possible. C'est pourquoi je croyais que celui qui voudrait rendre raison pourquoi les choses s'engendrent ou périssent ou subsistent devrait chercher ce qui serait convenable à la perfection de chaque chose. Ainsi l'homme n'aurait à considérer en soi ou en quelque autre chose que ce qui serait le meilleur et le plus parfait. Car celui qui connaîtrait le plus parfait jugerait aisément par là de ce qui serait imparfait, parce qu'il n'y a qu'une même science de l'un et de l'autre. Considérant tout ceci, je me réjouissais d'avoir trouvé un maître qui pourrait enseigner les raisons des choses : par exemple, si la terre était plutôt ronde que plate, et pourquoi il ait été mieux qu'elle fût ainsi qu'autrement. De plus, je m'attendais qu'en disant que la terre est au milieu de l'univers, ou non, il m'expliquerait pourquoi cela ait été le plus convenable. Et qu'il m'en dirait autant du soleil, de la lune, des étoiles et de leurs mouvements. Et qu'enfin, après avoir montré ce qui serait convenable à chaque chose en particulier, il me montrerait ce qui serait le meilleur en général. Plein de cette espérance, je pris et je parcourus les livres d'Anaxagore avec grand empressement ; mais je me trouvai bien éloigné de mon compte, car je fus surpris de voir qu'il ne se servait point de cette intelligence gouvernatrice qu'il avait mise en avant, qu'il ne parlait plus de l'ornement ni de la perfection des choses, et qu'il introduisait certaines matières éthériennes peu vraisemblables. En quoi il faisait comme celui qui, ayant dit que Socrate fait les choses avec intelligence, et venant par après à expliquer en particulier les causes de ses actions, dirait qu'il est assis ici, parce qu'il a un corps composé d'os, de chair et de nerfs, que les os sont solides, mais qu'ils ont des intervalles ou junctures, que les nerfs peuvent être tendus et relâchés, que c'est par là que le corps est flexible et enfin que je suis assis. Ou si voulant rendre raison de ce présent discours, il aurait recours à l'air, aux organes de voix et d'ouïe, et semblables choses, oubliant cependant les véritables causes, savoir que les Athéniens ont cru qu'il serait mieux fait de me condamner que de m'absoudre, et que j'ai cru, moi, mieux faire de demeurer assis ici que de m'enfuir. Car ma foi, sans cela, il y a longtemps que ces nerfs et ces os seraient auprès des Béotiens et Mégariens, si je n'avais pas trouvé qu'il est plus juste et plus honnête à moi de souffrir la peine que la patrie me veut imposer, que de vivre ailleurs vagabond et exilé. C'est pourquoi il est déraisonnable d'appeler ces os et ces nerfs et leurs mouvements des causes. Il est vrai que celui qui dirait que je ne saurais faire tout ceci sans os et sans nerfs aurait raison, mais autre chose est ce qui est la véritable cause et ce qui n'est qu'une condition sans laquelle la cause ne saurait être cause. Les gens qui disent seulement, par exemple, que le mouvement des corps à l'entour soutient la terre là où elle est, oublient que la puissance divine dispose tout de la plus belle manière, et ne comprennent pas que c'est le bien et le beau qui joint, qui forme et qui maintient le monde. » Jusqu'ici Socrate, car ce qui s'ensuit chez Platon des idées ou formes n'est pas moins excellent, mais il est un peu plus difficile[3].

21. — Si les règles mécaniques dépendaient de la seule géométrie sans la métaphysique, les phénomènes seraient tout autres.

Or, puisqu'on a toujours reconnu la sagesse de Dieu dans le détail de la structure mécanique de quelques corps particuliers, il faut bien qu'elle se soit montrée aussi dans l'économie générale du monde et dans la constitution des lois de la nature[1]. Ce qui est si vrai qu'on remarque les conseils de cette sagesse dans les lois du mouvement en général[2]. Car s'il n'y avait dans les corps qu'une masse étendue, et s'il n'y avait dans le mouvement que le changement de place, et si tout se devait et pouvait déduire de ces définitions toutes seules par une nécessité géométrique, il s'ensuivrait, comme j'ai montré ailleurs[3], que le moindre corps donnerait au plus grand qui serait en repos et qu'il rencontrerait, la même vitesse qu'il a, sans perdre quoi que ce soit de la sienne : et il faudrait admettre quantité d'autres telles règles tout à fait contraires à la formation d'un système. Mais le décret de la sagesse divine de conserver toujours la même force et la même direction en somme, y a pourvu. Je trouve même que plusieurs effets de la nature se peuvent démontrer doublement, savoir par la considération de la cause efficiente, et encore à part par la considération de la cause finale, en se servant par exemple du décret de Dieu de produire toujours son effet par les voies les plus aisées et les plus déterminées[4], comme j'ai fait voir ailleurs en rendant raison des règles de la catoptrique et de la dioptrique[5], et en dirai[6] davantage tantôt.

22. — Conciliation des deux voies par les finales et par les efficientes pour satisfaire tant à ceux qui expliquent la nature mécaniquement qu'à ceux qui ont recours à des natures incorporelles.

Il est bon de faire cette remarque[1] pour concilier ceux qui espèrent d'expliquer mécaniquement la formation de la première tissure d'un animal et de toute la machine des parties, avec ceux qui rendent raison de cette même structure par les causes finales[2]. L'un et l'autre est bon, l'un et l'autre peut être utile, non seulement pour admirer l'artifice du grand ouvrier, mais encore pour découvrir quelque chose d'utile dans la physique et dans la médecine. Et les auteurs qui suivent ces routes différentes ne devraient point se maltraiter. Car je vois que ceux qui s'attachent à expliquer la beauté de la divine anatomie, se moquent des autres qui s'imaginent qu'un mouvement de certaines liqueurs qui paraît fortuit a pu faire une si belle variété de membres, et traitent ces gens là de téméraires et de profanes. Et ceux-ci au contraire traitent les premiers de simples et de superstitieux, semblables à ces anciens qui prenaient les physiciens pour impies, quand ils soutenaient que ce n'est pas Jupiter qui tonne, mais quelque matière qui se trouve dans les nues. Le meilleur serait de joindre l'une et l'autre considération, car s'il est permis de se servir d'une basse comparaison, je reconnais et j'exalte l'adresse d'un ouvrier non seulement en montrant quels desseins il a eus en faisant les pièces de sa machine, mais encore en expliquant les instruments dont il s'est servi pour faire chaque pièce, surtout quand ces instruments sont simples et ingénieusement controuvés. Et Dieu est assez habile artisan pour produire une machine encore plus ingénieuse mille fois que celle de notre corps, en ne se servant que de quelques liqueurs assez simples expressément formées en sorte qu'il ne faille que les lois ordinaires de la nature pour les démêler comme il faut afin de produire un effet si admirable ; mais il est vrai aussi que cela n'arriverait point, si Dieu n'était pas auteur de la nature. Cependant je trouve[3] que la voie des causes efficientes, qui est plus profonde en effet[4] et en quelque façon plus immédiate et *a priori*, est en récompense assez difficile, quand on vient au détail, et je crois que nos philosophes le plus souvent en sont encore bien éloignés. Mais la voie des finales est plus aisée, et ne laisse pas de servir souvent à deviner des vérités importantes et utiles[5] qu'on serait bien longtemps à chercher par cette autre route plus physique[6], dont l'anatomie peut fournir des exemples considérables. Aussi tiens-je que Snellius[7] qui est le premier inventeur des règles de la réfraction[8] aurait attendu longtemps à les trouver, s'il avait voulu chercher premièrement comment la lumière se forme. Mais il a suivi apparemment la méthode dont les anciens se sont servis pour la catoptrique, qui est en effet par les finales. Car cherchant la voie la plus aisée pour conduire un rayon d'un point donné à un autre point donné par la réflexion d'un plan donné (supposant que c'est le dessein de la nature), ils ont trouvé l'égalité des angles d'incidence et de réflexion, comme[9] l'on peut voir dans un petit traité d'Héliodore de Larisse[10], et ailleurs. Ce que M. Snellius, comme je crois, et après lui (quoique sans rien savoir de lui), M. Fermat[11] ont appliqué plus ingénieusement à la réfraction. Car lorsque les rayons observent[12] dans les mêmes milieux la même proportion des sinus qui est aussi celle des résistances des milieux, il se trouve que c'est la voie la plus aisée ou du moins la plus déterminée pour passer d'un point donné dans un milieu à un point donné dans un autre. Et il s'en faut beaucoup que la démonstration de ce même théorême que M Descartes a voulu donner par la voie[13] des efficientes, soit aussi bonne. Au moins y a-t-il lieu de soupçonner qu'il ne l'aurait jamais trouvée par là, s'il n'avait rien appris en Hollande de la découverte de Snellius[14].

23. — Pour revenir aux substances immatérielles, on explique comment Dieu agit sur l'entendement des esprits et si on a toujours l'idée de ce qu'on pense.

J'ai trouvé à propos d'insister un peu sur ces considérations des finales, des natures incorporelles et d'une cause intelligente avec rapport aux corps, pour en faire connaître l'usage jusque dans la physique et dans les mathématiques, afin de purger, d'une part, la philosophie mécanique de la profanité qu'on lui impute, et de l'autre part, d'élever l'esprit de nos philosophes des considérations matérielles toutes seules à des méditations plus nobles. Maintenant[1], il sera à propos de retourner des corps aux natures immatérielles et particulièrement aux esprits, et de dire quelque chose de la manière dont Dieu se sert pour les éclairer et pour agir sur eux, où il ne faut point douter qu'il n'y ait aussi certaines lois de nature, de quoi je pourrais parler plus amplement ailleurs. Maintenant[2], il suffira de toucher quelque chose des idées, et si nous voyons toutes choses en Dieu, et comment Dieu est notre lumière. Or, il sera à propos[3] de remarquer que le mauvais usage des idées donne occasion à plusieurs erreurs. Car, quand on raisonne de quelque chose, on s'imagine d'avoir une idée de cette chose, et c'est le fondement sur lequel quelques philosophes anciens[4] et nouveaux ont bâti une certaine démonstration de Dieu qui est fort imparfaite. Car, disent-ils[5], il faut bien que j'aie une idée de Dieu ou d'un être parfait, puisque je pense à lui, et on ne saurait penser sans idée ; or[6], l'idée de cet être enferme toutes les perfections, et l'existence en est une, par conséquent il existe. Mais comme nous pensons souvent à des chimères impossibles[7], par exemple au dernier degré de la vitesse, au plus grand nombre, à la rencontre de la conchoïde avec sa base ou règle, ce raisonnement ne suffit pas. C'est donc en ce sens, qu'on peut dire[8], qu'il y a des idées vraies et fausses, selon que la chose dont il s'agit est possible ou non. Et c'est alors qu'on peut se vanter d'avoir une idée de la chose, lorsqu'on est assuré de sa possibilité. Ainsi l'argument susdit[9] prouve au moins que Dieu existe nécessairement, s'il est possible. Ce qui est en effet un excellent privilège de la nature divine, de n'avoir besoin que de sa possibilité ou essence pour exister actuellement, et c'est[10] justement ce qu'on appelle *Ens a se*.

24. — Ce que c'est qu'une connaissance claire ou obscure ; distincte ou confuse, adéquate et intuitive ou suppositive ; définition nominale, réelle, causale, essentielle.

Pour mieux entendre la nature des idées, il faut toucher

quelque chose de la variété des connaissances[1]. Quand je puis reconnaître une chose parmi les autres, sans pouvoir dire en quoi consistent ses différences ou propriétés, la connaissance est *confuse*[2]. C'est ainsi que nous connaissons quelquefois *clairement*[3], sans être en doute en aucune façon, si un poème ou bien un tableau est bien ou mal fait, parce qu'il y a un *je ne sais quoi* qui nous satisfait ou qui nous choque. Mais lorsque je puis expliquer les marques que j'ai, la connaissance s'appelle *distincte.* Et telle est la connaissance d'un essayeur, qui discerne le vrai or du faux par le moyen de certaines épreuves ou marques qui font la définition de l'or. Mais la connaissance distincte a des degrés[4], car ordinairement les notions qui entrent dans la définition auraient besoin elles-mêmes de définition et ne sont connues que confusément. Mais lorsque tout ce qui entre dans une définition ou connaissance distincte est connu distinctement, jusqu'aux notions primitives, j'appelle cette connaissance *adéquate.* Et quand mon esprit comprend à la fois et distinctement[5] tous les ingrédients primitifs d'une notion, il en a une connaissance *intuitive* qui est bien rare, la plupart des connaissances humaines n'étant que confuses ou bien *suppositives*[6]. Il est bon aussi de discerner les définitions nominales et les réelles[7] : j'appelle *définition nominale*, lorsqu'on peut encore douter si la notion définie est possible, comme par exemple si je dis qu'une vis sans fin est une ligne solide dont les parties sont congruentes ou peuvent[8] incéder l'une sur l'autre ; celui qui ne connaît pas d'ailleurs ce que c'est qu'une vis sans fin pourra douter si une telle ligne est possible, quoique en effet ce soit une propriété réciproque de la vis sans fin, car[9] les autres lignes dont les parties sont congruentes (qui ne sont que la circonférence du cercle et la ligne droite) sont planes, c'est-à-dire se peuvent décrire *in plano.* Cela fait voir que toute propriété réciproque peut servir à une définition nominale, mais lorsque la propriété donne à connaître la possibilité de la chose, elle fait la définition réelle ; et tandis[10] qu'on n'a qu'une définition nominale, on ne saurait s'assurer des conséquences qu'on en tire, car, si elle cachait quelque contradiction ou impossibilité, on en pourrait tirer des conclusions opposées. C'est pourquoi les vérités ne dépendent point des noms, et ne sont point arbitraires comme quelques nouveaux philosophes ont cru[11]. Au reste, il y a encore bien de la différence entre les espèces des définitions réelles[12], car quand la possibilité ne se prouve que par expérience, comme dans la définition du vif-argent[13] dont on connaît la possibilité parce qu'on sait qu'un tel corps se trouve effectivement qui est un fluide extrêmement pesant et néanmoins assez volatile, la définition est seulement réelle et rien davantage ; mais lorsque la preuve de la possibilité[14] se fait *a priori*, la définition est encore réelle[15] et *causale*, comme lorsqu'elle contient la génération possible de la chose ; et quand elle pousse l'analyse à bout jusqu'aux notions primitives, sans rien supposer qui ait besoin de preuve *a priori* de sa possibilité, la définition est parfaite ou *essentielle*.

25. — En quel cas notre connaissance est jointe à la contemplation de l'idée.

Or, il est manifeste que nous n'avons aucune idée d'une notion quand elle est impossible[1]. Et lorsque la connaissance n'est que *suppositive*[2], quand nous aurions l'idée, nous ne la contemplons point, car une telle notion ne se connaît que de la même manière que les notions occultement impossibles, et si elle est possible[3], ce n'est pas par cette manière de connaître qu'on l'apprend. Par exemple, lorsque je pense à mille ou à un chiliogone, je le fais souvent sans en contempler l'idée (comme lorsque je dis que mille est dix fois cent), sans me mettre en peine de penser ce que c'est que 10 et 100, parce que *je suppose* de le savoir et ne crois pas d'avoir besoin à présent de m'arrêter à le concevoir. Ainsi, il pourra bien arriver, comme il arrive en effet assez souvent, que je me trompe à l'égard d'une notion que je suppose ou crois d'entendre, quoique dans la vérité elle soit impossible, ou au moins[4] incompatible avec les autres auxquelles je la joins, et soit que je me trompe ou que je ne me trompe point, cette manière suppositive de concevoir demeure la même. Ce n'est donc que lorsque notre connaissance est *claire* dans les notions confuses, ou lorsqu'elle est *intuitive* dans les distinctes, que nous en voyons l'idée entière[5].

26. — Que nous avons en nous toutes les idées ; et de la réminiscence de Platon.

Pour bien concevoir ce que c'est qu'idée[1], il faut prévenir une équivocation[2], car plusieurs prennent l'idée pour la forme ou différence de nos pensées, et de cette manière nous n'avons l'idée dans l'esprit qu'en tant que nous y pensons, et toutes les fois[3] que nous y pensons de nouveau, nous avons d'autres idées de la même chose, quoique semblables aux précédentes. Mais il semble que d'autres prennent l'idée pour un objet immédiat de la pensée ou pour quelque forme permanente qui demeure lorsque nous ne la contemplons point. Et, en effet, notre âme a toujours en elle la qualité de se représenter quelque nature ou forme que ce soit, quand l'occasion se présente d'y penser. Et je crois que cette qualité de notre âme en tant qu'elle exprime quelque nature, forme ou essence, est proprement l'idée de la chose, qui est en nous, et qui est toujours en nous, soit que nous y pensions ou non[4]. Car notre âme exprime Dieu et l'univers, et toutes les essences aussi bien que toutes les existences[5]. Cela s'accorde avec mes principes[6], car naturellement rien ne nous entre dans l'esprit par le dehors, et c'est une mauvaise habitude que nous avons de penser comme si notre âme recevait quelques espèces messagères[7] et comme si elle avait des portes et des fenêtres[8]. Nous avons dans l'esprit toutes ces formes, et même de tout temps, parce que l'esprit exprime toujours toutes ses pensées futures, et pense[9] déjà confusément à tout ce qu'il pensera jamais distinctement. Et rien ne nous saurait être appris, dont nous n'ayons déjà dans l'esprit l'idée qui est comme la matière dont cette pensée se forme. C'est ce que Platon a excellemment bien considéré[10], quand il a mis en avant sa réminiscence qui a beaucoup de solidité, pourvu qu'on la prenne bien, qu'on la purge de l'erreur de la préexistence, et qu'on[11] ne s'imagine point que l'âme doit déjà avoir su et pensé distinctement autrefois ce qu'elle apprend et pense maintenant. Aussi a-t-il confirmé son sentiment par une belle expérience, introduisant un petit garçon qu'il mène insensiblement à des vérités très difficiles de la géométrie touchant les incommensurables, sans lui rien apprendre, en faisant seulement des demandes par ordre et à propos[12]. Ce qui fait voir que notre âme sait[13] tout cela virtuellement, et n'a besoin que d'*animadversion* pour connaître les vérités, et, par conséquent, qu'elle a au moins ses idées dont ces vérités dépendent[14]. On peut même dire qu'elle possède déjà ces vérités, quand on les prend pour les rapports des idées[15].

27. — Comment notre âme peut être comparée à des tablettes vides et comment nos notions viennent des sens.

Aristote a mieux aimé de comparer notre âme à des tablettes encore vides où il y a place pour écrire[1], et il a soutenu[2] que rien n'est dans notre entendement qui ne vienne des sens. Cela s'accorde davantage avec les notions populaires, comme c'est la manière d'Aristote, au lieu que Platon va plus au fond. Cependant, ces sortes de doxologies ou practicologies peuvent passer dans l'usage ordinaire[3] à peu près comme nous voyons que ceux qui suivent Copernic ne laissent pas de dire que le soleil se lève et se couche. Je trouve même souvent qu'on leur peut donner un bon sens, suivant lequel elles n'ont rien de faux, comme j'ai remarqué déjà de quelle façon on peut dire véritablement que les substances particulières agissent l'une sur l'autre, et dans ce même sens, on peut dire aussi que nous recevons de dehors des connaissances par le ministère des sens, parce que[4] quelques choses extérieures contiennent ou expriment plus particulièrement les raisons qui déterminent notre âme à certaines pensées. Mais quand il s'agit de l'exactitude des vérités métaphysiques[5], il est important de reconnaître l'étendue et l'indépendance de notre âme qui va infiniment plus loin que le vulgaire ne pense, quoique dans l'usage ordinaire de la vie on ne lui attribue que ce dont on s'aperçoit plus manifestement, et ce qui nous appartient d'une manière particulière, car il n'y sert de rien d'aller plus avant. Il serait bon cependant de choisir des termes propres à l'un et à l'autre sens pour éviter l'équivocation. Ainsi[6] ces expressions qui sont dans notre âme, soit qu'on les conçoive ou non, peuvent être appelées *idées*, mais celles qu'on conçoit ou forme, se peuvent dire *notions*, *conceptus*. Mais de quelque manière qu'on le prenne, il est toujours faux de dire que toutes nos notions viennent des sens qu'on appelle extérieurs, car celles que j'ai de moi et de mes pensées, et par conséquent de l'être, de la substance, de l'action, de l'identité[7], et de bien d'autres, viennent d'une expérience interne[8].

28. — Dieu seul est l'objet immédiat de nos perceptions qui existe hors de nous, et lui seul est notre lumière.

Or, dans la rigueur de la vérité métaphysique[1], il n'y a point de cause externe qui agisse sur nous, excepté Dieu seul, et lui seul se communique à nous immédiatement en vertu de notre dépendance continuelle[2]. D'où il s'ensuit qu'il n'y a point d'autre objet externe qui touche notre âme et qui excite immédiatement notre perception. Aussi n'avons-nous dans notre âme les idées de toutes choses, qu'en vertu de l'action continuelle de Dieu sur nous, c'est-à-dire parce que tout effet exprime sa cause, et qu'ainsi l'essence de notre âme est une certaine expression, imitation ou image de l'essence, pensée et volonté divine et de toutes les idées qui y sont comprises. On peut donc dire que Dieu seul est notre objet immédiat hors de nous, et que nous voyons toutes choses par lui ; par exemple, lorsque nous voyons le soleil et les astres, c'est Dieu qui nous en a donné et qui nous en conserve les idées, et qui nous détermine à y penser effectivement, par son concours ordinaire[3], dans le temps que nos sens sont disposés d'une certaine manière, suivant les lois qu'il a établies.Dieu est le soleil et la lumière des âmes, *lumen illuminans omnem hominem venientem in hunc mundum*[4] ; et ce n'est pas d'aujourd'hui qu'on est dans ce sentiment. Après la sainte Ecriture et les Pères, qui ont toujours été plutôt pour Platon que pour Aristote, je me souviens d'avoir remarqué autrefois que du temps des scolastiques, plusieurs ont cru que Dieu est la lumière de l'âme, et, selon leur manière de parler, *intellectus agens animae rationalis*[5]. Les averroïstes l'ont tourné dans un mauvais sens, mais d'autres, parmi lesquels je crois que Guillaume de Saint-Amour[6] s'est trouvé, et plusieurs théologiens mystiques, l'ont pris d'une manière digne de Dieu et capable d'élever l'âme à la connaissance de son bien[7].

29. — Cependant nous pensons immédiatement par nos propre idées et non par celles de Dieu.

Cependant je ne suis pas dans le sentiment de quelques habiles philosophes, qui semblent soutenir que nos idées mêmes sont en Dieu, et nullement en nous[1]. Cela vient à mon avis[2] de ce qu'ils n'ont pas assez considéré encore ce que nous venons d'expliquer ici touchant les substances, ni toute l'étendue et indépendance de notre âme, qui fait qu'elle enferme tout ce qui lui arrive, et qu'elle exprime Dieu[3] et avec lui tous les êtres possibles et actuels, comme un effet exprime sa cause. Aussi est-ce une chose inconcevable que je pense par les idées d'autrui. Il faut bien aussi que l'âme soit affectée effectivement d'une certaine manière, lorsqu'elle pense à quelque chose, et il faut qu'il y ait en elle par avance non seulement la puissance passive de pouvoir être affectée ainsi, laquelle est déjà toute déterminée, mais encore une puissance active, en vertu de laquelle il y a toujours eu dans sa nature des marques de la production future de cette pensée et des dispositions à la produire en son temps. Et tout ceci[4] enveloppe déjà l'idée comprise dans cette pensée.

30. — Comme Dieu incline notre âme sans la nécessiter ; qu'on n'a point le droit de se plaindre, et qu'il ne faut point demander pourquoi Judas pèche, mais seulement pourquoi Judas le pécheur est admis à l'existence préférablement à quelques autres personnes possibles. De l'imperfection originale avant le péché, et des degrés de la grâce.

Pour ce qui est de l'action de Dieu sur la volonté humaine[1], il y a quantité de considérations assez difficiles, qu'il serait long de poursuivre ici. Néanmoins, voici ce qu'on peut dire en gros[2]. Dieu en concourant à nos actions ordinairement ne fait que suivre les lois qu'il a établies[3], c'est-à-dire il conserve et produit continuellement notre être, en sorte que les pensées nous arrivent spontanément ou librement dans l'ordre que la notion de notre substance individuelle porte, dans laquelle[4] on pouvait les prévoir de toute éternité. De plus, en vertu du décret qu'il a fait que la volonté tendrait toujours au bien apparent, en exprimant[5] ou imitant la volonté de Dieu sous des certains aspects particuliers, à l'égard desquels ce bien apparent a toujours quelque chose de véritable, il détermine la nôtre au choix de ce qui paraît le meilleur[6], sans la nécessiter néanmoins. Car, absolument parlant, elle est dans l'indifférence en tant qu'on l'oppose à la nécessité[7], et elle a le pouvoir de faire autrement ou de suspendre encore tout à fait son action, l'un et l'autre parti étant et demeurant possible. Il dépend donc de l'âme de se précautionner contre les surprises des apparences par une ferme volonté de faire des réflexions, et de ne point agir ni juger en certaines rencontres qu'après avoir bien mûrement délibéré[8]. Il est vrai cependant et même il est assuré de toute éternité que quelque âme ne se servira pas de ce pouvoir dans une telle rencontre[9]. Mais qui en peut mais ? et se peut-elle plaindre que d'elle-même ?[10] Car toutes ces plaintes après le fait sont injustes, quand elles auraient été injustes avant le fait. Or, cette âme, un peu avant que de pécher, aurait-elle bonne grâce de se plaindre de Dieu comme s'il la déterminait au péché ? Les déterminations de Dieu en ces matières étant des choses qu'on ne saurait prévoir, d'où sait-elle qu'elle est déterminée à pécher, sinon lorsqu'elle pèche déjà effectivement ? Il ne s'agit que de ne pas vouloir et Dieu ne saurait proposer une condition plus aisée et plus juste ; aussi[11] tous les juges, sans chercher les raisons qui ont disposé un homme à avoir une mauvaise volonté, ne s'arrêtent qu'à considérer combien cette volonté est mauvaise. Mais peut-être qu'il est assuré de toute éternité que je pécherai ? Répondez-vous vous-même : peut-être que non ; et sans songer à ce que vous ne sauriez connaître, et qui ne vous peut donner aucune lumière, agissez suivant votre devoir que vous connaissez. Mais dira quelque autre[12], d'où vient que cet homme fera assurément ce péché ? La réponse est aisée, c'est qu'autrement ce ne serait pas cet homme[13]. Car Dieu voit de tout temps qu'il y aura un certain Judas dont la notion ou idée que Dieu en a contient cette action future libre. Il ne reste donc que cette question, pourquoi un tel Judas, le traître, qui n'est que possible dans l'idée de Dieu, existe actuellement. Mais à cette question il n'y a point de réponse à attendre ici-bas, si ce n'est qu'en général on doit dire que, puisque Dieu a trouvé bon qu'il existât, nonobstant le péché qu'il prévoyait, il faut que ce mal se récompense avec usure dans l'univers, que Dieu en tirera un plus grand bien, et qu'il se trouvera en somme que cette suite des choses dans laquelle l'existence de ce pécheur est comprise, est la plus parfaite parmi toutes les autres façons possibles. Mais d'expliquer toujours l'admirable économie de ce choix, cela ne se peut pendant que nous sommes voyageurs dans ce monde ; c'est assez de le savoir sans le comprendre. Et c'est ici qu'il est temps de reconnaître *altitudinem divitiarum*[14], la profondeur et l'abîme de la divine sagesse, sans chercher un détail qui enveloppe des considérations infinies. On voit bien cependant que Dieu n'est pas la cause du mal[15]. Car[16], non seulement après la perte de l'innocence des hommes le péché originel s'est emparé de l'âme, mais encore auparavant il y avait une limitation ou imperfection originale connaturelle à toutes les créatures, qui les rend peccables[17] ou capables de manquer. Ainsi, il n'y a pas plus de difficulté à l'égard des supralapsaires[18] qu'à l'égard des autres. Et c'est à quoi se doit réduire à mon avis le sentiment de saint Augustin[19] et d'autres auteurs que la racine du mal est dans le néant, c'est-à-dire dans la privation ou limitation des créatures, à laquelle Dieu remédie gracieusement par le degré de perfection qu'il lui plaît de donner. Cette grâce de Dieu[20], soit ordinaire ou extraordinaire[21], a ses degrés et ses mesures, elle est toujours efficace en elle-même pour produire un certain effet proportionné, et de plus elle est toujours suffisante non seulement pour nous garantir du péché, mais même pour produire le salut, en supposant[22] que l'homme s'y joigne par ce qui est de lui ; mais elle n'est pas toujours suffisante à surmonter les inclinations de l'homme, car autrement il ne tiendrait plus à rien, et cela est réservé à la seule grâce absolument efficace qui est toujours victorieuse, soit[23] qu'elle le soit par elle-même, ou par la congruité des circonstances[24].

31. — Des motifs de l'élection, de la foi prévue, de la science moyenne, du décret absolu, et que tout se réduit à la raison pourquoi Dieu a choisi pour l'existence une telle personne possible, dont la notion enferme une telle suite de grâces et d'actions libres ; ce qui fait cesser tout d'un coup les difficultés.

Enfin[1] les grâces de Dieu sont des grâces toutes pures[2], sur lesquelles les créatures n'ont rien à prétendre : pourtant, comme il ne suffit pas, pour rendre raison du choix de Dieu qu'il fait dans la dispensation de ces grâces, de recourir à la prévision absolue ou conditionnelle[3] des actions futures des hommes, il ne faut pas aussi s'imaginer des décrets absolus, qui n'aient aucun motif raisonnable. Pour ce qui est de la foi ou des bonnes œuvres prévues[4], il est très vrai que Dieu[5] n'a élu que ceux dont il prévoyait la foi et la charité, *quos se fide donaturum praescivit*, mais la même question revient, pourquoi Dieu donnera aux uns plutôt qu'aux autres la grâce de la foi ou des bonnes œuvres. Et quant à cette science de Dieu, qui est la prévision non pas de la foi et des bons actes, mais de leur matière et prédisposition ou de ce que l'homme y contribuerait de son côté (puisqu'il est vrai[6] qu'il y a de la diversité du côté des hommes là où il y en a du côté de la grâce, et qu'en effet il faut bien que l'homme, quoiqu'il ait besoin d'être excité au bien et converti, y agisse aussi par après), il semble à plusieurs qu'on pourrait dire que Dieu voyant ce que l'homme ferait sans la grâce ou assistance extraordinaire, ou au moins ce qu'il y aura de son côté faisant abstraction de la grâce, pourrait se résoudre à donner la grâce à ceux dont les dispositions naturelles seraient les meilleures ou au moins les moins imparfaites ou moins mauvaises. Mais quand cela serait, on peut dire que ces dispositions naturelles, autant qu'elles sont bonnes, sont encore l'effet d'une grâce bien qu'ordinaire, Dieu ayant avantagé les uns plus que les autres : et puisqu'il sait bien que ces avantages naturels qu'il donne serviront de motif à la grâce ou assistance extraordinaire, suivant cette doctrine, n'est-il pas vrai qu'enfin le tout se réduit entièrement à sa miséricorde ? Je crois donc[7] (puisque[8] nous ne savons pas combien ou comment Dieu a égard aux dispositions naturelles dans la dispensation de la grâce) que le plus exact et le plus sûr est de dire, suivant nos principes et comme j'ai déjà remarqué[9], qu'il faut qu'il y ait parmi les êtres possibles la personne de Pierre ou de Jean, dont la notion ou idée contient toute cette suite de grâces ordinaires et extraordinaires et tout le reste de ces événements avec leurs circonstances, et qu'il a plu à Dieu de la choisir parmi une infinité d'autres personnes également possibles, pour exister actuellement : après quoi il semble qu'il n'y a plus rien à demander et que toutes les difficultés s'évanouissent. Car, quant à cette seule et grande demande[10], pourquoi il a plu à Dieu de la choisir parmi tant d'autres personnes possibles, il faut être bien déraisonnable pour ne se pas contenter des raisons générales que nous avons données, dont le détail nous passe. Ainsi, au lieu de recourir à un décret absolu qui étant sans raison est déraisonnable, ou à des raisons qui n'achèvent point de résoudre la difficulté et ont besoin d'autres raisons, le meilleur sera de dire conformément à saint Paul[11], qu'il y a à cela certaines grandes raisons de sagesse ou de congruité inconnues aux mortels et fondées sur l'ordre général, dont le but est la plus grande perfection de l'univers, que Dieu a observées. C'est à quoi reviennent les motifs de la gloire de Dieu et de la manifestation de sa justice aussi bien que de sa miséricorde et généralement de ses perfections, et enfin[12] cette profondeur immense des richesses dont le même saint Paul avait l'âme ravie.

32. — Utilité de ces principes en matière de piété et de religion.

Au reste[1], il semble que les pensées que nous venons d'expliquer et particulièrement[2] le grand principe de la perfection des opérations de Dieu et celui de la notion de la substance qui enferme tous ses événements avec toutes leurs circonstances, bien loin de nuire, servent à confirmer la religion, à dissiper des difficultés très grandes, à enflammer les âmes d'un amour divin et à élever les esprits à la connaissance des substances incorporelles bien plus que les hypothèses qu'on a vues jusqu'ici[3]. Car on voit fort clairement[4] que toutes les autres substances dépendent de Dieu comme les pensées émanent de notre substance, que Dieu est tout en tous, et qu'il est uni intimement à toutes les créatures, à mesure[5] néanmoins de leur perfection, que c'est lui qui seul les détermine au dehors par son influence, et si agir est déterminer immédiatement, on peut dire en ce sens dans le langage de métaphysique[6], que Dieu seul opère sur moi, et seul me peut faire du bien ou du mal[7], les autres substances ne contribuant qu'à la raison de ces déterminations, à cause que Dieu ayant égard à toutes, partage ses bontés et les oblige à s'accommoder entre elles. Aussi Dieu seul fait la liaison et la communication des substances[8], et c'est par lui que les phénomènes des uns se rencontrent et s'accordent avec ceux des autres, et par conséquent qu'il y a de la réalité dans nos perceptions. Mais dans la pratique on attribue l'action aux raisons particulières dans le sens que j'ai expliqué ci-dessus, parce qu'il n'est pas nécessaire de faire toujours mention de la cause universelle dans les cas particuliers. On voit aussi[9] que toute substance a une parfaite spontanéité (qui devient liberté[10] dans les substances intelligentes), que tout ce qui lui arrive est une suite de son idée ou de son être et que rien ne la détermine excepté Dieu seul. Et c'est pour cela qu'une personne dont l'esprit était fort relevé et dont la sainteté est fort révérée[11], avait coutume de dire, que l'âme doit souvent penser comme s'il n'y avait que Dieu et elle au monde. Or, rien ne fait comprendre plus fortement l'immortalité[12] que cette indépendance et cette étendue de l'âme[13], qui la met absolument à couvert de toutes les choses extérieures, puisqu'elle seule fait tout son monde et se suffit avec Dieu : et il est aussi impossible qu'elle périsse sans annihilation[14], qu'il est impossible que le monde (dont elle est une expression vivante, perpétuelle) se détruise lui-même ; aussi n'est-il pas possible que les changements de cette masse étendue qui est appelée notre corps, fassent rien sur l'âme, ni que la dissipation de ce corps détruise ce qui est indivisible.

33. — Explication de l'union de l'âme et du corps qui a passé pour inexplicable ou pour miraculeuse, et de l'origine des perceptions confuses.

On voit aussi l'éclaircissement inopiné[1] de ce grand mystère de l'union de l'âme et du corps, c'est-à-dire comment il arrive que les passions et les actions de l'un sont accompagnées des actions et passions ou bien des phénomènes convenables de l'autre[2]. Car il n'y a pas moyen de concevoir que l'un ait de l'influence sur l'autre[3], et il n'est pas raisonnable de recourir simplement à l'opération extraordinaire de la cause universelle dans une chose ordinaire et particulière[4]. Mais en voici la véritable raison[5] : nous avons dit[6] que tout ce qui arrive à l'âme et à chaque substance est une suite de sa notion, donc l'idée même ou essence de l'âme[7] porte que toutes ses apparences ou perceptions lui doivent naître *(sponte)* de sa propre nature, et justement en sorte qu'elles répondent d'elles-mêmes à ce qui arrive dans tout l'univers, mais plus particulièrement et plus parfaitement à ce qui arrive[8] dans le corps qui lui est affecté, parce que c'est en quelque façon et pour un temps[9], suivant le rapport des autres corps au sien, que l'âme exprime l'état de l'univers. Ce qui fait connaître encore[10] comment notre corps nous appartient sans être néanmoins attaché à notre essence[11]. Et je crois que les personnes qui savent méditer jugeront avantageusement de nos principes, pour cela même qu'ils pourront voir aisément en quoi consiste la connexion qu'il y a entre l'âme et le corps qui paraît inexplicable par toute autre voie. On voit aussi que les perceptions de nos sens, lors même qu'elles sont claires, doivent nécessairement contenir quelque sentiment confus[12], car, comme tous les corps de l'univers sympathisent, le nôtre reçoit l'impression de tous les autres, et quoique nos sens se rapportent à tout, il n'est pas possible que notre âme puisse attendre à tout en particulier ; c'est pourquoi nos sentiments confus sont le résultat d'une variété de perceptions qui est tout à fait infinie. Et c'est à peu près comme le murmure confus qu'entendent ceux qui approchent du rivage de la mer vient de l'assemblage des répercussions des vagues innumérables. Or, si de plusieurs perceptions (qui ne s'accordent point à en faire une) il n'y a aucune qui excelle par-dessus les autres, et si elles font à peu près des impressions également fortes ou également capables de déterminer l'attention de l'âme, elle ne s'en peut apercevoir que confusément.

34. — De la différence des esprits et des autres substances, âmes ou formes substantielles, et que l'immortalité qu'on demande importe le souvenir.

Supposant[1] que les corps qui font *unum per se*, comme l'homme[2], sont des substances, et qu'ils ont des formes substantielles, et que les bêtes ont des âmes, on est obligé d'avouer[3] que ces âmes et ces formes substantielles ne sauraient entièrement périr[4], non plus que les atomes ou[5] les dernières parties de la matière dans le sentiment des autres philosophes ; car aucune substance ne périt, quoiqu'elle puisse devenir tout aûtre. Elles expriment aussi tout l'univers quoique plus imparfaitement que les esprits. Mais la principale différence[6] est qu'elles ne connaissent pas ce qu'elles sont, ni ce qu'elles font[7], et par conséquent, ne pouvant faire des réflexions, elles ne sauraient découvrir des vérités nécessaires et universelles. C'est aussi faute de réflexion sur elles-mêmes qu'elles n'ont point de qualité morale, d'où vient que, passant par mille transformations à peu près comme nous voyons qu'une chenille se change en papillon, c'est autant pour la morale ou pratique comme si on disait qu'elles périssent, et on le peut même dire physiquement, comme nous disons que les corps périssent par leur corruption. Mais l'âme intelligente connaissant ce qu'elle est, et pouvant dire ce *moi*, qui dit beaucoup, ne demeure pas seulement et subsiste[8] métaphysiquement, bien plus que les autres[9], mais elle demeure encore la même moralement et fait le même personnage. Car c'est le souvenir, ou la connaissance de ce *moi*, qui la rend capable de châtiment ou de récompense. Aussi l'immortalité qu'on demande dans la morale et dans la religion[10] ne consiste pas dans cette subsistance perpétuelle toute seule qui convient à toutes les substances, car, sans le souvenir de ce qu'on a été, elle n'aurait rien de souhaitable. Supposons que quelque particulier doive devenir tout d'un coup roi de la Chine, mais à condition d'oublier ce qu'il a été, comme s'il venait de naître tout de nouveau[11] ; n'est-ce pas autant dans la pratique, ou quant aux effets dont on se peut apercevoir[12], que s'il devait être anéanti, et qu'un roi de la Chine devait être créé dans le même instant à sa place ? Ce que ce particulier n'a aucune raison de souhaiter.

35. — Excellence des esprits, et que Dieu les considère préférablement aux autres créatures. Que les esprits expriment plutôt Dieu que le monde, mais que les autres substances simples expriment plutôt le monde que Dieu.

Mais pour faire juger par des raisons naturelles[1], que Dieu conservera toujours non seulement notre substance, mais encore notre personne, c'est-à-dire le souvenir et la connaissance de ce que nous sommes (quoique la connaissance distincte[2] en soit quelquefois suspendue dans le sommeil et dans les défaillances), il faut joindre la morale à la métaphysique, c'est-à-dire qu'il ne faut pas seulement considérer Dieu comme le principe et la cause de toutes les substances et de tous les êtres, mais encore comme chef de toutes les personnes ou substances intelligentes, et comme le monarque absolu de la plus parfaite cité ou république, telle qu'est celle de l'univers composée de tous les esprits ensemble, Dieu lui-même étant aussi bien le plus accompli de tous les esprits qu'il est le plus grand de tous les êtres. Car assurément, les esprits sont les plus parfaits et qui expriment le mieux la divinité[3]. Et toute la nature, fin, vertu et fonction des substances n'étant que d'exprimer Dieu et l'univers, comme il a été assez expliqué, il n'y a pas lieu de douter que les substances qui l'expriment avec connaissance de ce qu'elles font, et qui sont capables de connaître des grandes vérités à l'égard de Dieu et de l'univers, ne l'expriment mieux sans comparaison que ces natures qui sont ou brutes et incapables de connaître des vérités, ou tout à fait destituées de sentiment et de connaissance ; et la différence entre les substances intelligentes et celles qui ne le sont point[4] est aussi grande que celle qu'il y a entre le miroir et celui qui voit. Et comme Dieu lui-même est le plus grand et le plus sage des esprits[5], il est aisé de juger que les êtres avec lesquels il peut, pour ainsi dire, entrer en conversation et même en société, en leur communiquant ses sentiments et ses volontés d'une manière particulière, et en telle sorte qu'ils puissent connaître et aimer leur bienfaiteur, le doivent toucher infiniment plus que le reste des choses, qui ne peuvent passer que pour les instruments des esprits ; comme nous voyons que toutes les personnes sages font infiniment plus d'état d'un homme que de quelque autre chose, quelque précieuse qu'elle soit, et il semble que la plus grande satisfaction qu'une âme qui d'ailleurs est contente, peut avoir, est de se voir aimée des autres : quoique[6] à l'égard de Dieu, il y ait cette différence que sa gloire et notre culte ne sauraient rien ajouter à sa satisfaction, la connaissance des créatures n'étant qu'une suite de sa souveraine et parfaite félicité, bien loin d'y contribuer ou d'en être en partie la cause. Cependant, ce qui est bon et raisonnable dans les esprits finis, se trouve éminemment en lui, et comme nous louerions un roi qui aimerait mieux de conserver la vie d'un homme que du plus précieux et du plus rare de ses animaux, nous ne devons point douter que le plus éclairé et le plus juste de tous les monarques ne soit dans le même sentiment.

36. — Dieu est le monarque de la plus parfaite république composée de tous les esprits, et la félicité de cette cité de Dieu est son principal dessein.

En effet[1], les esprits sont les substances les plus perfectionnables[2], et leurs perfections ont cela de particulier qu'elles s'entr'empêchent le moins, ou plutôt qu'elles s'entr'aident[3]- car les plus vertueux pourront seuls être les plus parfaits amis : d'où il s'ensuit manifestement que Dieu qui va toujours à la plus grande perfection en général, aura le plus de soin des esprits, et leur donnera non seulement en général, mais même à chacun en particulier, le plus de perfection que l'harmonie universelle saurait permettre. On peut même dire que Dieu, en tant qu'il est un esprit, est l'origine des existences ; autrement, s'il manquait de volonté pour choisir le meilleur[4], il n'y aurait aucune raison pour qu'un possible existât préférablement aux autres. Ainsi[5], la qualité de Dieu, qu'il a d'être esprit lui-même, va devant toutes les autres considérations qu'il peut avoir à l'égard des créatures ; les seuls esprits sont faits à son image, et quasi de sa race[6] ou comme enfants de la maison, puisqu'eux seuls le peuvent servir librement et agir avec connaissance à l'imitation de la nature divine : un seul esprit vaut tout un monde, puisqu'il ne l'exprime pas seulement, mais le connaît aussi, et s'y gouverne à la façon de Dieu. Tellement qu'il semble, quoique toute substance exprime tout l'univers, que néanmoins les autres substances expriment plutôt le monde que Dieu, mais que les esprits expriment plutôt Dieu que le monde[7]. Et cette nature si noble des esprits, qui les approche de la divinité autant qu'il est possible aux simples créatures, fait que Dieu tire d'eux infiniment plus de gloire que du reste des êtres, ou plutôt les autres êtres ne donnent que la matière aux esprits pour le glorifier[8]. C'est pourquoi cette qualité morale de Dieu, qui, le rend le seigneur ou monarque des esprits, le concerne pour ainsi dire personnellement d'une manière toute singulière[9]. C'est en cela qu'il s'humanise, qu'il veut bien souffrir des anthropologies, et qu'il entre en société avec nous, comme un prince avec ses sujets ; et cette considération lui est si chère que l'heureux et fleurissant état de son empire, qui consiste dans la plus grande félicité possible des habitants, devient la suprême de ses lois. Car la félicité est aux personnes ce que la perfection est aux êtres. Et si le premier principe[10] de l'existence du monde physique est le décret de lui donner le plus de perfection qu'il se peut, le premier dessein du monde moral ou de la cité de Dieu, qui est la plus noble partie de l'univers, doit être d'y répandre le plus de félicité qu'il sera possible. Il ne faut donc point douter[11] que Dieu n'ait ordonné tout en sorte que les esprits non seulement[12] puissent vivre toujours, ce qui est immanquable, mais encore qu'ils conservent toujours leur qualité morale, afin que sa cité ne perde aucune personne, comme le monde ne perd aucune substance. Et par conséquent ils sauront toujours ce qu'ils sont, autrement ils ne seraient susceptibles de récompense ni de châtiment, ce qui est pourtant de l'essence d'une république, mais surtout[13] de la plus parfaite, où rien ne saurait être négligé. Enfin, Dieu étant en même temps le plus juste et le plus débonnaire des monarques[14], et ne demandant que la bonne volonté, pourvu qu'elle soit sincère et sérieuse, ses sujets ne sauraient souhaiter une meilleure condition, et pour les rendre parfaitement heureux, il veut seulement qu'on l'aime.

37. — Jésus-Christ a découvert aux hommes le mystère et les lois admirables du royaume des cieux et la grandeur de la suprême félicité que Dieu prépare à ceux qui l'aiment.

Les anciens philosophes[1] ont fort peu connu ces importantes vérités[2] ; Jésus-Christ seul les a divinement bien exprimées, et d'une manière si claire et si familière que les esprits les plus grossiers les ont conçues : aussi son Evangile a changé entièrement la face des choses humaines[3] ; il nous a donné à connaître le royaume des cieux[4] ou cette parfaite république des esprits qui mérite le titre de cité de Dieu, dont il nous a découvert les admirables lois : lui seul a fait voir combien Dieu nous aime, et avec quelle exactitude il a pourvu à tout ce qui nous touche ; qu'ayant soin des passereaux il ne négligera pas les créatures raisonnables qui lui sont infiniment plus chères ; que tous les cheveux de notre tête sont comptés ; que le ciel et la terre périront plutôt que la parole de Dieu et ce qui appartient à l'économie de notre salut soit changé ;

que Dieu a plus d'égard à la moindre des âmes intelligentes, qu'à toute la machine du monde ; que nous ne devons point craindre ceux qui peuvent détruire les corps, mais ne sauraient nuire aux âmes, puisque Dieu seul les peut rendre heureuses ou malheureuses ; et que celles des justes sont dans sa main à couvert de toutes les révolutions de l'univers, rien ne pouvant agir sur elles que Dieu seul[5] ; qu'aucune de nos actions n'est oubliée ; que tout est mis en ligne de compte, jusqu'aux paroles oisives, et jusqu'à une cuillerée d'eau bien employée ; enfin que tout doit réussir pour le plus grand bien des bons ; que les justes seront comme des soleils, et que ni nos sens ni notre esprit n'a jamais rien goûté d'approchant de la félicité que Dieu prépare à ceux qui l'aiment[6].

CORRESPONDANCE
ENTRE LEIBNIZ ET ARNAULD

I. — LEIBNIZ AU LANDGRAVE ERNEST DE HESSE-RHEINFELS

Extrait de ma lettre à Mgr. le Landgrave Ernest[1].

1/11 février 1686[2].

J'ai fait dernièrement (étant à un endroit où quelques jours durant je n'avais rien à faire) un petit discours de Métaphysique, dont je serais bien aise d'avoir le sentiment de M. Arnauld. Car les questions de la grâce, du concours de Dieu avec les créatures, de la nature des miracles, de la cause du péché et de l'origine du mal, de l'immortalité de l'âme, des idées etc. y sont touchées d'une manière qui semble donner de nouvelles ouvertures propres à éclaircir des difficultés très grandes. J'ai joint ici le sommaire des articles qu'il contient, car je ne l'ai pas encore pu faire mettre au net.

Je supplie donc V. A. S. de lui faire envoyer ce sommaire et de le faire prier de le considérer un peu, et de dire son sentiment. Car comme il excelle également dans la Théologie et dans la philosophie, dans la lecture et dans la méditation, je ne trouve personne qui soit plus propre que lui d'en juger. Et je souhaiterais fort d'avoir un censeur aussi exact, aussi éclairé et aussi raisonnable que l'est Monsieur Arnauld, étant moimême l'homme du monde le plus disposé de céder à la raison. Peut-être que M. Arnauld trouvera ce peu de choses pas tout à fait indignes de sa considération, surtout puisqu'il a été assez occupé à examiner ces matières. S'il trouve quelque obscurité, je m'expliquerai sincèrement et ouvertement, et enfin s'il me trouve digne de son instruction, je ferai en sorte qu'il ait sujet de n'en être point mal satisfait. Je supplie V. A. S. de joindre ceci au sommaire que je lui envoie, et d'envoyer l'un et l'autre à M. Arnauld.

SOMMAIRE[3]

1. De la perfection divine, et que Dieu fait tout de la manière la plus souhaitable.

2. Contre ceux qui soutiennent qu'il n'y a point de bonté dans les ouvrages de Dieu ; ou bien que les règles de la bonté et de la beauté sont arbitraires.

3. Contre ceux qui croient que Dieu aurait pu mieux faire.

4. Que l'amour de Dieu demande une entière satisfaction et acquiescence touchant ce qu'il fait, sans qu'il faille être quiétiste pour cela.

5. En quoi consistent les règles de perfection de la divine conduite, et que la simplicité des voies est en balance avec la richesse des effets.

6. Que Dieu ne fait rien hors de l'ordre et qu'il n'est pas même possible de feindre des événements qui ne soient point réguliers.

7. Que les miracles sont conformes à l'ordre général, quoiqu'ils soient contre les maximes subalternes, et de ce que Dieu veut ou qu'il permet, par une volonté générale ou particulière.

8. Pour distinguer les actions de Dieu et des créatures, on explique en quoi consiste la notion d'une substance individuelle.

9. Que chaque substance singulière exprime tout l'univers à sa manière, et que dans sa notion tous ses événements sont compris, avec toutes leurs circonstances et toute la suite des choses extérieures.

10. Que l'opinion des formes substantielles a quelque chose de solide, mais que ces formes ne changent rien dans les phénomènes et ne doivent point être employées pour expliquer les effets particuliers.

11. Que les méditations des Théologiens et des philosophes qu'on appelle scolastiques ne sont pas à mépriser entièrement.

12. Que les notions qui consistent dans l'étendue enferment quelque chose d'imaginaire et ne sauraient constituer la substance du corps.

13. Comme la notion individuelle de chaque personne enferme une fois pour toutes ce qui lui arrivera jamais, on y voit les preuves *a priori* de la vérité de chaque événement, ou pourquoi l'un est arrivé plutôt que l'autre. Mais ces vérités, quoique assurées, ne laissent pas d'être contingentes, étant fondées sur le libre arbitre de Dieu ou des créatures, dont le choix a toujours ses raisons qui inclinent sans nécessiter.

14. Dieu produit diverses substances selon les différentes vues qu'il a de l'univers, et par l'intervention de Dieu la nature propre de chaque substance porte que ce qui arrive à l'une répond à ce qui arrive à toutes les autres, sans qu'elles agissent immédiatement l'une sur l'autre.

15. L'action d'une substance finie sur l'autre ne consiste que dans l'accroissement du degré de son expression joint à la diminution de celle de l'autre, autant que Dieu les oblige de s'accommoder ensemble.

16. Le concours extraordinaire de Dieu est compris dans ce que notre essence exprime, car cette expression s'étend à tout, mais il surpasse les forces de notre nature ou notre expression distincte, laquelle est finie et suit certaines maximes subalternes.

17. Exemple d'une maxime subalterne ou loi de la nature, où il est montré que Dieu conserve toujours la même force, mais non pas la même quantité de mouvement, contre les cartésiens et plusieurs autres.

18. La distinction de la force et de la quantité de mouvement est importante entre autres pour juger qu'il faut recourir à des considérations métaphysiques séparées de l'étendue afin d'expliquer les phénomènes des corps.

19. Utilité des causes finales dans la physique.

20. Passage remarquable de Socrate chez Platon contre les philosophes trop matériels.

21. Si les règles mécaniques dépendaient de la seule géométrie sans la métaphysique, les phénomènes seraient tout autres.

22. Conciliation des deux voies par les finales et par les efficientes pour satisfaire tant à ceux qui expliquent la nature mécaniquement qu'à ceux qui ont recours à des natures incorporelles.

23. Pour revenir aux substances immatérielles, on explique comment Dieu agit sur l'entendement des esprits et si on a toujours l'idée de ce qu'on pense.

24. Ce que c'est qu'une connaissance claire ou obscure ; distincte ou confuse, adéquate et intuitive ou suppositive ; définition nominale, réelle, causale, essentielle.

25. En quel cas notre connaissance est jointe à la contemplation de l'idée.

26. Que nous avons en nous toutes les idées ; et de la réminiscence de Platon.

27. Comment notre âme peut être comparée à des tablettes vides et comment nos notions viennent des sens.

28. Dieu seul est l'objet immédiat de nos perceptions qui existe hors de nous, et lui seul est notre lumière.

29. Cependant nous pensons immédiatement par nos propres idées et non par celles de Dieu.

30. Comme Dieu incline notre âme sans la nécessiter ; qu'on n'a point le droit de se plaindre, et qu'il ne faut point demander pourquoi Judas pèche, mais seulement pourquoi Judas le pécheur est admis à l'existence préférablement à quelques autres personnes possibles. De l'imperfection originale avant le péché, et des degrés de la grâce.

31. Des motifs de l'élection, de la foi prévue, de la science moyenne, du décret absolu, et que tout se réduit à la raison pourquoi Dieu a choisi pour l'existence une telle personne possible, dont la notion enferme une telle suite de grâces et d'actions libres ; ce qui fait cesser tout d'un coup les difficultés.

32. Utilité de ces principes en matière de piété et de religion.

33. Explication de l'union de l'âme et du corps qui a passé pour inexplicable ou pour miraculeuse, et de l'origine des perceptions confuses.

34. De la différence des esprits et des autres substances, âmes ou formes substantielles, et que l'immortalité qu'on demande importe le souvenir.

35. Excellence des esprits, et que Dieu les considère préférablement aux autres créatures. Que les esprits expriment plutôt Dieu que le monde, mais que les autres substances simples expriment plutôt le monde que Dieu.

36. Dieu est le monarque de la plus parfaite république composée de tous les esprits, et la félicité de cette cité de Dieu est son principal dessein.

37. Jésus-Christ a découvert aux hommes le mystère et les lois admirables du royaume des cieux et la grandeur de la suprême félicité que Dieu prépare à ceux qui l'aiment.

II. — ARNAULD AU LANDGRAVE ERNEST DE HESSE-RHEINFELS

Extrait d'une lettre de Mr A.A.

13 mars 1686.

J'ai reçu, Monseigneur, ce que V. A. m'a envoyé des pensées métaphysiques de M. Leibniz comme un témoignage de son affection et de son estime dont je lui suis bien obligé ; mais je me suis trouvé si occupé depuis ce temps là, que je n'ai pu lire son écrit que depuis trois jours. Et je suis présentement si enrhumé, que tout ce que je puis faire, est de dire en deux mots à V. A. que je trouve dans ces pensées tant de choses qui m'effraient, et que presque tous les hommes, si je ne me trompe, trouveront si choquantes, que je ne vois pas de quelle utilité pourrait être un écrit qui apparemment sera rejeté de tout le monde. Je n'en donnerai par exemple que ce qu'il dit en l'art. 13 : *Que la notion individuelle de chaque personne enferme une fois pour toutes ce qui lui arrivera à jamais*, etc[1]. Si cela est, Dieu a été libre de créer ou de ne pas créer Adam ; mais supposant qu'il l'ait voulu créer, tout ce qui est depuis arrivé au genre humain, et qui lui arrivera à jamais, a dû et doit arriver par une nécessité plus que fatale. Car la notion individuelle d'Adam a enfermé qu'il aurait tant d'enfants, et la notion individuelle de chacun de ces enfants tout ce qu'ils feraient et tous les enfants qu'ils auraient : et ainsi de suite. Il n'y a donc pas plus de liberté en Dieu à l'égard de tout cela, supposé qu'il ait voulu créer Adam, que de prétendre qu'il a été libre à Dieu, en supposant qu'il m'a voulu créer, de ne point créer de nature capable de penser. Je ne suis point en état d'étendre cela davantage ; mais M. Leibniz m'entendra bien, et peut-être qu'il ne trouve pas d'inconvénient à la conséquence que je tire. Mais s'il n'en trouve pas, il a sujet de craindre qu'il ne soit seul de son sentiment. Et si je me trompais en cela, je le plaindrais encore davantage. Mais je ne puis m'empêcher de témoigner à V. A. ma douleur, de ce qu'il semble que c'est l'attache qu'il a à ces opinions là, qu'il a bien cru qu'on aurait peine à souffrir dans l'Eglise Catholique, qui l'empêche d'y entrer, quoique si je m'en souviens bien, V. A l'eût obligé de reconnaître, qu'on ne peut douter raisonnablement que ce ne soit la véritable Eglise[2]. Ne vaudrait-il pas mieux qu'il laissât là ces spéculations métaphysiques qui ne peuvent être d'aucune utilité ni à lui ni aux autres, pour s'appliquer sérieusement à la plus grande affaire qu'il puisse jamais avoir, qui est d'assurer son salut en rentrant dans l'Eglise, dont les nouvelles sectes n'ont pu sortir qu'en se rendant schismatiques ? Je lus hier par rencontre une lettre de St. Augustin, où il résout diverses questions qu'avait proposées un païen qui témoignait se vouloir faire chrétien, mais qui différait toujours de le faire. Et il dit à la fin, ce qu'on pourrait appliquer à notre ami : *Sunt innumerabiles quaestiones, quae non sunt finiendae ante fidem, ne finiatur vita sine fide*[3].

III. — LEIBNIZ AU LANDGRAVE

De Hanovre, le 12 avril 1686.

Monseigneur,

Je ne sais que dire à la lettre de M. A.[1], et je n'aurais jamais cru qu'une personne dont la réputation est si grande et si véritable, et dont nous avons de si belles réflexions de morale et de logique, irait si vite dans ses jugements. Après cela je ne m'étonne plus si quelques-uns se sont emportés contre lui[2]. Cependant je tiens qu'il faut souffrir quelquefois la mauvaise humeur d'une personne dont le mérite est extraordinaire, pourvu que son procédé ne tire point à conséquence, et qu'un retour d'équité dissipe les fantômes d'une prévention mal fondée. J'attends cette justice de M. Arnauld. Et cependant, quelque sujet que j'aie de me plaindre, je veux supprimer toutes les réflexions qui pourraient aigrir et qui ne sont pas essentielles à la matière. Mais j'espère qu'il en usera de même s'il a la bonté de m'instruire. Je le puis assurer seulement que certaines conjectures qu'il fait sont fort différentes de ce qui est en effet, que quelques personnes de bon sens ont fait un autre jugement, et que nonobstant leur applaudissement je ne me presse pas trop de publier quelque chose sur des matières abstraites, qui sont au goût de peu de personnes, puisque le public n'a presque rien appris depuis plusieurs années de quelques découvertes plus plausibles que j'ai. Je n'avais mis ces méditations par écrit que pour profiter en mon particulier des jugements des plus habiles et pour me confirmer ou corriger dans la recherche des plus importantes vérités.

Il est vrai que quelques personnes d'esprit ont goûté mes opinions, mais je serais le premier à les désabuser si vous jugez qu'il y a le moindre inconvénient. Cette déclaration est sincère, et ce ne serait pas la première fois que j'ai profité des instructions des personnes éclairées ; c'est pourquoi je mérite que M. Arnauld exerce à mon égard cette charité qu'il y aurait de me tirer des erreurs qu'il croit dangereuses et dont je déclare de bonne foi de ne pouvoir encore comprendre le mal ; je lui aurai assurément une très grande obligation. Mais j'espère qu'il en usera avec modération et qu'il me rendra justice, puisqu'on la doit au moindre des hommes quand on lui a fait tort par un jugement précipité.

Il choisit une de mes thèses pour montrer qu'elle est dangereuse. Mais ou je suis incapable pour le présent de comprendre la difficulté, ou je n'en vois aucune. Ce qui m'a remis un peu de ma surprise et m'a fait croire que ce que dit M. Arnauld ne vient que de prévention. Je tâcherai donc de lui ôter cette opinion étrange qu'il a conçue un peu trop promptement.

J'avais dit dans le treizième article de mon sommaire *que la notion individuelle de chaque personne enferme une fois pour toutes ce qui lui arrivera à jamais* ; il en tire cette conséquence que ce qui arrive à une personne, et même à tout le genre humain, doit arriver par une nécessité plus que fatale, comme si les notions ou prévisions rendaient les choses nécessaires, et comme si une action libre ne pouvait être comprise dans la notion ou vue parfaite que Dieu a de la personne à qui elle appartiendra. Et il ajoute que peut-être je ne trouverai pas d'inconvénient à la conséquence qu'il tire. Cependant j'avais protesté expressément dans le même article de ne pas admettre une telle conséquence[3]. Il faut donc ou qu'il doute de ma sincérité, dont je ne lui ai donné aucun sujet, ou qu'il n'ait pas assez examiné ce qu'il refusait. Ce que je ne blâmerai pourtant pas, comme il semble que j'aurais droit de le faire, parce que je considère qu'il écrivait dans un temps où quelque incommodité ne lui laissait pas la liberté d'esprit entière, comme le témoigne sa lettre même[4]. Et je désire de faire connaître combien j'ai de déférence pour lui.

Je viens à la preuve de sa conséquence, et pour y mieux satisfaire, je rapporterai les propres paroles de M. Arnauld. *Si cela est* (savoir, que la notion individuelle de chaque personne enferme une fois pour toutes ce qui lui arrivera à jamais), *Dieu n'a pas été libre de créer tout ce qui est depuis arrivé au genre humain, et ce qui lui arrivera à jamais a dû et doit arriver par une nécessité plus que fatale* (il y avait quelque faute dans la copie, mais je crois de la pouvoir restituer comme je viens de faire)[5]. *Car la notion individuelle d'Adam a enfermé qu'il aurait tant d'enfants, et la notion individuelle de chacun de ces enfants tout ce qu'ils feraient et tous les enfants qu'ils auraient, et ainsi de suite. Il n'y a donc pas plus de liberté en Dieu à l'égard de tout cela, supposé qu'il ait voulu créer Adam, que de prétendre qu'il a été libre à Dieu, en supposant qu'il m'a voulu créer, de ne point créer de nature capable de penser.*

Ces dernières paroles doivent contenir proprement la preuve de la conséquence[6] ; mais il est très manifeste qu'elles confondent *necessitatem ex hypothesi* avec la nécessité absolue. On a toujours distingué entre ce que Dieu est libre de faire absolument, et entre ce qu'il s'est obligé de faire en vertu de certaines résolutions déjà prises, et il n'en prend guère qui n'aient déjà égard à tout. Il est peu digne de Dieu de le concevoir (sous prétexte de maintenir sa liberté) à la façon de quelques sociniens[7] et comme un homme qui prend des résolutions selon les occurrences et qui maintenant ne serait plus libre de créer ce qu'il trouve bon, si ses premières résolutions à l'égard d'Adam ou autres renfermaient déjà un rapport à ce qui touche leur postérité, au lieu que tout le monde demeure d'accord que Dieu a réglé de toute éternité toute la suite de l'univers, sans que cela diminue sa liberté en aucune manière.

Il est visible aussi que cette objection détache les volontés de Dieu les unes des autres, qui pourtant ont du rapport ensemble. Car il ne faut pas considérer la volontê de Dieu de créer un tel Adam, détachée de toutes les autres volontés qu'il a à l'égard des enfants d'Adam et de tout le genre humain, comme si Dieu premièrement faisait le décret de créer Adam sans aucun rapport à sa postérité, et par là néanmoins, selon moi, s'ôtait la liberté de créer la postérité d'Adam comme bon lui semble ; ce qui est raisonner fort étrangement.

Mais il faut plutôt considérer que Dieu choisissant non pas un Adam vague, mais un tel Adam dont une parfaite représentation se trouve parmi les êtres possibles dans les idées de Dieu, accompagné de telles circonstances individuelles et qui, entre autres prédicats, a aussi celui d'avoir avec le temps une telle postérité ; Dieu, dis-je, le choisissant, a déjà égard à sa postérité et choisit en même temps l'un et l'autre. En quoi je ne saurais comprendre qu'il y ait du mal. Et s'il agissait autrement, il n'agirait point en Dieu. Je me servirai d'une comparaison. Un prince sage qui choisit un général dont il sait les liaisons choisit, en effet, en même temps, quelques colonels et capitaines qu'il sait bien que ce général recommandera et qu'il ne voudra pas lui refuser pour certaines raisons de prudence, qui ne détruisent pourtant point son pouvoir absolu ni sa liberté. Tout cela a lieu en Dieu par plus forte raison. Donc, pour procéder exactement, il faut considérer en Dieu une certaine volonté plus générale, plus compréhensive, qu'il a à l'égard de tout l'ordre de l'univers, puisque l'univers est comme un tout que Dieu pénètre d'une seule vue[8]. Car cette volonté comprend virtuellement les autres volontés touchant ce qui entre dans cet univers, et parmi les autres aussi celle de créer un tel Adam, lequel se rapporte à la suite de sa postérité, laquelle Dieu a aussi choisie telle ; et même on peut dire que ces volontés en particulier ne diffèrent de la volonté en général que par un simple rapport, et à peu près comme la situation d'une ville considérée d'un certain point de vue diffère de son plan géométral ; car elles expriment toutes tout l'univers, comme chaque situation exprime la ville.

En effet, plus on est sage, moins on a de *volontés détachées*, et plus les vues et les volontés qu'on a sont liées et compréhensives. Et chaque volonté particulière enferme un rapport à toutes les autres, afin qu'elles soient les mieux concertées qu'il est possible. Bien loin de trouver là-dedans quelque chose qui choque, je croirais que le contraire détruit la perfection de Dieu. Et à mon avis, il faut être bien difficile ou bien prévenu pour trouver dans des sentiments si innocents, ou plutôt si raisonnables, de quoi faire des exagérations aussi étranges que celles qu'on a envoyées à V. A. Pour peu qu'on pense aussi à ce que je dis, on trouvera qu'il est manifeste *ex terminis*. Car par la notion individuelle d'Adam, j'entends certes une parfaite représentation d'un tel Adam qui a de telles conditions individuelles et qui est distingué par là d'une infinité d'autres personnes possibles fort semblables, mais pourtant différentes de lui (comme toute ellipse diffère du cercle, quelque approchante qu'elle soit), auxquelles Dieu l'a préféré, parce qu'il lui a plu de choisir justement un tel ordre de l'univers, et tout ce qui s'ensuit de sa résolution n'est nécessaire que par une nécessité hypothétique, et ne détruit nullement la liberté de Dieu ni celle des esprits créés. Il y a un Adam possible dont la postérité est telle, et une infinité d'autres dont elle serait autre ; n'est-il pas vrai que les Adams possibles (si on les peut appeler ainsi) sont différents entre eux, et que Dieu n'en a choisi qu'un, qui est justement le nôtre ?

Il y a tant de raisons qui prouvent l'impossibilité, pour ne pas dire l'absurdité ou même impiété du contraire, que je crois que dans le fond tous les hommes sont du même sentiment, quand ils pensent un peu à ce qu'ils disent. Peut-être aussi que si M. Arnauld n'avait pas eu de moi le préjugé qu'il s'est fait d'abord, il n'aurait pas trouvé mes propositions si étranges, et n'en aurait pas tiré de telles conséquences.

Je crois, en conscience, d'avoir satisfait à l'objection de M. Arnauld, et je suis bien aise de voir que l'endroit qu'il a choisi comme un des plus choquants l'est si peu à mon avis. Mais je ne sais si je pourrai avoir le bonheur de faire en sorte que M. Arnauld le reconnaisse aussi. Le grand mérite, parmi mille avantages, a ce petit défaut que les personnes qui en ont, ayant raison de se fier à leurs sentiments, ne sont pas aisément désabusées. Pour moi qui ne suis pas de ce caractère, je ferais gloire d'avouer que j'ai été mieux instruit, et même j'y trouverais du plaisir, pourvu que je le puisse dire sincèrement et sans flatterie.

Au reste, je désire aussi que M. Arnauld sache que je ne prétends nullement à la gloire d'être novateur, comme il semble qu'il a pris mes sentiments. Au contraire, je trouve ordinairement que les opinions les plus anciennes et les plus reçues sont les meilleures. Et je ne crois pas qu'on puisse être accusé d'être novateur, quand on produit seulement quelques nouvelles vérités, sans renverser les sentiments établis. Car c'est ce que font les géomètres et tous ceux qui passent plus avant. Et je ne sais s'il sera facile de remarquer des opinions autorisées à qui les miennes soient opposées. C'est pourquoi ce que M. Arnauld dit de l'Eglise n'a rien de commun avec ces méditations, et je n'espère pas qu'il veuille ni qu'il puisse assurer qu'il y a quoi que ce soit là-dedans qui passerait pour hérétique en quelque Eglise que ce soit. Cependant, si celle où il est était si prompte à censurer, un tel procédé devrait servir d'avertissement pour s'en donner de garde. Et dès qu'on voudrait produire quelque méditation qui aurait le moindre rapport à la religion et qui irait un peu au delà de ce qui s'enseigne aux enfants, on serait en danger de se faire une affaire, à moins d'avoir quelque père de l'Eglise pour garant, qui dise la même chose *in terminis*. Encore cela peut-être ne suffirait-il pas pour une entière assurance, surtout quand on n'a pas de quoi se faire ménager.

Si V. A. n'était pas un prince dont les lumières sont aussi grandes que la modération, je n'aurais eu garde de l'entretenir de ces choses ; maintenant à qui mieux s'en rapporter qu'à elle, et puisqu'elle a eu la bonté de lier ce commerce, pourrait-on sans imprudence aller choisir un autre arbitre ? D'autant qu'il ne s'agit pas tant de la vérité de quelques propositions, que de leur conséquence et tolérabilité, je ne crois pas qu'elle approuve que les gens soient foudroyés pour si peu de chose. Mais peut-être aussi que M. Arnauld n'a parlé en des termes si durs qu'en croyant que j'admettais la conséquence qu'il a raison de trouver effrayante et qu'il changera de langage après mon éclaircissement et désaveu, à quoi sa propre équité pourra contribuer autant que l'autorité de V. A. Je suis avec dévotion, Monseigneur, de V. A. S. le très humble et très obéissant serviteur.

Leibniz.

IV. — LEIBNIZ AU LANDGRAVE

A Hanovre, du 2/12 avril 1686.

Monseigneur,

J'ai reçu le jugement de M. Arnauld[1] et je trouve à propos de le désabuser, si je puis, par le papier ci-joint en forme de lettre à V. A. S. ; mais j'avoue que j'ai eu beaucoup de peine de supprimer l'envie que j'avais, tantôt de rire, tantôt de témoigner de la compassion, voyant que ce bonhomme paraît, en effet, avoir perdu une partie de ses lumières et ne se peut empêcher d'outrer toutes choses, comme font les mélancoliques, à qui tout ce qu'ils voient ou songent paraît noir. J'ai gardé beaucoup de modération à son égard, mais je n'ai pas laissé de lui faire connaître doucement qu'il a tort. S'il à la bonté de me retirer des erreurs qu'il m'attribue et qu'il croit voir dans mes écrits, je souhaiterais qu'il supprimât les réflexions personnelles et les expressions dures que j'ai dissimulées par le respect que j'ai pour V. A. S. et par la considération que j'ai eue pour le mérite du bonhomme. Cependant, j'admire la différence qu'il y a entre nos santons[2] prétendus, et entre les personnes du monde qui n'en affectent point l'opinion et en possèdent bien davantage l'effet. V. A. S. est un prince souverain, et cependant elle a montré à mon égard une modération que j'ai admirée. Et M. Arnauld est un théologien fameux, que les méditations des choses divines devraient avoir rendu doux et charitable ; cependant, ce qui vient de lui paraît souvent fier et farouche et plein de dureté. Je ne m'étonne pas maintenant s'il s'est brouillé si aisément avec le P. Malebranche et autres qui étaient fort de ses amis. Le Père Malebranche avait publié des écrits que M. Arnauld a traités d'extravagants[3], à peu près comme il fait à mon égard. Mais le monde n'a pas toujours été de son sentiment. Il faut, cependant, qu'on se garde bien d'irriter son humeur bilieuse. Cela nous ôterait tout le plaisir et toute la satisfaction que j'avais attendue d'une collation douce et raisonnable. Je crois qu'il a reçu mon papier quand il était en mauvaise humeur, et que, se trouvant importuné par là, il s'en a voulu venger par une réponse rebutante. Je sais que, si V. A. S. avait le loisir de considérer l'objection qu'il me fait, elle ne pourrait s'empêcher de rire en voyant le peu de sujet qu'il y a de faire des exclamations si tragiques ; à peu près comme on rirait en écoutant un orateur qui dirait à tout moment : *O coelum, o terra, o maria Neptuni* ! Je suis heureux s'il n'y a rien de plus choquant ou de plus difficile dans mes pensées que ce qu'il objecte. Car, si ce que je dis est vrai (savoir que la notion ou considération individuelle d'Adam enferme tout ce qui lui doit arriver et à sa postérité), il s'ensuit, selon M. Arnauld, que Dieu n'aura plus de liberté maintenant à l'égard du genre humain. Il s'imagine donc Dieu comme un homme qui prend des résolutions selon les occurrences[4], au lieu que Dieu, prévoyant tout et réglant toutes choses de toute éternité, a choisi de prime abord toute la suite et connexion de l'univers, et par conséquent non pas un Adam tout simple, mais cet Adam, dont il prévoyait qu'il ferait de telles choses et qu'il aurait de tels enfants, sans que cette providence de Dieu réglée de tout temps soit contraire à sa liberté. De quoi tous les théologiens (à la réserve de quelques sociniens qui conçoivent Dieu d'une manière très humaine) demeurent d'accord. Et je m'étonne que l'envie de trouver je ne sais quoi de choquant dans mes pensées, dont la prévention avait fait naître en son esprit une idée confuse et mal digérée, a porté ce savant homme à parler contre ses propres lumières et sentiments. Car je ne suis pas assez peu équitable pour l'imiter et pour lui imputer le dogme dangereux de ces sociniens, qui détruit la souveraine perfection de Dieu, quoiqu'il semble presque d'y incliner dans la chaleur de la dispute.

Tout homme qui agit sagement considère toutes les circonstances et liaisons de la résolution qu'il prend, et cela suivant la mesure de sa capacité. Et Dieu, qui voit tout parfaitement et d'une seule vue, peut-il manquer d'avoir pris ses résolutions conformément à tout ce qu'il voit ; et peut-il avoir choisi un tel Adam sans considérer et résoudre aussi tout ce qui a de la connexion avec lui. Et par conséquent, il est ridicule de dire que cette résolution libre de Dieu lui ôte sa liberté. Autrement, pour être toujours libre, il faudrait être toujours irrésolu.

Voilà ces pensées choquantes dans l'imagination de M. Arnauld. Nous verrons si, à force de conséquences, il en pourra tirer quelque chose de plus mauvais. Cependant la plus importante réflexion que je fais là-dessus, c'est que lui-même autrefois a écrit expressément à V. A. S. que pour des opinions de philosophie, on ne ferait point de peine à un homme qui serait de leur Eglise ou qui en voudrait être. Et le voilà lui-même maintenant qui, oubliant cette modération, se déchaîne sur un rien. Il est donc dangereux de se commettre avec ces gens-là, et V. A. S. voit combien on doit prendre de mesures. Aussi a-ce été une des raisons que j'ai eues de communiquer ces choses à M. Arnauld, savoir pour le sonder et pour voir comment il se comporterait ; mais *tange montes et fumigabunt*[5]. Aussitôt qu'on s'écarte tantôt peu du sentiment de quelques docteurs, ils éclatent en foudres et en tonnerres. Je crois bien que le monde ne serait pas de son sentiment, mais il est toujours bon d'être sur ses gardes. V. A., cependant, aura occasion peut-être de lui représenter que c'est rebuter les gens sans nécessité que d'agir de la sorte, afin qu'il en use dorénavant avec un peu plus de modération. Il me semble que V. A. S. a échangé des lettres avec lui touchant les voies de contrainte, dont je souhaiterais d'apprendre le résultat.

Au reste S.A.S. mon maître est allé maintenent à Rome, et il ne reviendra pas apparemment en Allemagne si tôt qu'on avait cru. J'irai un de ces jours à Wolfenbutel, et ferai mon possible pour ravoir le livre de V. A. On dit qu'il y a une histoire des hérésies modernes de M. Varillas. La lettre de Maestricht, que V. A. m'a communiquée, touchant les conversions de Sedan, paraît fort raisonnable. M. Mainbourg, dit-on, rapporte que saint Grégoire le Grand approuvait aussi ce principe qu'il ne faut pas se mettre en peine si les conversions des hérétiques sont feintes, pourvu qu'on gagne par là véritablement leur postérité, mais il n'est pas permis de tuer des âmes pour en gagner d'autres.

V. — LEIBNIZ AU LANDGRAVE

5/15 avril 1686.

Monseigneur,

V.A.S. aura reçu la lettre que j'ai envoyée par la poste précédente[1] avec ce que j'y ai joint en forme de lettre à V.A., dont la copie pourrait être communiquée à M. A. Depuis j'ai songé qu'il faudrait mieux en ôter ces paroles vers la fin[2] : « Cependant, si celle où il est était si prompte à censurer, un tel procédé devrait servir d'avertissement, etc., » jusqu'à ces mots : « surtout quand on n'a pas de quoi se faire ménager », de peur que M. A. n'en prenne occasion d'entrer dans les disputes de controverses, comme si on avait attaqué l'Eglise, qui n'est nullement ce dont il s'agit. On pourrait dans la copie mettre à leur place ces mots : « Et le moins du monde dans la communion de M. A. où le concile de Trente aussi bien que les papes se sont contentés fort sagement de censurer les opinions où il y a manifestement des choses qui paraissent contraires à la foi et aux mœurs sans éplucher les conséquences philosophiques, lesquelles s'il fallait écouter, en matière de censures les thomistes passeraient pour calvinistes selon les jésuites, les jésuites passeraient pour semi-pélagiens selon les thomistes, et les uns et les autres détruiraient la liberté selon Durandus et P. Louys de Dole[3] ; et en général toute absurdité passerait pour un athéisme, parce qu'on peut faire voir qu'elle dètruirait la nature de Dieu. »

VI. — ARNAULD A LEIBNIZ

Ce 13 mai 1686.

J'ai cru que je devais m'adresser à vous-même pour vous demander pardon du sujet que je vous ai donné d'être fâché contre moi en me servant de termes trop durs pour marquer ce que je pensais d'un de vos sentiments[1]. Mais je vous proteste devant Dieu, que la faute que j'ai pu faire en cela n'a point été par aucune prévention contre vous, n'ayant jamais eu sujet d'avoir de vous qu'une opinion très avantageuse, hors la religion dans laquelle vous vous êtes trouvé engagé par votre naissance ; ni que je me sois trouvé de mauvaise humeur quand j'ai écrit la lettre qui vous a blessé, rien n'étant plus éloigné de mon caractère que le chagrin qu'il plaît à quelques personnes de m'attribuer ; ni que par un trop grand attachement à mes propres pensées j'aie été choqué de voir que vous en aviez de contraires, vous pouvant assurer que j'ai si peu médité sur ces sortes de matières, que je puis dire que je n'ai point sur cela de sentiment arrêté. Je vous supplie, Monsieur, de ne croire rien de moi de tout cela, mais d'être persuadé que ce qui a pu être cause de mon indiscrétion est uniquement qu'étant accoutumé à écrire sans façon à Son Altesse[2], parce qu'elle est si bonne qu'elle excuse aisément toutes mes fautes, je m'étais imaginé que je lui pouvais dire franchement ce que je n'avais pu approuver dans quelqu'une de vos pensées, parce que j'étais bien assuré que cela ne courrerait pas le monde, et que si j'avais mal pris votre sens, vous pourriez me détromper sans que cela allât plus loin. Mais j'espère, Monsieur, que le même prince voudra bien s'employer pour faire ma paix, me pouvant servir pour l'y engager de ce que dit autrefois saint Augustin en pareille rencontre. Il avait écrit fort durement contre ceux qui croient qu'on peut voir Dieu des yeux du corps, ce qui était le sentiment d'un évêque d'Afrique, qui ayant vu cette lettre qui ne lui était point adressée s'en trouva fort offensé. Cela obligea ce saint d'employer un ami commun pour apaiser ce prélat, et je vous supplie de regarder comme si je disais au prince, pour vous être dit, ce que saint Augustin écrit à cet ami pour être dit à cet évêque : *Dum essem in admonendo sollicitus, in corripiendo nimius atque improvidus fui. Hoc non defendo, sed reprehendo : hoc non excuso, sed accuso. Ignoscatur, peto : recordetur nostram dilectionem pristinam, et obliviscatur offensionem novam. Faciat certe, quod me non fecisse succensuit : habeat lenitatem in danda venia, quam non habui in illa epistola conscribenda*[3].

J'ai douté si je n'en devais point demeurer là sans entrer de nouveau dans l'examen de la question qui a été l'occasion de notre brouillerie, de peur qu'il ne m'échappât encore quelque mot qui pût vous blesser. Mais j'appréhende d'une autre part que ce fût n'avoir pas assez bonne opinion de votre équité. Je vous dirai donc simplement les difficultés que j'ai encore sur cette proposition : *la notion individuelle de chaque personne enferme une fois pour toutes ce qui lui arrivera à jamais*[4].

Il m'a semblé qu'il s'ensuivait de là, que la notion individuelle d'Adam a enfermé qu'il aurait tant d'enfants, et la notion individuelle de chacun de ces enfants tout ce qu'ils feraient, et tous les enfants qu'ils auraient, et ainsi de suite : d'où j'ai cru que l'on pourrait inférer, que Dieu a été libre de créer ou de ne pas créer Adam ; mais que supposant qu'il l'ait voulu créer, tout ce qui est arrivé depuis au genre humain a dû et doit arriver par une nécessité fatale ; ou au moins qu'il n'y a pas plus de liberté à Dieu à l'égard de tout cela, supposé qu'il ait voulu créer Adam, que de ne pas créer une nature capable de penser, supposé qu'il ait voulu me créer.

Il ne me paraît pas, Monsieur, qu'en parlant ainsi, j'aie confondu *necessitatem ex hypothesi* avec la nécessité absolue ; car *je n'y parle jamais au contraire que de la nécessité ex hypothesi*[5]. Mais je trouve seulement étrange que tous les événements humains soient aussi nécessaires *necessitate ex hypothesi* de cette seule supposition que Dieu a voulu créer Adam, qu'il est nécessaire *necessitate ex hypothesi*, qu'il y a eu dans le monde une nature capable de penser de cela seul qu'il m'a voulu créer.

Vous dites sur cela diverses choses de Dieu, qui ne me paraissent pas suffire pour résoudre ma difficulté.

1° *Qu'on a toujours distingué entre ce que Dieu est libre de faire absolument, et entre ce qu'il est obligé de faire en vertu de certaines résolutions déjà prises.* Cela est certain.

2° *Qu'il est peu digne de Dieu de le concevoir* (sous prétexte de maintenir sa liberté) *à la façon des Sociniens, et comme un homme qui prend des résolutions selon les occurrences.* Cette pensée est très folle : j'en demeure d'accord.

3° *Qu'il ne faut pas détacher les volontés de Dieu qui pourtant ont du rapport ensemble. Et qu'ainsi il ne faut pas considérer la volonté de Dieu de créer un tel Adam, détachée de toutes les autres qu'il a à l'égard des enfants d'Adam et de tout le genre humain.* C'est aussi de quoi je conviens. Mais je ne vois pas encore que cela puisse servir à résoudre ma difficulté.

Car, 1° j'avoue de bonne foi que je n'ai pas compris que par la notion individuelle de chaque personne (par exemple d'Adam), que vous dites renfermer une fois pour toutes tout ce qui lui doit arriver à jamais, vous eussiez entendu cette personne en tant qu'elle est dans l'entendement divin, mais en tant qu'elle est en elle-même. Car il me semble qu'on n'a pas accoutumé de considérer la notion spécifique d'une sphère par rapport à ce qu'elle est représentée dans l'entendement divin, mais par rapport à ce qu'elle est en elle-même : et j'ai cru qu'il en était ainsi de la notion individuelle de chaque personne, ou de chaque chose.

2° Il me suffit néanmoins que je sache que c'est là votre pensée pour m'y conformer, en recherchant si cela lève toute la difficulté que j'ai là-dessus, et c'est ce que je ne vois pas encore.

Car je demeure d'accord que la connaissance que Dieu a eue d'Adam, lorsqu'il a résolu de le créer, a enfermé celle de tout ce qui lui est arrivé, et de tout ce qui est arrivé et doit arriver à sa postérité ; et ainsi, prenant en ce sens la notion individuelle d'Adam, ce que vous en dites est très certain.

J'avoue, de même, que la volonté qu'il a eue de créer Adam n'a point été détachée de celle qu'il a eue à l'égard de ce qui lui est arrivé, et à l'égard de toute sa postérité.

Mais il me semble[6] qu'après cela il reste à demander (et c'est ce qui fait ma difficulté), si la liaison entre ces objets (j'entends Adam d'une part, et tout ce qui devait arriver tant à lui qu'à sa postérité de l'autre) est telle d'elle-même, indépendamment de tous les décrets libres de Dieu, ou si elle en a été dépendante ; c'est-à-dire, si ce n'est qu'en suite des décrets libres, par lesquels Dieu a ordonné tout ce qui arriverait à Adam et à sa postérité, que Dieu a connu tout ce qui arriverait à Adam et à sa postérité, ou s'il y a (indépendamment de ces décrets) entre Adam d'une part, et ce qui est arrivé et arrivera à lui et à sa postérité de l'autre, une connexion intrinsèque et nécessaire. Sans ce dernier, je ne vois pas que ce que vous dites pût être vrai, *que la notion individuelle de chaque personne enferme une fois pour toutes tout ce qui lui arrivera à jamais*, en prenant même cette notion par rapport à Dieu.

Il semble aussi que c'est à ce dernier que vous vous arrêtez ; car je crois que vous supposez que, selon notre manière de concevoir, les choses possibles sont possibles avant tous les décrets libres de Dieu : d'où il s'ensuit que ce qui est enfermé dans la notion des choses possibles y est enfermé indépendamment de tous les décrets libres de Dieu. Or, vous voulez *que Dieu ait trouvé parmi les choses possibles un Adam possible accompagné de telles circonstances individuelles, et qui entre autres prédicats a aussi celui d'avoir avec le temps une telle postérité.* Il y a donc, selon vous, une liaison intrinsèque, pour parler ainsi, et indépendante de tous les décrets libres de Dieu, entre cet Adam possible et toutes les personnes individuelles de toute sa postérité, et non seulement les personnes, mais généralement tout ce qui leur devait arriver. Or, c'est, Monsieur, je ne vous le dissimule point, ce qui m'est incompréhensible. Car il me semble que vous voulez que l'Adam possible (que Dieu a choisi préférablement à d'autres Adams possibles) a eu liaison avec toute la même postérité que l'Adam créé ; n'étant, selon vous, autant que j'en puis juger, que le même Adam considéré tantôt comme possible et tantôt comme créé. Or, cela supposé, voici ma difficulté.

Combien y a-t-il d'hommes, qui ne sont venus au monde que par des décrets très libres de Dieu, comme Isaac, Samson, Samuel et tant d'autres ? Lors donc que Dieu les a connus conjointement avec Adam, ce n'a pas été parce qu'ils étaient enfermés dans la notion individuelle de l'Adam possible, indépendamment des décrets de Dieu. Il n'est donc pas vrai que toutes les personnes individuelles de la postérité d'Adam aient été enfermées dans la notion individuelle d'Adam possible, puisqu'il aurait fallu qu'elles y eussent été enfermées indépendamment des décrets divins.

On peut dire la même chose d'une infinité d'événements humains qui sont arrivés par des ordres très particuliers de Dieu, comme entre autres la religion judaïque et chrétienne et surtout l'Incarnation du Verbe divin. Je ne sais comment on pourrait dire que tout cela était enfermé dans la notion individuelle de l'Adam possible, ce qui est considéré comme possible devant avoir tout ce que l'on conçoit qu'il a sous cette notion indépendamment des décrets divins.

De plus, Monsieur, je ne sais comment, en prenant Adam pour l'exemple d'une nature singulière, on peut concevoir plusieurs Adams possibles. C'est comme si je concevais plusieurs *moi* possibles, ce qui assurément est inconcevable. Car je ne puis penser à moi sans que je ne me considère comme une nature singulière, tellement distinguée de toute autre existante ou possible, que je puis aussi peu concevoir divers *moi* que concevoir un rond qui n'ait pas tous les diamètres égaux. La raison est que ces divers *moi* seraient différents les uns des autres, autrement ce ne seraient pas plusieurs *moi*. Il faudrait donc qu'il y eût quelqu'un de ces *moi*, qui ne fût pas *moi* : ce qui est une contradiction visible.

Souffrez maintenant, Monsieur, que je transfère à ce *moi* ce que vous dites d'Adam, et jugez vous-même si cela serait soutenable. Entre les êtres possibles, Dieu a trouvé dans ses idées plusieurs *moi*, dont l'un a pour ses prédicats d'avoir plusieurs enfants et d'être médecin, et un autre, de vivre dans le célibat et d'être théologien. Et s'étant résolu de créer le dernier, le *moi* qui est maintenant enferme dans sa notion individuelle de vivre dans le célibat et d'être théologien, au lieu que le premier aurait enfermé dans sa notion individuelle d'être marié et d'être médecin. N'est-il pas clair qu'il n'y aurait point de sens dans ce discours, parce que mon *moi* étant nécessairement une telle nature individuelle, ce qui est la même chose que d'avoir une telle notion individuelle, il est aussi impossible de concevoir des prédicats contradictoires dans la notion individuelle de *moi*, que de concevoir un *moi* différent de *moi*. D'où il faut conclure, ce me semble, qu'étant impossible que je ne fusse pas toujours demeuré *moi*, soit que je me fusse marié ou que j'eusse vécu dans le célibat, la notion individuelle de mon *moi* n'a enfermé ni l'un ni l'autre de ces deux états ; comme c'est bien conclure : ce carré de marbre est le même, soit qu'il soit en repos, soit qu'on le remue ; donc, ni le repos, ni le mouvement n'est enfermé dans sa notion individuelle. C'est pourquoi, Monsieur, il me semble que je ne dois regarder comme enfermé dans la notion individuelle de *moi* que ce qui est tel que je ne serais plus *moi* s'il n'était en *moi*, et que tout ce qui est tel au contraire qu'il pourrait être en *moi* ou n'être pas en *moi*, sans que je cessasse d'être *moi*, ne peut être considéré comme étant enfermé dans ma notion individuelle, quoique par l'ordre de la providence de Dieu, qui ne change point la nature des choses, il ne puisse arriver que cela ne soit en *moi*. C'est ma pensée, que je crois conforme à tout ce qui a toujours été cru par tous les philosophes du monde.

Ce qui m'y confirme, c'est que j'ai de la peine à croire que ce soit bien philosopher, que de chercher dans la manière dont Dieu connaît les choses ce que nous devons penser ou de leurs notions spécifiques ou de leurs notions individuelles. L'entendement divin est la règle de la vérité des choses *quoad se* ; mais il ne me paraît pas que, tant que nous sommes en cette vie, c'en puisse être la règle *quoad nos*. Car que savons-nous présentement de la science de Dieu ? Nous savons qu'il connaît toutes choses, et qu'il les connaît toutes par un actes unique et très simple, qui est son essence. Quand je dis que nous le savons, j'entends par là que nous sommes assurés que cela doit être ainsi. Mais le comprenons-nous, et ne devons-nous pas reconnaître que, quelque assurés que nous soyons que cela est, il nous est impossible de concevoir comment cela peut être ? Pouvons-nous de même concevoir que la science de Dieu étant son essence même entièrement nécessaire et immuable, il a néanmoins la science d'une infinité de choses qu'il aurait pu ne pas avoir, parce que ces choses auraient pu ne pas être ? Il en est de même de sa volonté qui est aussi son essence même, où il n'y a rien que de nécessaire. Et néanmoins il veut et a voulu de toute éternité des choses qu'il aurait pu ne pas vouloir. Je trouve aussi beaucoup d'incertitudes dans la manière dont nous nous représentons d'ordinaire que Dieu agit. Nous nous imaginons, qu'avant que de vouloir créer le monde, il a envisagé une infinité de choses possibles dont il a choisi les unes et rebuté les autres : plusieurs Adams possibles, chacun avec une grande suite de personnes et d'événements, avec qui il a une liaison intrinsèque : et nous supposons que la liaison de toutes ces autres choses avec l'un de ces Adams possibles est toute semblable à celle que nous savons qu'a eue l'Adam créé avec toute sa postérité ; ce qui nous fait penser que c'est celui-là de tous les Adams possibles que Dieu a choisi, et qu'il n'a point voulu de tous les autres. Mais sans m'arrêter à ce que j'ai déjà dit, que prenant Adam pour exemple d'une nature singulière, il est aussi peu possible de concevoir plusieurs Adams que de concevoir plusieurs *moi* : j'avoue de bonne foi que je n'ai aucune idée de ces substances purement possibles, c'est-à-dire que Dieu ne créera jamais. Et je suis fort porté à croire que ce sont des chimères que nous nous formons, et que tout ce que nous appelons substances possibles, purement possibles, ne peut être autre chose que la toute-puissance de Dieu, qui étant un pur acte ne souffre point qu'il y ait en lui aucune possibilité ; mais on en peut concevoir dans les natures qu'il a créées, parce que n'étant pas l'être même par essence, elles sont nécessairement composées de puissance et d'acte ; ce qui fait que je les puis concevoir comme possibles : ce que je puis aussi faire d'une infinité de modifications qui sont dans la puissance de ces natures créées, telles que sont les pensées des natures intelligentes et les figures de la substance étendue. Mais je suis fort trompé s'il y a personne qui ose dire qu'il a l'idée d'une substance possible, purement possible. Car, pour moi, je suis convaincu que, quoiqu'on parle tant de ces substances purement possibles, on n'en conçoit néanmoins jamais aucune que sous l'idée de quelqu'une de celles que Dieu a créées. Il me semble donc que l'on pourrait dire que, hors les choses que Dieu a créées ou qu'il doit créer, il n'y a nulle possibilité passive, mais seulement une puissance active et infinie.

Quoi qu'il en soit, tout ce que je veux conclure de cette obscurité, et de la difficulté de savoir de quelle manière les choses sont dans la connaissance de Dieu, et de quelle nature est la liaison qu'elles y ont entre elles, et si c'est une liaison intrinsèque ou extrinsèque, pour parler ainsi ; tout ce que j'en veux, dis-je, conclure, est que ce n'est point en Dieu, qui habite à notre égard une lumière inaccessible, que nous devons aller chercher les vraies notions, ou spécifiques ou individuelles, des choses que nous connaissons, mais que c'est dans les idées que nous en trouvons en nous. Or je trouve en moi la notion d'une nature individuelle, puisque j'y trouve la notion de *moi*. Je n'ai donc qu'à la consulter, pour savoir ce qui est enfermé dans cette notion individuelle, comme je n'ai qu'à consulter la notion spécifique d'une sphère, pour savoir ce qui y est enfermé. Or je n'ai point d'autre règle pour cela, sinon de considérer ce qui est tel qu'une sphère ne serait plus sphère si elle ne l'avait : comme est d'avoir tous les points de sa circonférence également distants du centre ; ou qui ne ferait pas qu'elle ne serait point sphère, comme de n'avoir qu'un pied de diamètre au lieu qu'une autre sphère en aurait dix, en aurait cent. Je juge par là que le premier est enfermé dans la notion spécifique d'une sphère, et que pour le dernier, qui est d'avoir un plus grand ou un plus petit diamètre, cela n'y est point enfermé. J'applique la même règle à la notion individuelle de *moi*. Je suis assuré que tant que je pense je suis *moi*. Car je ne puis penser que je ne sois, ni être, que je ne sois *moi*. Mais je puis penser que je ferai un tel voyage, ou que je ne le ferai pas, en demeurant très assuré que ni l'un ni l'autre n'empêchera que je ne sois *moi*. Je me tiens donc très assuré que ni l'un ni l'autre n'est enfermé dans la notion individuelle de *moi*. Mais Dieu a prévu, dira-t-on, que vous ferez ce voyage. Soit. Il est donc indubitable que vous le ferez. Soit encore. Cela change-t-il rien dans la certitude que j'ai que, soit que je le fasse ou que je ne le fasse pas, je serai toujours *moi*. Je dois donc conclure, que ni l'un ni l'autre n'entre dans mon *moi*, c'est-à-dire dans ma notion individuelle. C'est à quoi il me semble qu'on en doit demeurer, sans avoir recours à la connaissance de Dieu, pour savoir ce qu'enferme la notion individuelle de chaque chose.

Voilà, Monsieur, ce qui m'est venu dans l'esprit, sur la proposition qui m'avait fait de la peine, et sur l'éclaircissement que vous y avez donné. Je ne sais si j'ai bien pris votre pensée, ç'a été au moins mon intention. Cette matière est si abstraite, qu'on s'y peut aisément tromper ; mais je serais bien fâché que vous eussiez de moi une aussi méchante opinion que ceux qui me représentent comme un écrivain emporté, qui ne réfuterait personne qu'en le calomniant et prenant à dessein ses sentiments de travers. Ce n'est point là assurément mon caractère. Je puis quelquefois dire trop franchement mes pensées. Je puis aussi quelquefois ne pas bien prendre celles des autres (car certainement je ne me crois pas infaillible, et il faudrait l'être pour ne s'y tromper jamais) ; mais quand ce ne serait que par amour-propre, ce ne serait jamais à dessein que je les prendrais mal, ne trouvant rien de si bas que d'user de chicaneries et d'artifices dans les différends que l'on peut avoir sur des matières de doctrine, quoique ce fût avec des gens que nous n'aurions point d'ailleurs sujet d'aimer, et à plus forte raison quand c'est avec des amis. Je crois, Monsieur, que vous voulez bien que je vous mette de ce nombre. Je ne puis douter que vous ne me fassiez l'honneur de m'aimer. Vous m'en avez donné trop de marques. Et pour moi, je vous proteste que la faute même que je vous supplie encore une fois de me pardonner, n'est que l'effet de l'affection que Dieu m'a donnée pour vous, et d'un zèle pour votre salut, qui a pu n'être pas assez modéré.

Je suis, Monsieur, votre très humble et très obéissant serviteur,

A. Arnauld.

VII. — ARNAULD AU LANDGRAVE ERNEST DE HESSE-RHEINFELS

Ce 13 mai 1686.

Je suis bien fâché, Monseigneur, d'avoir donné occasion à M. Leibniz de s'emporter si fort contre moi. Si je l'avais prévu, je me serais bien gardé de dire si franchement ce que je pensais d'une de ses propositions métaphysiques, mais je le devais prévoir, et j'ai eu tort de me servir des termes si durs, non contre sa personne, mais contre son sentiment. Ainsi j'ai cru que j'étais obligé de lui en demander pardon, et je l'ai fait très sincèrement par la lettre que je lui écris et que j'envoie ouverte à V. A. C'est aussi tout de bon que je La prie de faire ma paix, et de me réconcilier avec un ancien ami, dont je serais très fâché d'avoir fait un ennemi par mon imprudence : mais je serai bien aise que cela en demeure là et je ne sois plus obligé de lui dire ce que je pense de ses sentiments, car je suis si accablé de tant d'autres occupations que j'aurais de la peine à le satisfaire, ces matières abstraites demandant beaucoup d'application et ne se pouvant pas faire que cela ne me pût beaucoup de temps.

Je ne sais si je n'ai oublié de vous envoyer une addition à l'Apologie pour les Catholiques[1], j'en ai peur, à cause que V. A. ne m'en parle point : c'est pourquoi je Lui en envoie aujourd'hui avec deux Factums. L'évêque de Namur que l'Internonce a nommé pour juge, a de la peine à se résoudre à accepter cette commission, tant les Jésuites se font craindre, mais si leur puissance est si grande qu'on ne puisse obtenir contre eux de justice en ce monde, ils ont sujet d'appréhender que Dieu ne les punisse en l'autre avec d'autant plus de rigueur. C'est une terrible histoire et bien considérable que celle de ce chanoine, dont les débauches apparemment seraient impunies, s'il ne s'était rendu odieux par ses fourberies et par ses cabales. Ce ministre luthérien dont V. A. parle, doit avoir des bonnes qualités, mais c'est une chose incompréhensible, et qui marque une prévention bien aveugle, qu'il puisse regarder Luther comme un homme destiné de Dieu pour la Réformation de la Religion chrétienne. Il faut qu'il ait une idée bien basse de la véritable piété, pour en trouver dans un homme fait comme celui-là, impudent dans ses discours et si goinfre dans sa vie. Je ne suis pas surpris de ce que ce ministre vous a dit contre ceux qu'on appelle Jansénistes, Luther ayant d'abord avancé des propositions outrées contre la coopération de la grâce et contre le libre arbitre, jusqu'à donner pour titre à un de ses livres *De servo arbitrio.* Melanchton quelque temps après les mitigea beaucoup, et les Luthériens depuis sont passés dans l'extrémité opposée, de sorte que les Arminiens n'avaient rien de plus fort à opposer aux Gummaristes, que les sentiments de l'Eglise luthérienne[2]. Il n'y a donc pas lieu de s'étonner que les Luthériens d'aujourd'hui, qui sont dans les mêmes sentiments que les Arminiens, soient opposés aux disciples de St Augustin. Car les Arminiens sont plus sincères que les Jésuites. Ils avouent que St Augustin est contre eux dans les opinions qui leur sont communes avec les Jésuites, mais ils ne se croient pas obligés de le suivre. Ce que mande le Père Jobert des nouveaux convertis, donne lieu d'espérer que ceux qui ne le sont que de nom pourront revenir peu à peu, pourvu qu'on s'applique à les instruire, qu'on les édifie par des bons exemples et qu'on remplisse les cures de bons sujets ; mais ce serait tout gâter que de leur ôter les traductions en langue vulgaire de tout ce qui se dit à la Messe. Il n'y a que cela qui les puisse guérir de l'aversion qu'on leur en a donnée. Cependant on ne nous a point encore mandé ce qu'est devenue la tempête qui s'est excitée contre l'*Année Chrétienne*, dont j'ai écrit à V. A. il y a déjà assez longtemps. Un gentihomme nommé M. Cicati, qui tient l'Académie à Bruxelles, qui se dit fort connu de V. A. parce qu'il a eu l'honneur d'apprendre à monter à cheval aux Princes Ses fils, connait un Allemand fort honnête homme, qui sait fort bien le français et est bon Jurisconsulte, ayant même eu une charge de Conseiller, et qui a été déjà employé à conduire de jeunes Seigneurs. Il croit qu'il serait très propre auprès des Princes Ses petits fils, lors surtout qu'ils iront voyager en France, et que même en attendant qu'il pourrait rendre d'autres services à V. A. Il ajoute qu'il n'est point intéressé, et qu'il ne se mettra point à si haut prix que cela puisse incommoder V. A. J'ai cru qu'il ne pouvait nuire de Lui donner cet avis, cela ne L'oblige à rien et Lui peut servir, si Elle se croit obligée de mettre auprès de ces jeunes Princes une personne qui ne les quitte ni jour ni nuit. Ne sachant pas les qualités de M. Leibniz, je supplie V. A. de faire mettre le dessus à la lettre que je lui écris.

VIII. — LE LANDGRAVE ERNEST DE HESSE-RHEINFELS A LEIBNIZ

Rheinfels ce 21/31 de mai 1686.

Vous voyez par les ci-jointes[1] que le bon M. Arnauld prend quasi à tâche de prendre tout le contrepied de ce que le P. Hazard Jésuite ne veut pas faire, et que je voudrais qu'il fît et que Mes. à Wolfenbuttel ne font pas pour la restitution une fois et par vos mains de mon livre, à savoir de la seconde partie de l'Apologie pour les Catholiques, dont je ne vois ni entends plus rien du tout. Au reste autant auprès des simples et mal informés Catholiques on espère, souhaite, divulgue et désire la conversion de votre maître et de sa famille, comme on a de même appréhendé auprès des Protestants celle de l'électeur de Saxe, bien que tant auprès de l'une que de l'autre personne il n'y ait aucune apparence de cela, au moins point de motifs surnaturels pour les y porter jusqu'à présent. Car pour se faire bon et véritable Catholique, il faut bien autre chose que des vues d'ambition et avarice temporel et le faste et bombance mondaine. D'ici en trois semaines nous verrons, où l'armée chrétienne en Hongrie tournera sa face, et si on voudra pour une autre fois éprouver le siège de Bude ; car de s'éloigner du Danube, c'est se vouloir perdre. Nous espérons de nous conserver en paix cette année de ce côté du Rhin. Je vous suis ce que vous savez.

Mons. le duc Anthon Ulrich ne m'écrit plus, je n'espère pas néanmoins que je sois en sa disgrâce, mais qu'il se trouve très occupé en d'autres affaires qui lui importent plus que non ma correspondance.

IX. — REMARQUES SUR LA LETTRE DE M. ARNAULD

TOUCHANT MA PROPOSITION : QUE LA NOTION INDIVIDUELLE DE CHAQUE PERSONNE ENFERME UNE FOIS POUR TOUTES CE QUI LUI ARRIVERA A JAMAIS.

J'ai cru, dit M. Arnauld[1], *qu'on en pourrait inférer que Dieu a été libre de créer ou de ne pas créer Adam, mais que, supposant qu'il l'ait voulu créer, tout ce qui est arrivé au genre humain a dû ou doit arriver par une nécessité fatale, ou au moins qu'il n'y a pas plus de liberté à Dieu à l'égard de tout cela, supposé qu'il ait voulu créer Adam, que de ne pas créer une nature capable de penser, supposé qu'il ait voulu me créer*[2]. J'avais répondu premièrement qu'il faut distinguer entre la nécessité absolue et hypothétique[3]. A quoi M. Arnauld réplique ici *qu'il ne parle que de necessitate ex hypothesi*[4]. Après cette déclaration, la dispute change de face. Le terme de la nécessité fatale dont il s'était servi et qu'on ne prend ordinairement que d'une nécessité absolue m'avait obligé à cette distinction, qui cesse maintenant d'autant que M. Arnauld n'insiste point sur la *necessitate fatali*, puisqu'il parle alternativement : par une *necessitate fatali* ou au moins, etc. Aussi, serait-il inutile de disputer du mot. Mais, quant à la chose[5], M. Arnauld trouve encore étrange ce qu'il semble que je soutiens, savoir *que tous les événements humains arrivent necessitate ex hypothesi de cette seule supposition que Dieu a voulu créer Adam* ; à quoi j'ai *deux réponses* à donner, *l'une* que ma supposition n'est pas simplement que Dieu a voulu créer un Adam, dont la notion soit vague et incomplète, mais que Dieu a voulu créer un tel Adam assez déterminé à un individu. Et cette notion individuelle complète, selon moi, enveloppe des rapports à toute la suite des choses, ce qui doit paraître d'autant plus raisonnable que M. Arnauld m'accorde ici la liaison qu'il y a entre les résolutions de Dieu, savoir que Dieu, prenant la résolution de créer un tel Adam, a égard à toutes les résolutions qu'il prend touchant toute la suite de l'univers, à peu près comme une personne sage qui prend une résolution à l'égard d'une partie de son dessein, l'a tout entier en vue, et se résoudra d'autant mieux si elle pourra se résoudre sur toutes les parties à la fois.

L'autre réponse est que la conséquence en vertu de laquelle les événements suivent de l'hypothèse est bien toujours certaine, mais qu'elle n'est pas toujours nécessaire *necessitate metaphysica*, comme est celle qui se trouve dans l'exemple de M. Arnauld (que Dieu en résolvant de me créer ne saurait manquer de créer une nature capable de penser), mais que souvent la conséquence n'est que physique, et suppose quelques décrets libres de Dieu, comme font les conséquences qui dépendent des lois du mouvement, ou qui dépendent de ce principe de morale que tout esprit se portera à ce qui lui paraît le meilleur. Il est vrai que, lorsque la supposition des décrets qui font la conséquence est ajoutée à la première supposition de la résolution de Dieu de créer Adam, qui faisait l'antécédent, pour faire un seul antécédent de toutes ces suppositions ou résolutions ; il est vrai, dis-je, qu'alors la conséquence s'achève.

Comme j'avais déjà touché en quelque façon ces deux réponses dans ma lettre envoyée à Mgr le Landgrave, M. Arnauld fait ici des répliques qu'il faut considérer. Il avoue de bonne foi d'avoir pris mon opinion, comme si tous les événements d'un individu se déduisaient, selon moi, de sa notion individuelle, de la même manière et avec la même nécessité qu'on déduit les propriétés de la sphère de sa notion spécifique ou définition, et comme si j'avais considéré la notion de l'individu en lui-même, sans avoir égard à la manière de laquelle il est dans l'entendement ou volonté de Dieu. *Car*, dit-il, *il me semble qu'on n'a pas accoutumé de considérer la notion spécifique d'une sphère par rapport à ce qu'elle est représentée dans l'entendement divin, mais par rapport à ce qu'elle est en elle-même, et j'ai cru qu'il en était ainsi de la notion individuelle de chaque personne* ; mais il ajoute *que maintenant qu'il sait que c'est là ma pensée, cela lui suffit pour s'y conformer en recherchant si elle lève toute la difficulté*[6], dont il doute encore. Je vois que M. Arnauld ne s'est pas souvenu[7] ou du moins ne s'est pas soucié du sentiment des cartésiens, qui soutiennent que Dieu établit par sa volonté les vérités éternelles, comme sont celles qui touchent les propriétés de la sphère ; mais, comme je ne suis pas de leur sentiment, non plus que M. Arnauld, je dirai seulement pourquoi je crois qu'il faut philosopher autrement de la notion d'une substance individuelle que de la notion spécifique de la sphère. C'est que la notion d'une *espèce* n'enferme que des vérités éternelles ou nécessaires, mais la notion d'un individu enferme *sub ratione possibilitatis* ce qui est de fait ou ce qui se rapporte à l'existence des choses et au temps, et par conséquent elle dépend de quelques décrets libres de Dieu considérés comme possibles :

car les vérités de fait ou d'existence dépendent des décrets de Dieu. Aussi la notion de la sphère en général est incomplète ou abstraite, c'est-à-dire on n'y considère que l'essence de la sphère en général ou en théorie sans avoir égard aux circonstances singulières, et par conséquent elle n'enferme nullement ce qui est requis à l'existence d'une certaine sphère ; mais la notion de la sphère qu'Archimède a fait mettre sur son tombeau est accomplie et doit enfermer tout ce qui appartient au sujet de cette forme. C'est pourquoi dans les considérations individuelles ou de pratique, *quae versantur circa singularia*[8], outre la forme de la sphère, il y entre la matière dont elle est faite, le lieu, le temps et les autres circonstances qui, par un enchaînement continuel, envelopperaient enfin toute la suite de l'univers, si l'on pouvait poursuivre tout ce que ces notions enferment. Car la notion de cette particelle de matière dont cette sphère est faite enveloppe tous les changements qu'elle a subis et subira un jour. Et selon moi chaque substance individuelle contient toujours des traces de ce qui lui est jamais arrivé et des marques de ce qui lui arrivera à tout jamais. Mais ce que je viens de dire peut suffire pour rendre raison de mon procédé.

Or, M. Arnauld déclare[9] qu'en prenant la notion individuelle d'une personne par rapport à la connaissance que Dieu en a eue, lorsqu'il a résolu de la créer, ce que je dis de cette notion est très certain ; et il avoue de même que la volonté de créer Adam n'a point été détachée de celle qu'il a eue à l'égard de ce qui est arrivé à lui et à sa postérité. Mais il demande maintenant si la liaison entre Adam et les événements de sa postérité est dépendante ou indépendante des décrets libres de Dieu, *c'est-à-dire*, comme il s'explique, *si ce n'est qu'en suite des décrets libres par lesquels Dieu a ordonné tout ce qui arriverait à Adam et à sa postérité, que Dieu a connu ce qui leur arriverait* ; *ou s'il y a, indépendamment de ces décrets, entre Adam et les événements susdits, une connexion intrinsèque et nécessaire.* Il ne doute point que je ne choisisse le second parti, et, en effet, je ne saurais choisir le premier de la manière qu'il vient d'être expliqué ; mais il me semble qu'il y a quelque milieu. Il prouve, cependant, que je dois choisir le dernier, parce que je considère la notion individuelle d'Adam comme possible, en soutenant que parmi une infinité de notions possibles Dieu a choisi celle d'un tel Adam ; or les notions possibles en elles-mêmes ne dépendent point des décrets libres de Dieu.

Mais c'est ici qu'il faut que je m'explique un peu mieux[10] ; je dis donc que la liaison entre Adam et les événements humains n'est pas indépendante de tous les décrets libres de

Dieu ; mais aussi elle n'en dépend pas entièrement de telle sorte, comme si chaque événement n'arrivait ou n'était prévu qu'en vertu d'un décret particulier primitif fait à son égard. Je crois donc qu'il n'y a que peu de décrets libres primitifs qu'on peut appeler lois de l'univers, qui règlent les suites des choses, lesquels, étant joints au décret libre de créer Adam, achèvent la conséquence, à peu près comme il ne faut que peu d'hypothèses pour expliquer les phénomènes, ce que j'expliquerai encore plus distinctement dans la suite. Et quant à l'objection que les possibles sont indépendants des décrets de Dieu, je l'accorde des décrets actuels (quoique les cartésiens n'en conviennent point) ; mais je soutiens que les notions individuelles possibles enferment quelques décrets libres possibles. Par exemple, si ce monde n'était que possible, la notion individuelle de quelque corps de ce monde, qui enferme certains mouvements comme possibles, enfermerait aussi nos lois du mouvement (qui sont des décrets libres de Dieu), mais aussi comme possibles seulement. Car, comme il y a une infinité de mondes possibles, il y a aussi une infinité de lois, les unes propres à l'un, les autres à l'autre, et chaque individu possible de quelque monde enferme dans sa notion les lois de son monde.

On peut dire la même chose des miracles[11] ou opérations extraordinaires de Dieu, qui ne laissent pas d'être dans l'ordre général, de se trouver conformes aux principaux desseins de Dieu, et par conséquent d'être enfermés dans la notion de cet univers, lequel est un résultat de ces desseins, comme l'idée d'un bâtiment résulte des fins ou desseins de celui qui l'entreprend, et l'idée ou notion de ce monde est un résultat de ces desseins de Dieu considérés comme possibles. Car tout doit être expliqué par sa cause, et celle de l'univers, ce sont les fins de Dieu. Or chaque substance individuelle, selon moi, exprime tout l'univers suivant une certaine vue, et par conséquent elle exprime aussi lesdits miracles. Tout cela se doit entendre de l'ordre général, des desseins de Dieu, de la suite de cet univers, de la substance individuelle et des miracles, soit qu'on les prenne dans l'état actuel ou qu'on les considère *sub ratione possibilitatis*. Car un autre monde possible aura aussi tout cela à sa manière, quoique les desseins du nôtre aient été préférés.

On peut juger aussi par ce que je viens de dire des desseins de Dieu et des lois primitives, que cet univers a une certaine notion principale ou primitive, de laquelle les événements particuliers ne sont que des suites, sauf pourtant la liberté et la contingence, à laquelle la certitude ne nuit point, puisque la certitude des événements est fondée en partie sur des actes libres. Or chaque substance individuelle de cet univers exprime dans sa notion l'univers dans lequel il entre. Et non seulement la supposition que Dieu ait résolu de créer cet Adam, mais encore celle de quelque autre substance individuelle que ce soit, enferme des résolutions pour tout le reste, parce que c'est la nature d'une substance individuelle d'avoir une telle notion complète, d'où se peut déduire tout ce que l'on lui peut attribuer et même tout l'univers à cause de la connexion des choses[12]. Néanmoins, pour procéder exactement, il faut dire que ce n'est pas tant à cause que Dieu a résolu de créer cet Adam qu'il a résolu tout le reste, mais que, tant la résolution qu'il prend à l'égard d'Adam, que celle qu'il prend à l'égard d'autres choses particulières, est une suite de la résolution qu'il prend à l'égard de tout l'univers et des principaux desseins qui en déterminent la notion primitive, et en établissant cet ordre général et inviolable auquel tout est conforme, sans qu'il en faille excepter les miracles, qui sont sans doute conformes aux principaux desseins de Dieu, quoique les maximes particulières qu'on appelle lois de nature n'y soient pas toujours observées.

J'avais dit que la supposition de laquelle tous les événements humains se peuvent déduire n'est pas simplement de créer un Adam vague, mais celle de créer un tel Adam déterminé à toutes ces circonstances choisi parmi une infinité d'Adams possibles[13]. Cela a donné occasion à M. Arnauld d'objecter, non sans raison, qu'il est aussi peu possible de concevoir plusieurs Adams, prenant Adam pour une nature singulière, que de concevoir plusieurs moi. J'en demeure d'accord, mais aussi en parlant de plusieurs Adams je ne prenais pas Adam pour un individu déterminé. Il faut donc que je m'explique. Et voici comme je l'entendais. Quand on considère en Adam une partie de ses prédicats, par exemple, qu'il est le premier homme, mis dans un jardin de plaisir, de la côte duquel Dieu tire une femme, et choses semblables conçues *sub ratione generalitatis* (c'est-à-dire sans nommer Eve, le paradis et autres circonstances qui achèvent l'individualité), et qu'on appelle Adam la personne à qui ces prédicats sont attribués, tout cela ne suffit point à déterminer l'individu, car il peut y avoir une infinité d'Adams, c'est-à-dire de personnes possibles à qui cela convient, différentes entre elles. Et bien loin que je disconvienne de ce que M. Arnauld dit contre cette pluralité d'un même individu, je m'en étais servi moi-même pour faire mieux entendre que la nature d'un individu doit être complète et déterminée. Je suis même très persuadé de ce que saint Thomas avait déjà enseigné à l'égard des intelligences, et que je tiens être général, savoir qu'il n'est pas possible qu'il y ait deux individus entièrement semblables, ou différents *solo numero*[14]. Il ne faut donc pas concevoir un Adam vague, c'est-à-dire une personne à qui certains attributs d'Adam appartiennent, quand il s'agit de déterminer si tous les événements humains suivent de sa supposition ; mais il lui faut attribuer une notion si complète, que tout ce qui lui peut être attribué en puisse être déduit ; or il n'y a pas lieu de douter que Dieu ne puisse former une telle notion de lui, ou plutôt qu'il ne la trouve toute formée dans le pays des possibles, c'est-à-dire dans son entendement.

Il s'ensuit aussi que ce n'aurait pas été notre Adam, mais un autre, s'il avait eu d'autres événements, car rien ne nous empêche de dire que ce serait un autre. C'est donc un autre. Il nous paraît bien que ce carré de marbre apporté de Gênes aurait été tout à fait le même quand on l'y aurait laissé, parce que nos sens ne nous font juger que superficiellement, mais dans le fond, à cause de la connexion des choses, tout l'univers avec toutes ses parties serait tout autre, et aurait été un autre dès le commencement, si la moindre chose y allait autrement qu'elle ne va. Ce n'est pas pour cela que les événements soient nécessaires, mais c'est qu'ils sont certains après le choix que Dieu a fait de cet univers possible, dont la notion contient cette suite de choses. J'espère que ce que je vais dire en pourra faire convenir M. Arnauld même. Soit une ligne droite ABC représentant un certain temps. Et soit une substance individuelle, par exemple moi, qui demeure ou subsiste pendant ce temps-là. Prenons donc premièrement moi qui subsiste durant le temps AB, et encore moi qui subsiste durant le temps BC. Puisque donc on suppose que c'est la même substance individuelle qui dure, ou bien que c'est moi qui subsiste dans le temps AB et qui suis alors à Paris, et que c'est encore moi qui subsiste dans le temps BC, et qui suis alors en Allemagne, il faut nécessairement qu'il y ait une raison qui fasse dire véritablement que nous durons, c'est-à-dire que moi, qui ai été à Paris, suis maintenant en Allemagne. Car s'il n'y en a point, on aurait autant de droit de dire que c'est un autre. Il est vrai que mon expérience intérieure m'a convaincu *a posteriori* de cette identité, mais il faut qu'il y en ait une aussi *a priori*. Or il n'est pas possible de trouver une autre, sinon que tant mes attributs du temps et état précédent, que mes attributs du temps et état suivant sont des prédicats d'un même sujet, *insunt eidem subjecto*[15]. Or qu'est-ce que de dire que le prédicat est dans le même sujet, sinon que la notion du prédicat se trouve en quelque façon enfermée dans la notion du sujet ? Et puisque, dès que j'ai commencé d'être, on pouvait dire de moi véritablement que ceci ou cela m'arriverait, il faut avouer que ces prédicats étaient des lois enfermées dans le sujet ou dans ma notion complète, qui fait ce qu'on appelle moi, qui est le fondement de la connexion de tous mes états différents et que Dieu connaissait parfaitement de toute éternité. Après cela, je crois que tous les doutes doivent disparaître ; car, disant que la notion individuelle d'Adam enferme tout ce qui lui arrivera à jamais, je ne veux dire autre chose, sinon ce que tous les philosophes entendent en disant *praedicatum inesse subjecto verae propositionis*[16]. Il est vrai que les suites d'un dogme si manifeste sont paradoxes, mais c'est la faute des philosophes qui ne poursuivent pas assez les notions les plus claires.

Maintenant je crois que M. Arnauld, étant aussi pénétrant et équitable qu'il l'est, ne trouvera plus ma proposition si étrange, quand même il ne pourrait pas encore l'approuver entièrement, quoique je me flatte presque de son approbation[17]. Je demeure d'accord de ce qu'il ajoute judicieusement touchant la circonspection dont il faut user en consultant la science divine, pour savoir ce que nous devons juger des notions des choses. Mais, à le bien prendre, ce que je viens de dire doit avoir lieu quand on ne parlerait point de Dieu qu'autant qu'il est nécessaire. Car, quand on ne dirait pas que Dieu, considérant l'Adam qu'il prend la résolution de créer, y voit tous ses événements, c'est assez qu'on peut toujours prouver qu'il faut qu'il y ait une notion complète de cet Adam qui les contienne. Car tous les prédicats d'Adam dépendent d'autres prédicats du même Adam, ou n'en dépendent point. Mettant donc à part ceux qui dépendent d'autres, on n'a qu'à prendre ensemble tous les prédicats primitifs pour former la notion complète d'Adam suffisante à en déduire tout ce qui lui doit jamais arriver autant qu'il faut pour en pouvoir rendre raison. Il est manifeste que Dieu peut inventer et même conçoit effectivement une telle notion suffisante pour rendre raison de tous les phénomènes appartenant à Adam ; mais il n'est pas moins manifeste qu'elle est possible en elle-même. Il est vrai qu'il ne faut pas s'enfoncer sans nécessité dans la recherche de la science et volonté divine, à cause des grandes difficultés qu'il y a ; néanmoins on peut expliquer ce que nous en avons tiré pour notre question, sans entrer dans ces difficultés dont M. Arnauld fait mention, comme est celle qu'il y a de comprendre comment la simplicité de Dieu est conciliable avec ce que nous sommes obligés d'y distinguer. Il est aussi fort difficile d'expliquer parfaitement comment Dieu a une science qu'il aurait pu ne pas avoir, qui est la science de la vision ; car, si les futurs contingents n'existaient point, Dieu n'en aurait point de vision. Il est vrai qu'il ne laisserait pas d'en avoir la science simple, laquelle est devenue vision en y joignant sa volonté ; de sorte que cette difficulté se réduit peut-être à ce qu'il y a de difficile dans sa volonté, savoir comment Dieu est libre de vouloir. Ce qui nous passe sans doute, mais il n'est pas aussi nécessaire de l'entendre pour résoudre notre question.

Pour ce qui est de la manière selon laquelle nous concevons que Dieu agit en choisissant le meilleur parmi plusieurs possibles, M. Arnauld a raison d'y trouver de l'obscurité[18]. Il semble néanmoins reconnaître que nous sommes portés à concevoir qu'il y a une infinité de premiers hommes possibles, chacun avec une grande suite de personnes et d'événements, et que Dieu en choisit celui qui lui plaît avec sa suite ; cela n'est donc pas si étrange qu'il lui avait paru d'abord. Il est vrai que M. Arnauld témoigne qu'il est fort porté à croire que ces substances purement possibles ne sont que des chimères. C'est de quoi je ne veux pas disputer, mais j'espère que nonobstant cela il m'accordera ce dont j'ai besoin. Je demeure d'accord qu'il n'y a point d'autre réalité dans les purs possibles que celle qu'ils ont dans l'entendement divin[19], et on voit par là que M. Arnauld sera obligé lui-même de recourir à la science divine pour les expliquer, au lieu qu'il semblait vouloir ci-dessus qu'on les devait chercher en eux-mêmes. Quand j'accorderais aussi ce de quoi M. Arnauld se tient convaincu et que je ne nie pas, que nous ne concevons rien de possible que par les idées qui se trouvent effectivement dans les choses que Dieu a créées, cela ne me nuirait point. Car, en parlant des possibilités, je me contente qu'on puisse former des propositions véritables. Par exemple, s'il n'y avait point de carré parfait au monde, nous ne laisserions pas de voir qu'il n'implique point de contradiction. Et si on voulait rejeter absolument les purs possibles, on détruirait la contingence ; car, si rien n'est possible que ce que Dieu a créé effectivement, ce que Dieu a créé serait nécessaire en cas que Dieu ait résolu de créer quelque chose.

Enfin, je demeure d'accord que, pour juger de la notion d'une substance individuelle, il est bon de consulter celle que j'ai de moi-même, comme il faut consulter la notion spécifique de la sphère pour juger de ses propriétés. Quoiqu'il y ait bien de la différence, car la notion de moi et de toute autre substance individuelle est infiniment plus étendue et plus difficile à comprendre qu'une notion spécifique comme est celle de la sphère, qui n'est qu'incomplète[20]. Ce n'est pas assez que je me sente une substance qui pense, il faudrait concevoir distinctement ce qui me distingue de tous les autres esprits, mais je n'en ai qu'une expérience confuse. Cela fait que, quoiqu'il soit aisé de juger que le nombre des pieds du diamètre n'est pas enfermé dans la notion de la sphère en général, il n'est pas si aisé de juger si le voyage que j'ai dessein de faire est enfermé dans ma notion, autrement il nous serait aussi aisé d'être prophètes que d'être géomètres. Je suis incertain si je ferai le voyage, mais je ne suis pas incertain que, soit que je le fasse ou non, je serai toujours moi. C'est une prévention qu'il ne faut pas confondre avec une notion ou connaissance distincte. Ces choses ne nous paraissent indéterminées que parce que les avances ou marques qui s'en trouvent dans notre substance ne sont pas reconnaissables à nous. A peu près comme ceux qui ne consultent que les sens traiteront de ridicule celui qui leur dira que le moindre mouvement se communique aussi loin que s'étend la matière, parce que l'expérience seule ne le saurait montrer ; mais quand on considère la nature du mouvement et de la matière, on en est convaincu. Il en est de même ici : quand on consulte l'expérience confuse qu'on a de sa notion individuelle en particulier, on n'a garde de s'apercevoir de cette liaison des événements ; mais quand on considère les notions générales et distinctes qui y entrent, on la trouve. En effet, en consultant la notion que j'ai de toute proposition véritable, je trouve que tout prédicat nécessaire ou contingent, passé, présent ou futur, est compris dans la notion du sujet, et je n'en demande pas davantage.

Je crois même que cela nous ouvrira une voie de conciliation, car je m'imagine que M. Arnauld n'a eu de la répugnance à accorder cette proposition, que parce qu'il a pris la liaison que je soutiens pour intrinsèque et nécessaire en même temps, et moi je la tiens intrinsèque, mais nullement nécessaire ; car je me suis assez expliqué maintenant qu'elle est fondée sur des décrets et actes libres. Je n'entends point d'autre connexion du sujet avec le prédicat que celle qu'il y a dans les vérités les plus contingentes, c'est-à-dire qu'il y a toujours quelque chose à concevoir dans le sujet, qui sert à rendre raison pourquoi ce prédicat ou événement lui appartient, ou pourquoi cela est arrivé plutôt que non. Mais ces raisons des vérités contingentes inclinent sans nécessiter. Il est donc vrai que je pourrais ne pas faire ce voyage, mais il est certain que je le ferai. Ce prédicat ou événement n'est pas lié certainement avec mes autres prédicats conçus incomplètement ou *sub ratione generalitatis* ; mais il est lié certainement avec ma notion individuelle complète, puisque je suppose que cette notion est fabriquée exprès, en sorte qu'on en puisse déduire tout ce qui m'arrive ; laquelle se trouve sans doute *a parte rei*, et c'est proprement la notion de moi qui me trouve sous de différents états, puisque c'est cette notion seule qui les peut tous comprendre.

J'ai tant de déférence pour M. Arnauld et tant de bonne opinion de son jugement, que je me défie aisément de mes sentiments ou au moins de mes expressions, dès que je vois qu'il y trouve à redire. C'est pourquoi j'ai suivi exactement les difficultés qu'il a proposées, et, ayant tâché d'y satisfaire de bonne foi, il me semble que je ne me trouve pas trop éloigné de ses sentiments.

La proposition dont il s'agit est de très grande importance[21] et mérite d'être bien établie, car il s'ensuit que toute âme est comme un monde à part, indépendant de toute autre chose hors de Dieu ; qu'elle n'est pas seulement immortelle et pour ainsi dire impassible, mais qu'elle garde dans sa substance des traces de tout ce qui lui arrive. Il s'ensuit aussi en quoi consiste le commerce des substances, et particulièrement l'union de l'âme et du corps. Ce commerce ne se fait pas suivant l'hypothèse ordinaire de l'influence physique de l'une sur l'autre, car tout état présent d'une substance lui arrive spontanément et n'est qu'une suite de son état précédent. Il ne se fait pas aussi suivant l'hypothèse des causes occasionnelles, comme si Dieu s'en mêlait autrement, pour l'ordinaire, qu'en conservant chaque substance dans son train, et comme si Dieu à l'occasion de ce qui se passe dans le corps excitait des pensées dans l'âme, qui changeassent le cours qu'elle aurait pris d'elle-même sans cela ; mais il se fait suivant l'hypothèse de la concomitance, qui me paraît démonstrative. C'est-à-dire, chaque substance exprime toute la suite de l'univers selon la vue ou rapport qui lui est propre, d'où il arrive qu'elles s'accordent parfaitement ; et lorsqu'on dit que l'une agit sur l'autre, c'est que l'expression distincte de celle qui pâtit se diminue, et s'augmente dans celle qui agit, conformément à la suite des pensées que sa notion enveloppe. Car, quoique toute substance exprime tout, on a raison de ne lui attribuer dans l'usage que les expressions plus distinguées suivant son rapport.

Enfin, je crois qu'après cela les propositions contenues dans l'abrégé envoyé à M. Arnauld paraîtront, non seulement plus intelligibles, mais peut-être encore plus solides et plus importantes qu'on n'avait pu juger d'abord.

X. — LEIBNIZ A ARNAULD

Hanovre, ce 4/14 juillet 1686.

Monsieur,

Comme je défère beaucoup à votre jugement[1], j'ai été réjoui de voir que vous aviez modéré votre censure après avoir vu mon explication sur cette proposition que je crois importante et qui vous avait paru étrange : *Que le notion individuelle de chaque personne enferme une fois pour toutes ce qui lui arrivera à jamais*[2]. Vous en aviez tiré d'abord cette conséquence que de cette supposition, que Dieu ait résolu de créer Adam, tout le reste des événements humains arrivés à Adam et à sa postérité s'en serait suivi par une nécessité fatale, sans que Dieu eût plus eu la liberté d'en disposer, non plus qu'il ne peut pas ne pas créer une créature capable de penser, après avoir pris la résolution de me créer[3].

A quoi j'avais répondu que[4], les desseins de Dieu touchant tout cet univers étant liés entre eux conformément à sa souveraine sagesse, il n'a pris aucune résolution à l'égard d'Adam, sans en prendre à l'égard de tout ce qui a quelque liaison avec lui. Ce n'est donc pas à cause de la résolution prise à l'égard d'Adam, mais à cause de la résolution prise en même temps à l'égard de tout le reste (à quoi celle qui est prise à l'égard d'Adam enveloppe un parfait rapport), que Dieu s'est déterminé sur tous les événements humains. En quoi il me semblait qu'il n'y avait point de nécessité fatale ni rien de contraire à la liberté de Dieu, non plus que dans cette nécessité hypothétique généralement approuvée qu'il y a à l'égard de Dieu même, d'exécuter ce qu'il a résolu.

Vous demeurez d'accord, Monsieur, dans votre réplique[5], de cette liaison des résolutions divines que j'avais mise en avant, et vous avez même la sincérité d'avouer que vous aviez pris d'abord ma proposition tout autrement, *parce qu'on n'a pas accoutumé par exemple* (ce sont vos paroles) *de considérer la notion spécifique d'une sphère par rapport à ce qu'elle est représentée dans l'entendement divin, mais par rapport à ce qu'elle est en elle-même* ; et que vous aviez cru, *qu'il en était encore ainsi à l'égard de la notion individuelle de chaque personne.*

Pour moi, j'avais cru que les notions pleines et compréhensives sont représentées dans l'entendement divin comme elles sont en elles-mêmes. Mais maintenant que vous savez que c'est là ma pensée, cela suffit pour vous y conformer et pour examiner si elle lève la difficulté. Il semble donc que vous reconnaissiez que mon sentiment, expliqué de cette manière, savoir les notions pleines telles qu'elles sont dans l'entendement divin, n'est pas seulement innocent, mais même qu'il est certain ; car voici vos paroles : *Je demeure d'accord que la connaissance que Dieu a eue d'Adam lorsqu'il a résolu de le créer a enfermé celle de tout ce qui lui est arrivé, et de tout ce qui est arrivé et doit arriver à sa postérité, et ainsi, prenant en ce sens la notion individuelle d'Adam, ce que vous en dites est très certain*[6]. Nous allons voir tantôt en quoi consiste la difficulté que vous y trouvez encore. Cependant je dirai un mot de la raison de la différence qu'il y a en ceci entre les notions des espèces et celles des substances individuelles, plutôt par rapport à la volonté divine que par rapport au simple entendement[7]. C'est que les notions spécifiques les plus abstraites ne comprennent que des vérités nécessaires ou éternelles, qui ne dépendent point des décrets divins (quoi qu'en disent les cartésiens, dont il semble que vous-même ne vous êtes pas soucié en ce point) ; mais les notions des substances individuelles, qui sont complètes et capables de distinguer leur sujet, et qui enveloppent par conséquent les vérités contingentes ou de fait, et les circonstances individuelles du temps, du lieu, et autres, doivent aussi envelopper dans leur notion, prise comme possible, les décrets libres de Dieu, pris aussi comme possibles, parce que ces décrets libres sont les principales sources des existences ou faits ; au lieu que les essences sont dans l'entendement divin avant la considération de la volonté.

Cela nous servira mieux pour entendre tout le reste et pour satisfaire aux difficultés qui semblent encore rester dans mon explication ; car c'est ainsi que vous continuez, Monsieur[3] : *Mais il me semble qu'après cela il reste à demander, et c'est ce qui fait ma difficulté, si la liaison entre ces objets (j'entends Adam et ses événements humains) est telle, d'elle-même, indépendamment de tous les décrets libres de Dieu, ou si elle en est dépendante ; c'est-à-dire, si ce n'est qu'en suite des décrets libres par lesquels Dieu a ordonné tout ce qui arriverait à Adam et à sa postérité que Dieu a connu tout ce qui leur arriverait ; ou s'il y a, indépendamment de ces décrets, entre Adam d'une part et ce qui est arrivé et arrivera à lui et à sa postérité de l'autre, une connexion intrinsèque et nécessaire.* Il vous paraît que je choisirai le dernier parti, parce que j'ai dit : *Que Dieu a trouvé parmi les possibles un Adam accompagné de telles circonstances individuelles et qui, entre autres prédicats, a aussi celui d'avoir avec le temps une telle postérité.* Or vous supposez que j'accorderai que les possibles sont possibles avant tous les décrets libres de Dieu. Supposant donc cette explication de mon sentiment suivant le dernier parti, vous jugez qu'elle a des difficultés insurmontables ; *car il y a,* comme vous dites avec grande raison, *une infinité d'événements humains arrivés par des ordres très particuliers de Dieu ; comme entre autres la religion judaïque et chrétienne et surtout l'Incarnation du Verbe divin. Et je ne sais comment on pourrait dire que tout cela* (qui est arrivé par des décrets très libres de Dieu) *était enfermé dans la notion individuelle de l'Adam possible : ce qui est considéré comme possible devant avoir tout ce que l'on conçoit qu'il a sous cette notion, indépendamment des décrets divins.*

J'ai voulu rapporter exactement votre difficulté, Monsieur, et voici comment j'espère d'y satisfaire entièrement à votre gré même[9]. Car il faut bien qu'elle se puisse résoudre, puisqu'on ne saurait nier qu'il n'y ait véritablement une telle notion pleine de l'Adam accompagné de tous ses prédicats et conçu comme possible, laquelle Dieu connaît avant que de résoudre de le créer, comme vous semblez accorder ; autrement il résoudrait avant que de connaître assez. Je crois donc que le dilemme de la double explication que vous proposez reçoit quelque milieu et la liaison que je conçois entre Adam et les événements humains est *intrinsèque,* mais elle n'est pas *nécessaire* indépendamment des décrets libres de Dieu, parce que les décrets libres de Dieu, pris comme possibles, entrent dans la notion de l'Adam possible, ces mêmes décrets devenus actuels étant cause de l'Adam actuel. Je demeure d'accord avec vous contre les cartésiens, que les possibles sont possibles avant les décrets de Dieu actuels, mais non sans supposer quelquefois les mêmes décrets pris comme possibles. Car les possibilités des individuels ou des vérités contingentes enferment dans leur notion la possibilité de leurs causes, savoir, des décrets libres de Dieu, en quoi elles sont différentes des vérités éternelles ou possibilités des espèces, qui dépendent du seul entendement de Dieu sans en présupposer la volonté, comme je l'ai déjà expliqué ci-dessus.

Cela pourrait suffire, mais, afin de me faire mieux entendre, j'ajouterai que je conçois qu'il y avait une infinité de manières possibles de créer le monde selon les différents desseins que Dieu pouvait former, et que chaque monde possible dépend de quelques desseins principaux ou fins de Dieu qui lui sont propres, c'est-à-dire de quelques décrets libres primitifs (conçus *sub ratione possibilitatis*) ou lois de l'ordre général de celui des univers possibles, auquel elles conviennent et dont elles déterminent la notion, aussi bien que les notions de toutes les substances individuelles qui doivent entrer dans ce même univers. Tout étant dans l'*ordre* jusqu'aux miracles, quoique ceux-çi soient contraires à quelques maximes subalternes ou lois de la nature. Ainsi tous les événements humains ne pouvaient manquer d'arriver comme ils sont arrivés effectivement, supposé le choix d'Adam fait ; mais non pas tant à cause de la notion individuelle d'Adam, quoique cette notion les enferme, mais à cause des desseins de Dieu, qui entrent aussi dans cette notion individuelle d'Adam et qui déterminent celle de tout cet univers et ensuite tant celle d'Adam que celles de toutes les autres substances individuelles de cet univers, chaque substance individuelle enfermant tout l'univers, dont elle est partie selon un certain rapport, par la connexion qu'il y a de toutes choses, à cause des liaisons des résolutions ou desseins de Dieu.

Je trouve que vous faites encore une autre objection[10], Monsieur, qui n'est pas prise des conséquences contraires en apparence à la liberté, comme l'objection que je viens de résoudre, mais qui est prise de la chose même et de l'idée que nous avons d'une substance individuelle. Car, puisque j'ai l'idée d'une substance individuelle, c'est-à-dire celle de moi, c'est là qu'il vous paraît qu'on doit chercher ce qu'on doit dire d'une notion individuelle, et non pas dans la manière dont Dieu conçoit les individus. Et comme je n'ai qu'à consulter la notion spécifique d'une sphère pour juger que le nombre des pieds du diamètre n'est pas déterminé par cette notion, de même (dites-vous) je trouve clairement dans la notion individuelle que j'ai de moi, que je serai moi, soit que je fasse ou que je ne fasse pas le voyage que j'ai projeté.

Pour y répondre distinctement je demeure d'accord que la connexion des événements, quoiqu'elle soit certaine, n'est pas nécessaire, et qu'il m'est libre de faire ou de ne pas faire ce voyage. Car quoiqu'il soit enfermé dans ma notion que je le ferai, il y est enfermé aussi que je le ferai librement. Et il n'y a rien en moi de tout ce qui se peut concevoir *sub ratione generalitatis seu essentiae, seu notionis specificae sive incompletae*[11], dont on puisse tirer que je le ferai, au lieu que de ce que je suis homme on peut conclure que je suis capable de penser ; et par conséquent, si je ne fais pas le voyage, cela ne combattra aucune vérité éternelle ou nécessaire. Cependant, puisqu'il est certain que je le ferai, il faut bien qu'il y ait quelque connexion entre moi, qui suis le sujet, et l'exécution du voyage, qui est le prédicat, *semper enim notio praedicati inest subjecto in propositione vera*[12]. Il y aurait donc une fausseté, si je ne le faisais pas, qui détruirait ma notion individuelle ou complète, ou ce que Dieu conçoit ou concevait de moi avant même que de résoudre de me créer ; car cette notion enveloppe *sub ratione possibilitatis*[13] les existences ou vérités de fait ou décrets de Dieu, dont les faits dépendent. Mais sans aller si loin, s'il est certain que A est B, celui qui n'est pas B n'est pas A non plus. Donc si A signifie moi, et B signifie celui qui fera ce voyage, on peut conclure que celui qui ne fera pas ce voyage n'est pas moi ; et cette conclusion se peut tirer de la seule certitude de mon voyage futur, sans qu'il faille l'imputer à la proposition dont il s'agit.

Je demeure d'accord aussi que, pour juger de la notion d'une substance individuelle, il est bon de consulter celle que j'ai de moi-même, comme il faut consulter la notion spécifique d'une sphère pour juger de ses propriétés ; quoiqu'il y ait bien de la différence. Car la notion de moi en particulier et de toute autre substance individuelle est infiniment plus étendue et plus difficile à comprendre qu'une notion spécifique comme est celle de la sphère, qui n'est qu'incomplète et n'enferme pas toutes les circonstances nécessaires pour venir à une certaine sphère. Ce n'est pas assez que je me sente une substance qui pense, il faudrait concevoir distinctement ce qui me discerne de tous les autres esprits possibles ; mais je n'en ai qu'une expérience confuse. Cela fait que, quoiqu'il soit aisé de juger que le nombre des pieds du diamètre n'est pas enfermé dans la notion de la sphère en général, il n'est pas si aisé de juger certainement (quoiqu'on le puisse juger assez probablement) si le voyage que j'ai dessein de faire est enfermé dans ma notion, autrement il serait aussi aisé d'être prophète que d'être géomètre. Cependant, comme l'expérience ne me saurait faire connaître une infinité de choses insensibles dans les corps dont la considération générale de la nature du corps et du mouvement me peut convaincre ; de même, quoique l'expérience ne me fasse pas sentir tout ce qui est enfermé dans ma notion, je puis connaître en général que tout ce qui m'appartient y est enfermé par la considération générale de la notion individuelle.

Certes, puisque Dieu peut former et forme effectivement cette notion complète dont on peut rendre raison de tous les phénomènes qui m'arrivent, elle est donc possible, et c'est la véritable notion complète de ce que j'appelle *moi*, en vertu de laquelle tous mes prédicats m'arrivent comme à leur sujet. On pourrait donc le prouver tout de même sans faire mention de Dieu qu'autant qu'il le faut pour marquer ma dépendance ; mais on exprime plus fortement cette vérité en tirant la notion dont il s'agit de la connaissance divine comme de sa source. J'avoue qu'il y a bien des choses dans la science divine que nous ne saurions comprendre, mais il me semble qu'on n'a pas besoin de s'y enfoncer pour résoudre notre question. D'ailleurs si à l'égard de quelque personne et même de cet univers quelque chose allait autrement qu'elle ne va, rien n'empêche de dire que ce serait une autre personne ou un autre univers possible que Dieu aurait choisi. Ce serait donc véritablement un autre. Il faut aussi qu'il y ait une raison *a priori* (indépendante en mon expérience) qui fasse qu'on dit véritablement que c'est moi qui ai été à Paris et que c'est encore moi, et non un autre, qui suis maintenant en Allemagne, et par conséquent il faut que la notion de moi lie ou comprenne ces différents états. Autrement, on pourrait dire que ce n'est pas le même individu, quoiqu'il paraisse de l'être. Et, en effet, quelques philosophes qui n'ont pas assez connu la nature de la substance et des êtres indivisibles ou êtres *per se* ont cru que rien ne demeurait véritablement le même. Et c'est pour cela, entre autres, que je juge que les corps ne seraient pas des substances s'il n'y avait en eux que de l'étendue[14].

Je crois, Monsieur, d'avoir maintenant satisfait aux difficultés qui touchent la proposition principale. Mais, comme vous faites encore quelques remarques de conséquence sur quelques expressions incidentes dont je m'étais servi, je tâcherai de m'expliquer.

J'avais dit que la supposition de laquelle tous les événements humains se peuvent déduire n'est pas celle de créer un Adam vague, mais celle de créer un tel Adam déterminé à toutes les circonstances, choisi parmi une infinité d'Adams possibles. Sur quoi vous faites deux remarques considérables, l'une contre la pluralité des Adams, et l'autre contre la réalité des substances simplement possibles[15].

Quant au premier point[16], vous dites avec grande raison qu'il est aussi peu possible de concevoir plusieurs Adams possibles, prenant Adam pour une nature singulière, que de concevoir plusieurs moi. J'en demeure d'accord, mais aussi, en parlant de plusieurs Adams, je ne prenais pas Adam pour un individu déterminé, mais pour quelque personne conçue *sub ratione generalitatis* sous des circonstances qui nous paraissent déterminer Adam à un individu, mais qui véritablement ne le déterminent pas assez : comme lorsqu'on entend par Adam le premier homme que Dieu met dans un jardin de plaisir dont il sort par le péché, et de la côte de qui Dieu tire une femme. (Car il ne faut pas nommer Eve, ni le paradis, en les prenant pour des individus déterminés, autrement ce ne serait plus *sub ratione generalitatis*.) Mais tout cela ne détermine pas assez, et il y aurait ainsi plusieurs Adams disjonctivement possibles ou plusieurs individus à qui tout cela conviendrait. Cela est vrai, quelque nombre fini de prédicats incapables de déterminer tout le reste qu'on prenne. Mais ce qui détermine un certain Adam doit enfermer absolument tous ses prédicats, et c'est cette notion complète qui détermine *rationem generalitatis ad individuum.* Au reste, je suis si éloigné de la pluralité du même individu, que je suis même très persuadé de ce que saint Thomas avait déjà enseigné à l'égard des intelligences et que je tiens être général, savoir qu'il n'est pas possible qu'il y ait deux individus entièrement semblables, ou différents *solo numero.*

Quant à la réalité des substances purement possibles[17], c'est-à-dire que Dieu ne créera jamais, vous dites, Monsieur, d'être fort porté à croire que ce sont des chimères, à quoi je ne m'oppose pas, si vous l'entendez, comme je crois, qu'ils n'ont point d'autre réalité que celle qu'ils ont dans l'entendement divin et dans la puissance active de Dieu. Cependant, vous voyez par là, Monsieur, qu'on est obligé de recourir à la science et puissance divine pour les bien expliquer. Je trouve aussi fort solide ce que vous dites ensuite : *qu'on ne conçoit jamais aucune substance purement possible que sous l'idée de quelqu'une* (ou par les idées comprises dans quelqu'une) *de celles que Dieu a créées.* Vous dites aussi : *Nous nous imaginons qu'avant de créer le monde, Dieu a envisagé une infinité de choses possibles dont il a choisi les unes et rebuté les autres : plusieurs Adams* (premiers hommes) *possibles, chacun avec une grande suite de personnes et d'événements avec qui il a une liaison intrinsèque ; et nous supposons que la liaison de toutes ces autres choses avec un de ces Adams* (premiers hommes) *possibles est toute semblable à celle qu'a eue l'Adam créé avec toute sa postérité* ; *ce qui nous fait penser que c'est celui-là de tous les Adams possibles que Dieu a choisi, et qu'il n'a point voulu de tous les autres.* En quoi vous semblez reconnaître, Monsieur, que ces pensées, que j'avoue pour miennes (pourvu qu'on entende la pluralité des Adams et leur possibilité selon l'explication que j'ai donnée, et qu'on prenne tout cela selon notre manière de concevoir quelque ordre dans les pensées ou opérations que nous attribuons à Dieu), entrent assez naturellement dans l'esprit, quand on pense un peu à cette matière, et même ne sauraient être évitées, et peut-être ne vous ont déplu que parce que vous avez supposé qu'on ne pouvait pas les concilier avec les décrets libres de Dieu. Tout ce qui est actuel peut être conçu comme possible, et si l'Adam actuel aura avec le temps une telle postérité, on ne saurait nier ce même prédicat à cet Adam conçu comme possible, d'autant plus que vous accordez que Dieu envisage en lui tous ces prédicats lorsqu'il détermine de le créer. Ils lui appartiennent donc, et je ne vois pas que ce que vous dites de la réalité des possibles y soit contraire. Pour appeler quelque chose possible, ce m'est assez qu'on en puisse former une notion quand elle ne serait que dans l'entendement divin, qui est pour ainsi dire le pays des réalités possibles. Ainsi, en parlant des possibles, je me contente qu'on en puisse former des propositions véritables, comme l'on peut juger, par exemple, qu'un carré parfait n'implique point de contradiction, quand même il n'y aurait point de carré parfait au monde. Et si on voulait rejeter absolument les purs possibles, on détruirait la contingence et la liberté ; car, s'il n'y avait rien de possible que ce que Dieu a créé effectivement, ce que Dieu crée serait nécessaire, et Dieu, voulant créer quelque chose, ne pourrait créer que cela seul, sans avoir la liberté du choix.

Tout cela me fait espérer (après les explications que j'ai données et dont j'ai toujours apporté des raisons afin de vous faire juger que ce ne sont pas des faux fuyants controuvés pour éluder vos objections) qu'au bout du compte vos pensées ne se trouvent pas si éloignées des miennes, qu'elles ont paru d'abord de l'être. Vous approuvez la liaison des résolutions de Dieu ; vous reconnaissez ma proposition principale pour certaine, dans le sens que je lui avais donné dans ma réponse ; vous aviez douté seulement si je faisais la liaison indépendante des décrets libres de Dieu, et cela vous avait fait de la peine avec grande raison ; mais j'ai fait voir qu'elle dépend de ces décrets, selon moi, et qu'elle n'est pas nécessaire quoiqu'elle soit intrinsèque. Vous avez insisté sur l'inconvénient qu'il y aurait de dire que, si je ne fais pas le voyage que je dois faire, je ne serai pas moi, et j'ai expliqué comment on le peut dire ou non. Enfin j'ai donné une raison décisive qui, à mon avis, tient lieu de démonstration ; c'est que toujours, dans toute proposition affirmative véritable, nécessaire ou contingente, universelle ou singulière, la notion du prédicat est comprise en quelque façon dans celle du sujet ; *praedicatum inest subjecto* ; ou bien je ne sais ce que c'est que la vérité. Or, je ne demande pas davantage de liaison ici que celle qui se trouve *a parte rei* entre les termes d'une proposition véritable, et ce n'est que dans ce sens que je dis que la notion de la substance individuelle enferme tous ses événements et toutes ses dénominations, même celles qu'on appelle vulgairement extrinsèques (c'est-à-dire qui ne lui appartiennent qu'en vertu de la connexion générale des choses et de ce qu'elle exprime tout l'univers à sa manière), puisqu'il faut toujours *qu'il y ait quelque fondement de la connexion des termes d'une proposition, qui se doit trouver dans leurs notions.* C'est là mon grand principe dont je crois que tous les philosophes doivent demeurer d'accord et dont un des corollaires est cet axiome vulgaire que rien n'arrive sans raison, qu'on peut toujours rendre, pourquoi la chose est plutôt allée ainsi qu'autrement, bien que cette raison incline souvent sans nécessiter, une parfaite indifférence étant une supposition chimérique ou incomplète. On voit que du principe susdit qui est si manifeste, je tire des conséquences qui surprennent, mais ce n'est que parce qu'on n'a pas accoutumé de poursuivre assez les connaissances les plus claires[18].

Au reste, la proposition qui a été l'occasion de toute cette discussion est très importante et mérite d'être bien établie[19], car il s'ensuit que *toute substance individuelle exprime l'univers tout entier, à sa manière, et sous un certain rapport*, ou pour ainsi dire suivant le point de vue dont elle le regarde[20] ; et que son état suivant est une suite (quoique libre ou bien contingente) de son état précédent, comme s'il n'y avait que Dieu et elle au monde. Ainsi, chaque substance individuelle ou être complet est comme un monde à part, indépendant de toute autre chose que de Dieu. Il n'y a rien de si fort pour démontrer non seulement l'indestructibilité de notre âme, mais même qu'elle garde toujours en sa nature les traces de tous ses états précédents avec un souvenir virtuel indépendant du corps qui peut toujours être excité, puisqu'elle a de la conscience ou connaît en elle-même ce que chacun appelle *Moi*. Ce qui la rend susceptible des qualités morales et de châtiment et récompense, même après cette vie. Car l'immortalité sans le souvenir ne servirait de rien. Mais cette indépendance n'empêche pas le commerce des substances entre elles[21]. Car comme toutes les substances créées sont une production continuelle du même souverain être selon les mêmes desseins, et expriment le même univers ou les mêmes phénomènes, elles s'entr'accordent exactement, et cela nous fait dire que l'une agit sur l'autre, parce que l'une exprime plus distinctement que l'autre la cause ou raison des changements, à peu près comme nous attribuons le mouvement plutôt au vaisseau qu'à toute la mer, et cela avec raison, bien que parlant abstraitement on pourrait soutenir une autre hypothèse du mouvement, le mouvement en lui-même, et faisant abstraction de la cause, étant toujours quelque chose de relatif. C'est ainsi qu'il faut entendre, à mon avis, le commerce des substances créées entre elles, et non pas *d'une influence ou dépendance réelle physique*, qu'on ne saurait jamais concevoir distinctement.

C'est pourquoi, quand il s'agit de l'union de l'âme et du corps et de l'action ou passion d'un esprit à l'égard d'une autre créature[22], plusieurs ont été obligés de demeurer d'accord que leur commerce physique immédiat est inconcevable. Cependant *l'hypothèse des causes occasionnelles* ne satisfait pas, ce me semble, à un philosophe. Car elle introduit une manière de miracle continuel, comme si Dieu à tout moment changeait les lois des corps, à l'occasion des pensées des esprits, ou changeait le cours régulier des pensées de l'âme en y excitant d'autres pensées, à l'occasion des mouvements du corps ; et généralement comme si Dieu s'en mêlait autrement, pour l'ordinaire, qu'en conservant chaque substance dans son train et dans les lois établies pour elle. Il n'y a donc que *l'hypothèse de la concomitance ou de l'accord des substances entre elles* qui explique tout d'une manière convenable et digne de Dieu, et qui même est démonstrative et inévitable, à mon avis, selon la proposition que nous venons d'établir. Il me semble aussi qu'elle s'accorde bien davantage avec la liberté des créatures raisonnables que *l'hypothèse des impressions* ou celle *des causes occasionnelles.* Dieu a créé d'abord l'âme de telle sorte que, pour l'ordinaire, il n'a besoin de ces changements ; et ce qui arrive à l'âme lui naît de son propre fond, sans qu'elle se doive accommoder au corps dans la suite, non plus que le corps à l'âme. Chacun suivant ses lois et l'un agissant librement, l'autre sans choix, se rencontre avec l'autre dans les mêmes phénomènes. L'âme, cependant, ne laisse pas d'être la forme de son corps, parce qu'elle exprime les phénomènes de tous les autres corps suivant le rapport au sien.

On sera peut-être plus surpris que je nie l'action immédiate physique d'une substance corporelle sur l'autre, qui semble pourtant si claire. Mais, outre que d'autres l'ont déjà fait, il faut considérer que c'est plutôt un jeu de l'imagination qu'une conception distincte[23]. Si le corps est une substance et non pas un simple phénomène comme l'arc-en-ciel, ni un être uni par accident ou par agrégation comme un tas de pierres, il ne saurait consister dans l'étendue, et il y faut nécessairement concevoir quelque chose qu'on appelle forme substantielle, et qui répond en quelque façon à ce qu'on appelle l'âme. J'en ai été enfin convaincu comme malgré moi, après en avoir été assez éloigné autrefois[24]. Cependant, quelque approbateur des scolastiques que je sois dans cette explication générale et pour ainsi dire métaphysique des principes des corps, je suis aussi corpusculaire qu'on le saurait être dans l'explication des phénomènes particuliers, et ce n'est rien dire que d'y alléguer les formes ou les qualités. Il faut toujours expliquer la nature mathématiquement et mécaniquement, pourvu qu'on sache que les principes mêmes ou les lois de mécanique ou de la force ne dépendent pas de la seule étendue mathématique, mais de quelques raisons métaphysiques.

Après tout cela, je crois que maintenant les propositions contenues dans l'*Abrégé* qui vous a été envoyé, Monsieur, paraîtront non seulement plus intelligibles, mais peut-être encore plus solides et plus importantes qu'on n'avait pu juger d'abord.

Dans le dix-septième article de cet *Abrégé*[25], il y est fait mention de la différence qu'il y a entre la force et la quantité de mouvement que M. Descartes et bien d'autres ont pris pour une chose équivalente, en soutenant que Dieu conserve toujours la même quantité de mouvement, et que les forces sont *in ratione composita celeritatum et corporum* ; ce que j'ai trouvé être faux, comme vous pourrez juger, Monsieur, par le *petit imprimé ci-joint*, que MM. de Leipzig ont inséré dans leurs *Acta Eruditorum*. Cette remarque est de conséquence, tant en théorie qu'en pratique ; et on trouvera généralement que le double de la vitesse d'un même corps peut faire un effet quadruple, ou élever une même pesanteur à une hauteur quadruple. Or c'est par la quantité de l'effet qu'il faut mesurer la force ; et si nous supposons que Dieu transférât toute la force du corps A, acquise par la descente D, au corps B, il lui donnerait la force de monter de F jusqu'en E, par la construction expliquée dans l'imprimé et la figure qui y est jointe. Mais par là, la quantité du mouvement sera doublée, et par conséquent Dieu, conservant la force, ne conservera pas dans ce cas la même quantité du mouvement, mais l'augmentera jusqu'au double.

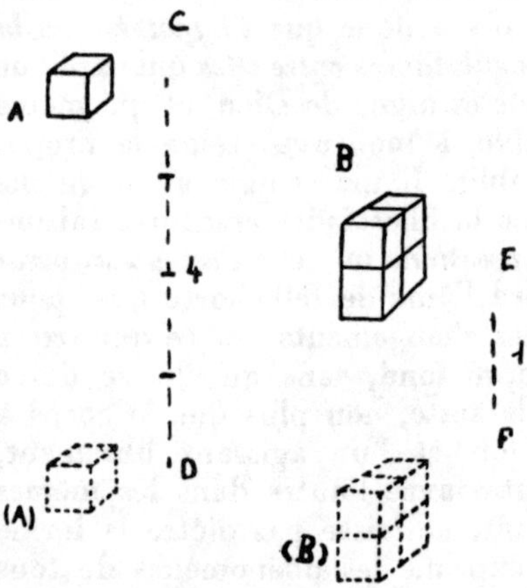

Mais il est temps de finir cette lettre déjà trop longue, après avoir témoigné avec sincérité que je me tiendrai toutours fort honoré des moindres marques de votre bienveillance, et que je serai toujours avec une très ardente passion, Monsieur, votre très humble et très obéissant serviteur.

Leibniz.

XI. — LEIBNIZ A ARNAULD

A Hanovre, ce 4/14 juillet 1686.

Monsieur,

J'ai toujours eu tant de vénération pour votre mérite élevé[1], que, lors même que je me croyais maltraité par votre censure, j'avais pris une ferme résolution de ne rien dire qui ne témoignât une estime très grande et beaucoup de déférence à votre égard. Que sera-ce donc maintenant que vous avez la générosité de me faire une restitution avec usure ou plutôt avec libéralité, d'un bien que je chéris infiniment, qui est la satisfaction de croire que je suis bien dans votre esprit ? Si j'ai été obligé de parler fortement pour me défendre des sentiments que je vous avais paru soutenir, c'est que je les désapprouve extrêmement, et que, faisant grand cas de votre approbation, j'étais d'autant plus sensible de voir que vous me les imputiez. Je souhaiterais de me pouvoir aussi bien justifier sur la vérité de mes opinions que sur leur innocence ; mais, comme cela n'est pas absolument nécessaire et que l'erreur en elle-même ne blesse ni la piété ni l'amitié, je ne m'en défends pas avec la même force. Et si dans le papier ci-joint je réplique à votre obligeante lettre, où vous avez marqué fort distinctement et d'une manière fort instructive en quoi ma réponse ne vous a pas encore satisfait, ce n'est pas que je prétende que vous vous donniez le temps d'examiner de nouveau mes raisons ; car il est aisé de juger que vous avez des affaires plus importantes, et ces questions abstraites demandent du loisir. Mais c'est afin que vous le puissiez au moins faire, au cas qu'à cause des conséquences surprenantes qui se peuvent tirer de ces notions abstraites, vous vous y voulussiez divertir un jour : ce que je souhaiterais pour mon profit et pour l'éclaircissement de quelques importantes vérités contenues dans mon *Abrégé*, dont l'approbation ou au moins l'innocence reconnue par votre jugement me serait de conséquence. Je le souhaiterais donc, dis-je, si je n'avais pas appris, il y a longtemps, de préférer l'utilité publique (qui s'intéresse tout autrement dans l'emploi de votre temps) à mon avantage particulier, qui sans doute n'y serait pas petit. J'en ai déjà fait l'essai sur votre lettre, et je sais assez qu'il n'y a *guère de personne au monde qui puisse mieux pénétrer dans l'intérieur des matières et qui puisse répandre plus de lumières sur un sujet ténébreux.*

Je ne parle qu'avec peine de la manière dont vous m'avez voulu faire justice, Monsieur, lorsque je demandais seulement que vous me fissiez grâce ; elle me couvre de confusion, et j'en dis seulement ces mots, pour vous témoigner combien je suis sensible à cette générosité qui m'a fort édifié, d'autant plus qu'elle est rare, et plus que rare dans un esprit du premier ordre, que sa réputation met ordinairement à couvert, non seulement du jugement d'autrui, mais même du sien propre. C'est à moi plutôt à vous demander pardon ; et, comme il semble que vous me l'avez accordé par avance, je tâcherai de tout mon pouvoir de reconnaître cette bonté, d'en mériter l'effet, et de me conserver toujours l'honneur de votre amitié, qu'on doit estimer d'autant plus précieuse qu'elle vous fait agir suivant des sentiments si chrétiens et si relevés.

Je ne saurais laisser passer cette occasion sans vous entretenir, Monsieur, de quelques méditations que j'ai eues depuis que je n'ai pas eu l'honneur de vous voir. Entre autres, j'ai fait quantité de réflexions de jurisprudence[2], et il me semble qu'on y pourrait établir quelque chose de solide et d'utile, tant pour avoir un droit certain, ce qui nous manque fort en Allemagne et peut-être encore en France, que pour établir une forme de procès courte et bonne. Il ne suffit pas d'être rigoureux en termes ou jours préfixes et autres conditions, comme font ceux qui ont composé le Code Louis[3] ; car de faire souvent perdre une bonne cause pour des formalités, c'est un remède en justice semblable à celui d'un chirurgien qui couperait souvent bras et jambes. On dit que le roi fait travailler de nouveau à la réforme de la chicane, et je crois qu'on fera quelque chose d'importance.

J'ai aussi été curieux en matière de mines à l'occasion de celles de notre pays, où je suis allé souvent par ordre du prince[4] ; et je crois d'avoir fait quelques découvertes sur la génération, non pas tant des métaux, que de cette forme où ils se trouvent et de quelques corps où ils sont engagés ; par exemple, je puis démontrer la manière de la génération de l'ardoise.

Outre cela, j'ai amassé sous main des mémoires et des titres concernant l'histoire de Brunsvick[5], et dernièrement je lus un diplôme *De finibus dioceseos Hildensemensis Henrici II*, *imperatoris, cognomento Sancti*, où j'ai été surpris de trouver ces paroles : *pro conjugis prolisque regalis incolumitate* ; ce qui me paraît assez contraire à l'opinion vulgaire, qui nous fait accroire qu'il a gardé la virginité avec sa femme, sainte Cunégonde.

Au reste je me suis diverti souvent à des pensées abstraites et métaphysiques de géométrie. J'ai découvert une nouvelle méthode des *tangentes* que j'ai fait imprimer dans le journal de Leipzig[6]. Vous savez, Monsieur, que MM. *Hudde* et depuis *Slusius* ont porté la chose assez loin. Mais il manquait deux choses : l'une que, lorsque l'inconnue ou indéterminée est embarrassée dans des fractions et irrationnelles, il faut l'en tirer pour user de leurs méthodes, ce qui fait monter le calcul à une hauteur ou prolixité tout à fait incommode et souvent intraitable ; au lieu que ma méthode ne se met point en peine des fractions, ni irrationnelles[7]. C'est pourquoi les Anglais en ont fait grand cas. L'autre défaut de la méthode des tangentes est qu'elle ne va pas aux lignes que M. Descartes appelle *mécaniques*, et que j'aime mieux d'appeler *transcendantes*[8] ; au lieu que ma méthode y procède tout de même, et je puis donner par le calcul la tangente de la cycloïde ou telle autre ligne. Je prétends aussi généralement de donner le moyen de réduire ces lignes au calcul, et je tiens qu'il faut les recevoir dans la géometrie, quoi qu'en dise M. Descartes. Ma raison est qu'il y a des questions analytiques qui ne sont d'aucun degré, ou dont le degré même est demandé ; par exemple, de couper l'angle en raison incommensurable de droite à droite. Ce problème n'est ni plan, ni solide, ni sursolide. C'est pourtant un problème, et je l'appelle transcendant pour cela. Tel est aussi ce problème : résoudre une telle équation : $X^x + X = 30$, où l'inconnue même X entre dans l'exposant et le degré même de l'équation est demandé. Il est aisé de trouver ici que cet X peut signifier 3. Car $3^3 + 3$ ou $27 + 3$ fait 30. Mais il n'est pas toujours si aisé de le résoudre, surtout quand l'exposant n'est pas un nombre rationnel ; et il faut recourir à des lieux ou lignes propres à cela, qu'il faut par conséquence recevoir nécessairement dans la géométrie. Or je fais voir que les lignes que Descartes veut exclure de la géométrie dépendent de telles équations, qui passent en effet tous les degrés algébriques, mais non pas l'analyse ni la géométrie. J'appelle donc les lignes reçues par M. Descartes *algebraicas*, parce qu'elles sont d'un certain degré d'une équation algébrique ; et les autres *transcendantes* que je réduis au calcul, et dont je fais voir aussi la construction, soit par points ou par le mouvement ; et si j'ose le dire, je prétends d'avancer par là l'analyse *ultra Herculis columnas*.

Et quant à la métaphysique, je prétends d'y trouver des démonstrations géométriques, en ne supposant presque que deux vérités primitives[9], savoir, en premier lieu, le principe de contradiction, car autrement, si deux contradictoires peuvent être vraies en même temps, tout raisonnement devient inutile ; et en deuxième lieu, que rien n'est sans raison, ou que toute vérité a sa preuve *a priori*, tirée de la notion des termes, quoiqu'il ne soit pas toujours en notre pouvoir de parvenir à cette analyse. Je réduis toute la mécanique à une seule proposition de métaphysique, et j'ai plusieurs propositions considérables et géométriques touchant les causes et effets, *item* touchant la similitude dont je donne une définition par laquelle je démontre aisément plusieurs vérités qu'*Euclide* donne par des détours[10].

Au reste, je n'approuve pas fort la manière de ceux qui appellent toujours à leurs idées quand ils sont au bout de leurs preuves, et qui abusent de ce principe que toute conception claire et distincte est bonne, car je tiens qu'il faut venir à des marques d'une connaissance distincte[11]. Et comme nous pensons souvent sans idées en employant des *caractères* (à la place des idées en question) dont nous supposons faussement de savoir la signification, et que nous nous formons des chimères impossibles, je tiens que la *marque d'une idée véritable* est qu'on en puisse prouver la possibilité, soit *a priori* en concevant sa cause ou raison, soit *a posteriori*, lorsque l'expérience fait connaître qu'elle se trouve effectivement dans la nature. C'est pourquoi les *définitions* chez moi sont *réelles* quand on connaît que le défini est possible ; autrement elles ne sont que *nominales*, auxquelles on ne se doit point fier. Car si par hasard le défini impliquait contradiction, on pourrait tirer deux contradictoires d'une même définition. C'est pourquoi vous avez eu grande raison, Monsieur, de faire connaître au Père Malebranche et autres qu'il faut distinguer entre les idées vraies et fausses[12] et ne pas donner trop à l'imagination sous prétexte d'une conception claire et distincte. Et comme je ne connais presque personne qui puisse mieux examiner que vous toute sorte de pensées, particulièrement celles dont les conséquences s'étendent jusqu'à la théologie, peu de gens ayant la pénétration nécessaire et les lumières aussi universelles qu'il est besoin pour cet effet, je prie Dieu de vous conserver longtemps et de ne nous pas priver trop tôt d'un secours qu'on ne retrouvera pas si aisément, et je suis avec une passion sincère, Monsieur, votre très humble et très obéissant serviteur.

Leibniz.

XII. — LEIBNIZ AU LANDGRAVE

14 juillet 1686.

Je supplie V. A.[1] de demander à M. Arnauld comme d'elle-même s'il croit véritablement qu'il y a un si grand mal de dire que chaque chose, soit espèce, soit individu ou personne, a une certaine notion parfaite qui comprend tout ce qu'on en peut énoncer véritablement, selon laquelle notion Dieu, qui conçoit tout en perfection, conçoit ladite chose[2]. Et si M. A. croit de bonne foi qu'un homme qui serait dans ce sentiment ne pourrait être souffert dans l'Eglise catholique, quand même il désavouerait sincèrement la conséquence prétendue de la fatalité. Et V. A. pourra demander comment cela s'accorde avec ce que M. A. avait écrit autrefois, qu'on ne ferait point de peine à un homme dans l'Eglise pour ces sortes d'opinions, et si ce n'est pas rebuter les gens par une rigueur inutile et hors de saison que de condamner si aisément toute sorte de sentiments qui n'ont rien de commun avec la foi.

Peut-on nier[3] que chaque chose, soit genre, espèce ou individu, a une notion accomplie selon laquelle Dieu la conçoit, qui conçoit tout parfaitement, c'est-à-dire une notion qui enferme ou comprend tout ce qu'on peut dire de la chose ; et peut-on nier que Dieu peut former une telle notion individuelle d'Adam ou d'Alexandre, qui comprend tous les attributs, affections, accidents, et généralement tous les prédicats de ce sujet ? Enfin, si saint Thomas a pu soutenir que toute intelligence séparée diffère spécifiquement de toute autre, quel mal y aura-t-il d'en dire autant de toute personne, et de concevoir les individus comme les dernières espèces, pourvu que l'espèce soit prise non pas physiquement, mais métaphysiquement ou mathématiquement. Car dans la physique, quand une chose engendre son semblable, on dit qu'ils sont d'une même espèce ; mais dans la métaphysique ou dans la géométrie, *specie differre dicere possumus quaecumque differentiam habent in notione in se explicabili consistentem, ut duae ellipses, quarum una habet duos axes majorem et minorem in ratione dupla, altera in tripla. At vero duae ellipses, quae non ratione axium adeoque nullo discrimine in se explicabili, sed sola magnitudine seu comparatione differunt, specificam differentiam non habent. Sciendum est tamen entia completa sola magnitudine differe non posse*[4].

XIII. — LEIBNIZ AU LANDGRAVE

2/12 août 1686.

Monseigneur,

J'espère que V. A. S.[1] aura le livre qui était demeuré en arrière si longtemps, et que j'ai été chercher moi-même à Wolfenbutel afin de le lui faire ravoir, puisqu'elle s'en prenait à moi[2].

J'avais pris la liberté d'y ajouter une lettre et quelques pièces pour M. Arnauld. Et j'ai quelque espérance que, lorsqu'il les aura lues, sa pénétration et sa sincérité lui feront peut-être approuver entièrement ce qui lui était paru étrange au commencement. Car, puisqu'il s'est radouci après avoir vu mon premier éclaircissement, il viendra peut-être jusqu'à l'approbation après avoir vu le dernier, qui, à mon avis, lève nettement les difficultés qu'il témoignait lui faire encore de la peine. Quoi qu'il en soit, je serai content s'il juge au moins que ces sentiments, quand ils seraient même très faux, n'ont rien qui soit directement contraire aux définitions de l'Eglise, et par conséquent sont tolérables, même dans un catholique romain[3]. Car V. A. S. sait, mieux que je ne lui saurais dire, qu'il y a des erreurs tolérables, et même qu'il y a des erreurs dont on croit que les conséquences détruisent les articles de foi, et néanmoins on ne condamne pas ces erreurs, ni celui qui les tient, parce qu'il n'approuve pas ces conséquences ; par exemple, les thomistes tiennent que l'hypothèse des molinistes détruit la perfection de Dieu, et, à l'encontre, les molinistes s'imaginent que la prédétermination des premiers détruit la liberté humaine[4]. Cependant l'Eglise n'ayant rien encore déterminé là-dessus, ni les uns ni les autres ne sauraient passer pour hérétiques, ni leurs opinions pour des hérésies. Je crois qu'on peut dire la même chose de mes propositions, et je souhaiterais, pour bien des raisons, d'apprendre si M. Arnauld ne le reconnaît pas maintenant lui-même. Il est fort occupé, et son temps est trop précieux pour que je prétende qu'il le doive employer à la discussion de la matière même touchant la vérité ou fausseté de l'opinion. Mais il est aisé à lui de juger de la tolérabilité ou intolérabilité, puisqu'il ne s'agit que de savoir si elles sont contraires à quelques définitions de l'Eglise.

XIV. — ARNAULD A LEIBNIZ

Ce 28 septembre 1686.

J'ai cru, Monsieur[1], me pouvoir servir de la liberté que vous m'avez donnée de ne me pas presser de répondre à vos civilités. Et ainsi j'ai différé jusqu'à ce que j'eusse achevé quelque ouvrage que j'avais commencé. J'ai bien gagné à vous rendre justice, n'y ayant rien de plus honnête et de plus obligeant que la manière dont vous avez reçu mes excuses. Il ne m'en fallait pas tant pour me faire résoudre à vous avouer de bonne foi, que je suis satisfait de la manière dont vous expliquez ce qui m'avait choqué d'abord, touchant la notion de la nature individuelle. Car jamais un homme d'honneur ne doit avoir de la peine de se rendre à la vérité, aussitôt qu'on la lui a fait connaître. J'ai surtout été frappé de cette raison, que dans toute proposition affirmative véritable, nécessaire ou contingente, universelle ou singulière, la notion de l'attribut est comprise en quelque façon dans celle du sujet : *praedicatum inest subjecto*[2].

Il ne me reste de difficulté que sur la possibilité des choses, et sur cette manière de concevoir Dieu comme ayant choisi l'univers qu'il a créé entre une infinité d'autres univers possibles qu'il a vus en même temps et qu'il n'a pas voulu créer[3]. Mais comme cela ne fait rien proprement à la notion de la nature individuelle, et qu'il faudrait que je rêvasse trop pour bien faire entendre ce que je pense sur cela, ou plutôt ce que je trouve à redire dans les pensées des autres, parce qu'elles ne me paraissent pas dignes de Dieu, vous trouverez bon, Monsieur, que je ne vous en dise rien.

J'aime mieux vous supplier de m'éclaircir deux choses que je trouve dans votre dernière lettre, qui me semblent considérables, mais que je ne comprends pas bien.

La première est ce que vous entendez par *l'hypothèse de la concomitance et de l'accord des substances entre elles*, par laquelle vous prétendez qu'on doit expliquer ce qui se passe dans l'union de l'âme et du corps, et l'action ou passion d'un esprit à l'égard d'une autre créature[4]. Car je ne conçois pas ce que vous dites pour expliquer cette pensée qui ne s'accorde, selon vous, ni avec ceux qui croient que l'âme agit physiquement sur le corps et le corps sur l'âme, ni avec ceux qui croient que Dieu seul est la cause physique de ces effets, et que l'âme et le corps n'en sont que les causes occasionnelles. *Dieu*, dites-vous, *a créé l'âme de telle sorte que, pour l'ordinaire, il n'a pas besoin de ces changements, et ce qui arrive à l'âme lui naît de son propre fonds, sans qu'elle se doive accorder au corps dans la suite, non plus que le corps à l'âme : chacun suivant ses lois, et l'un agissant librement, l'autre sans choix, se rencontrent l'un avec l'autre dans les mêmes phénomènes.*

Des exemples vous donneront moyen de mieux faire entendre votre pensée[5]. On me fait une plaie dans le bras. Ce n'est à l'égard de mon corps qu'un mouvement corporel, mais mon âme a aussitôt un sentiment de douleur, qu'elle n'aurait pas sans ce qui est arrivé à mon bras. On demande quelle est la cause de cette douleur. Vous ne voulez pas que mon corps ait agi sur mon âme, ni que ce soit Dieu qui, à l'occasion de ce qui est arrivé à mon bras, ait formé immédiatement dans mon âme ce sentiment de douleur. *Il faut donc que vous croyiez que ce soit l'âme qui l'a formé elle-même, et que c'est ce que vous entendez, quand vous dites que ce qui arrive dans l'âme à l'occasion du corps lui naît de son propre fonds.* Saint Augustin était de ce sentiment, parce qu'il croyait que la douleur corporelle n'était autre chose que la tristesse qu'avait l'âme de ce que son corps était mal disposé. Mais que peut-on répondre à ceux qui objectent qu'il faudrait donc que l'âme sût que son corps est mal disposé avant que d'en être triste, au lieu qu'il semble que c'est la douleur qui l'avertit que son corps est mal disposé ?

Considérons un autre exemple, où le corps a quelque mouvement à l'occasion de mon âme. Si je veux ôter mon chapeau, je lève mon bras en haut. Ce mouvement de mon bras de bas en haut n'est point selon les règles ordinaires des mouvements. Quelle en est donc la cause ? C'est que les esprits étant entrés en de certains nerfs les ont enflés. Mais ces esprits ne se sont pas d'eux-mêmes déterminés à entrer dans ces nerfs : ou ils ne se sont pas donnés à eux-mêmes le mouvement qui les a fait entrer dans ces nerfs. Qui est-ce donc qui le leur a donné ? Est-ce Dieu à l'occasion de ce que j'ai voulu lever le bras ? C'est ce que veulent les partisans des causes occasionnelles, dont il me semble que vous n'approuviez pas le sentiment. Il semble donc qu'il faille que ce soit notre âme. Et c'est néanmoins ce qu'il semble que vous ne vouliez pas encore. Car ce serait agir physiquement sur le corps. Et il me paraît que vous croyez qu'une substance n'agit point physiquement sur une autre.

La deuxième chose sur quoi je désirerais d'être éclairci, c'est ce que vous dites : *qu'afin que le corps ou la matière ne soit point un simple phénomène, comme l'arc-en-ciel, ni un être uni par accident ou par agrégation, comme un tas de pierres, il ne saurait consister dans l'étendue, et il y faut nécessairement quelque chose qu'on appelle forme substantielle, et qui réponde en quelque façon à ce qu'on appelle l'âme*[6]. Il y a bien des choses à demander sur cela[7].

1° Notre corps et notre âme sont deux substances réellement distinctes. Or, en mettant dans le corps une forme substantielle outre l'étendue, on ne peut pas s'imaginer que ce soient deux substances distinctes. On ne voit donc pas que cette forme substantielle eût aucun rapport à ce que nous appelons notre âme.

2° Cette forme substantielle du corps devrait être ou étendue et divisible, ou non étendue et indivisible. Si on dit le premier, il semble qu'elle serait *indestructible* aussi bien que notre âme. Et si on dit le dernier, il semble qu'on ne gagne rien par là pour faire que les corps soient *unum per se*, plutôt que s'ils ne consistaient qu'en l'étendue. Car c'est la divisibilité de l'étendue en une infinité de parties qui fait qu'on a de la peine à en concevoir l'unité. Or cette forme substantielle ne remédiera point à cela, si elle est aussi divisible que l'étendue même.

3° Est-ce la forme substantielle d'un carreau de marbre qui fait qu'il est un ? Si cela est, que devient cette forme substantielle, quand il cesse d'être un, parce qu'on l'a cassé en deux ? Elle est anéantie, ou elle est devenue deux. Le premier est inconcevable, si cette forme substantielle n'est pas une manière d'être, mais une substance. Et on ne peut dire que c'est une manière d'être ou modalité, puisqu'il faudrait que la substance dont cette forme serait la modalité fût l'étendue ; ce qui n'est pas apparemment votre pensée. Et si cette forme substantielle d'une qu'elle était devient deux, pourquoi n'en dira-t-on pas autant de l'étendue seule sans cette forme substantielle ?

4° Donnez-vous à l'étendue une forme substantielle générale, telle que l'ont admise quelques scolastiques, qui l'ont appelée *formam corporeitatis* ; ou si vous voulez qu'il y ait autant de formes substantielles différentes qu'il y a de corps différents, et différentes d'espèces quand ce sont des corps différents d'espèces ?

5° En quoi mettez-vous l'unité qu'on donne à la terre, au soleil, à la lune, quand on dit qu'il n'y a qu'une terre que nous habitons, qu'un soleil qui nous éclaire, qu'une lune qui tourne en tant de jours à l'entour de la terre ? Croyez-vous qu'il soit nécessaire pour cela que la terre, par exemple, composée de tant de parties hétérogènes, ait une forme substantielle qui lui soit propre et qui lui donne cette unité ? Il n'y a pas d'apparence que vous le croyiez. J'en dirai de même d'un arbre, d'un cheval. Et de là je passerai à tous les mixtes. Par exemple, le lait est composé du sérum, de la crème, et de ce qui se caille. A-t-il trois formes substantielles, ou s'il n'en a qu'une ?

6° Enfin on dira qu'il n'est pas digne d'un philosophe d'admettre des entités dont on n'a aucune idée claire et distincte, et qu'on n'en a point de ces formes substantielles, et que de plus, selon vous, on ne les peut prouver par leurs effets, puisque vous avouez que c'est par la philosophie corpusculaire qu'on doit expliquer tous les phénomènes particuliers de la nature, et que ce n'est rien dire d'alléguer ces formes.

7° Il y a des cartésiens qui, pour trouver de l'unité dans les corps, ont nié que la matière fût divisible à l'infini, et qu'on devait admettre des atomes indivisibles[8]. Mais je ne pense pas que vous soyez de leur sentiment.

J'ai considéré votre petit imprimé et je l'ai trouvé fort subtil[9]. Mais prenez garde si les cartésiens ne vous pourront point répondre, qu'il ne fait rien contre eux, parce qu'il semble que vous supposiez une chose qu'ils croient fausse, qui est qu'une pierre en descendant se donne à elle-même cette plus grande vélocité qu'elle acquiert plus elle descend. Ils diront que cela vient des corpuscules qui, en montant, font descendre tout ce qu'ils trouvent en leur chemin, et leur transportent une partie de ce qu'ils ont de mouvement, et qu'ainsi il ne faut pas s'étonner si le corps B, quadruple de A, a plus de mouvement étant descendu un pied que le corps A étant descendu quatre pieds, parce que les corpuscules qui ont poussé B lui ont communiqué du mouvement proportionnellement à sa masse, et ceux qui ont poussé A proportionnellement à la sienne[10]. Je ne vous assure pas que cette réponse soit bonne, mais je crois au moins que vous devez vous appliquer à voir si cela n'y fait rien. Et je serais bien aise de savoir ce que les cartésiens ont dit sur votre écrit.

Je ne sais si vous avez examiné ce que dit M. Descartes dans ses lettres sur son principe général des mécaniques[11]. Il me semble qu'en voulant montrer pourquoi la même force peut lever, par le moyen d'une machine, le double ou le quadruple de ce qu'elle lèverait sans machine, *il déclare qu'il n'a point d'égard à la vélocité.* Mais je n'en ai qu'une mémoire confuse. Car je ne me suis jamais appliqué à ces choses-là que par occasion et à des heures perdues, et il y a plus de vingt ans que je n'ai vu aucun de ces livres-là.

Je ne désire point, Monsieur, que vous vous détourniez d'aucune de vos occupations tant soit peu importante pour résoudre les deux doutes que je vous propose. Vous en ferez ce qu'il vous plaira, et à votre loisir.

Je voudrais bien savoir si vous n'avez point donné la dernière perfection à deux machines que vous aviez trouvées étant à Paris : l'une d'arithmétique qui paraissait bien plus parfaitement que celle de M. Pascal[12], et l'autre une montre tout à fait juste[13].

Je suis tout à vous.

XV. — LANDGRAVE
ERNEST DE HESSE-RHEINFELS A LEIBNIZ

Rheinfels du 21/31 octobre 1686.

Je vous envoie ci-joint une lettre de M. Arnauld[1], laquelle je ne sais par quelle négligence est déjà ici depuis quinze jours, et que pour l'occupation en tant d'autres affaires je n'ai pas lue, aussi bien telles sortes de matières pour moi sont de par trop relevées et spéculatives. Je vous envoie aussi quelques autres pièces pour votre curiosité et vous suis et demeure le très affectionné

E.

XVI. — PROJET DE LETTRE DE LEIBNIZ A ARNAULD

Monsieur[1],

L'hypothèse de la concomitance est une suite de la notion que j'ai de la substance[2]. Car, selon moi, la notion individuelle d'une substance enveloppe tout ce qui lui doit jamais arriver ; et c'est en quoi les êtres accomplis diffèrent de ceux qui ne le sont pas. Or, l'âme étant une substance individuelle, il faut que sa notion, idée, essence ou nature enveloppe tout ce qui lui doit arriver ; et Dieu, qui la voit parfaitement, y voit ce qu'elle agira ou souffrira à tout jamais, et toutes les pensées qu'elle aura. Donc, puisque nos pensées ne sont que des suites de la nature de notre âme et lui naissent en vertu de sa notion, il est inutile d'y demander l'influence d'une autre substance particulière, outre que cette influence est absolument inexplicable. Il est vrai qu'il nous arrive certaines pensées, quand il y a certains mouvements corporels, et qu'il arrive certains mouvements corporels, quand nous avons certaines pensées ; mais c'est parce que chaque substance exprime l'univers tout entier à sa manière, et cette expression de l'univers, qui fait un mouvement dans le corps, est peut-être une douleur à l'égard de l'âme. Mais on attribue l'action à cette substance dont l'expression est plus distincte, et on l'appelle cause[3]. Comme lorsqu'un corps nage dans l'eau, il y a une infinité de mouvements des parties de l'eau, tels qu'il faut afin que la place que ce corps quitte soit toujours remplie par la voie la plus courte. C'est pourquoi nous disons que ce corps en est cause, parce que, par son moyen, nous pouvons expliquer distinctement ce qui arrive ; mais si on examine ce qu'il y a de physique et de réel dans le mouvement, on peut aussi bien supposer que ce corps est en repos, et que tout le reste se meut conformément à cette hypothèse, puisque tout le mouvement en lui-même n'est qu'une chose respective, savoir un changement de situation, qu'on ne sait à qui attribuer dans la précision mathématique ; mais on l'attribue à un corps par le moyen duquel tout s'explique distinctement. Et, en effet, à prendre tous les phénomènes petits et grands, il n'y a qu'une seule hypothèse qui serve à expliquer le tout distinctement. Et on peut même dire que, quoique ce corps ne soit pas une cause efficiente physique de ces effets, son idée au moins en est pour ainsi dire la cause finale, ou, si vous voulez, exemplaire dans l'entendement de Dieu. Car, si on veut chercher s'il y a quelque chose de réel dans le mouvement, qu'on s'imagine que Dieu veuille exprès produire tous les changements de situation dans l'univers, tout de même comme si ce vaisseau les produisait en voguant dans l'eau ; n'est-il pas vrai qu'en effet il arriverait justement cela même ? Car il n'est pas possible d'assigner aucune différence réelle. Ainsi, dans la précision métaphysique, on n'a pas plus de raison de dire que le vaisseau pousse l'eau à faire cette grande quantité de cercles servant à remplir la place du vaisseau, que de dire que l'eau est poussée à faire tous ces cercles et qu'elle pousse le vaisseau à se remuer conformément ; mais à moins de dire que Dieu a voulu exprès produire une si grande quantité de mouvements d'une manière si conspirante, on n'en peut pas rendre raison, et comme il n'est pas raisonnable de recourir à Dieu dans le détail, on a recours au vaisseau, quoique en effet, dans la dernière analyse, le consentement de tous les phénomènes des différentes substances ne vienne que de ce qu'elles sont toutes des productions d'une même cause, savoir de Dieu, qui fait que chaque substance individuelle exprime la résolution que Dieu a prise à l'égard de tout l'univers. C'est donc par la même raison qu'on attribue les douleurs aux mouvements des corps, parce qu'on peut par là venir à quelque chose de distinct. Et cela sert à nous procurer des phénomènes ou à les empêcher. Cependant, à ne rien avancer sans nécessité, nous ne faisons que penser, et aussi nous ne nous procurons que des pensées, et les phénomènes ne sont que des pensées. Mais comme toutes nos pensées ne sont pas efficaces, et ne servent pas à nous en procurer d'autres d'une certaine nature, et qu'il nous est impossible de déchiffrer le mystère de la connexion universelle des phénomènes, il faut prendre garde par le moyen de l'expérience à celles qui nous en procurent autres fois, et c'est en quoi consiste l'usage des sens et ce qu'on appelle l'action hors de nous.

L'hypothèse de la concomitance[4] ou de l'accord des substances entre elles suit de ce que j'ai dit que chaque substance individuelle enveloppe pour toujours tous les accidents qui lui arriveront, et exprime tout l'univers à sa manière ; ainsi ce qui est exprimé dans le corps par un mouvement ou changement de situation, est peut-être exprimé dans l'âme par une douleur. Puisque les douleurs ne sont que des pensées, il ne faut pas s'étonner si elles sont des suites d'une substance dont la nature est de penser. Et, s'il arrive constamment que certaines pensées sont jointes à certains mouvements, c'est parce que Dieu a créé d'abord toutes les substances en sorte que dans la suite tous leurs phénomènes s'entre-répondent, sans qu'il leur faille pour cela une influence physique mutuelle, qui ne paraît pas même explicable ; peut-être que M. Descartes était plutôt pour cette concomitance que pour l'hypothèse des causes occasionnelles, car il ne s'est point expliqué là-dessus que je sache[5].

J'admire ce que vous remarquez, Monsieur, que saint Augustin a déjà eu de telles vues, en soutenant que la douleur n'est autre chose qu'une tristesse de l'âme qu'elle a de ce que son corps est mal disposé. Ce grand homme a assurément pénétré bien avant dans les choses. Cependant l'âme sent que son corps est mal disposé, non pas par une influence du corps sur l'âme, ni par une opération particulière de Dieu qui l'en avertisse, mais parce que c'est la nature de l'âme d'exprimer ce qui se passe dans les corps, étant créée d'abord en sorte que la suite de ses pensées s'accorde avec la suite des mouvements. On peut dire la même chose du mouvement de mon bras de bas en haut. On demande ce qui détermine les esprits à entrer dans les nerfs d'une certaine manière ; je réponds que c'est tant l'impression des objets que la disposition des esprits et nerfs mêmes, en vertu des lois ordinaires du mouvement. Mais, par la concordance générale des choses, toute cette disposition n'arrive jamais que lorsqu'il y a en même temps dans l'âme cette volonté à laquelle nous avons coutume d'attribuer l'opération. Ainsi les âmes ne changent rien dans l'ordre des corps, ni les corps dans celui des âmes. (Et c'est pour cela que les formes ne doivent point être employées à expliquer les phénomènes de la nature.) Et une âme ne change rien dans le cours des pensées d'une autre âme. Et en général une substance particulière n'a point d'influence physique sur l'autre ; aussi serait-elle inutile, puisque chaque substance est un être accompli, qui se suffit lui-même à déterminer en vertu de sa propre nature tout ce qui lui doit arriver. Cependant on a beaucoup de raison de dire que ma volonté est la cause de ce mouvement du bras, et qu'une *solutio continui* dans la matière de mon corps est cause de la douleur ; car l'un exprime distinctement ce que l'autre exprime plus confusément, et on doit attribuer l'action à la substance dont l'expression est plus distincte. D'autant que cela suffit à la pratique pour se procurer des phénomènes. Si elle n'est pas cause physique, on peut dire qu'elle est cause finale, ou pour mieux dire exemplaire, c'est-à-dire que son idée dans l'entendement de Dieu a contribué à la résolution de Dieu à l'égard de cette particularité, lorsqu'il s'agissait de résoudre la suite universelle des choses.

L'autre difficulté[6] est sans comparaison plus grande, touchant les formes substantielles et les âmes des corps ; et j'avoue que je ne m'y satisfais point. Premièrement, il faudrait être assuré que les corps sont des substances et non pas seulement des phénomènes véritables comme l'arc-en-ciel. Mais, cela posé, je crois qu'on peut inférer que la substance corporelle ne consiste pas dans l'étendue ou dans la divisibilité ; car on m'avouera que deux corps éloignés l'un de l'autre, par exemple deux triangles, ne sont pas réellement une substance ; supposons maintenant qu'ils s'approchent pour composer un carré, le seul attouchement les fera-t-il devenir une substance ? Je ne le pense pas. Or chaque masse étendue peut être considérée comme composée de deux ou mille autres ; il n'y a que l'étendue par un attouchement. Ainsi on ne trouvera jamais un corps dont on puisse dire que c'est véritablement une substance. Ce sera toujours un agrégé de plusieurs. Ou plutôt, ce ne sera pas un être réel, puisque les parties qui le composent sont sujettes à la même difficulté, et qu'on ne vient jamais à aucun être réel, les êtres par agrégation n'ayant qu'autant de réalité qu'il y en a dans leurs ingrédients. D'où il s'ensuit que la substance d'un corps, s'ils en ont une, doit être indivisible ; qu'on l'appelle âme ou forme, cela m'est indifférent. Mais aussi la notion générale de la substance individuelle, que vous semblez assez goûter, Monsieur, prouve la même chose. L'étendue est un attribut qui ne saurait constituer un être accompli, on n'en saurait tirer aucune action ni changement, elle exprime seulement un état présent, mais nullement le futur et le passé, comme doit faire la notion d'une substance. Quand deux triangles se trouvent joints, on n'en saurait conclure comment cette jonction s'est faite. Car cela peut être arrivé de plusieurs façons, mais tout ce qui peut avoir plusieurs causes n'est jamais un être accompli. Cependant, j'avoue qu'il est bien difficile de résoudre plusieurs questions dont vous faites mention[7]. Je crois qu'il faut dire que, si les corps ont des formes substantielles, par exemple si les bêtes ont des âmes, que ces âmes sont indivisibles. C'est aussi le sentiment de saint Thomas[8]. Ces âmes sont donc indestructibles ? Je l'avoue, et comme il se peut que selon les sentiments de M. Leeuwenhoeck[9] toute génération d'un animal ne soit qu'une transformation d'un animal déjà vivant, il y a lieu de croire aussi que la mort n'est qu'une autre transformation. Mais l'âme de l'homme est quelque chose de plus divin ; elle n'est pas seulement indestructible, mais elle se connaît toujours et demeure *conscia sui*. Et quant à son origine, on peut dire que Dieu ne l'a produite que lorsque ce corps animé qui est dans la semence se détermine à prendre la forme humaine. Cette âme brute, qui animait auparavant ce corps avant la transformation, est annihilée, lorsque l'âme raisonnable prend sa place, ou si Dieu change l'une dans l'autre en donnant à la première une nouvelle perfection par une influence extraordinaire. C'est une particularité sur laquelle je n'ai pas assez de lumières[10].

Je ne sais pas si le corps, quand l'âme ou la forme substantielle est mise à part, peut être appelé une substance. Ce pourra bien être une machine, un agrégé de plusieurs substances, de sorte que, si on me demande ce que je dois dire *de forma cadaveris* ou d'un carreau de marbre, je dirai qu'ils sont peut-être unis *per aggregationem* comme un tas de pierres et ne sont pas des substances. On pourra dire autant du soleil, de la terre, des machines, et excepté l'homme, il n'y a point de corps dont je puisse assurer que c'est une substance plutôt qu'un agrégé de plusieurs ou peut-être un phénomène. Cependant il me semble assuré que, s'il y a des substances corporelles, l'homme ne l'est point seul, et il paraît probable que les bêtes ont des âmes quoiqu'elles manquent de conscience.

Enfin, quoique je demeure d'accord que la considération des formes ou âmes est inutile dans la physique particulière, elle ne laisse pas d'être importante dans la métaphysique. A peu près comme les géomètres ne se soucient pas *de compositione continui*, et les physiciens ne se mettent point en peine, si une boule pousse l'autre, ou si c'est Dieu[11].

Il serait indigne d'un philosophe d'admettre ces âmes ou formes sans raison, mais sans cela il n'est pas intelligible que les corps sont des substances.

XVII. — LEIBNIZ A ARNAULD

A Hanovre, 28 nov./8 déc. 1686.

Monsieur,

Comme j'ai trouvé quelque chose d'extraordinaire[1] dans la franchise et dans la sincérité avec laquelle vous vous êtes rendu à quelques raisons dont je m'étais servi, je ne saurais me dispenser de le reconnaître et de l'admirer. Je me doutais bien que l'argument pris de la nature générale des propositions ferait quelque impression sur votre esprit ; mais j'avoue aussi qu'il y a peu de gens capables de goûter des vérités si abstraites, et que peut-être tout autre que vous ne se serait pas si aisément aperçu de sa force.

Je souhaiterais d'être instruit de vos méditations touchant la possibilité des choses, qui ne sauraient être que profondes et importantes ; d'autant qu'il s'agit de parler de ces possibilités d'une manière qui soit digne de Dieu. Mais ce sera selon votre commodité. Pour ce qui est des *deux* difficultés que vous trouvez dans ma lettre, l'une touchant *l'hypothèse de la concomitance* ou de l'accord des substances entre elles, l'autre touchant *la nature des formes des substances corporelles*, j'avoue qu'elles sont considérables, et si j'y pouvais satisfaire entièrement, je croirais pouvoir déchiffrer les plus grands secrets de la nature universelle. Mais *est aliquid prodire tenus*[2]. Et quant au premier[3], je trouve que vous expliquez assez vous-même ce que vous aviez trouvé d'obscur dans ma pensée touchant *l'hypothèse de la concomitance* ; car, lorsque l'âme a un sentiment de douleur en même temps que le bras est blessé, je crois, en effet, comme vous dites, Monsieur, que l'âme se forme elle-même cette douleur, qui est une suite naturelle de son état ou de sa notion, et j'admire que saint Augustin, comme vous avez remarqué, semble avoir reconnu la même chose, en disant que la douleur que l'âme a dans ces rencontres n'est autre chose qu'une tristesse qui accompagne la mauvaise disposition du corps. En effet, ce grand homme avait des pensées très solides et très profondes. Mais, dira-t-on, comment sait-elle cette mauvaise disposition du corps ? Je réponds que ce n'est pas par aucune impression ou action des corps sur l'âme, mais parce que la nature de toute substance porte une expression générale de tout l'univers, et que la nature de l'âme porte plus particulièrement une expression plus distincte de ce qui arrive maintenant à l'égard de son corps. C'est pourquoi il lui est naturel de marquer et de connaître les accidents de son corps par les siens. Il en est de même à l'égard du corps, lorsqu'il s'accommode aux pensées de l'âme ; et lorsque je veux lever le bras, c'est justement dans le moment que tout est disposé dans le corps pour cet effet ; de sorte que le corps se meut en vertu de ses propres lois ; quoi qu'il arrive, par l'accord admirable mais immanquable des choses entre elles, que ces lois y conspirent justement dans le moment que la volonté s'y porte, Dieu y ayant eu égard par avance lorsqu'il a pris sa résolution sur cette suite de toutes les choses de l'univers. Tout cela ne sont que des conséquences de la notion d'une substance individuelle qui enveloppe tous ses phénomènes en sorte que rien ne saurait arriver à une substance qui ne lui naisse de son propre fond, mais conformément à ce qui arrive à une autre, quoique l'une agisse librement et l'autre sans choix[4].

Je souhaiterais de me pouvoir expliquer si nettement et décisivement touchant l'autre question qui regarde les formes substantielles[5].

La *première difficulté* que vous indiquez, Monsieur, est que notre âme et notre corps sont deux substances réellement distinctes ; dont il semble que l'un n'est pas la forme substantielle de l'autre[6]. Je réponds qu'à mon avis notre corps en lui-même, l'âme mise à part, ou le *cadaver*, ne peut être appelé une substance que par abus, comme une machine ou un tas de pierres, qui ne sont que des êtres par agrégation ; car l'arrangement régulier ou irrégulier ne fait rien à l'unité substantielle. D'ailleurs, le dernier concile de Latran déclare que l'âme est véritablement la forme substantielle de notre corps[7].

Quant à la *seconde difficulté*[8], j'accorde que la forme substantielle du corps est indivisible, et il me semble que c'est aussi le sentiment de saint Thomas[9] ; et j'accorde encore que toute forme substantielle ou bien toute substance est indestructible et même ingénérable, ce qui était aussi le sentiment d'*Albert le Grand*[10], et parmi les anciens celui de l'auteur du livre *De diaeta* qu'on attribue à *Hippocrate*[11]. Elles ne sauraient donc naître que par une création. Et j'ai beaucoup de penchant à croire que toutes les générations des animaux dépourvus de raison, qui ne méritent pas une nouvelle création, ne sont que des transformations d'un autre animal déjà vivant, mais quelquefois imperceptible[12] ; à l'exemple des changements qui arrivent à un ver à soie et autres semblables, la nature ayant accoutumé de découvrir ses secrets dans quelques exemples, qu'elle cache en d'autres rencontres. Ainsi les âmes des brutes auraient toutes été créées dès le commencement du monde, suivant cette fécondité des semences mentionnées dans la Genèse ; mais l'âme raisonnable n'est créée que dans le temps de la formation de son corps, étant entièrement différente des autres âmes que nous connaissons parce qu'elle est capable de réflexion et imite en petit la nature divine[13].

Troisièmement[14], je crois qu'un carreau de marbre n'est peut-être que comme un tas de pierres, et ainsi ne saurait passer pour seule substance, mais pour un assemblage de plusieurs. Car supposons qu'il y ait deux pierres, par exemple le diamant du Grand-Duc et celui du Grand-Mogol : on pourra mettre un même nom collectif en ligne de compte pour tous deux, et on pourra dire que c'est une paire de diamants, quoiqu'ils se trouvent bien éloignés l'un de l'autre ; mais on ne dira pas que ces deux diamants composent une substance. Or le plus et le moins ne fait rien ici. Qu'on les approche donc davantage l'un de l'autre, et qu'on les fasse toucher même, ils n'en seront pas plus substantiellement unis. Et quand après l'attouchement on y joindrait quelque autre corps propre à empêcher leur séparation, par exemple si on les enchâssait dans un seul anneau, tout cela n'en fera que ce qu'on appelle *unum per accidens.* Car c'est comme par accident qu'ils sont obligés à un même mouvement. Je tiens donc qu'un carreau de marbre n'est pas une seule substance accomplie, non plus que le serait l'eau d'un étang avec tous les poissons y compris, quand même toute l'eau avec tous ces poissons se trouverait glacée ; ou bien un troupeau de moutons, quand même ces moutons seraient tellement liés qu'ils ne pussent marcher que d'un pas égal et que l'un ne pût être touché sans que tous les autres criassent. Il y a autant de différence entre une substance et entre un tel être qu'il y en a entre un homme et une communauté, comme peuple, armée, société ou collège, qui sont des êtres moraux, où il y a quelque chose d'imaginaire et de dépendant de la fiction de notre esprit. L'unité substantielle demande un être accompli indivisible, et naturellement indestructible, puisque sa notion enveloppe tout ce qui lui doit arriver, ce qu'on ne saurait trouver ni dans la figure, ni dans le mouvement, (qui enveloppent même toutes deux quelque chose d'imaginaire, comme je pourrais démontrer), mais bien dans une âme ou forme substantielle à l'exemple de ce qu'on appelle *moi.*

Ce sont là les seuls êtres accomplis véritables, comme les

Anciens avaient reconnu, et surtout Platon, qui a fort clairement montré que la seule matière ne suffit pas pour former une substance. Or le *moi* susdit, ou ce qui lui répond dans chaque substance individuelle, ne saurait être fait ni défait par l'appropinquation ou éloignement des parties, qui est une chose purement extérieure à ce qui fait la substance. Je ne saurais dire précisément s'il y a d'autres substances corporelles véritables que celles qui sont animées ; mais au moins les âmes servent à nous donner quelque connaissance des autres par analogie. Tout cela peut contribuer à éclaircir la *quatrième difficulté*, car, sans me mettre en peine de ce que les scolastiques ont appelé *formam corporeitatis*, je donne des formes substantielles à toutes les substances corporelles plus que machinalement unies.

Mais *cinquièmement*[15], si on me demande en particulier ce que je dis du soleil, du globe de la terre, de la lune, des arbres et de semblables corps, et même des bêtes, je ne saurais assurer absolument s'il sont animés, ou au moins s'ils sont des substances, ou bien s'ils sont simplement des machines ou agrégés de plusieurs substances. Mais au moins je puis dire que, s'il n'y a aucunes substances corporelles, telles que je veux, il s'ensuit que les corps ne seront que des phénomènes véritables, comme l'arc-en-ciel. Car le *continu* n'est pas seulement divisible à l'infini, mais toute partie de la matière est actuellement divisée en d'autres parties aussi différentes entre elles que les deux diamants susdits ; et cela allant toujours ainsi, on ne viendra jamais à quelque chose dont on puisse dire : voilà réellement un être, que lorsqu'on trouve des machines animées dont l'âme ou forme substantielle fait l'unité substantielle indépendante de l'union extérieure de l'attouchement. Et s'il n'y en a point, il s'ensuit que hormis l'homme il n'y aurait rien de substantiel dans le monde visible.

Sixièmement[16], comme la notion de la substance individuelle en général que j'ai donnée est aussi claire que celle de la vérité, celle de la substance corporelle le sera aussi ; et par conséquent celle de la forme substantielle. Mais quand elle ne le serait pas, nous sommes obligés d'admettre bien des choses dont la connaissance n'est pas assez claire et distincte. Je tiens que celle de l'étendue l'est encore bien moins, témoin les étranges difficultés de la composition du continu ; et on peut même dire *qu'il n'y a point de figure arrêtée et précise dans les corps, à cause de la subdivision actuelle des parties*. De sorte que les corps seraient sans doute quelque chose d'imaginaire et d'apparent seulement, s'il n'y avait que de la matière et ses modifications. Cependant il est inutile de faire mention de l'unité, notion ou forme substantielle des corps, quand il s'agit d'expliquer les phénomènes particuliers de la nature, comme il est inutile aux géomètres d'examiner les difficultés *de compositione continui*, quand ils travaillent à résoudre quelque problème. Ces choses ne laissent pas d'être importantes et considérables en leur lieu. Tous les phénomènes des corps peuvent être expliqués machinalement ou par la philosophie corpusculaire, suivant certains principes de mécanique posés sans qu'on se mette en peine s'il y a des âmes ou non. Mais dans la dernière analyse des principes de la physique et de la mécanique même, il se trouve qu'on ne saurait expliquer ces principes par les seules modifications de l'étendue, et la nature de la force demande déjà quelque autre chose.

Enfin, *en septième lieu*, je me souviens que M. *Cordemoy*, dans son traité du *Discernement de l'âme et du corps*, pour sauver l'unité substantielle dans les corps, s'est cru obligé d'admettre des atomes ou des corps étendus indivisibles, afin de trouver quelque chose de fixe pour faire un être simple ; mais vous avez bien jugé, Monsieur, que je ne serais pas de ce sentiment[17]. Il paraît que M. Cordemoy avait reconnu quelque chose de la vérité, mais il n'avait pas encore vu en quoi consiste la véritable notion d'une substance. Aussi c'est là la clef des plus importantes connaissances. L'atome qui ne contient qu'une masse figurée d'une dureté infinie (que je ne tiens pas conforme à la sagesse divine non plus que le vide) ne saurait envelopper en lui tous ses états passés et futurs, et encore moins ceux de tout l'univers.

Je viens à vos considérations sur mon objection contre le principe cartésien touchant la quantité de mouvement[18], et je demeure d'accord, Monsieur, que l'accroissement de la vélocité d'un corps pesant vient de l'impulsion de quelque fluide invisible, et qu'il en est comme d'un vaisseau que le vent fait aller premièrement très peu, puis davantage. Mais ma démonstration est indépendante de toute hypothèse[19]. Sans me mettre en peine à présent comment le corps a acquis la vitesse qu'il a, je la prends telle qu'elle est, et je dis qu'un corps d'une livre qui a une vitesse de deux degrés a deux fois plus de force qu'un corps de deux livres qui a une vitesse d'un degré, parce qu'il peut élever une même pesanteur deux fois plus haut. Et je tiens qu'en dispensant le mouvement entre les corps qui se choquent il faut avoir égard, non pas à la quantité de mouvement comme fait M. Descartes dans sa règle, mais à la quantité de la force ; autrement on pourrait obtenir le mouvement perpétuel mécanique[20]. Par exemple, supposons que dans un carré LM un corps A aille par la diagonale 1A 2A, choquer en même temps deux corps à lui égaux

B et C, en sorte que dans le moment du choc les trois centres de ces trois sphères se trouvent dans un triangle rectangle isocèle, le tout dans un plan horizontal. Supposons maintenant que le corps A demeure en repos après le choc dans le lieu 2A, et donne toute sa force aux corps B et C ; en ce cas B ira de 1B en 2B avec la vélocité et direction de 1B 2B, et C de 1C en 2C avec la vélocité et direction de 1C 2C. C'est-à-dire, si A avait mis une seconde de temps à venir uniformément de 1A à 2A avant le choc, ce sera aussi dans une seconde après le choc que B viendra à 2B et C à 2C. On demande quelle sera la longueur de 1B 2B ou 1C 2C, qui représente la vitesse. Je dis qu'elle doit être égale à AL ou AM, côtés du carré LM. Car, les corps étant supposés égaux, les forces ne sont que comme les hauteurs dont les corps devraient descendre pour acquérir ces vitesses, c'est-à-dire comme les carrés des vitesses. Or, les carrés 1B 2B et 1C 2C pris ensemble sont égaux au carré 1A 2A. Donc il y a autant de force après qu'avant le choc, mais on voit que la quantité de mouvement est augmentée. Car, les corps étant égaux, elle se peut estimer par leurs vitesses ; or, avant le choc, c'était la vitesse 1A 2A, mais après le choc c'est la vitesse 1B 2B plus la vitesse 1C 2C ; or 1B 2B + 1C 2C est plus que 1A 2A ; il faudrait donc que, selon M. Descartes, pour garder la même quantité de mouvement, le corps B n'aille de 1B que jusqu'en β ou de 1C que jusqu'en ϰ, en sorte que 1B β ou 1C ϰ soient chacune égale à la moitié de 1A 2A. Mais de cette manière autant que les deux carrés de 1B β et de 1C ϰ ensemble sont moindres que le carré 1A 2A, autant y aura-t-il de force perdue. Et en échange je démontrerai que d'une autre manière on pourra gagner de la force par le choc. Car puisque, selon M. Descartes, le corps A avec la vitesse et direction 1A 2A donne *ex hypothesi* aux corps reposants B et C les vitesses et directions 1B β et 1C ϰ pour reposer lui-même à leur place, il faut réciproquement que ces

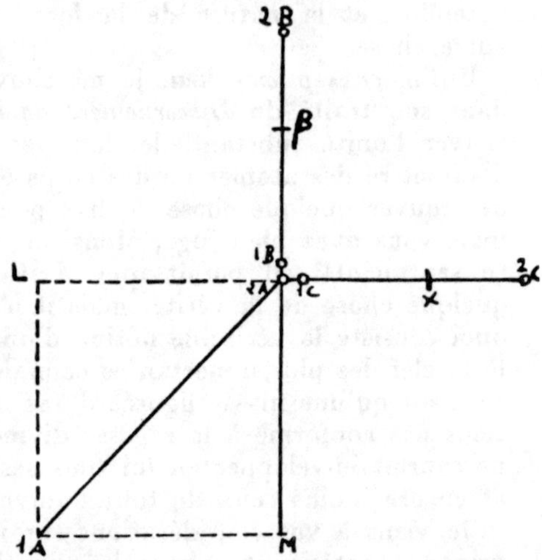

corps retournant ou allant sur le corps A qui repose en 2A avec les vitesses et directions β 1B et κ 1C, se reposant après le choc, le fassent aller avec la vitesse et direction 2A 1A. Mais par là le mouvement perpétuel pourrait arriver infailliblement, car supposé que le corps B d'une livre ayant la vitesse β 1B puisse monter à la hauteur d'un pied, et C de même, il y avait avant le choc une force capable d'élever deux livres à un pied, ou une livre à deux pieds. Mais après le choc de 1B et 1C sur 2A le corps A d'une livre ayant une double vitesse (savoir la vitesse 2A 1A double de la vitesse β 1B ou κ 1C) pourra élever une livre à 4 pieds, car les hauteurs, où les corps peuvent monter en vertu de leurs vitesses, sont comme les carrés desdites vitesses. Or, si on peut ainsi gagner le double de la force, le mouvement perpétuel est tout trouvé, ou plutôt il est impossible que la force se puisse gagner ou perdre de rien, et ces règles sont mal concertées, dont on peut tirer telles conséquences.

J'ai trouvé dans les lettres de M. Descartes ce que vous m'aviez indiqué[21], savoir, qu'il y dit d'avoir tâché exprès de retrancher la considération de la vélocité en considérant les raisons de forces mouvantes vulgaires et d'avoir eu seulement égard à la hauteur. S'il s'était souvenu de cela, lorsqu'il écrivait ses principes de physique, peut-être qu'il aurait évité les erreurs où il est tombé à l'égard des lois de la nature. Mais il lui est arrivé de retrancher la considération de la vélocité là où il la pouvait retenir, et de l'avoir retenue dans le cas où elle faisait naître des erreurs. Car, à l'égard des puissances que j'appelle mortes (comme lorsqu'un corps fait son premier effort pour descendre sans avoir encore acquis aucune impétuosité par la continuation du mouvement), item, lorsque deux corps sont comme en balance, il se rencontre que les vélocités sont comme les espaces ; mais quand on considère la force absolue des corps qui ont quelque impétuosité (ce qu'il est nécessaire de faire pour établir les lois du mouvement), l'estimation doit être faite par la cause ou l'effet, c'est-à-dire par la hauteur où il peut monter en vertu de cette vitesse ou par la hauteur dont il devrait descendre pour acquérir cette vitesse. Et si on y voulait employer la vélocité, on perdrait ou gagnerait beaucoup de force sans aucune raison. Au lieu de la hauteur on se pourrait servir de la supposition d'un ressort ou de quelque autre cause ou autre effet, ce qui reviendra toujours à la même chose, c'est-à-dire aux carrés des vitesses.

J'ai trouvé dans les *Nouvelles de la république des lettres* publiées il y a trois ou quatre mois[22] qu'un nommé M. l'abbé D. C., de Paris, que je ne connais pas, a répondu à mon objection. Le mal est qu'il semble n'avoir pas assez médité sur la difficulté. En faisant grand bruit pour me contredire, il m'accorde plus que je ne veux, et il limite le principe cartésien au seul cas des puissances *isochrones*, comme il les appelle, comme dans les cinq machines vulgaires, ce qui est entièrement contre l'intention de M. Descartes. Outre cela, il croit que la raison pourquoi, dans le cas que j'avais proposé, l'un des deux corps est aussi fort que l'autre quoiqu'il ait une moindre quantité de mouvement, vient de ce que ce corps est descendu en plus de temps, puisqu'il est venu d'une plus grande hauteur. Si cela faisait quelque chose, le principe des cartésiens qu'il veut défendre serait assez ruiné par cela même. Mais cette raison n'est pas valable, car ces deux corps peuvent descendre de ces différentes hauteurs en même temps, selon les inclinations qu'on donne aux plans dans lesquels ils doivent descendre, et cependant l'objection ne laissera pas de subsister en son entier. Je souhaiterais donc que mon objection fût examinée par un cartésien qui soit géomètre et versé dans ces matières, qui parle[23] sincèrement et d'une manière honnête ; car ce M. l'abbé C. se sert de quelques expressions assez libres. Mais je ne trouve pas convenable de m'amuser à ces bagatelles de pointilles, et cela ne m'empêchera pas de tâcher de le désabuser tout doucement. Mais s'il me répond comme la première fois, je le laisserai là, et attendrai que quelque personne plus propre à la dispute entre en lice. Comme les plus habiles cartésiens sont de vos amis et vous considèrent, Monsieur, le public vous aurait de l'obligation, et moi aussi, si quelqu'un de ces Messieurs, animé par vos exhortations, voulait approfondir la matière. Il me trouverait du moins aussi docile pour entrer dans la pensée d'autrui que sincère à proposer la mienne.

Les ouvriers de ce pays-ci sont paresseux et peu curieux. Autrement ma *machine arithmétique* serait faite il y a longtemps ; j'étais en traité avec un qui me paraissait propre. Mais la mort me l'a ravi. Cependant il serait dommage de la laisser là. C'est pourquoi je songerai à faire venir exprès un ouvrier passable et alors je pourrai aussi perfectionner le *chronomètre*[24].

Enfin, Monsieur, comme je vous honore infiniment, et prends beaucoup de part à ce qui vous touche, je serai ravi d'apprendre quelquefois l'état de votre santé et les ouvrages que vous avez en mains, dont je fais gloire de connaître le prix. Je suis avec un zèle passionné, Monsieur, votre etc.

Leibniz.

XVIII. — LEIBNIZ AU LANDGRAVE

Hanovre, 28 nov. /8 déc. 1686.

Extrait d'une lettre.

Je prends la liberté, Monseigneur[1], de supplier votre V. A. S. qu'il lui plaise d'ordonner qu'on fasse tenir à M. Arnauld ce qui est joint ici pour lui ; et comme il y est traité de matières éloignées des sens extérieurs et dépendantes de l'intellection pure, qui ne sont pas agréables et le plus souvent sont méprisées par les personnes les plus vives et les plus excellentes dans les affaires du monde, je dirai ici quelque chose en faveur de ces méditations, non pas que je sois assez ridicule pour souhaiter que V. A. S. s'y amuse (ce que serait aussi peu raisonnable que de vouloir qu'un général d'armée s'applique à l'algèbre, quoique cette science soit très utile à tout ce qui a connexion avec les mathématiques), mais afin que V. A. S. puisse mieux juger du but et de l'usage de telles pensées, qui pourraient paraître peu dignes d'occuper, tant soit peu, un homme à qui tous les moments doivent être précieux. En effet, de la manière que ces choses sont traitées communément par les scolastiques, ce ne sont que disputes, que distinctions, que jeux de paroles ; mais il y a des veines d'or dans ces rochers stériles[2]. Je mets en fait que la pensée est la fonction principale et perpétuelle de notre âme. Nous penserons toujours, mais nous ne vivrons pas toujours ici. C'est pourquoi ce qui nous rend plus capables de penser aux plus parfaits objets et d'une manière plus parfaite, c'est ce qui nous perfectionne naturellement. Cependant l'état présent de notre vie nous oblige à quantité de pensées confuses qui ne nous rendent pas plus parfaits. Telle est la connaissance des coutumes, des généalogies, des temps, des langues et même toute connaissance historique des faits tant civils que naturels, qui nous est utile pour éviter les dangers et pour manier les corps et les hommes qui nous environnent. La connaissance des routes est utile à un voyageur pendant qu'il voyage ; mais ce qui a plus de rapport aux fonctions où il sera destiné *in patria* est plus important, et nous sommes destinés à vivre un jour une vie spirituelle où les substances séparées de la matière nous occuperont bien plus que les corps[3]. Mais pour mieux distinguer ce qui éclaire l'esprit de ce qui le conduit seulement en aveugle, voici des exemples tirés des arts : si quelque ouvrier sait par expérience seulement ou par tradition que, le diamètre étant de 7 pieds, la circonférence du cercle est un peu moins que de 22 pieds, ou si un canonnier sait par ouï-dire ou pour l'avoir mesuré souvent, que les corps sont jetés le plus loin par un angle de 45 degrés, c'est le savoir confusément et en artisan qui s'en servira fort bien pour gagner sa vie et pour rendre service aux autres ; mais les connaissances qui éclairent notre esprit, ce sont celles qui sont distinctes, c'est-à-dire qui contiennent les causes ou raisons, comme lorsque Archimède a donné la démonstration de la première des règles dont je viens de parler et que Galilée a donné celle de la seconde ; et en un mot, c'est la seule connaissance des raisons en elles-mêmes ou des vérités nécessaires et éternelles, surtout de celles qui sont les plus compréhensives et qui ont le plus de rapport au souverain être, qui nous peuvent perfectionner[4]. Cette connaissance seule est bonne par elle-même ; toute le reste est mercenaire, et ne doit être appris que par nécessité, à cause des besoins de cette vie et pour être d'autant mieux en état de vaquer à la perfection de l'esprit. Cependant le dérèglement des hommes et ce qu'on appelle le soin *de pane lucrando*[5], et souvent aussi la vanité, fait qu'on oublie le seigneur pour le valet et la fin pour les moyens. C'est justement selon le poète : *et propter vitam vivendi perdere causas*[6]. A peu près comme un avare préfère l'or à sa santé, au lieu que l'or n'est que pour servir aux commodités de la vie. Or, puisque ce qui perfectionne notre esprit (la lumière de la grâce mise à part) est la connaissance démonstrative des plus grandes vérités par leurs causes ou raisons, il faut avouer que la métaphysique ou théologie naturelle, qui traite des substances immatérielles, et particulièrement de Dieu et de l'âme, est la plus importante de toutes. Et on n'y saurait assez avancer sans connaître la véritable notion de la substance, que j'ai expliquée d'une telle manière dans ma précédente lettre à M. Arnauld que lui-même, qui est si exact, et qui en avait été choqué au commencement, s'y est rendu. Enfin, ces méditations nous fournissent des conséquences surprenantes, mais d'une merveilleuse utilité pour se délivrer des plus grands scrupules, touchant le concours de Dieu avec les créatures, sa prescience et préordination, l'union de l'âme avec le corps, l'origine du mal, et autres choses de cette nature. Je ne dis rien ici des grands usages que ces principes ont dans les sciences humaines ;

mais au moins je puis dire que rien n'élève davantage notre esprit à la connaissance et à l'amour de Dieu, autant que la nature nous y aide. J'avoue que tout cela ne sert de rien sans la grâce, et que Dieu donne la grâce à des gens qui n'ont jamais songé à ces méditations ; mais cependant Dieu veut aussi que nous n'omettions rien du nôtre, et que nous employions selon les occasions les perfections qu'il a données à la nature humaine ; et comme il ne nous a faits que pour le connaître et l'aimer, on n'y saurait assez travailler, ni faire un meilleur usage de notre temps et de nos forces, si ce n'est que nous soyons occupés ailleurs pour le public et pour le salut des autres.

XIX. — ARNAULD A LEIBNIZ

Ce 4 mars 1687.

Il y a longtemps, Monsieur, que j'ai reçu votre lettre, mais j'ai eu tant d'occupations depuis ce temps-là que je n'ai pu y répondre plus tôt[1].

Je ne comprends pas bien, Monsieur, ce que vous entendez par cette *expression plus distincte que notre âme porte de ce qui arrive maintenant à l'égard de son corps*[2], et comment cela puisse faire que quand on me pique le doigt, mon âme connaisse cette piqûre avant qu'elle en ait le sentiment de douleur. Cette même expression plus distincte lui devrait donc faire connaître une infinité d'autres choses qui se passent dans mon corps, qu'elle ne connaît pas néanmoins, comme tout ce qui se fait dans la digestion et la nutrition.

Quant à ce que vous dites : que quoique mon bras se lève lorsque je le veux lever, ce n'est pas que mon âme cause ce mouvement dans mon bras, mais c'est que *quand je le veux lever, c'est justement dans le moment que tout est disposé dans le corps pour cet effet ; de sorte que le corps se meut en vertu de ses propres lois, quoiqu'il arrive par l'accord admirable, mais immanquable des choses entre elles, que ces lois y conspirent justement dans le moment que la volonté s'y porte, Dieu y ayant eu égard par avance, lorsqu'il a pris sa résolution sur cette suite de toutes les choses de l'univers.* Il me semble que c'est dire la même chose en d'autres termes, que disent ceux qui prétendent que ma volonté est la cause occasionnelle du mouvement de mon bras, et que Dieu en est la cause réelle. Car ils ne prétendent pas que Dieu fasse cela dans le temps par une nouvelle volonté, qu'il ait chaque fois que je veux lever le bras ; mais par cet acte unique de la volonté éternelle, par laquelle il a voulu faire tout ce qu'il a prévu qu'il serait nécessaire qu'il fît, afin que l'univers fût tel qu'il a jugé qu'il devait être. Or n'est-ce pas à quoi revient ce que vous dites, que la cause du mouvement de mon bras, lorsque je le veux lever, est *l'accord admirable, mais immanquable des choses entre elles, qui vient de ce que Dieu y a eu égard par avance lorsqu'il a pris sa résolution sur cette suite de toutes les choses de l'univers.* Car cet *égard de Dieu* n'a pu faire qu'une chose soit arrivée sans une cause réelle : il faut donc trouver la cause réelle de ce mouvement de mon bras. Vous ne voulez pas que ce soit ma volonté. Je ne crois pas aussi que vous croyiez qu'un corps puisse se mouvoir soi-même ou un autre corps comme cause réelle et efficiente. Reste donc que ce soit cet *égard de Dieu*, qui soit la cause réelle et efficiente du mouvement de mon bras. Or vous appelez vous-même cet égard de Dieu *sa résolution*, et résolution et volonté sont la même chose : donc, selon vous, toutes les fois que je veux lever le bras, c'est la volonté de Dieu qui est la cause réelle et efficiente de ce mouvement.

Pour la deuxième difficulté[3], je connais présentement votre opinion tout autrement que je ne faisais. Car je supposais que vous raisonniez ainsi : les corps doivent être de vraies substances ; or ils ne peuvent être de vraies substances qu'ils n'aient une vraie unité, ni avoir une vraie unité qu'ils n'aient une forme substantielle ; donc l'essence du corps ne peut pas être l'étendue, mais tout corps, outre l'étendue, doit avoir une forme substantielle. A quoi j'avais opposé qu'une forme substantielle divisible, comme elles le sont presque toutes au jugement des partisans des formes substantielles, ne saurait donner à un corps l'unité qu'il n'aurait pas sans cette forme substantielle.

Vous en demeurez d'accord, mais vous prétendez que toute forme substantielle est indivisible, indestructible et ingénérable, ne pouvant être produite que par une vraie création.

D'où il s'ensuit : 1° que tout corps qui peut être divisé chaque partie demeurant de même nature que le tout, comme les métaux, les pierres, le bois, l'air, l'eau et les autres corps liquides, n'ont point de forme substantielle.

2° Que les plantes n'en ont point aussi, puisque la partie d'un arbre, ou étant mise en terre, ou greffée sur une autre, demeure arbre de même espèce qu'il était auparavant.

3° Qu'il n'y aura donc que les animaux qui auront des formes substantielles. Il n'y aura donc, selon vous, que les animaux qui seront de vraies substances.

4° Et encore vous n'en êtes pas si assuré que vous ne disiez, que si les brutes n'ont point d'âme ou de forme substantielle, il s'ensuit que hormis l'homme, il n'y aurait rien de substantiel dans le monde visible, parce que vous prétendez que l'unité substantielle demande un être accompli indivisible et naturellement indestructible, ce qu'on ne saurait trouver que dans une âme ou forme substantielle, à l'exemple de ce qu'on appelle *moi*.

Tout cela aboutit à dire que tous les corps dont les parties ne sont que machinalement unies, ne sont point des substances, mais seulement des machines ou agrégés de plusieurs substances.

Je commencerai par ce dernier, et je vous dirai franchement qu'il n'y a en cela qu'une dispute de mot. Car saint Augustin ne fait point de difficulté de reconnaître que les corps n'ont point de vraie unité, parce que l'unité doit être indivisible, et que nul corps n'est indivisible. Qu'il n'y a donc de vraie unité que dans les esprits, non plus que de vrai *moi*. Mais que concluez-vous de là ? *Qu'il n'y a rien de substantiel dans les corps, qui n'ont point d'âme ou de forme substantielle.* Afin que cette conclusion fût bonne, il faudrait avoir auparavant défini *substance* et *substantiel*, en ces termes : J'appelle *substance* et *substantiel* ce qui a une vraie unité. Mais comme cette définition n'a pas encore été reçue, et qu'il n'y a point de philosophe qui n'ait autant de droit de dire : J'appelle substance ce qui n'est point modalité ou manière d'être, et qui ensuite ne puisse soutenir que c'est un paradoxe de dire qu'il n'y a rien de substantiel dans un bloc de marbre, puisque ce bloc de marbre n'est point la manière d'être d'une autre substance, et que tout ce que l'on pourrait dire est que ce n'est pas une seule substance, mais plusieurs substances jointes ensemble machinalement. Or, c'est, ce me semble, un paradoxe, dira ce philosophe, qu'il n'y ait rien de substantiel dans ce qui est plusieurs substances. Il pourra ajouter qu'il comprend encore moins ce que vous dites, *que les corps seraient sans doute quelque chose d'imaginaire et d'apparent seulement, s'il n'y avait que de la matière et ses modifications.* Car vous ne mettez que de la matière et ses modifications dans tout ce qui n'a point d'âme ou de forme substantielle, indivisible, indestructible et ingénérable : et ce n'est que dans les animaux que vous admettez de ces sortes de *formes.* Vous seriez donc obligé de dire que tout le reste de la nature est *quelque chose d'imaginaire et d'apparent seulement* ; et à plus forte raison vous devriez dire la même chose de tous les ouvrages des hommes.

Je ne saurais demeurer d'accord de ces dernières propositions. Mais je ne vois aucun inconvénient de croire que dans toute la nature corporelle il n'y a que des *machines* et des *agrégés* de substances[4], parce qu'il n'y a aucune de ces parties dont on puisse dire, en parlant exactement, que c'est une seule substance. Cela fait voir seulement ce qu'il est très bon de remarquer, comme a fait saint Augustin, que la substance qui pense, ou spirituelle, est en cela beaucoup plus excellente que la substance étendue ou corporelle, qu'il n'y a que la spirituelle qui ait une vraie unité et un vrai moi, ce que n'a point la corporelle. D'où il s'ensuit qu'on ne peut alléguer cela pour prouver que l'étendue n'est point l'essence du corps, parce qu'il n'aurait point de vraie unité, s'il avait l'étendue pour son essence, puisqu'il peut être de l'essence du corps de n'avoir point de vraie unité, comme vous l'avouez de tous ceux qui ne sont point joints à une âme ou à une forme substantielle.

Mais je ne sais, Monsieur, ce qui vous porte à croire qu'il y a dans les brutes de ces âmes ou formes substantielles, qui doivent être, selon vous, *indivisibles, indestructibles et ingénérables.* Ce n'est pas que vous jugiez cela nécessaire pour expliquer ce qu'elles font. Car vous dites expressément *que tous les phénomènes des corps peuvent être expliqués machinalement ou par la philosophie corpusculaire, suivant certains principes de mécanique posés, sans qu'on se mette en peine s'il y a des âmes ou non*[5]. Ce n'est pas aussi par la nécessité qu'il y a que les corps des brutes aient une vraie unité, et que ce ne soient pas seulement des machines ou des agrégés de substances. Car toutes les plantes pouvant n'être que cela, quelle nécessité pourrait-il y avoir que les brutes fussent autre chose ? On ne voit pas de plus que cette opinion se puisse facilement soutenir en mettant ces âmes indivisibles et indestructibles. Car que répondre aux vers, qui, étant partagés en deux, chaque partie se meut comme auparavant ? Si le feu prenait à une des maisons où on nourrit des cent mille vers à soie, que deviendraient ces cent mille âmes indestructibles ? Subsisteraient-elles séparées de toute matière, comme nos âmes ? Que devinrent de même les âmes de ces millions de grenouilles que Moïse fit mourir, quand il fit cesser cette plaie ; et de ce nombre innombrable de cailles que tuèrent les Israélites dans le désert, et de tous les animaux qui périrent par le déluge ? Il y a encore d'autres embarras sur la manière dont ces âmes se trouvent dans chaque brute à mesure qu'elles sont conçues. Et qu'étaient-elles *in seminibus* ? Y étaient-elles indivisibles et indestructibles ? *Quid ergo fit, cum irrita cadunt sine ullis conceptibus semina ? Quid cum bruta mascula ad feminas non accedunt toto vitae suae tempore ?*[6] Il suffit d'avoir fait entrevoir ces difficultés.

Il ne reste plus qu'à parler de l'unité que donne l'âme raisonnable. On demeure d'accord qu'elle a une vraie et parfaite unité et un vrai moi, et qu'elle communique en quelque sorte cette unité et ce moi à ce tout composé de l'âme et du corps qui s'appelle l'homme. Car, quoique ce tout ne soit pas indestructible, puisqu'il périt quand l'âme est séparée du corps, il est indivisible en ce sens qu'on ne saurait concevoir la moitié d'un homme. Mais en considérant le corps séparément, comme notre âme ne lui communique pas son *indestructibilité*, on ne voit pas aussi qu'à proprement parler elle lui communique ni sa vraie unité, ni son indivisibilité. Car, pour être uni à notre âme, il n'en est pas moins vrai que ses parties ne sont unies entre elles que machinalement, et qu'ainsi ce n'est pas une seule substance corporelle, mais un agrégé de plusieurs substances corporelles. Il n'en est pas moins vrai qu'il est aussi divisible que tous les autres corps de la nature. Or la divisibilité est contraire à la vraie unité. Il n'a donc point de vraie unité. Mais il en a, dites-vous, par notre âme. C'est-à-dire qu'il appartient à une âme qui est vraiment une, ce qui n'est point une unité intrinsèque au corps, mais semblable à celle de diverses provinces qui, n'étant gouvernées que par un seul roi, ne font qu'un royaume.

Cependant, quoiqu'il soit vrai qu'il n'y ait de vraie unité que dans les natures intelligentes dont chacune peut dire *moi*, il y a néanmoins divers degrés dans cette unité impropre qui convient au corps. Car, quoiqu'il n'y ait point de corps pris à part qui ne soit plusieurs substances, il y a néanmoins raison d'attribuer plus d'unité à ceux dont les parties conspirent à un même dessein, comme est une maison ou une montre, qu'à ceux dont les parties sont seulement proches les unes des autres, comme est un tas de pierres, un sac de pistoles : et ce n'est proprement que ces derniers qu'on doit appeler *des agrégés par accident*. Presque tous les corps de la nature que nous appelons *un*, comme un morceau d'or, une étoile, une planète, sont du premier genre, mais il n'y en a point en qui cela paraisse davantage que les corps organisés, c'est-à-dire les animaux et les plantes, sans avoir besoin pour cela de leur donner des âmes. (Et il me paraît même que vous n'en donnez pas aux plantes.) Car pourquoi un cheval ou un oranger ne pourront-ils pas être considérés chacun comme un ouvrage complet et accompli, aussi bien qu'une église ou une montre ? Qu'importe pour être appelé un (de cette unité qui, pour convenir au corps, a dû être différente de celle qui convient à la nature spirituelle) de ce que leurs parties ne sont unies entre elles que machinalement, et qu'ainsi ce sont des machines. N'est-ce pas la plus grande perfection qu'ils puissent avoir d'être des machines si admirables qu'il n'y a qu'un Dieu tout-puissant qui les puisse avoir faites ? Notre corps, considéré seul, est donc un en cette manière. Et le rapport qu'il a à une nature intelligente qui lui est unie et qui le gouverne, lui peut encore ajouter quelque unité, mais qui n'est point de la nature de celle qui convient aux natures spirituelles.

Je vous avoue, Monsieur, que je n'ai pas d'idées assez nettes et assez claires touchant les règles du mouvement, pour bien juger de la difficulté que vous avez proposée aux cartésiens[7]. Celui qui vous a répondu est M. l'abbé de Catelan, qui a beaucoup d'esprit et qui est fort bon géomètre[8]. Depuis que je suis hors de Paris, je n'ai point entretenu de commerce avec les philosophes de ce pays-là. Mais puisque vous êtes résolu de répondre à cet abbé, et qu'il voudra peut-être défendre son sentiment, il y a lieu d'espérer que ces différents écrits éclairciront tellement cette difficulté que l'on saura à quoi s'en tenir.

Je vous suis trop obligé, Monsieur, du désir que vous témoignez avoir de savoir comme je me porte. Fort bien, grâces à Dieu, pour mon âge. J'ai seulement eu un assez grand rhume au commencement de cet hiver. Je suis bien aise que vous pensez à faire exécuter votre machine d'arithmétique[9]. C'aurait été dommage qu'une si belle invention se fût perdue. Mais j'aurais un grand désir, que la pensée dont vous aviez écrit un mot au prince qui a tant d'affection pour vous, ne demeurât pas sans effet. Car il n'y a rien à quoi un homme sage doive travailler avec plus de soin et moins de retardement qu'à ce qui regarde son salut.

Je suis, Monsieur, votre très humble et très obéissant serviteur,

A. Arnauld.

XX. — LEIBNIZ A ARNAULD

Gôttingue, ce 30 avril 1687.

Monsieur,

Vos lettres[1] étant à mon égard des bienfaits considérables et des marques de votre pure libéralité, je n'ai aucun droit de les demander et par conséquent vous ne répondez jamais trop tard. Quelque utiles et agréables qu'elles me soient, je considère ce que vous devez au bien public, et cela fait taire mes désirs. Vos considérations instruisent toujours, et je prendrai la liberté de les parcourir par ordre.

Je ne crois pas qu'il y ait de la difficulté[2] dans ce que j'ai dit que l'âme exprime plus distinctement, *caeteris paribus*, ce qui appartient à son corps, puisqu'elle exprime tout l'univers d'un certain sens et particulièrement suivant le rapport des autres corps au sien. Car elle ne saurait exprimer également toutes choses ; autrement il n'y aurait point de distinction entre les âmes. Mais il ne s'ensuit pas pour cela qu'elle se doive apercevoir parfaitement de ce qui se passe dans les parties de son corps, puisqu'il y a des degrés de rapport entre ces parties mêmes qui ne sont pas toutes exprimées également, non plus que les choses extérieures. L'éloignement des uns est récompensé par la petitesse des autres ou autres empêchements, et tel voit les astres[3], qui ne voit pas le fossé devant ses pieds. Les nerfs sont des parties plus sensibles, et ce n'est peut-être que par eux que nous nous apercevons des autres ; ce qui arrive apparemment parce que les mouvements des nerfs ou des liqueurs y appartenantes imitent mieux les impressions et les confondent moins ; or les expressions plus distinctes de l'âme répondent aux impressions plus distinctes du corps. Ce n'est pas que les nerfs agissent sur l'âme ou les autres corps sur les nerfs à parler métaphysiquement, mais c'est que l'un représente l'état de l'autre *spontanea relatione.* Il faut encore considérer qu'il se passe trop de choses dans notre corps pour pouvoir être aperçues toutes. Mais on en sent un certain résultat auquel on est accoutumé ; et on ne saurait discerner ce qui y entre à cause de la multitude, comme, lorsqu'on entend de loin le bruit de la mer, on ne discerne pas ce que fait chaque vague, quoique chaque vague fasse son effet sur nos oreilles[4]. Mais quand il arrive un changement insigne sur notre corps, nous le remarquons bientôt, et mieux que les changements du dehors qui ne sont pas accompagnés d'un changement notable de nos organes.

Je ne dis pas que l'âme connaît la piqûre avant qu'elle ait le sentiment de la douleur, si ce n'est comme elle connaît ou exprime confusément toutes choses suivant les principes déjà établis ; mais cette expression, bien que confuse et obscure, que l'âme a de l'avenir par avance, est la cause véritable de ce qui lui arrivera et de la perception plus claire qu'elle aura par après quand l'obscurité sera développée, l'état futur étant une suite du précédent.

J'avais dit que Dieu a créé l'univers en sorte que l'âme et le corps, agissant chacun suivant ses lois, s'accordent dans les phénomènes. Vous jugez, Monsieur, que *cela convient avec l'hypothèse des causes occasionnelles.* Si cela était, je n'en serais point fâché, et je suis toujours bien aise de trouver des approbateurs. Mais j'entrevois votre raison ; c'est que vous supposez que je ne dirai pas qu'un corps se puisse mouvoir soi-même. Ainsi l'âme n'étant pas la cause réelle du mouvement du bras, et le corps non plus, ce sera donc Dieu. Mais je suis dans une autre opinion et je tiens que ce qu'il y a de réel dans l'état qu'on appelle le *mouvement* procède aussi bien de la substance corporelle, que la pensée et la volonté procèdent de l'esprit. Tout arrive dans chaque substance en conséquence du premier état que Dieu lui a donné en la créant, et le concours extraordinaire mis à part, son concours ordinaire ne consiste que dans la conservation de la substance même, conformément à son état précédent et aux changements qu'il porte[5]. Cependant on dit fort bien qu'un corps pousse un autre, c'est-à-dire qu'il se trouve qu'un corps ne commence jamais d'avoir une certaine tendance, que lorsqu'un autre qui le touche en perd à proportion suivant les lois constantes que nous observons dans les phénomènes. Et en effet, les mouvements étant des phénomènes réels plutôt que des êtres, un mouvement comme phénomène est dans mon esprit la suite immédiate d'un autre phénomène et de même dans l'esprit des autres. Mais l'état d'une substance n'est pas la suite immédiate de l'état d'une substance particulière.

Je n'ose pas assurer que les plantes n'ont point d'âme, ni vie, ni forme substantielle[6] ; car, quoique une partie de l'arbre plantée ou greffée puisse produire un arbre de la même espèce, il se peut qu'il y soit une partie séminale qui contienne déjà un nouveau végétable, comme il y a peut-être déjà des animaux vivants, quoique très petits, dans la semence des animaux, qui pourront être transformés dans un animal semblable. Je n'ose donc pas assurer que les animaux seuls sont vivants et doués d'une forme substantielle. Et peut-être qu'il y a une infinité de degrés dans les formes des substances corporelles.

Vous dites, Monsieur, que *ceux qui soutiennent l'hypothèse des causes occasionnelles, disant que ma volonté est la cause occasionnelle, et Dieu la cause réelle du mouvement de mon bras, ne prétendent pas que Dieu fasse cela dans le temps par une nouvelle volonté, qu'il ait chaque fois que je veux lever mon bras, mais par cet acte unique de la volonté éternelle par laquelle il a voulu faire tout ce qu'il a prévu qu'il serait nécessaire qu'il fît*[7]. A quoi je réponds qu'on pourra dire, par la même raison, que les miracles même ne se font pas par une nouvelle volonté de Dieu, étant conformes à son dessein général, et j'ai déjà remarqué dans les précédentes que chaque volonté de Dieu enferme toutes les autres, mais avec quelque ordre de priorité.

En effet, si j'entends bien le sentiment des auteurs des causes occasionnelles, ils introduisent un miracle qui ne l'est pas moins pour être continuel. Car il me semble que la notion du miracle ne consiste pas dans la rareté. On me dira que Dieu n'agit en cela que suivant une règle générale et par conséquent sans miracle. Mais je n'accorde pas cette conséquence et je crois que Dieu peut se faire des règles générales à l'égard des miracles mêmes ; par exemple, si Dieu avait pris la résolution de donner sa grâce immédiatement ou de faire une autre action de cette nature toutes les fois qu'un certain cas arriverait, cette action ne laisserait pas d'être un miracle, quoique ordinaire. J'avoue que les auteurs des causes occasionnelles pourront donner une autre définition du terme, mais il semble que suivant l'usage le miracle diffère intérieurement et par la substance de l'acte d'une action commune, et non pas par un accident extérieur de la fréquente répétition ; et qu'à proprement parler Dieu fait un miracle lorsqu'il fait une chose qui surpasse les forces qu'il a données aux créatures et qu'il y conserve[8]. De sorte que, si la continuation du mouvement surpasse la force des corps, il faudra dire, suivant la notion reçue, que la continuation du mouvement est un vrai miracle, au lieu que je crois que la substance corporelle a la force de continuer ses changements suivant les lois que Dieu a mises dans sa nature et qu'il y conserve. Et afin de me mieux faire entendre, je crois que les actions des esprits ne changent rien du tout dans la nature des corps, ni les corps dans celle des esprits, et même que Dieu n'y change rien à leur occasion que lorsqu'il fait un miracle ; et les choses à mon avis sont tellement concertées que jamais esprit ne veut rien efficacement que lorsque le corps est près de le faire en vertu de ses propres lois et forces[9]. Ainsi on ne doit pas être en peine comment l'âme peut donner quelque mouvement ou quelque nouvelle détermination aux esprits animaux, puisqu'en effet elle ne leur en donne jamais ; d'autant qu'il n'y a nulle proportion entre un esprit et un corps, et qu'il n'y a rien qui puisse déterminer quel degré de vitesse un esprit donnera à un corps, pas même quel degré de vitesse Dieu voudrait donner au corps à l'occasion de l'esprit, suivant une loi certaine ; la même difficulté se trouvant à l'égard de l'hypothèse des causes occasionnelles, qu'il y a à l'égard de l'hypothèse d'une influence réelle de l'âme sur le corps et *vice versa*, en ce qu'on ne voit point de connexion ou fondement d'aucune règle. Et si l'on veut dire, comme il semble que M. Descartes l'entend, que l'âme, ou Dieu à son occasion, change seulement la direction ou détermination du mouvement et non la force qui est dans les corps, ne lui paraissant pas probable que Dieu viole à tout moment, à l'occasion de toutes les volontés des esprits, cette loi générale de la nature que la même force doit subsister ; je réponds qu'il sera encore assez difficile d'expliquer quelle connexion il peut y avoir entre les pensées de l'âme et les côtés ou angles de la direction des corps, et de plus qu'il y a encore dans la nature une autre loi générale, dont M. Descartes ne s'est point aperçu, qui n'est pas moins considérable, savoir, que la même direction ou détermination subsiste toujours en somme dans la nature. Car je trouve que, si on menait quelque ligne droite que ce soit, par exemple d'orient en occident, par un point donné, et si on calculait toutes les directions de tous les corps du monde autant qu'ils avancent ou reculent dans les lignes droites parallèles à cette ligne, la *différence* entre les sommes des quantités de toutes les directions orientales et de toutes les directions occidentales se trouverait toujours la même, tant entre certains corps particuliers si on suppose qu'ils ont seuls commerce entre eux maintenant, qu'à l'égard de tout l'univers où la différence est toujours nulle, tout étant parfaitement balancé et les directions orientales et occidentales étant parfaitement égales dans l'univers ; si Dieu fait quelque chose contre cette règle, c'est un miracle.

Il est donc infiniment plus raisonnable et plus digne de Dieu[10] de supposer qu'il a créé d'abord en telle façon la machine du monde que, sans violer à tout moment les deux grandes lois de la nature, savoir celle de la force et de la direction, et plutôt en les suivant parfaitement, excepté le cas des miracles, il arrive justement que les ressorts des corps soient prêts à jouer d'eux-mêmes comme il faut, dans le moment que l'âme a une pensée ou volonté convenable qu'elle aussi bien n'a eues que conformément aux précédents états des corps, et qu'ainsi l'union de l'âme avec la machine du corps et les parties qui y entrent, et l'action de l'un sur l'autre ne consiste que dans cette concomitance qui marque la sagesse admirable du créateur bien plus que toute autre hypothèse.

On ne saurait disconvenir que celle-ci ne soit au moins possible et que Dieu ne soit assez habile ouvrier pour la pouvoir exécuter ; après quoi on jugera aisément que cette hypothèse est la plus probable, étant la plus simple, la plus belle et la plus intelligible, et retranchant tout d'un coup toutes les difficultés, pour ne rien dire des actions criminelles, où il paraît plus raisonnable de ne faire concourir Dieu que par la seule conservation des forces créées.

Enfin, pour me servir d'une comparaison, je dirai qu'à l'égard de cette concomitance que je soutiens, c'est comme à l'égard de plusieurs différentes bandes de musiciens ou chœurs, jouant séparément leurs parties, et placés en sorte qu'ils ne se voient et même ne s'entendent point, qui peuvent néanmoins s'accorder parfaitement en suivant leurs notes, chacun les siennes, de sorte que celui qui les écoute tous y trouve une harmonie merveilleuse et bien plus surprenante que s'il y avait de la connexion entre eux. Il se pourrait même faire que quelqu'un étant du côté de l'un de ces deux chœurs jugeât par l'un ce que fait l'autre, et en prît une telle habitude (particulièrement si on supposait qu'il pût entendre le sien sans le voir, et voir l'autre sans l'entendre), que son imagination y suppléant, il ne pensât plus au chœur où il est, mais à l'autre, ou ne prît le sien que pour l'écho de l'autre, n'attribuant à celui où il est que certains intermèdes dans lesquels quelques règles de symphonie par lesquelles il juge de l'autre ne paraissent point ; ou bien attribuant au sien certains mouvements qu'il fait faire de son côté suivant certains desseins qu'il croit être imités par les autres, à cause du rapport à cela qu'il trouve dans la suite de la mélodie, ne sachant point que ceux qui sont de l'autre côté font encore en cela quelque chose de répondant suivant leurs propres desseins.

Cependant je ne désapprouve nullement[11] qu'on dise les esprits causes occasionnelles, et même réelles en quelque façon, des mouvements des corps, car, à l'égard des résolutions divines, ce que Dieu a prévu et préordonné à l'égard des esprits a été l'occasion qu'il a ainsi réglé les corps d'abord, afin qu'ils conspirassent entre eux suivant les lois et forces qu'il leur donnerait ; et comme l'état de l'un est une suite immanquable, quoique souvent contingente et même libre, on peut dire que Dieu fait qu'il y a une connexion réelle en vertu de cette notion générale des substances qui porte qu'elles s'entr'expriment parfaitement toutes, mais cette connexion n'est pas immédiate.

Si l'opinion que j'ai, que la substance demande une véritable unité[12], n'était fondée que sur une définition que j'aurais forgée contre l'usage commun, ce ne serait qu'une dispute des mots, si ce n'était que j'eusse remarqué ou distingué par là une notion négligée mal à propos par les autres. Mais outre que les philosophes ordinaires ont pris ce terme à peu près de la même façon, *distinguendo unum per se et unum per accidens, formamque substantialem et accidentalem, mixta imperfecta et perfecta, naturalia et artificialia*[13] ; je prends les choses de bien plus haut et, laissant là des termes : je crois que là *où il n'y a que des êtres par agrégation, il n'y aura pas même des êtres réels* ; car tout être par agrégation suppose des êtres doués d'une véritable unité parce qu'il ne tient sa réalité que de celle de ceux dont il est composé, de sorte qu'il n'en aura point du tout si chaque être dont il est composé est encore un être par agrégation ; ou il faut encore chercher un autre fondement de sa réalité qui de cette manière, s'il faut toujours continuer de chercher, ne se peut trouver jamais. J'accorde, Monsieur, que dans toute la nature corporelle il n'y a que des machines (qui souvent sont animées), mais je n'accorde pas qu'*il n'y ait que des agrégés de substances*, et s'il y a des agrégés de substances, il faut bien qu'il y ait aussi des véritables substances dont tous les agrégés sont faits. Il faut donc venir nécessairement ou aux points de mathématique dont quelques auteurs composent l'étendue, ou aux atomes d'*Epicure* ou de M. *Cordemoy*[14] (qui sont des choses que vous rejetez avec moi), ou bien il faut avouer qu'on ne trouve nulle réalité dans les corps, ou enfin il y faut reconnaître quelques substances qui aient une véritable unité.

J'ai déjà dit dans une autre lettre[15] que le composé des diamants du Grand-Duc et du Grand-Mogol se peut appeler une paire de diamants, mais ce n'est qu'un être de raison, et, quand on les approchera l'un de l'autre, ce sera un être d'imagination ou perception, c'est-à-dire un phénomène. Car l'attouchement, le mouvement commun, le concours à un même dessein ne changent rien à l'unité substantielle.

Il est vrai qu'il y a tantôt plus, tantôt moins de fondement de supposer comme si plusieurs choses faisaient une seule, selon que ces choses ont plus de connexion, mais cela ne sert qu'à abréger nos pensées et à représenter les phénomènes. Il semble aussi que ce qui fait l'essence d'un être par agrégation n'est qu'une manière d'être de ceux dont il est composé ; par exemple, ce qui fait l'essence d'une armée n'est qu'une manière d'être des hommes qui la composent. Cette manière d'être suppose donc une substance dont l'essence ne soit pas une manière d'être d'une autre substance. Toute machine aussi suppose quelque substance dans les pièces dont elle est faite, et il n'y a point de multitude sans de véritables unités. Pour trancher court, je tiens pour un axiome cette proposition identique qui n'est diversifiée que par l'accent : *que ce qui n'est pas véritablement* un *être n'est pas non plus véritablement un* être. On a toujours cru que l'*un* et l'*être* sont des choses réciproques. Autre chose est l'*être*, autre chose est des *êtres* ; mais le pluriel suppose le singulier, et là où il n'y a pas un être, il y aura encore moins plusieurs êtres. Que peut-on dire de plus clair ?[16]

Je ne dis pas qu'il n'y a rien de substantiel ou rien que d'apparent dans les choses qui n'ont pas une véritable unité, car j'accorde qu'ils ont toujours autant de réalité ou substantialité qu'il y a de véritable unité dans ce qui entre dans leur composition.

Vous objectez, Monsieur, qu'il pourra être de l'essence du corps de n'avoir pas une vraie unité ; mais il sera donc de l'essence du corps d'être un phénomène, dépourvu de toute réalité comme serait un songe réglé, car les phénomènes mêmes comme l'arc-en-ciel ou comme un tas de pierres seraient tout à fait imaginaires s'ils n'étaient composés d'êtres qui ont une véritable unité.

Vous dites de ne pas voir ce qui me porte à admettre ces formes substantielles ou plutôt ces substances corporelles douées d'une véritable unité ; mais c'est parce que je ne conçois nulle réalité sans une véritable unité. Et chez moi la notion de la substance singulière enveloppe des suites incompatibles avec un être par agrégation[17]. Je conçois des propriétés dans les substances qui ne sauraient être expliquées par l'étendue, la figure et le mouvement[18], outre qu'il n'y a aucune figure exacte et arrêtée dans les corps à cause de la subdivision actuelle du continu à l'infini ; et que le mouvement, en tant qu'il n'est qu'une modification de l'étendue et changement de voisinage, enveloppe quelque chose d'imaginaire ; en sorte qu'on ne saurait déterminer à quel sujet il appartient parmi ceux qui changent si on n'a recours à la force qui est cause du mouvement et qui est dans la substance corporelle. J'avoue qu'on n'a pas besoin de faire mention de ces substances et qualités pour expliquer les phénomènes particuliers ; mais on n'y a pas besoin non plus d'examiner le concours de Dieu, la composition du continu, le plein et mille autres choses.

On peut expliquer machinalement, je l'avoue, les particularités de la nature, mais c'est après avoir reconnu ou supposé les principes de la mécanique même, qu'on ne saurait établir *a priori* que par des raisonnements de métaphysique, et même les difficultés *de compositione continui*[19] ne se résoudront jamais, tant qu'on considérera l'étendue comme faisant la substance des corps, et nous nous embarrassons de nos propres chimères.

Je crois aussi que de vouloir renfermer dans l'homme presque seul toute la véritable unité ou substance, c'est être aussi borné en métaphysique que l'étaient en physique ceux qui enfermaient le monde dans une boule ; et les substances véritables étant autant d'expressions de tout l'univers pris dans un certain sens, et autant de réplications des œuvres divines[20], il est conforme à la grandeur et à la beauté des ouvrages de Dieu, puisque ces substances ne s'entr'empêchent presque point, d'en faire dans cet univers autant qu'il se peut et autant que des raisons supérieures permettent.

La supposition de l'étendue toute nue détruit toute cette merveilleuse variété. La masse seule (s'il était possible de la concevoir) est autant au-dessous d'une substance qui est perceptive et représentative de tout l'univers suivant son point de vue et suivant les impressions ou plutôt rapports que son corps reçoit médiatement ou immédiatement de tous les autres, qu'un cadavre est au-dessous d'un animal ou plutôt qu'une machine est au-dessous d'un homme. C'est même par là que les traits de l'avenir sont formés par avance[21], et que les traces du passé se conservent pour toujours dans chaque chose, et que la cause et l'effet s'entreprêtent exactement jusqu'au détail de la moindre circonstance, quoique tout effet dépende d'une infinité de causes, et que toute cause ait une infinité d'effets : ce qu'il ne serait pas possible d'obtenir si l'essence du corps consistait dans une certaine figure, mouvement ou modification d'étendue qui fût déterminée. Aussi dans la nature il n'y en a point ; tout est indéfini à la rigueur à l'égard de l'étendue, et ce que nous en attribuons aux corps ne sont que des phénomènes et des abstractions ; ce qui fait voir combien on se trompe dans ces matières faute d'avoir fait ces réflexions si nécessaires pour reconnaître les véritables principes et pour avoir une juste idée de l'univers[22].

La multitude des âmes (à qui je n'attribue pas pour cela toujours la volupté ou la douleur) ne doit pas nous faire de peine, non plus que celle des atomes des gassendistes, qui sont aussi indestructibles que ces âmes[23]. Au contraire, c'est une perfection de la nature d'en avoir beaucoup, une âme ou bien une substance animée étant infiniment plus parfaite qu'un atome, qui est sans aucune variété ou subdivision, au lieu que chaque chose animée contient un monde de diversités dans une véritable unité. Or, l'expérience favorise cette multitude des choses animées. On trouve qu'il y a une quantité prodigieuse d'animaux dans une goutte d'eau imbue de poivre ; et on en peut faire mourir des millions tout d'un coup[24]. Or, si ces animaux ont des âmes, il faudra dire de ces âmes ce qu'on peut dire probablement des animaux mêmes, savoir, qu'ils ont déjà été vivants dès la création du monde et le seront jusqu'à sa fin, et que, la génération n'étant apparemment qu'un changement consistant dans l'accroissement, la mort ne sera qu'un changement de diminution, qui fait rentrer cet animal dans l'enfoncement d'un monde de petites créatures, où il a des perceptions plus bornées, jusqu'à ce que l'ordre l'appelle peut-être à retourner sur le théâtre. Les Anciens se sont trompés d'avoir admis les transmigrations des âmes au lieu des transformations d'un même animal qui garde toujours la même âme : *metempsychoses pro metaschematismis*. Mais les esprits ne sont pas soumis à ces révolutions[25]. Dieu les crée quand il est temps et les détache du corps[26] par la mort, puisqu'ils doivent toujours garder leurs qualités morales et leur réminiscence, pour être citoyens de cette république universelle toute parfaite dont Dieu est le monarque, laquelle ne saurait perdre aucun de ses membres et dont les lois sont supérieures à celles des corps.

J'avoue que le corps à part, sans l'âme, n'a qu'une unité d'agrégation, mais la réalité qui lui reste provient des parties qui le composent et qui retiennent leur unité[27]. Cependant, quoiqu'il se puisse qu'une âme ait un corps composé de parties animées d'âmes à part, l'âme ou forme du tout n'est pas pour cela composée des âmes ou formes des parties. Pour ce qui est d'un insecte qu'on coupe, il n'est pas nécessaire que les deux parties demeurent animées, quoiqu'il leur reste quelque mouvement. Au moins l'âme de l'insecte entier ne demeurera que d'un seul côté ; et comme dans la formation et l'accroissement de l'insecte, l'âme y était dès le commencement dans une certaine partie déjà vivante, elle restera aussi, après la destruction de l'insecte, dans une certaine partie encore vivante, qui sera toujours autant petite qu'il le faut pour être à couvert de l'action de celui qui déchire ou dissipe le corps de cet insecte, sans qu'il soit besoin de s'imaginer avec les Juifs un petit os d'une dureté insurmontable où l'âme se sauve.

Je demeure d'accord qu'il y a des degrés de l'unité accidentelle[28], qu'une société réglée a plus d'unité qu'une cohue confuse, et qu'un corps organisé ou bien une machine a plus d'unité qu'une société, c'est-à-dire il est plus à propos de les concevoir comme une seule chose, parce qu'il y a plus de rapports entre les ingrédients. Mais, enfin, toutes ces unités ne reçoivent leur accomplissement que des pensées et apparences, comme les couleurs et les autres phénomènes qu'on ne laisse pas d'appeler réels. La tangibilité d'un bloc de marbre ou d'un tas de pierres ne prouve pas mieux sa réalité substantielle que la visibilité d'un arc-en-ciel ne prouve la sienne, et comme rien n'est si solide qu'il n'ait un certain degré de fluidité, peut-être que ce bloc de marbre n'est qu'un tas d'une infinité de corps vivants ou comme un lac plein de poissons, quoique ces animaux ordinairement ne se distinguent à l'œil que dans les corps demi pourris.

On peut donc dire de ces composés et choses semblables ce que Démocrite en disait fort bien, savoir, *esse opinione, lege*, νόμῳ[29]. Et Platon est dans le même sentiment à l'égard de tout ce qui est purement matériel. Notre esprit remarque ou conçoit quelques substances véritables qui ont certains modes ; ces modes enveloppent des rapports à d'autres substances d'où l'esprit prend occasion de les joindre ensemble dans la pensée et de mettre un nom en ligne de compte pour toutes ces choses ensemble, ce qui sert à la commodité du raisonnement. Mais il ne faut pas s'en laisser tromper pour en faire autant de substances ou êtres véritablement réels ; cela n'appartient qu'à ceux qui s'arrêtent aux apparences, ou bien à ceux qui font des réalités de toutes les abstractions de l'esprit, et qui conçoivent le nombre, le temps, le lieu, le mouvement, la figure, comme autant d'êtres à part. Au lieu que je tiens qu'on ne saurait mieux rétablir la philosophie et la réduire à quelque chose de précis, que de reconnaître les seules substances ou êtres accomplis, doués d'une véritable unité, avec leurs différents états qui s'entresuivent ; tout le reste n'étant que des phénomènes, des abstractions ou des rapports. On ne trouvera jamais rien de réglé pour faire une substance véritable par agrégation ; par exemple, toutes les parties qui conspirent à un même dessein sont plus propres à composer une véritable substance que celles qui se touchent. Tous les officiers de la compagnie des Indes de Hollande feront une substance réelle, bien mieux qu'un tas de pierres ; mais ce dessein commun, qu'est-il autre chose qu'une ressemblance, ou bien un ordre d'actions et passions que notre esprit remarque dans les choses différentes ? Que si l'on veut préférer l'unité d'attouchement, on trouvera d'autres difficultés. Les corps fermes n'ont peut-être leurs parties unies que par la pression des corps environnants, et d'eux-mêmes, et en leur substance, ils n'ont pas plus d'union qu'un monceau de sable : *arena sine calce*[30]. Plusieurs anneaux entrelacés pour faire une chaîne, pourquoi composent-ils plutôt une substance véritable que s'ils avaient des ouvertures pour pouvoir quitter l'un l'autre ? Il se peut que pas une des parties de la chaîne ne touche l'autre et même ne l'enferme point et que néanmoins elles soient tellement entrelacées qu'à moins de se prendre d'une certaine manière on ne les saurait séparer, comme dans la figure ci-jointe.

Dira-t-on, en ce cas, que la substance du composé de ces choses est comme en suspens et dépend de l'adresse future de celui qui les voudra déjoindre ? Fictions de l'esprit partout, et tant qu'on ne discernera point ce qui est véritablement un être accompli, ou bien une substance, on n'aura rien à quoi on se puisse arrêter[31].

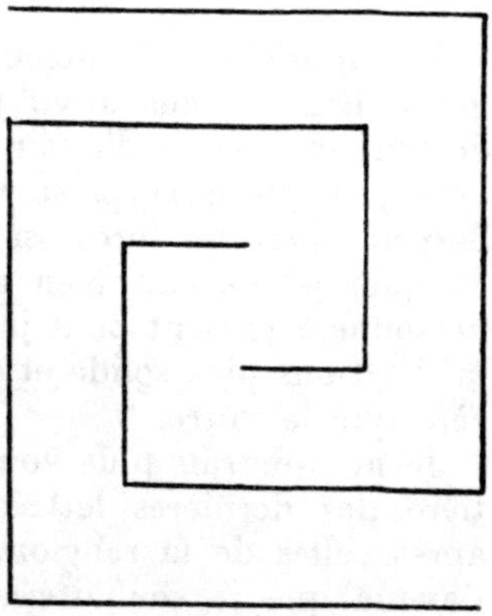

Pour conclusion, rien ne se doit assurer sans fondement ; c'est donc à ceux qui font des êtres et des substances sans une véritable unité de prouver qu'il y a plus de réalité que ce que nous venons de dire, et de montrer en quoi elle consiste ; et j'attends la notion d'une substance ou d'un être qui puisse comprendre toutes ces choses, après quoi et les parties et peut-être encore les songes y pourront un jour prétendre, à moins qu'on ne donne des limites bien précises à ce droit de bourgeoisie qu'on veut accorder aux êtres formés par agrégation.

Je me suis étendu sur ces matières afin que vous puissiez juger, non seulement de mes sentiments, mais encore des raisons qui m'ont obligé de les suivre, que je soumets à votre jugement dont je connais l'équité et l'exactitude. J'y soumets aussi ce que vous aurez trouvé dans les *Nouvelles de la République des lettres*, pour servir de réponse à M. l'abbé *Catelan*, que je crois habile homme, après ce que vous en dites[32] ; mais ce qu'il a écrit contre M. Huygens et contre moi fait voir qu'il va un peu vite. Nous verrons comment il en usera maintenant.

Je suis ravi d'apprendre le bon état de votre santé, et en souhaite la continuation avec tout le zèle et de toute la passion qui fait que je suis, Monsieur, votre très humble et très obéissant serviteur.

Leibniz.

P. S. Je réserve pour une autre fois quelques autres matières que vous avez touchées dans votre lettre.

XXI. — LEIBNIZ A ARNAULD

Hanovre, 22 juillet/1er août 1687.

J'ai appris avec beaucoup de joie que S. A. S. Mgr le Landgrave Ernest vous a vu jouir de bonne santé. Je souhaite de tout mon cœur d'avoir encore souvent de semblables nouvelles, et que le corps se ressente aussi peu de votre âge que l'esprit, dont les forces se font encore assez connaître. C'est de quoi je me suis bien aperçu, et j'avoue de ne connaître personne à présent dont je me promette un jugement sur mes méditations plus solide et plus pénétrant, mais aussi plus sincère que le vôtre.

Je ne voudrais plus vous donner de la peine ; mais la matière des dernières lettres étant une des plus importantes après celles de la religion, et y ayant même grand rapport, j'avoue que je souhaiterais de pouvoir encore jouir de vos lumières et d'apprendre au moins vos sentiments sur mes derniers éclaircissements[1]. Car, si vous y trouvez de l'apparence, cela me confirmera ; mais si vous y trouvez encore à redire, cela me fera aller bride en main, et m'obligera d'examiner un jour la matière tout de nouveau.

Au lieu de M. *de Catelan*, c'est le R. P. *Malebranche* qui a répliqué depuis peu, dans les *Nouvelles de la République des lettres*, à l'objection que j'avais faite[2]. Il semble reconnaître que quelques-unes des lois de nature ou règles du mouvement qu'il avait avancées pourront difficilement être soutenues. Mais il croit que c'est parce qu'il les avait fondées sur la dureté infinie, qui n'est pas dans la nature ; au lieu que je crois que, quand elle y serait, ces règles ne seraient pas soutenables non plus. Et c'est un défaut des raisonnements de M. Descartes et des siens de n'avoir pas considéré que tout ce qu'on dit du mouvement, de l'inégalité et du ressort, se doit vérifier aussi quand on suppose ces choses infiniment petites ou infinies. En quel cas le mouvement (infiniment petit) devient repos ; l'inégalité (infiniment petite) devient égalité ; et le ressort (infiniment prompt) n'est autre chose qu'une dureté extrême ; à peu près comme tout ce que les géomètres démontrent de l'ellipse se vérifie d'une parabole, quand on la conçoit comme une ellipse dont l'autre foyer est infiniment éloigné. Et c'est une chose étrange de voir que presque toutes les règles du mouvement de M. Descartes choquent ce principe, que je tiens aussi infaillible en physique qu'il l'est en géométrie, parce que l'auteur des choses agit en parfait géomètre. Si je réplique au R. P. Malebranche[3], ce sera principalement pour faire connaître ledit principe, qui est d'une très grande utilité et qui n'a guère encore été considéré en général, que je sache.

Mais je vous arrête trop, et cette matière n'est pas assez digne de votre attention. Je suis, avec beaucoup de zèle et de passion, Monsieur, votre très humble et très obéissant serviteur.

Leibniz.

XXII. — ARNAULD A LEIBNIZ

Ce 28 août 1687.

Je dois commencer par vous faire des excuses de ce que je réponds si tard à votre lettre du 30 avril[1]. J'ai eu depuis ce temps là diverses maladies et diverses occupations, et j'ai de plus un peu de peine à m'appliquer à des choses si abstraites. C'est pourquoi je vous prie de trouver bon que je vous dise en peu de mots ce que je pense de ce qu'il y a de nouveau dans votre dernière lettre.

1° Je n'ai point d'idée claire[2] de ce que vous entendez par le mot d'*exprimer*, quand vous dites *que notre âme exprime plus distinctement*, *caeteris paribus*, *ce qui appartient à son corps*, *puisqu'elle exprime même tout l'univers en certain sens*. Car si par cette *expression* vous entendez quelque pensée ou quelque connaissance, je ne puis demeurer d'accord que mon âme ait plus de pensée et de connaissance du mouvement de la lymphe dans les vaisseaux lymphatiques que du mouvement des satellites de Saturne. Que si ce que vous appelez *expression* n'est ni pensée ni connaissance, je ne sais ce que c'est. Et ainsi cela ne me peut de rien servir pour résoudre la difficulté que je vous avais proposée, comment mon âme peut se donner un sentiment de douleur quand on me pique, lorsque je dors, puisqu'il faudrait pour cela qu'elle connût qu'on me pique, au lieu qu'elle n'a cette connaissance que par la douleur qu'elle ressent.

2° Sur ce qu'on raisonne ainsi dans la philosophie des causes occasionnelles : *ma main se remue sitôt que je le veux* ; *or ce n'est pas mon âme qui est la cause réelle de ce mouvement*, *ce n'est pas non plus le corps* ; *donc c'est Dieu*, vous dites que c'est supposer qu'un corps ne se peut pas mouvoir soi-même, ce qui n'est pas votre pensée, et que vous tenez que ce qu'il y a de réel dans l'état qu'on appelle mouvement procède aussi bien de la substance corporelle que la pensée et la volonté procèdent de l'esprit.

Mais c'est ce qui me paraît bien difficile à comprendre qu'un corps qui n'a point de mouvement s'en puisse donner. Et si on admet cela, on ruine une des preuves de Dieu, qui est la nécessité d'un premier moteur.

De plus, quand un corps se pourrait donner du mouvement à soi-même, cela ne ferait pas que ma main se pût remuer toutes les fois que je le voudrais. Car étant sans connaissance, comment pourrait-elle savoir que je voudrais qu'elle se remuât.

3° J'ai plus de choses à dire[3] sur ces formes substantielles indivisibles et indestructibles que vous croyez que l'on doit admettre dans tous les animaux et peut-être même dans les plantes, parce qu'autrement la matière (que vous supposez n'être point composée d'atomes ni de points mathématiques, mais être divisible à l'infini) ne serait point *unum per se*, mais seulement *aggregatum per accidens.*

1) Je vous ai répondu qu'il est peut-être essentiel à la matière, qui est le plus imparfait de tous les êtres, de n'avoir point de vraie et propre unité, comme l'a cru saint Augustin, et d'être toujours *plura entia*, et non proprement *unum ens* ; et que cela n'est pas plus incompréhensible que la divisibilité de la matière à l'infini, laquelle vous admettez.

Vous répliquez que cela ne peut être, parce qu'il ne peut y avoir *plura entia*, où il n'y a point *unum ens.*

Mais comment vous pouvez-vous servir de cette raison, que M. de Cordemoy aurait pu croire vraie, mais qui, selon vous, doit être nécessairement fausse, puisque hors les corps animés qui n'en font pas la cent mille millième partie, il faut nécessairement que tous les autres qui n'ont point selon vous de formes substantielles soient *plura entia*, et non proprement *unum ens.* Il n'est donc pas impossible qu'il y ait *plura entia*, où il n'y a point proprement *unum ens.*

2) Je ne vois pas que vos formes substantielles puissent remédier à cette difficulté. Car l'attribut de l'*ens* qu'on appelle *unum*, pris comme vous le prenez dans une rigueur métaphysique, doit être essentiel et intrinsèque à ce qui s'appelle *unum ens.* Donc si une parcelle de matière n'est point *unum ens*, mais *plura entia*, je ne conçois pas qu'une forme substantielle qui, en étant réellement distinguée, ne saurait que lui donner une dénomination extrinsèque, puisse faire qu'elle cesse d'être *plura entia*, et qu'elle devienne *unum ens* par une dénomination intrinsèque. Je comprends bien que ce nous pourra être une raison de l'appeller *unum ens*, en ne prenant pas le mot d'*unum* dans cette rigueur métaphysique. Mais on n'a pas besoin de ces formes substantielles, pour donner le nom d'*un* à une infinité de corps inanimés. Car n'est-ce pas bien parler de dire que le soleil est *un*, que la terre que nous habitons est *une*, etc. ? On ne comprend donc pas qu'il y ait aucune nécessité d'admettre ces formes substantielles, pour donner une vraie unité aux corps, qui n'en auraient point sans cela.

3) Vous n'admettez ces formes substantielles que dans les corps animés. Or il n'y a point de corps animé qui ne soit organisé, ni de corps organisé qui ne soit *plura entia.* Donc bien loin que vos formes substantielles fassent que les corps auxquels ils sont joints ne soient pas *plura entia*, qu'il faut qu'ils soient *plura entia*, afin qu'ils y soient joints.

4) Je n'ai aucune idée claire de ces formes substantielles ou âmes des brutes. Il faut que vous les regardiez comme des substances, puisque vous les appelez substantielles, et que vous dites qu'il n'y a que les substances qui soient des êtres véritablement réels, entre lesquels vous mettez principalement ces formes sub-

stantielles. Or je ne connais que deux sortes de substances, les corps et les esprits ; et c'est à ceux qui prétendraient qu'il y en a d'autres à nous le montrer, selon la maxime par laquelle vous concluez votre lettre, *qu'on ne doit rien assurer sans fondement.* Supposant donc que ces formes substantielles sont des corps ou des esprits, si ce sont des corps, elles doivent être étendues, et par conséquent divisibles, et divisibles à l'infini : d'où il s'ensuit qu'elles ne sont point *unum ens*, mais *plura entia*, aussi bien que les corps qu'elles animent, et qu'ainsi elles n'auront garde de leur pouvoir donner une vraie unité. Que si ce sont des esprits, leur essence sera de penser : car c'est ce que je conçois par le mot d'esprit. Or j'ai peine à comprendre qu'une huître pense, qu'un ver pense. Et de plus, comme vous témoignez dans cette lettre que vous n'êtes pas assuré que les plantes n'ont point d'âme, ni vie, ni forme substantielle, il faudrait aussi que vous ne fussiez pas assuré si les plantes ne pensent point, puisque leur forme substantielle, si elles en avaient, n'étant point un corps parce qu'elle ne serait point étendue, devrait être un esprit, c'est-à-dire une substance qui pense.

5) L'indestructibilité de ces formes substantielles ou âmes des brutes me paraît encore plus insoutenable. Je vous avais demandé ce que devenaient les âmes des brutes lorsqu'elles meurent ou qu'on les tue : lors par exemple que l'on brûle des chenilles, ce que devenaient leurs âmes. Vous me répondez *qu'elle demeure dans une petite partie encore vivante du corps de chaque chenille, qui sera toujours autant petite qu'il le faut pour être à couvert de l'action du feu qui déchire ou qui dissipe les corps de ces chenilles.* Et c'est ce qui vous fait dire, *que les anciens se sont trompés d'avoir introduit les transmigrations des âmes, au lieu des transformations d'un même animal qui garde toujours la même âme.* On ne pouvait rien s'imaginer de plus subtil pour résoudre cette difficulté. Mais prenez garde, Monsieur, à ce que je m'en vas vous dire. Quand un papillon de ver à soie jette ses œufs, chacun de ces œufs, selon vous, a une âme de ver à soie, d'où il arrive que cinq ou six mois après il en sort de petits vers à soie. Or, si on avait brûlé cent vers à soie, il y aurait aussi selon vous cent âmes de vers à soie dans autant de petites parcelles de ces cendres : mais d'une part je ne sais à qui vous pourrez persuader que chaque ver à soie, après avoir été brûlé, est demeuré le même animal qui a gardé la même âme jointe à une petite parcelle de cendre qui était auparavant une petite partie de son corps ; et de l'autre, si cela était, pourquoi ne naîtrait-il point de vers à soie de ces parcelles de cendres, comme il en naît des œufs.

6) Mais cette difficulté paraît plus grande dans les animaux que l'on sait plus certainement ne naître jamais que de l'alliance des deux sexes. Je demande, par exemple, ce qu'est devenue l'âme du bélier qu'Abraham immola au lieu d'Isaac et qu'il brûla ensuite. Vous ne direz pas qu'elle est passée dans le fœtus d'un autre bélier. Car ce serait la métempsycose des anciens, que vous condamnez. Mais vous me répondrez qu'elle est demeurée dans une parcelle du corps de ce bélier réduit en cendres, et qu'ainsi ce n'a été que

la transformation du même animal, qui a toujours gardé la même âme. Cela se pourrait dire avec quelque vraisemblance dans votre hypothèse des formes substantielles d'une chenille qui devient papillon, parce que le papillon est un corps organisé, aussi bien que la chenille, et qu'ainsi c'est un animal qui peut être pris pour le même que la chenille, parce qu'il conserve beaucoup de parties de la chenille sans aucun changement, et que les autres n'ont changé que de figure. Mais cette partie du bélier réduit en cendre, dans laquelle l'âme du bélier se serait retirée, n'étant point organisée ne peut être prise pour un animal, et ainsi l'âme du bélier y étant jointe ne compose point un animal, et encore moins un bélier, comme devrait faire l'âme du bélier. Que fera donc l'âme de ce bélier dans cette cendre ? Car elle ne peut s'en séparer pour ailleurs : ce serait une transmigration d'âme que vous condamnez. Et il en est de même d'une infinité d'autres âmes qui ne composeraient point d'animaux étant jointes à des parties de matière non organisées, et qu'on ne voit pas qui puissent l'être selon les lois établies dans la nature. Ce seront donc une infinité de choses monstrueuses que cette infinité d'âmes jointes à des corps qui ne seraient point animés.

Il n'y a pas longtemps que j'ai vu ce que M. l'abbé Catelan a répondu à votre réplique, dans les *Nouvelles de la République des lettres* du mois de juin[4]. Ce qu'il y dit me paraît bien clair. Mais il n'a peut-être pas bien pris votre pensée. Et ainsi j'attends la réponse que vous lui ferez.

Je suis, Monsieur, votre très humble et très obéissant serviteur.

A. Arnauld.

XXIII. — ARNAULD AU LANDGRAVE ERNEST DE HESSE-RHEINFELS

Ce 31 août 1687.

Voilà, Monseigneur, la réponse à la dernière lettre de M. Leibniz qui m'a été envoyée par V. A. S. dès le mois d'avril dernier, mais je n'ai pu m'appliquer plus tôt à y répondre[1]. Je La supplie d'y faire mettre le *praedicandi* dessus, parce que je ne sais pas ses qualités. Si Elle la veut parcourir, Elle verra qu'il a des opinions de physique bien étranges, et qui ne paraissent guère soutenables. Mais j'ai tâché de lui en dire ma pensée d'une manière qui ne le pût pas blesser. Il vaudrait bien mieux qu'il quittât, au moins pour quelque temps, ces sortes de spéculations, pour s'appliquer à la plus grande affaire qu'il puisse avoir, qui est le choix de la véritable religion, suivant ce qu'il en avait écrit à V. A. il y a quelques années. Il est bien à craindre que la mort ne le surprenne à moins qu'il n'ait pris une résolution si importante pour son salut.

Le livre de M. Nicole contre le nouveau système de l'Eglise du Sieur Jurieu est achevé d'imprimer[2]. Nous en attendons de Paris dans cinq ou six jours. Nous en enverrons à V. A. par les chariots de Cologne, avec quelques autres livres qu'Elle sera bien aise de voir.

XXIV. — LE LANDGRAVE ERNEST DE HESSE-RHEINFELS A LEIBNIZ

11 septembre 1687.

Il a bien raison de dire cela[1], car si même il y avait des milliers entre les Protestants, qui ne savent ce qu'est droit ou gauche, et qui ne peuvent être réputés en comparaison de savants que pour des bêtes, et qui n'adhèrent que matériellement à l'hérésie, certes que cela on ne peut dire de vous, qui avez tant de lumières et auquel s'il n'y avait jamais eu autre que moi seul, on a fait tout ce qu'on a pu, pour vous faire sortir du schisme et vous représenter ce qu'il y a enfin à représenter. Croyez vous bien (pour de mille ne vous dire qu'un seul article) que Christ ait ainsi constitué son Eglise, que ce qu'un croit blanc l'autre le croit noir, et que pour le ministère ecclésiastique il l'aît d'une telle et si faite façon contradictoire constituée, comme nous et les Protestants sont en cela en débat et comme nous croyons et vous croyez. Par exemple nous tenons tous vos ministres pour laïques et usurpateurs du ministère, et je ne sais ce que vous pouvez croire des nôtres, aux vôtres aussi en cet article si opposés. Oh, mon cher M. Leibniz, ne perdez pas ainsi le temps de grâce, *et hodie si vocem Domini audieritis, nolite obdurare corda vestra*[2]. Christ et Belial ne conviennent ensemble, non plus que les Catholiques et les Protestants, et je ne me saurais rien promettre de votre salut, si vous ne vous faites catholique.

XXV. — LEIBNIZ AU LANDGRAVE

En matière de religion[1], puisque vous touchez cette corde, il y a des gens de ma connaissance, car je ne vous parle point de moi, qui ne sont pas éloignés des sentiments de l'Eglise catholique romaine, qui trouvent les définitions du concile de Trente assez raisonnables et conformes à la sainte Ecriture et aux saints Pères, qui jugent que le système de la théologie romaine est mieux lié que celui des Protestants et qui avouent que les dogmes ne les arrêteraient pas ; mais ils sont arrêtés, premièrement, par quelques abus de pratique très grands et trop communs qu'ils voient tolérés dans la communion catholique romaine, surtout en matière de culte ; ils craignent d'être engagés à les approuver ou au moins à ne pas oser les blâmer ; ils appréhendent de donner par là du scandale à ceux qui les prendraient pour des gens sans conscience, et que leur exemple, quoique mal entendu, porterait à l'impiété ; ils doutent même si on peut communier avec des gens qui pratiquent certaines choses peu tolérables ; et ils considèrent qu'en ces rencontres il est plus excusable de ne pas quitter une communion que d'y entrer. Secondement, quand cet obstacle ne serait pas, ils se trouvent arrêtés par les anathématismes du concile de Trente, ils ont de la peine à souscrire à des condamnations qui leur paraissent trop rigides et peu nécessaires, ils croient que cela est contraire à la charité et que c'est faire ou fomenter un schisme.

Cependant ces personnes se croient véritablement catholiques, comme le seraient ceux qu'on a excommuniés injustement, *clave errante*, car ils tiennent les dogmes de l'Eglise catholique, ils souhaitent de plus la communion extérieure, à quoi d'autres mettent des obstacles ou la leur refusent.

Un célèbre théologien[2], catholique romain, muni de l'approbation de plusieurs autres, avait proposé un expédient, et avait cru qu'un protestant, qui ne serait arrêté que par les anathématismes et même par quelques définitions du concile de Trente, et qui douterait si ce concile a été véritablement œcuménique, mais qui serait prêt à se soumettre à un concile qui le serait véritablement, et qui par conséquent recevrait

les premiers principes de l'Eglise catholique tellement que son erreur ne serait pas de droit, mais de fait seulement, qu'un tel, dis-je, pourrait être reçu à la communion sans faire aucune mention du concile de Trente, puisque aussi bien ce concile n'a pas encore été reçu partout, et que la profession du pape Pie IV n'est faite que pour les ecclésiastiques ou pour ceux qui enseignent, et que je ne crois pas que le concile de Trente soit entré dans la profession de tous ceux qu'on a reçus à la communion en France. Mais on doute que cet expédient soit approuvé.

XXVI. — LEIBNIZ A ARNAULD

A Hanovre, le 9 octobre 1687.

Monsieur,

Comme je ferai toujours grand cas de votre jugement[1] lorsque vous pourrez vous instruire de ce dont il s'agit, je veux faire ici un effort pour tâcher d'obtenir que les positions que je tiens importantes et presque assurées vous paraissent, sinon certaines, au moins soutenables. Car il ne me paraît pas difficile de répondre aux doutes qui vous restent, et qui, à mon avis, ne viennent que de ce qu'une personne prévenue et distraite d'ailleurs, quelque habile qu'elle soit, a bien de la peine à entrer d'abord dans une pensée nouvelle, sur une matière abstraite des sens, où ni figures, ni modèles, ni imaginations nous peuvent secourir.

J'avais dit[2] que l'âme exprimant naturellement tout l'univers en certain sens, et selon le rapport que les autres corps ont au sien, et par conséquent exprimant plus immédiatement ce qui appartient aux parties de son corps doit, en vertu des lois du rapport qui lui sont essentielles, *exprimer* particulièrement quelques mouvements extraordinaires des parties de son corps ; ce qui arrive lorsqu'elle sent la douleur[3]. A quoi vous répondez que vous n'avez point d'idée claire de ce que j'entends par le mot d'*exprimer* ; si j'entends par là une *pensée*, vous ne demeurez pas d'accord que l'âme a plus de pensée et de connaissance du mouvement de la lymphe dans les vaisseaux lymphatiques que des satellites de Saturne ; mais si j'entends quelque autre chose, vous ne savez (dites-vous) ce que c'est, et par conséquent (supposé que je ne puisse point l'exprimer distinctement) ce terme ne servira de rien pour faire connaître comment l'âme peut se donner le sentiment de la douleur, puisqu'il faudrait pour cela (à ce que vous voulez) qu'elle connût déjà qu'on me pique, au lieu qu'elle n'a cette connaissance que par la douleur qu'elle ressent. Pour répondre, j'expliquerai ce terme que vous jugez obscur, et je l'appliquerai à la difficulté que vous avez faite. Une chose *exprime* une autre (dans mon langage) lorsqu'il y a un rapport constant et réglé entre ce qui se peut dire de l'une et de l'autre[4].C'est ainsi qu'une projection de perspective exprime son géométral. L'expression est commune à toutes les formes, et c'est un genre dont la perception naturelle, le sentiment animal et la connaissance intellectuelle sont les espèces. Dans la perception naturelle et dans le sentiment, il suffit que ce qui est divisible et matériel, et se trouve dispersé en plusieurs êtres, soit exprimé ou représenté dans un seul être indivisible, ou dans la substance qui est douée d'une véritable unité[5]. Et cette représentation est accompagnée de conscience dans l'âme raisonnable, et c'est alors qu'on l'appelle *pensée*. Or, cette expression arrive partout, parce que toutes les substances sympathisent avec toutes les autres et reçoivent quelque changement proportionnel répondant au moindre changement qui arrive dans tout l'univers, quoique ce changement soit plus ou moins notable à mesure que les autres corps ou leurs actions ont plus ou moins de rapport au nôtre. C'est de quoi, je crois, que M. Descartes serait demeuré d'accord lui-même ; car il accorderait sans doute qu'à cause de la continuité et divisibilité de toute la matière le moindre mouvement étend son effet sur les corps voisins, et par conséquent de voisin à voisin à l'infini, mais diminué à la proportion. Ainsi notre corps doit être affecté en quelque sorte par les changements de tous les autres. Or à tous les mouvements de notre corps répondent certaines perceptions ou pensées plus ou moins confuses de notre âme, donc l'âme aussi aura quelque pensée de tous les mouvements de l'univers, et selon moi toute notre âme ou substance en aura quelque perception ou expression. Il est vrai que nous ne nous apercevons pas distinctement de tous les mouvements de notre corps, comme par exemple de celui de la lymphe, mais (pour me servir d'un exemple que j'ai déjà employé) c'est comme il faut bien que je m'aperçoive un peu du mouvement de chaque vague du rivage afin de me pouvoir apercevoir de ce qui résulte de leur assemblage, savoir, de ce grand bruit qu'on entend proche de la mer[6] ; ainsi nous sentons aussi quelque résultat confus de tous les mouvements qui se passent en nous. Mais, étant accoutumés à ce mouvement interne, nous ne nous en apercevons distinctement et avec réflexion que lorsqu'il y a une altération considérable comme dans les commencements des maladies. Et il serait à souhaiter que les médecins s'attachassent à distinguer plus exactement ces sortes de sentiments confus que nous avons dans notre corps. Or, puisque nous ne nous apercevons des autres corps que par le rapport qu'ils ont au nôtre, j'ai eu raison de dire que l'âme exprime mieux ce qui appartient à notre corps ; aussi ne connaît-on les satellites de Saturne ou de Jupiter que suivant un mouvement qui se fait dans nos yeux[7]. Je crois qu'en tout ceci un cartésien sera de mon sentiment, excepté que je suppose qu'il y a à l'entour de nous d'autres âmes ou formes substantielles que la nôtre, à qui j'attribue une expression ou perception inférieure à la pensée, au lieu que les cartésiens refusent le sentiment aux bêtes et n'admettent point de forme substantielle hors de l'homme ; ce qui ne fait rien à la question que nous traitons ici, de la cause de la douleur. Il s'agit donc maintenant de savoir comment l'âme s'aperçoit des mouvements de son corps, puisqu'on ne voit pas moyen d'expliquer par quels canaux l'action d'une masse étendue passe sur un être indivisible. Les cartésiens ordinaires avouent de ne pouvoir rendre raison de cette union ; les auteurs de l'hypothèse des causes occasionnelles croient que c'est *nodus vindice dignus, cui Deus ex machina intervenire debeat*[8] ; pour moi, je l'explique d'une manière naturelle par la notion de la substance ou de l'être accompli en général, qui porte que toujours son état présent est une suite naturelle de son état précédent, car la nature de toute âme est d'exprimer l'univers ; elle a été créée d'abord de telle sorte qu'en vertu des propres lois de sa nature, il lui doit arriver de s'accorder avec ce qui se passe dans les corps, et particulièrement dans le sien ; il ne faut donc pas s'étonner qu'il lui appartient de se représenter la piqûre lorsqu'elle arrive à son corps. Et pour achever de m'expliquer sur cette matière, soient :

État des corps au moment A.	État de l'âme au moment A.
État des corps au moment suivant B (piqûre).	État de l'âme au moment B (douleur).

Comme donc l'état des corps au moment B suit de l'état des corps au moment A, de même B état de l'âme est une suite d'A, état précédent de la même âme, suivant la notion de la substance en général[9]. Or, les états de l'âme sont naturellement et essentiellement des expressions des états répondants du monde, et particulièrement des corps qui leur sont alors propres ; donc, puisque la piqûre fait une partie de l'état du corps au moment B, la représentation ou expression de la piqûre, qui est la douleur, fera aussi une partie de l'âme au moment B ; car, comme un mouvement suit d'un autre mouvement, de même une représentation suit d'une autre représentation dans une substance dont la nature est d'être représentative. Ainsi il faut bien que l'âme s'aperçoive de la piqûre lorsque les lois du rapport demandent qu'elle exprime plus distinctement un changement plus notable des parties de son corps. Il est vrai que l'âme ne s'aperçoit pas toujours distinctement des causes de la piqûre et de sa douleur future, lorsqu'elles sont encore cachées dans la représentation de l'état A, comme lorsqu'on dort ou qu'autrement on ne voit pas approcher l'épingle, mais c'est parce que les mouvements de l'épingle font trop peu d'impression alors, et quoique nous soyons déjà affectés en quelque sorte de tous ces mouvements et les représentations dans notre âme, et qu'ainsi nous ayons en nous la représentation ou expression des causes de la piqûre, et par conséquent la cause de la représentation de la même piqûre, c'est-à-dire la cause de la douleur, nous ne les saurions démêler de tant d'autres pensées et mouvements que lorsqu'ils deviennent considérables. Notre âme ne fait réflexion que sur les phénomènes plus singuliers, qui se distinguent des autres ; ne pense distinctement à aucun, lorsqu'elle pense également à tous. Après cela, je ne saurais deviner en quoi on puisse trouver la moindre ombre de difficulté, à moins que de nier que Dieu puisse créer des substances qui soient d'abord faites en sorte qu'il leur arrive en vertu de leur propre nature de s'accorder dans la suite avec les phénomènes de toutes les autres. Or, il n'y a point d'apparence de nier cette possibilité, et puisque nous voyons que des mathématiciens représentent les mouvements des cieux dans une machine (comme lorsque

Jura poli rerumque fidem legesque deorum
Cuncta Syracusius transtulit arte senex[10],

ce que nous pouvons bien mieux faire aujourd'hui qu'Archimède ne pouvait de son temps), pourquoi Dieu, qui les surpasse infiniment, ne pourrait-il pas d'abord créer les substances représentatives en sorte qu'elles expriment par leurs propres lois, suivant le changement naturel des pensées ou représentations, tout ce qui doit arriver au corps, ce qui me paraît non seulement facile à concevoir, mais encore digne de Dieu et de la beauté de l'univers, et en quelque façon nécessaire ; toutes les substances devant avoir une harmonie et liaison entre elles, et toutes devant exprimer en elles le même univers, et la cause universelle qui est la volonté de leur créateur, et les décrets ou lois qu'il a établies pour faire qu'elles s'accommodent entre elles le mieux qu'il se peut. Aussi cette correspondance mutuelle des différentes substances (qui ne sauraient agir l'une sur l'autre à parler dans la rigueur métaphysique, et s'accordent néanmoins comme si l'une agissait sur l'autre) *est une des plus fortes preuves de l'existence de Dieu* ou d'une cause commune que chaque effet doit toujours exprimer suivant son point de vue et sa capacité. Autrement, les phénomènes des esprits différents ne s'entr'accorderaient point, et il y aurait autant de systèmes que de substances ou bien ce serait un pur hasard s'ils s'accordaient quelquefois. Toute la notion que nous avons du temps et de l'espace est fondée sur cet accord[11], mais je n'aurais jamais fait si je devais expliquer à fond tout ce qui est lié avec notre sujet. Cependant j'aime mieux d'être prolixe que de ne me pas exprimer assez.

Pour passer à vos autres doutes[12], je crois maintenant que vous verrez, Monsieur, comme je l'entends, quand je dis qu'une substance corporelle se donne son mouvement elle-même, ou plutôt ce qu'il y a de réel dans le mouvement à chaque moment, car le mouvement qui est un phénomène demande d'autres phénomènes[13] ; puisque tout état présent d'une substance est une suite de son état précédent. Il est vrai qu'un corps qui n'a point de mouvement ou plutôt point d'action ou tendance au changement, ne s'en peut pas donner ; mais je tiens qu'il n'y a point de tel corps. Vous me direz que Dieu peut réduire un corps à l'état d'un parfait repos, mais je réponds que Dieu le peut aussi réduire à rien et que ce corps destitué d'action et de passion n'a garde d'être une substance ; ou au moins il suffit que je déclare que si jamais Dieu réduit quelque corps à un parfait repos (ce qui ne se saurait faire que par miracle), il faudra un nouveau miracle pour lui rendre quelque mouvement. Au reste, vous voyez aussi que mon opinion confirme plutôt qu'elle ne détruit la preuve du premier moteur[14]. Il faut toujours rendre raison du commencement du mouvement et de ses lois et de l'accord des mouvements entre eux ; ce qu'on ne saurait faire sans recourir à Dieu. Au reste, ma main se remue non pas à cause que je veux, car j'ai beau vouloir qu'une montagne se remue, si je n'ai une foi miraculeuse, il ne s'en fera rien ; mais parce que je ne le pourrais vouloir avec succès, si ce n'était justement dans le moment que les ressorts de la main se vont débander comme il faut pour cet effet ; ce qui se fait d'autant plus que mes passions s'accordent avec les mouvements de mon corps. L'un accompagne toujours l'autre en vertu de la correspondance établie ci-dessus, mais chacun a sa cause immédiate chez soi.

Je viens à l'article des formes ou âmes que je tiens indivisibles et indestructibles[15]. Je ne suis pas le premier de cette opinion. *Parménide* (dont Platon parle avec vénération), aussi bien que *Melisse*, a soutenu qu'il n'y avait point de génération ni corruption qu'en apparence ; *Aristote* le témoigne, livre III, *Du Ciel*, chap. II. Et l'auteur du 1er livre *De diœta*, qu'on attribue à *Hippocrate*, dit expressément qu'un animal ne saurait être engendré tout de nouveau, ni détruit tout à fait. *Albert le Grand* et *Jean Bacon* semblent avoir cru que les formes substantielles étaient déjà cachées dans la matière de tout temps ; *Fernel* les fait descendre du ciel, pour ne rien dire de ceux qui les détachent de l'âme du monde. Ils ont tous vu une partie de la vérité, mais ils ne l'ont point développée ; plusieurs ont cru la transmigration, d'autres la traduction des âmes, au lieu de s'aviser de la transmigration et transformation d'un animal déjà formé. D'autres, ne pouvant expliquer autrement l'origine des formes, ont accordé qu'elles commencent par une véritable création, au lieu que je n'admets cette création dans la suite des temps qu'à l'égard de l'âme raisonnable et tiens que toutes les formes qui ne pensent point ont été créées avec le monde, comme les Atomistes le soutiennent de leurs atomes[16]. Ils croient que cette création arrive tous les jours quand le moindre ver est engendré. *Philopon*[17], ancien interprète d'Aristote, dans son livre contre *Proclus*, et *Gabriel Biel* semblent avoir été de cette opinion. Il me semble que saint Thomas tient l'âme des bêtes pour indivisible. Et nos cartésiens vont bien plus loin, puisqu'ils soutiennent que toute âme et forme substantielle véritable doit être indestructible et ingénérable. C'est pour cela qu'ils la refusent aux bêtes ; bien que M. *Descartes*, dans une lettre à M. *Morus*, témoigne de ne vouloir pas assurer qu'elles n'en ont point. Et puisqu'on ne se formalise point de ceux qui introduisent des atomes toujours subsistants, pourquoi trouvera-t-on étrange qu'on dise autant des âmes à qui l'indivisibilité convient par leur nature, d'autant qu'en joignant le sentiment des cartésiens touchant la substance de l'âme avec celui de toute la terre touchant l'âme des bêtes, cela s'ensuit nécessairement. Il sera difficile d'arracher au genre humain cette opinion reçue toujours et partout, et catholique s'il en fût jamais, que les bêtes ont du sentiment. Or, supposant qu'elle est véritable, ce que je tiens touchant ces âmes n'est pas seulement nécessaire suivant les cartésiens, mais encore important pour la morale et la religion, afin de détruire une opinion dangereuse pour laquelle plusieurs personnes d'esprit ont du penchant et que les philosophes italiens, sectateurs d'Averroès, avaient répandue dans le monde, savoir, que les âmes particulières retournent à l'âme du monde lorsqu'un animal meurt, ce qui répugne à mes démonstrations de la nature de la substance individuelle, et ne saurait être conçu distinctement, toute substance individuelle devant toujours subsister à part, quand elle a une fois commencé d'être[18]. C'est pourquoi les vérités que j'avance sont assez importantes, et tous ceux qui reconnaissent les âmes des bêtes les doivent approuver, les autres au moins ne les doivent pas trouver étranges.

Mais pour venir à vos doutes sur cette indestructibilité[19].

1. J'avais soutenu qu'il faut admettre dans les corps quelque

chose qui soit véritablement un seul être, la matière ou masse étendue en elle-même n'étant jamais que *plura entia*, comme saint *Augustin* a fort bien remarqué après *Platon*[20]. Or j'infère qu'il n'y a pas plusieurs êtres là où il n'y en a pas un, qui soit véritablement *un* être, et que toute multitude suppose l'unité. A quoi vous répliquez en plusieurs façons[21] ; mais c'est sans toucher à l'argument en lui-même, qui est hors de prise, en vous servant seulement des objections *ad hominem* et des inconvénients, et en tâchant de faire voir que ce que je dis ne suffit pas à résoudre la difficulté. Et d'abord, vous vous étonnez comment je puis me servir de cette raison, qui aurait été apparente[22] chez M. *Cordemoy* qui compose tout d'atomes, mais qui doit être nécessairement fausse selon moi (à ce que vous jugez), puisque, hors les corps animés qui ne font pas la cent mille millième partie des autres, il faut nécessairement que tous les autres soient *plura entia* et qu'ainsi la difficulté revient. Mais c'est par là que je vois, Monsieur, que je ne me suis pas encore bien expliqué pour vous faire entrer dans mon hypothèse. Car, outre que je ne me souviens pas d'avoir dit qu'il n'y a point de forme substantielle hors les âmes, je suis bien éloigné du sentiment qui dit que les corps animés ne sont qu'une petite partie des autres[23]. Car je crois plutôt que tout est plein de corps animés, et chez moi il y a sans comparaison plus d'âmes qu'il n'y a d'atomes chez M. Cordemoy qui en fait le nombre fini, au lieu que je tiens que le nombre des âmes, ou au moins des formes, est tout à fait infini, et que la matière étant divisible sans fin, on n'y peut assigner aucune partie si petite où il n'y ait dedans des corps animés, ou au moins informés, c'est-à-dire des substances corporelles[24].

2. Quant à cette autre difficulté que vous faites[25], savoir que l'âme jointe à la matière n'en fait pas un être véritablement *un*, puisque la matière n'est pas véritablement *une* en elle-même, et que l'âme, à ce que vous jugez, ne lui donne qu'une dénomination extrinsèque, je réponds que c'est la substance animée à qui cette matière appartient qui est véritablement un être, et la matière prise pour la masse en elle-même n'est qu'un pur phénomène ou apparence bien fondée, comme encore l'espace et le temps[26]. Elle n'a pas même des qualités précises et arrêtées qui la puissent faire passer pour un être déterminé, comme j'ai déjà insinué dans ma précédente ; puisque la figure même, qui est de l'essence d'une masse étendue terminée, n'est jamais exacte et déterminée à la rigueur dans la nature, à cause de la division actuelle à l'infini des parties de la matière. Il n'y a jamais ni globe sans inégalités, ni droite sans courbures entremêlées, ni courbe

d'une certaine nature finie, sans mélange de quelque autre, et cela dans les petites parties comme dans les grandes, ce qui fait que la figure, bien loin d'être constitutive des corps, n'est pas seulement une qualité entièrement réelle et déterminée hors de la pensée, et on ne pourra jamais assigner à quelque corps une certaine surface précise, comme on pourrait faire s'il y avait des atomes. Et je puis dire la même chose de la grandeur et du mouvement, savoir, que ces qualités ou prédicats tiennent du phénomène comme les couleurs et les sons, et, quoiqu'ils enferment plus de connaissance distincte, ils ne peuvent pas soutenir non plus la dernière analyse ; et par conséquent la masse étendue considérée sans la forme substantielle[27] ne consistant qu'en ces qualités, n'est pas la substance corporelle, mais un phénomène tout pur, comme l'arc-en-ciel ; aussi les philosophes ont reconnu que c'est la forme qui donne l'être déterminé à la matière, et ceux qui ne prennent pas garde à cela ne sortiront jamais du labyrinthe *de compositione continui*, s'ils y entrent une fois. Il n'y a que les substances indivisibles et leurs différents états qui soient absolument réels.

C'est ce que Parménide et Platon, et d'autres anciens, ont bien reconnu. Au reste, j'accorde qu'on peut donner le nom d'*un* à un assemblage de corps inanimés quoique aucune forme substantielle ne les lie, comme je puis dire : *voilà un arc-en-ciel, voilà un troupeau* ; mais c'est une unité de phénomène ou de pensée qui ne suffit pas pour ce qu'il y a de réel dans les phénomènes[28].

3. Vous objectez[29] que je n'admets point de formes substantielles que dans le corps animé (ce que je ne me souviens pourtant pas d'avoir dit) ; or, tous les corps organisés étant *plura entia*, par conséquent les formes ou âmes, bien loin d'en faire un être, demandent plutôt plusieurs êtres afin que les corps puissent être animés. Je réponds que, supposant qu'il y a une âme ou forme substantielle[30] dans les bêtes ou autres substances corporelles, il en faut raisonner en ce point comme nous raisonnons tous de l'homme, qui est un être doué d'une véritable unité que son âme lui donne, nonobstant que la masse de son corps est divisée en organes, vases, humeurs, esprits ; et que les parties sont pleines sans doute d'une infinité d'autres substances corporelles douées de leurs propres formes[31]. Comme cette troisième objection convient en substance avec la précédente, cette solution y servira aussi.

4. Vous jugez[32] que c'est sans fondement qu'on donne une âme aux bêtes, et vous croyez que, s'il y en avait, elle serait un esprit, c'est-à-dire une substance qui pense, puisque nous ne connaissons que les corps et les esprits et n'avons aucune

idée d'une autre substance. Or de dire qu'une huître pense, qu'un ver pense, c'est ce qu'on a peine à croire. Cette objection regarde également tous ceux qui ne sont pas cartésiens[33] ; mais, outre qu'il faut croire que ce n'est pas tout à fait sans raison que tout le genre humain a toujours donné dans l'opinion qu'il a du sentiment des bêtes, je crois d'avoir fait voir que toute substance est indivisible et que par conséquent toute substance corporelle doit avoir une âme ou au moins une forme qui ait de l'analogie avec l'âme, puisque autrement les corps ne seraient que des phénomènes.

D'assurer que toute substance qui n'est pas divisible (c'est-à-dire selon moi toute substance en général) est un esprit et doit penser, cela me paraît sans comparaison plus hardi et plus destitué de fondement que la conservation des formes. Nous ne connaissons que cinq sens et un certain nombre de métaux ; en doit-on conclure qu'il n'y en a point d'autres dans le monde ? Il y a bien plus d'apparence que la nature qui aime la variété a produit d'autres formes que celles qui pensent. Si je puis prouver qu'il n'y a pas d'autres figures du second degré que les sections coniques, c'est parce que j'ai une idée distincte de ces lignes qui me donne moyen de venir à une exacte division. Mais comme nous n'avons point d'idée distincte de la pensée, et ne pouvons pas démontrer que la notion d'une substance indivisible est la même avec celle d'une substance qui pense, nous n'avons point de sujet de l'assurer. Je demeure d'accord que l'idée que nous avons de la pensée est claire ; mais tout ce qui est clair n'est point distinct[34]. Ce n'est que par le sentiment intérieur que nous connaissons la pensée (comme le Père Malebranche[35] a déjà remarqué) ; mais on ne peut connaître par sentiment que les choses qu'on a expérimentées ; et comme nous n'avons pas expérimenté les fonctions des autres formes, il ne faut pas s'étonner que nous n'en avons pas d'idée claire ; car nous n'en devrions point avoir, quand même il serait accordé qu'il y a de ces formes. C'est un abus de vouloir employer les idées confuses, quelque claires qu'elles soient, à prouver que quelque chose ne peut être. Et quand je ne regarde que les idées distinctes, il me semble qu'on peut concevoir que les phénomènes divisibles ou répandus en plusieurs êtres peuvent être exprimés ou représentés dans un seul être indivisible, et cela suffit pour concevoir une forme substantielle sans qu'il soit nécessaire d'attacher la pensée ou la réflexion à cette représentation. Je souhaiterais de pouvoir expliquer les différences ou degrés des autres expressions immatérielles qui sont sans pensée, afin de distinguer les substances corporelles simples, les vivants et les animaux, autant qu'on les peut distinguer[36].

Mais je n'ai pas assez médité là-dessus, ni assez examiné la nature pour pouvoir juger des formes par la comparaison de leurs organes et opérations. M. *Malpighi*, fondé sur des analogies fort considérables de l'anatomie, a beaucoup de penchant à croire que les plantes peuvent être comprises sous le même genre avec les animaux, et sont des animaux imparfaits[37].

5. Il ne reste maintenant que de satisfaire aux inconvénients que vous avez allégués contre l'indestructibilité des formes substantielles[38] ; et je m'étonne d'abord que vous la trouvez étrange et insoutenable, car, suivant vos propres sentiments, tous ceux qui donnent aux bêtes une âme et du sentiment doivent soutenir cette indestructibilité. Les inconvénients prétendus ne sont que des préjugés d'imagination qui peuvent arrêter le vulgaire, mais qui ne peuvent rien sur des esprits capables de méditation. Aussi crois-je qu'il sera aisé de vous satisfaire là-dessus[39]. Ceux qui conçoivent qu'il y a quasi une infinité de petits animaux dans la moindre goutte d'eau, comme les expériences de M. *Leeuwenhoeck* ont fait connaître, et qui ne trouvent pas étrange que la matière soit remplie partout de substances animées, ne trouveront pas étrange non plus qu'il y ait quelque chose d'animé dans les cendres mêmes et que le feu peut transformer un animal et le réduire en petit, au lieu de le détruire entièrement. Ce qu'on peut dire d'une chenille ou ver à soie se peut dire de cent ou de mille ; mais il ne s'ensuit pas que nous devrions voir renaître des vers à soie des cendres. Ce n'est peut-être pas l'ordre de la nature. Je sais que plusieurs assurent que les vertus séminales restent tellement dans les cendres que les plantes en peuvent renaître, mais je ne veux pas me servir d'expériences douteuses. Si ces petits corps organisés, enveloppés par une manière de contraction d'un plus grand qui vient d'être corrompu, sont tout à fait hors de la ligne de la génération, ou s'ils peuvent revenir sur le théâtre en leur temps, c'est ce que je ne saurais déterminer. Ce sont là des secrets de la nature, où les hommes doivent reconnaître leur ignorance.

6. Ce n'est qu'en apparence et suivant l'imagination que la difficulté est plus grande à l'égard des animaux plus grands, qu'on voit ne naître que de l'alliance de deux sexes, ce qui apparemment n'est pas moins véritable des moindres insectes[40]. J'ai appris depuis quelque temps que M. *Leeuwenhoeck* a des sentiments assez approchants des miens, en ce qu'il soutient que même les plus grands animaux naissent par une manière de transformation ; je n'ose ni approuver ni rejeter le détail de son opinion, mais je la tiens très véritable en général, et M. *Swammerdam*, autre grand observateur et anatomiste, té-

moigne assez qu'il y avait aussi du penchant[41]. Or les jugements de ces messieurs-là valent ceux de bien d'autres en ces matières. Il est vrai que je ne remarque pas qu'ils aient poussé leur opinion jusqu'à dire que la corruption et la mort elle-même est aussi une transformation à l'égard des vivants destitués d'âme raisonnable, comme je le tiens, mais je crois que, s'ils s'étaient avisés de ce sentiment, ils ne l'auraient pas trouvé absurde, et il n'est rien de si naturel que de croire que ce qui ne commence point ne périt pas non plus[42]. Et quand on reconnaît que toutes les générations ne sont que des augmentations et développements d'un animal déjà formé, on se persuadera aisément que la corruption ou la mort n'est autre chose que la diminution et enveloppement d'un animal qui ne laisse pas de subsister, et demeurer vivant et organisé. Il est vrai qu'il n'est pas si aisé de le rendre croyable par des expériences particulières comme à l'égard de la génération, mais on en voit la raison : c'est parce que la génération avance d'une manière naturelle et peu à peu, ce qui nous donne le loisir de l'observer, mais la mort mène trop en arrière, *per saltum*[43], et retourne d'abord à des parties trop petites pour nous, parce qu'elle se fait ordinairement d'une manière trop violente, ce qui nous empêche de nous apercevoir du détail de cette rétrogradation. Cependant le sommeil, qui est une image de la mort, les extases, l'ensevelissement d'un ver à soie dans sa coque, qui peut passer pour une mort, la ressuscitation des mouches noyées avancée par le moyen de quelque poudre sèche dont on les couvre (au lieu qu'elles demeureraient mortes tout de bon si on les laissait sans secours), et celle des hirondelles qui prennent leurs quartiers d'hiver dans les roseaux et qu'on trouve sans apparence de vie ; les expériences des hommes morts de froid, noyés ou étranglés, qu'on a fait revenir, sur quoi un homme de jugement a fait il n'y a pas longtemps un traité en allemand, où après avoir rapporté des exemples, même de sa connaissance, il exhorte ceux qui se trouvent là où il y a des personnes noyées de faire plus d'efforts que de coutume pour les remettre, et en prescrit la méthode ; toutes ces choses peuvent confirmer mon sentiment que ces états différents ne diffèrent que du plus ou du moins, et si on n'a pas le moyen de pratiquer des ressuscitations en d'autres genres de morts, c'est ou qu'on ne sait pas ce qu'il faudrait faire, ou que, quand on le saurait, nos mains, nos instruments et nos remèdes n'y peuvent arriver, surtout quand la dissolution va d'abord à des parties trop petites. Il ne faut donc pas s'arrêter aux notions que le vulgaire peut avoir de la mort ou de la vie, lorsqu'on a, et des analogies et, qui plus est, des arguments solides, qui prouvent le contraire. Car je crois avoir assez fait voir qu'il y doit avoir des formes substantielles[44], s'il y a des substances corporelles ; et quand on accorde ces formes[45] ou ces âmes, on en doit reconnaître l'ingénérabilité et indestructibilité ; après quoi, il est sans comparaison plus raisonnable de concevoir les transformations de corps animés que de s'imaginer le passage des âmes d'un corps à l'autre, dont la persuasion très ancienne ne vient apparemment que de la transformation mal entendue. De dire que les âmes des bêtes demeurent sans corps, ou qu'elles demeurent cachées dans un corps qui n'est pas organisé, tout cela ne paraît pas si naturel. Si l'animal fait par la contraction du corps du bélier qu'Abraham immola au lieu d'Isaac doit être appelé un bélier, c'est une question de nom, à peu près comme serait la question, si un papillon peut être appelé un ver à soie. La difficulté que vous trouverez à l'égard de ce bélier réduit en cendres, ne vient que de ce que je ne m'étais pas assez bien expliqué, car vous supposez qu'il ne reste point de corps organisé dans ces cendres, ce qui vous donne droit de dire que ce serait une chose monstrueuse que cette infinité d'âmes sans corps organisés ; au lieu que je suppose que naturellement il n'y a point d'âme sans corps animé, et point de corps animé sans organes ; et ni cendres ni autres masses ne me paraissent pas entièrement incapables de contenir des corps organisés.

Pour ce qui est des esprits[46], c'est-à-dire des substances qui pensent, qui sont capables de connaître Dieu et de découvrir des vérités éternelles, je tiens que Dieu les gouverne suivant des lois différentes de celles dont il gouverne le reste des substances. Car, toutes les formes des substances exprimant tout l'univers, on peut dire que les substances brutes expriment plutôt le monde que Dieu, mais que les esprits expriment plutôt Dieu que le monde. Aussi Dieu gouverne les substances brutes suivant les lois matérielles de la force ou des communications du mouvement, mais les esprits suivant les lois spirituelles de la justice, dont les autres sont incapables. Et c'est pour cela que les substances brutes se peuvent appeler matérielles, parce que l'économie que Dieu observe à leur égard est celle d'un ouvrier ou machiniste ; mais, à l'égard des esprits, Dieu fait la fonction de prince ou de législateur qui est infiniment plus relevée. Et Dieu n'étant à l'égard de ces substances matérielles que ce qu'il est à l'égard de tout, savoir l'auteur général des êtres, il prend un autre personnage à l'égard des esprits qui le fait concevoir revêtu de volonté et de qualité morales, puisqu'il est lui-même un esprit, et comme un d'entre nous, jusqu'à entrer avec nous dans une liaison de société, dont il est le chef. Et c'est cette Société ou république générale des esprits sous ce souverain monarque qui est la plus noble partie de l'univers, composée d'autant de petits dieux sous ce grand Dieu. Car on peut dire que les esprits créés ne diffèrent de Dieu que de plus à moins, du fini à l'infini. Et on peut assurer véritablement que tout l'univers n'a été fait que pour contribuer à l'ornement et au bonheur de cette cité de Dieu. C'est pourquoi tout est disposé en sorte que les lois de la force ou les lois purement matérielles conspirent dans tout l'univers à exécuter les lois de la justice ou de l'amour, que rien ne saurait nuire aux âmes qui sont dans la main de Dieu, et que tout doit réussir au plus grand bien de ceux qui l'aiment. C'est pourquoi, les esprits devant garder leurs personnages et leurs qualités morales, afin que la cité de Dieu ne perde aucune personne, il faut qu'ils conservent particulièrement une manière de réminiscence, conscience, ou pouvoir de savoir ce qu'ils sont, d'où dépend toute leur moralité, peines et châtiments, et par conséquent il faut qu'ils soient exempts de ces révolutions de l'univers qui les rendraient tout à fait méconnaissables à eux-mêmes, et en feraient, moralement parlant, une autre personne. Au lieu qu'il suffit que les substances brutes demeurent seulement le même individu dans la rigueur métaphysique, bien qu'ils soient assujettis à tous les changements imaginables, puisque aussi bien ils sont sans conscience ou réflexion. Quant au détail de l'état de l'âme humaine après la mort, et comment elle est exempte du bouleversement des choses, il n'y a que la révélation qui nous en puisse instruire particulièrement ; la juridiction de la raison ne s'étend pas si loin. On me fera peut-être encore une objection, car je tiens que Dieu a donné des âmes à toutes les machines naturelles qui en étaient capables, parce que les âmes ne s'entr'empêchant point, et ne tenant point de place, il est possible de leur en donner d'autant qu'il y a plus de perfection d'en avoir et que Dieu fait tout de la manière la plus parfaite qui est possible ; *et non magis datur vacuum formarum quam corporum*[47]. On pourrait donc dire par la même raison que Dieu devait aussi donner des âmes raisonnables ou capables de réflexion à toutes les substances animées. Mais je réponds que les lois supérieures à celles de la nature matérielle, savoir, les lois de la justice, s'y opposent ; puisque l'ordre de l'univers n'aurait pas permis que la justice eût pu être observée à l'égard de toutes, il fallait donc faire qu'au moins il ne leur pût arriver aucune injustice ; c'est pourquoi elles ont été faites incapables de réflexion ou de conscience, et par conséquent insusceptibles de bonheur et de malheur[48].

Maintenant, je crois, Monsieur, de n'avoir rien laissé en arrière de toutes les difficultés que vous aviez expliquées, ou au moins indiquées, et encore de celles que j'ai cru que vous pouviez avoir encore. Il est vrai que cela a grossi cette lettre ; mais il m'aurait été plus difficile de renfermer le même sens en moins de paroles, et peut-être que ce n'aurait été sans obscurité. Maintenant, je crois que vous trouverez mes sentiments assez bien liés, tant entre eux qu'avec les opinions reçues. Je ne renverse point les dogmes[49] établis ; mais je les explique et je les pousse plus avant. Si vous pouviez avoir le loisir de revoir un jour ce que nous avions enfin établi touchant la notion d'une substance, vous trouveriez peut-être qu'en me donnant ces commencements on est obligé dans la suite de m'accorder tout le reste. J'ai tâché, cependant, d'écrire cette lettre en sorte qu'elle s'explique et se défende elle-même. On pourra encore séparer les questions ; car ceux qui ne voudront pas reconnaître qu'il y a des âmes dans les bêtes et des formes substantielles ailleurs, pourront néanmoins approuver la manière dont j'explique l'union de l'esprit et du corps et tout ce que je dis de la substance véritable ; sauf à eux de sauver, comme ils pourront, sans telles formes et sans rien qui ait une véritable unité, ou bien par des points ou par des atomes, si bon leur semble, la réalité de la matière et des substances corporelles, et même de laisser cela indécis ; car on peut borner les recherches là où on le trouve à propos. Mais il ne faut pas subsister en si beau chemin, lorsqu'on désire avoir des idées véritables de l'univers et de la perfection des ouvrages de Dieu, qui nous fournissent encore les plus solides arguments à l'égard de Dieu et de notre âme.

C'est une chose étrange que M. l'abbé *Catelan* s'est entièrement éloigné de mon sens, et vous vous en êtes bien douté, Monsieur[50]. Il met en avant trois propositions, et dit que j'y trouve contradiction. Et moi je n'en trouve aucune, et me sers de ces mêmes propositions pour prouver l'absurdité du principe cartésien. Voilà ce que c'est que d'avoir affaire à des gens qui ne considèrent les choses que superficiellement. Si cela arrive dans une matière de mathématique, que ne devrait-on pas attendre en métaphysique et en morale ? C'est pourquoi je m'estime heureux d'avoir rencontré en vous un censeur également exact et équitable. Je vous souhaite encore beaucoup d'années, pour l'intérêt du public et pour le mien, et suis, avec passion sincère, votre très humble et très obéissant serviteur.

Leibniz.

P. S. J'ai ajouté une réponse à M. l'Abbé qui sera peut-être insérée dans les *Nouvelles de la République des Lettres*[51].

APPENDICE I

à la Lettre précédente[52]

Voici la réponse à vos dernières objections qui est devenue un peu longue, parce que je me voulais expliquer exactement et ne laisser rien en arrière de vos doutes. J'ai inséré souvent vos propres paroles, ce qui a encore contribué à la grossir. Comme j'avais établi toutes ces choses il y a longtemps, et prévenu, si je l'ose dire, la plupart des objections, elle ne m'a coûté presque point de méditation, et il ne me fallait que de me décharger des pensées sur le papier et les relire par après. C'est ce que je dis, Monsieur, afin que vous ne me croyiez pas enfoncé dans ces choses aux dépens d'autres soins nécessaires. Vous m'avez engagé vous-même à aller si loin, en me faisant des objections et des demandes, auxquelles j'ai voulu satisfaire, tant afin de profiter de vos lumières qu'afin de vous faire connaître ma sincérité à ne rien déguiser.

Je suis à présent fort occupé à l'histoire de la S^me^ maison de Brunswick. J'ai vu plusieurs archives cet été et je vais faire un tour dans la haute Allemagne, pour chercher quelques monuments. Cela n'empêche pas que je ne souhaite d'apprendre votre sentiment sur mes éclaircissements, lorsque votre commodité le permettra, aussi bien que sur ma réponse à M. l'abbé Catelan, que je vous envoie ici, d'autant qu'elle est courte et à mon avis démonstrative pour peu qu'on se donne tant soit peu d'attention. Si ce M. l'abbé Catelan ne s'y prend pas mieux que jusqu'ici, ce n'est pas de lui qu'il faut attendre l'éclaircissement de cette matière. Je souhaiterais que vous y puissiez donner un moment d'attention sérieuse ; vous seriez peut-être surpris de voir qu'on a supposé pour un principe incontestable ce qui est si aisé à renverser. Car il est démonstratif que les vitesses que les corps ont acquises en descendant sont comme les racines carrées des hauteurs dont ils sont tombés. Or, si on fait abstraction des circonstances extérieures, un corps peut précisément remonter à la hauteur dont il est descendu. Donc...

APPENDICE II

à la Lettre précédente[53]

Je vous communique ici ma réponse à M. l'abbé Catelan, qui sera peut-être insérée dans les *Nouvelles de la République des lettres*. Ainsi nous sommes encore à recommencer et j'ai fait une faute en répliquant à la première réponse ; je devais simplement dire qu'elle ne touchait pas mon objection, et lui marquer les endroits auxquels il faut répondre comme je fais maintenant. J'ai ajouté dans ma réponse un problème mécanique qui se peut réduire à la géométrie ; mais il faut user d'adresse, et je verrai si M. Catelan y osera mordre. Il me semble qu'il n'est pas des plus forts et je m'étonne de voir que, parmi tant de cartésiens, il y en a si peu qui imitent M. Descartes en tâchant d'aller plus avant.

XXVII. — LEIBNIZ A ARNAULD

Nuremberg, 14 janvier 1688.

Monsieur,

Vous aurez peut-être vu dans les *Nouvelles de la République des lettres* du mois de septembre ce que j'ai répliqué à M. l'abbé Catelan[1]. C'est une chose étrange que bien des gens répondent non pas à ce qu'on dit, mais à ce qu'ils s'imaginent. Voilà ce que M. l'abbé a fait jusqu'ici. C'est pourquoi il a fallu briser court, et le ramener à la première objection. Afin de faire dire quelque chose d'utile, j'ai proposé un problème que j'avais résolu, dont M. Huygens a donné la solution dans les *Nouvelles* d'octobre. Ce n'était pas de lui que je l'attendais. Mon dessein était d'énerver un peu M. l'abbé ou ses amis, et de leur faire expérimenter si l'analyse ordinaire va aussi loin qu'on s'imagine. M. Huygens a jugé ce problème digne de le résoudre lui-même. Aussi l'aurions-nous peut-être attendu longtemps de la part de M. l'Abbé. Nous verrons pourtant ce qu'il en dira.

Au reste, je souhaiterais de tout mon cœur que vous puissiez avoir le loisir de méditer une demi-heure sur mon objection contre les cartésiens[2]. Vos lumières et même votre sincérité m'assurent que je vous ferais toucher le point et que vous reconnaîtriez ce qui en est. La discussion n'est pas longue, et l'affaire est de grande conséquence, non seulement pour les mécaniques, mais encore dans la métaphysique, car le mouvement en lui-même séparé de la force est relatif, et on ne saurait déterminer le sujet dans lequel il se trouve. Mais la force est quelque chose de réel et d'absolu, et c'est pour cela que la nature garde la quantité de la force et non pas la quantité du mouvement. Cependant il s'ensuit qu'il y a dans la nature quelque autre chose que l'étendue et le mouvement, à moins que de refuser aux choses toute la force ou puissance, ce qui est de substances, qu'elles sont, les changer en modes, et tomber sans y penser dans les sentiments dangereux de Spinoza, qui veut que toutes les autres choses ne soient que des modes de Dieu.

Je ne veux pourtant pas que les substances créées aient la puissance d'agir les unes sur les autres dans la rigueur métaphysique, de la manière qu'on entend communément, savoir par une influence réelle, qui est une chose inexplicable ; mais cela de la manière qu'on le doit entendre pour sauver les locutions reçues[3].

Nous verrons aussi si le R. P. Malebranche pourra répliquer à ma réponse[4], où j'ai mis un autre principe général servant tant en géométrie qu'en mécaniques, qui renverse tant les règles du mouvement de Descartes que les siennes, avec les excuses qu'il a apportées dans sa lettre à l'Abbé C., publiée dans les *Nouvelles Littéraires*. Si je trouve un jour assez de loisir, je veux achever mes méditations sur la caractéristique générale ou manière du calcul universel qui doit servir dans les autres sciences comme dans les mathématiques[5]. J'en ai déjà de beaux essais ; j'ai des définitions, axiomes, théorèmes et problèmes fort remarquables de la coïncidence, de la détermination (ou de *de unico*), de la similitude, de la relation en général, de la puissance ou cause, de la substance, et partout je procède par lettres d'une manière précise et rigoureuse, comme dans l'algèbre ou dans les nombres. Si on poursuivait cette méthode, il y aurait moyen de finir bien des controverses et disputes, en se disant : comptons. On en pourrait encore donner des essais en morale, et j'en ai dans la jurisprudence. Aussi ne sais-je point d'auteurs dont le style approche davantage de celui des géomètres, que celui des jurisconsultes anciens dont les Fragments sont dans les *Digestes*. Dans les matières conjecturales on pourra au moins déterminer ce qui doit être jugé le plus probable et le plus sûr *ex datis*.

Je finis en priant Dieu de vous conserver encore longtemps afin que nous puissions toujours profiter de vos lumières, et je suis avec passion, Monsieur, votre très humble et très obéissant serviteur[6].

Leibniz.

XXVIII. — LEIBNIZ A ARNAULD

A Venise, ce 23 de mars 1690.

Monsieur,

Je suis maintenant sur le point de retourner chez moi[1], après un long voyage entrepris par ordre de mon prince, servant pour des recherches historiques où j'ai trouvé des diplômes, titres et preuves indubitables, propres à justifier la commune origine des sérénissimes maisons de *Brunswick* et d'*Este*, que MM. *Justel*, *du Cange* et autres avaient grande raison de révoquer en doute, parce qu'il y avait des contradictions et faussetés dans les historiens d'*Este* à cet égard, avec une entière confusion des temps et des personnes. A présent, je pense à me remettre et à reprendre le premier train ; et vous ayant écrit il y a deux ans, un peu avant mon départ, je prends aujourd'hui cette même liberté pour m'informer de votre santé et pour vous faire connaître combien les idées de votre mérite éminent me sont toujours présentes dans l'esprit. Quand j'étais à Rome, je vis la *Dénonciation d'une nouvelle hérésie* qu'on attribuait à vous ou à vos amis[2]. Et depuis, je vis la lettre du R. P. *Mabillon* à un de mes amis, où il y avait que l'*Apologie* du R. P. *Le Tellier* pour les missionnaires contre *La Morale Pratique des Jésuites* avait donné à plusieurs des impressions favorables à ces Pères, mais qu'il avait entendu que vous y aviez répliqué, et qu'on disait que vous y aviez *annihilé géométriquement les raisons de ce Père*[3]. Tout cela m'a fait juger que vous êtes encore en état de rendre service au public, et je prie Dieu que ce soit pour longtemps. Il est vrai qu'il y va de mon intérêt ; mais c'est un intérêt louable, qui peut me donner moyen d'apprendre, soit en commun avec tous les autres qui liront vos ouvrages, soit en particulier, lorsque vos jugements m'instruiront, si le peu de loisir que vous avez me permet d'espérer encore quelquefois cet avantage.

Comme ce voyage a servi en partie à me délasser l'esprit des occupations ordinaires, j'ai eu la satisfaction de converser avec plusieurs habiles gens en matières de sciences et d'érudition, et j'ai communiqué à quelques-uns mes pensées particulières, que vous savez, pour profiter de leurs doutes et difficultés ; et il y en a eu qui, n'étant pas satisfaits des doctrines communes, ont trouvé une satisfaction extraordinaire dans quelques-uns de mes sentiments ; ce qui m'a porté à les coucher par écrit, afin qu'on les puisse communiquer plus aisément ; et peut-être en ferai-je imprimer un jour quelques exemplaires sans mon nom, pour en faire part à des amis seulement, afin d'en avoir leur jugement. Je voudrais que vous les puissiez examiner premièrement, et c'est pour cela que j'en ai fait l'abrégé que voici[4].

Le corps est un agrégé de substances, et ce n'est pas une substance à proprement parler. Il faut, par conséquent, que partout dans le corps il se trouve des substances indivisibles, ingénérables et incorruptibles, ayant quelque chose de répondant aux âmes. Que toutes ces substances ont toujours été et seront toujours unies à des corps organiques diversement transformables. Que chacune de ces substances contient dans sa nature *legem continuationis seriei suarum operationum*[5] et tout ce qui lui est arrivé et arrivera. Que toutes ses actions viennent de son propre fond, excepté la dépendance de Dieu. Que chaque substance exprime l'univers tout entier ; mais l'une plus distinctement que l'autre, surtout chacune à l'égard de certaines choses et selon son point de vue. Que l'union de l'âme avec le corps, et même l'opération d'une substance sur l'autre, ne consiste que dans ce parfait accord mutuel établi exprès par l'ordre de la première création, en vertu duquel chaque substance, suivant ses propres lois, se rencontre dans ce que demandent les autres ; et les opérations de l'une suivent ou accompagnent ainsi l'opération ou le changement de l'autre. Que les intelligences ou âmes capables de réflexion et de la connaissance des vérités éternelles et de Dieu ont bien des privilèges qui les exemptent des révolutions des corps. Que pour elles il faut joindre les lois morales aux physiques. Que toutes les choses sont faites pour elles principalement. Qu'elles forment ensemble la république de l'univers, dont Dieu est le monarque. Qu'il y a une parfaite justice et police observée dans cette cité de Dieu, et qu'il n'y a point de mauvaise action sans châtiment, ni de bonne sans une récompense proportionnée. Que plus on connaîtra les choses, plus on les trouvera belles et conformes aux souhaits qu'un sage pourrait former. Qu'il faut toujours être content de l'ordre du passé, parce qu'il est conforme à la volonté de Dieu absolue, qu'on connaît par l'événement ; mais *qu'il faut tâcher de rendre l'avenir, autant qu'il dépend de nous, conforme à la volonté de Dieu présomptive ou à ses commandements*, orner notre

Sparte et travailler à faire du bien, sans se chagriner pourtant lorsque le succès y manque, dans la ferme créance que Dieu saura trouver le temps le plus propre aux changements en mieux. Que ceux qui ne sont pas contents de l'ordre des choses ne sauraient se vanter d'aimer Dieu comme il faut. Que la justice n'est autre chose que la charité du sage. Que la charité est une bienveillance universelle, dont le sage dispense l'exécution conformément aux mesures de la raison, afin d'obtenir le plus grand bien. Et que la sagesse est la science de la félicité ou des moyens de parvenir au contentement durable, qui consiste dans un acheminement continuel à une plus grande perfection, ou au moins dans la variation d'un même degré de perfection.

A l'égard de la physique[6], il faut entendre la nature de la *force*, toute différente du *mouvement*, qui est quelque chose de plus relatif. Qu'il faut mesurer cette force par la quantité de l'*effet*. Qu'il y a une *force absolue*, une force *directive* et une force *respective*. Que chacune de ces forces se conserve dans le même degré dans l'univers, ou dans chaque machine non communicante avec les autres, et que les deux dernières forces, prises ensemble, composent la première ou l'absolue. Mais qu'il ne se conserve pas la même quantité de mouvement, puisque je montre qu'autrement le mouvement perpétuel serait tout trouvé, et que l'effet serait plus puissant que sa cause.

Il y a déjà quelque temps que j'ai publié dans les *Actes de Leipzig* un *Essai physique*, pour trouver les causes physiques des mouvements des astres[7]. Je pose pour fondement que tout mouvement d'un solide dans le fluide, qui se fait en ligne courbe, ou dont le vélocité est continuellement difforme, vient du mouvement du fluide même. D'où je tire cette conséquence que les astres ont des orbes déférents, mais fluides. J'ai démontré une proposition importante générale que tout corps qui se meut d'une circulation harmonique (c'est-à-dire en sorte que les distances du centre étant en progression arithmétique, les vélocités soient en progression harmonique, ou réciproques aux distances), et qui a de plus un mouvement paracentrique, c'est-à-dire de gravité ou de lévité à l'égard du même centre (quelque loi que garde cette attraction ou répulsion), a les aires nécessairement comme les temps, de la manière que Képler l'a observée dans les planètes. Puis considérant, *ex observationibus*, que ce mouvement est elliptique, je trouve que la loi du mouvement paracentrique, lequel, joint à la circulation harmonique, décrit des ellipses, doit être telle que les gravitations soient réciproquement comme les carrés des distances, c'est-à-dire comme les illuminations *ex sole*.

Je ne vous dirai rien de mon calcul des incréments ou différences, par lequel je donne les *touchantes* sans lever les *irrationnelles* et *fractions*, lors même que l'inconnue y est enveloppée, et j'assujettis les quadratures et problèmes transcendants à l'analyse[8]. Et je ne parlerai pas non plus d'une analyse toute nouvelle, propre à la géométrie, et différente entièrement de l'algèbre ; et moins encore de quelques autres choses, dont je n'ai pas encore eu le temps de donner des essais, que je souhaiterais de pouvoir toutes expliquer en peu de mots, pour en avoir votre sentiment, qui me servirait infiniment, si vous aviez autant de loisir que j'ai de déférence pour votre jugement. Mais votre temps est trop précieux, et ma lettre est déjà assez prolixe ; c'est pourquoi je finis ici, et je suis avec passion, Monsieur, votre très humble et très obéissant serviteur.

Leibniz.

APPENDICE

à la Lettre précédente[9]

Il y a déjà quelque temps que j'ai publié dans les *Actes de Leipzig* un essai pour trouver les causes physiques des mouvements des astres. Je pose pour fondement que tout mouvement d'un solide dans un fluide, qui se fait en ligne courbe, ou dont la vélocité est continuellement difforme, vient du mouvement du fluide même. D'où je tire cette conséquence que les astres ont des orbes déférents, mais fluides, qu'on peut appeler tourbillons avec les anciens et M. Descartes. Je crois qu'il n'y a point de vide ni atome, que ce sont des choses éloignées de la perfection des ouvrages de Dieu, et que tous les mouvements se propagent d'un corps à tout autre corps, quoique plus faiblement aux distances plus grandes. Supposant que tous les grands globes du monde ont quelque chose d'analogue avec l'aimant, je considère qu'outre une certaine direction qui fait qu'ils gardent le parallélisme de l'axe, ils ont une espèce d'attraction, d'où naît quelque chose de semblable à la gravité, qu'on peut concevoir en supposant des rayons d'une matière qui tâche de s'éloigner du centre, qui pousse par conséquent vers le centre les autres qui n'ont pas le même effort. Et comparant ces rayons d'attraction avec ceux de la lumière, comme les corps sont illuminés, de même seront-ils attirés en raison réciproque des carrés des distances. Or ces choses s'accordent merveilleusement avec les phénomènes, et, Képler ayant trouvé généralement que les aires des orbites des astres taillés par les rayons tirés du soleil à l'orbite sont comme les temps, j'ai démontré une proposition importante générale, que tout corps qui se meut d'une circulation harmonique (c'est-à-dire en sorte que, les distances du centre étant en progression arithmétique, les vélocités soient en harmoniques ou réciproques aux distances), et qui a de plus un mouvement paracentrique, c'est-à-dire de gravité ou de lévité à l'égard du même centre (quelque loi que garde cette attraction ou répulsion), à les aires nécessairement comme les temps, de la manière que Képler l'a observée. Dans les planètes je conclus que les orbes fluides déférents des planètes circulent harmoniquement, et j'en rends encore raison *a priori* ; puis, considérant *ex observationibus* que ce mouvement est elliptique, je trouve que la loi du mouvement paracentrique (lequel, joint à la circulation harmonique, décrit des ellipses) doit être telle que les gravitations soient réciproquement comme les carrés des distances, c'est-à-dire justement comme nous l'avons trouvé ci-dessus *a priori* par les lois de la radiation. J'en déduis depuis des particularités, et toutes les choses sont ébauchées dans ce que j'ai publié dans les *Actes de Leipzig* il y a déjà quelque temps.

NOTES

SUR LE

DISCOURS DE MÉTAPHYSIQUE

ET SUR LA

CORRESPONDANCE AVEC ARNAULD

Les références aux textes de Leibniz sont données, autant que possible, d'après les divisions internes de chaque ouvrage, de façon à pouvoir être retrouvées sans peine dans n'importe quelle édition. Elles comportent également, dans la mesure nécessaire, l'indication du tome et de la page de l'édition Gerhardt, *Die philosophischen Schriften von G.W. Leibniz*, 7 vol., Berlin, 1875-1890 (désignée par abréviation éd. G.).

DISCOURS DE MÉTAPHYSIQUE

TITRE

1. Ni le manuscrit autographe, ni la copie corrigée par Leibniz ne portent de titre. Sans doute le manuscrit autographe a-t-il été catalogué jadis, dans le fonds théologique des papiers conservés à Hanovre, comme *Traité sur les perfections de Dieu* ; mais cette mention, surajoutée au texte par une main étrangère, ne peut pas faire autorité. Les éditeurs ont pris l'habitude, dès les premières publications, d'emprunter à Leibniz lui-même un titre qui correspond mieux au caractère de l'œuvre, *Discours de métaphysique*. Ce titre reproduit la formule dont Leibniz s'est servi dans sa lettre du 1/11 février 1686 au Landgrave Ernest de Hesse-Rheinfels : « J'ai fait dernièrement (étant à un endroit où quelques jours durant je n'avais rien à faire) un petit discours de Métaphysique, dont je serais bien aise d'avoir le sentiment de M. Arnauld. » — Quant aux sommaires qui précèdent chacun des articles du *Discours*, ils répètent ceux qui ont été adressés à Arnauld en février 1686. Ils figurent, au reste, insérés à leur place, non dans la copie, mais dans le manuscrit autographe du *Discours*. Rien n'est donc plus naturel, et plus conforme en même temps aux intentions de Leibniz, que de les donner en tête des développements qu'ils annoncent.

ARTICLE 1

1. Les articles 1-7 constituent la première partie du *Discours* : celle-ci traite de *l'action de Dieu*, dont le monde dépend ; et elle se développe en trois temps : 1° prise en considération de la perfection divine (§ 1) ; — 2° d'où, comme première conséquence, l'affirmation de la bonté du monde créé (§ 2-4) ; — 3° et, comme seconde conséquence, l'indication des règles de la conduite divine (§ 5-7). — On pourrait s'étonner du fait que Leibniz ne cherche pas à établir d'abord, par une démonstration en forme, l'existence de Dieu, et qu'il se contente de faire appel, pour commencer, à ce qu'il considère comme « la notion de Dieu la plus reçue et la plus significative que nous ayons », — sans se soucier d'ailleurs de savoir si cette notion a été acquise par une méthode rationnelle ou donnée par la révélation. Mais, — outre que le problème des preuves classiques de l'existence de Dieu se trouvera évoqué dans certains développements ultérieurs (cf. § 23), — on peut expliquer sans doute le choix du point de départ actuel par le but même que poursuit Leibniz : ce que se propose Leibniz dans le *Discours*, c'est en effet d'élucider la relation de Dieu au monde et, par conséquent, le caractère de l'action créatrice qui fonde cette relation ; il suffit ainsi, dans le début, de définir la nature de Dieu dont la perfection commande l'économie des êtres, sans s'arrêter au problème d'existence qu'on peut supposer résolu. Au reste, il est bien clair que, pour Arnauld comme pour le Landgrave à qui Leibniz a déjà dû penser en écrivant, l'existence de Dieu est une vérité dont la démonstration peut être établie rationnellement. — Parmi

les principaux exposés de Leibniz concernant l'existence de Dieu, voir : 1° pour les preuves *a posteriori*, par la contingence, le mouvement ou l'harmonie du monde : *Dialogue entre un habile politique et un ecclésiastique d'une piété reconnue*, 1679 (éd. Foucher de Careil, *Œuvres de Leibniz*, t. II, p. 536-539) ; — *Système nouveau de la nature et de la communication des substances*, 1695, § 16 (éd. G., t. IV, p. 486) ; — *De rerum originatione radicali*, 1697, début (éd. G., t. VII, p. 302-303) ; — *Nouveaux essais sur l'entendement*, 1704, Liv. IV, ch. X (éd. G., t. V, p. 415-424) ; — *Essais de Théodicée*, 1710, I, § 7 (éd. G., t. VI, p. 106-107) ; — *Monadologie*, 1714, § 37-39 (éd. G., t. VI, p. 613) ; — *Principes de la nature et de la grâce*, 1714, § 7-8 (éd. G., t. VI, p. 602) ; — 2° pour la preuve *a priori* que constitue l'argument ontologique : *Quod Ens perfectissimum existit*, 1676 (éd. G., t. VII, p. 261-262) ; — *Correspondance avec Eckhard et Molanus*, 1677 (éd. G., t. I, p. 212-272) ; — *Lettre à Elisabeth*, 1678 (éd. G., t. IV, p. 292-296) ; — *Lettre à Malebranche*, 22 juin 1679 (éd. G., t. I, p. 331-332 et 337-339) ; — *Meditationes de cognitione, veritate et ideis*, 1684 (éd. G., t. IV, p. 424) ; — *Lettre à Foucher*, juillet 1686 (éd. G., t. I, p. 384-385) ; — *De synthesi et analysi universali* (éd. G., t. VII, p. 294-295) ; — *Specimen inventorum* (éd. G., t. VII, p. 309-312) ; — *Animadversiones in partem generalem Principiorum Cartesianorum*, 1692, § 14 (éd. G., t. IV, p. 358-359) ; — *De rerum originatione radicali*, 1697 (éd. G., t. VII, p. 303) ; — *Lettre à Burnett*, 20 janvier 1699 (éd. G., t. III, p. 248) ; — *Note sur l'argument ontologique*, 1701 (éd. G., t. IV, p. 401-404) ; — *Extrait d'une lettre touchant la démonstration cartésienne de l'existence de Dieu*, 1701 (éd. G., t. IV, p. 405-406) ; — *Nouveaux essais sur l'entendement*, 1704, Liv. IV, ch. X, § 7 (éd. G., t. V, p. 418-420) ; — *Lettre à Bierling*, 10 novembre 1710 (éd. G., t. VII, p. 490) ; — *Monadologie*, 1714, § 45 (éd. G., t. VI, p. 614).

2. Ce début du *Discours* a été maintes fois remanié par Leibniz, avant de recevoir sa forme définitive. On y voit Leibniz prendre comme point de départ la notion de Dieu définie comme celle d' « un être absolument parfait », — préciser aussitôt quelles sont les perfections qui appartiennent à l'Etre parfait, — et conclure immédiatement à la bonté du monde créé par Dieu. Or, en procédant de la sorte, Leibniz reprend certaines analyses de Malebranche, tirées du *Traité de la nature et de la grâce* qui avait paru pour la première fois en 1680 et qui avait été réédité en 1684 avec plusieurs éclaircissements : Malebranche (cf. *Traité*, Disc. I, § 11-13) commençait en effet par considérer « l'idée vaste et immense de l'Etre infiniment parfait » (§ 11), — remarquait aussitôt que cet Etre renferme deux attributs, « une sagesse qui n'a point de bornes et une puissance à qui rien n'est capable de résister » (§ 12), — et notait enfin que « Dieu découvrant dans les trésors infinis de sa sagesse une infinité de mondes possibles, comme des suites nécessaires des lois des mouvements qu'il pouvait établir, s'est déterminé à créer celui qui aurait pu se produire et se conserver par les lois les plus simples, ou qui devait être le plus parfait par rapport à la simplicité des voies nécessaires à sa production ou à sa conservation » (§ 13). Leibniz paraît donc avoir eu sous les yeux le *Traité* de Malebranche, en composant son *Discours*, et n'avoir pas craint d'utiliser certains passages de ce *Traité* pour l'exposition de sa propre doctrine. Sur la notion de Dieu conçue comme celle d' « un être absolument parfait », voir encore *Monadologie*, § 40-42, et *Principes de la nature et de la grâce*, § 9-10.

3. Avant de considérer les suites que comporte l'idée d'être souverainement parfait, une précision est nécessaire touchant la nature même de cette idée. Certaines notions, qui paraissent claires et distinctes, peu-

vent en effet révéler à l'analyse quelque contradiction ; ainsi en est-il pour la notion du nombre le plus grand ou pour celle du mouvement le plus rapide (Cf. *Lettre à Elisabeth*, 1678, éd. G., t. IV, p. 293-294 ; — *Meditationes de cognitione, veritate et ideis*, 1684, éd. G., t. IV, p. 424 ; — et, plus loin, *Discours*, § 23). On doit donc procéder, à propos de toute notion, à un travail préliminaire d'analyse. L'idée d'être souverainement parfait n'échappe pas à cette règle (Cf. les textes cités ci-dessus, note 1, au sujet de l'argument ontologique). Mais, de fait, il apparaît à l'examen que l'idée d'être absolument parfait ne peut être formée que de ce qui constitue réellement une perfection, c'est-à-dire de tout ce qui comporte effectivement un suprême degré, comme font la science et la puissance ; aussi est-il certain que, puisque cette idée n'implique que des propriétés de ce genre, elle enveloppe réellement « la plus grande science et la toute puissance ».

4. Leibniz ne mentionne ici, parmi les perfections de Dieu, que celles qui ont trait à la science et à la puissance. Il imite à cet égard Malebranche qui, dans le *Traité de la nature et de la grâce* (Disc. I, § 12), ne considérait en Dieu que « deux attributs absolument nécessaires pour créer le monde », la sagesse et la puissance. Mais, plus tard, il distinguera constamment trois attributs : la puissance, qui est fondamentale et qui va à l'être ; la sagesse, qui a sa source dans l'entendement et qui va au vrai ; la bonté, qui a sa source dans la volonté et qui va au bien. En rapport avec les propriétés de l'âme humaine, ces attributs correspondront, en Dieu, aux trois personnes de la Trinité (Cf. *Essais de Théodicée*, Préface, et I, § 7, II, § 150 ; — *Monadologie*, § 48 ; — *Principes de la nature et de la grâce*, § 9).

5. La conclusion du développement définit le principe de l'optimisme : Dieu agit toujours de la manière la plus parfaite et le monde créé est le meilleur des mondes possibles. Leibniz énonce ici, comme l'avait déjà fait Malebranche dans le *Traité de la nature et de la grâce* (Disc. I, § 13), une simple conclusion ; mais ailleurs il précise souvent les modalités de l'action divine, — soit en décrivant une sorte de *mécanisme métaphysique*, qui se déroulerait en Dieu et qui, entre tous les possibles prétendant à l'existence, assurerait le triomphe de la combinaison réalisant la plus grande quantité d'essence (Cf. l'opuscule *Ratio est in natura*, éd. G., t. VII, p. 289-291, et *De rerum originatione radicali*, éd. G., t. VII, p. 302-308), — soit en évoquant un véritable *choix libre*, qui serait l'œuvre de Dieu et qui, entre tous les possibles conçus par l'entendement divin, retiendrait grâce au décret de la volonté la combinaison la meilleure (Cf. *Essais de Théodicée*, I, § 7 et 78-80, II, § 201-202 et 225 ; — *Monadologie*, § 53-55 ; — *Principes de la nature et de la grâce*, § 9-11 ; — *Recueil des lettres entre Leibniz et Clarke*, 5e Ecrit de Leibniz, § 6-10). Dans tous les cas cependant, l'optimisme est d'abord déduit de la notion même de Dieu ; ensuite, il peut être confirmé par l'observation du monde (Cf. *Essais de Théodicée*, I, § 7-19).

ARTICLE 2

1. Les articles 2-4 établissent, à partir de la notion d'être absolument parfait, la bonté du monde créé, — 1° en écartant l'opinion de ceux qui pensent que le monde n'a pas de bonté intrinsèque (§ 2), — 2° en écartant également l'opinion de ceux qui pensent que le monde n'est pas aussi bon qu'il pourrait être (§ 3), — 3° en montrant, pour finir, quelles

conséquences découlent du fait que le monde est le meilleur qui puisse exister (§ 4).

2. Touchant la thèse selon laquelle le monde créé n'aurait pas en lui-même de bonté propre, Leibniz procède d'abord à une critique d'ordre général (« *Ainsi je suis fort éloigné du sentiment de...* »), puis à une critique de doctrines modernes (« *J'avoue que le sentiment contraire...* »). Pour commencer, il n'évoque ici qu'une opinion très générale, — celle qui tend à refuser au monde toute bonté intrinsèque. Mais le rejet de cette thèse est immédiat ; il repose sur deux arguments : le premier montre que la thèse en question est contraire aux enseignements de l'Ecriture (allusion à *Genèse*, I, 10-31, où, après le récit de chacun des moments de la création, la même formule se trouve constamment répétée : « et Dieu vit que cela était bon ») ; le second montre qu'elle est contraire aux enseignements de la raison, puisque celle-ci veut qu'un ouvrage porte la marque de son ouvrier (ce dernier argument a d'ailleurs été ajouté par Leibniz postérieurement à la rédaction primitive).

3. Leibniz complète sa critique par des précisions sur les doctrines modernes : la thèse qui vient d'être rejetée, note-t-il, a été reprise en fait par Spinoza (« *J'avoue que le sentiment contraire...* »), mais elle demeure chez lui sujette à critique (« *Aussi disant que les choses...* »), autant que celle de Descartes (« *C'est pourquoi je trouve encore...* »).

4. Leibniz avait d'abord écrit : « fort appochant de celui des Spinozistes ». La thèse évoquée ici conduit en effet à une doctrine comparable à celle de Spinoza, d'après qui la nature est produite, indépendamment de toute décision volontaire, suivant une nécessité absolue, et ne peut par conséquent être qualifiée de bonne ou de belle par rapport à quelque fin (Spinoza, *Ethique*, I, pr. 32-33 et Appendice final).

5. La critique que présente Leibniz porte en même temps contre la thèse spinoziste qui vient d'être évoquée et contre la thèse cartésienne qui sera mentionnée quelques lignes plus loin. Cette critique tend à établir que toute doctrine qui refuse de reconnaître au monde une bonté intrinsèque, — soit parce que le monde est conçu comme le produit d'une nécessité absolue (Spinoza), soit parce qu'il est conçu comme l'effet d'une décision libre (Descartes), — est tout à la fois contraire à l'idée qu'on doit avoir de la gloire de Dieu (qui exclut que Dieu puisse agir sans raison) et à l'idée qu'on doit avoir de la nature de la volonté (qui exige que la volonté soit toujours guidée par des raisons). Leibniz reviendra sur cette double critique de Descartes et Spinoza : voir, ci-dessous, *Discours*, § 19. Sur le thème de la gloire de Dieu chez Leibniz, voir Jean Baruzi, *Leibniz et l'organisation religieuse de la terre*, Paris, Alcan, 1907, p. 427-509.

6. Leibniz avait d'abord écrit : « cette expression de Monsieur Descartes ». La thèse mentionnée ici est en effet celle de Descartes, d'après qui les vérités éternelles — vérités mathématiques et vérités morales — n'ont pas d'existence indépendante de Dieu, mais sont, au même titre que les choses contingentes, l'effet d'une libre décision de la volonté divine (Cf. Descartes, *Lettres à Mersenne*, 15 avril, 6 mai et 27 mai 1630, — *Réponses aux Ve Objections*, contre la Ve Méditation, § 1, — *Réponses aux VIe Objections*, § 8, — *Lettre au P. Mesland*, 2 mai 1644, — *Lettre à Arnauld*, 29 juillet 1648). Voir sur la même question, *Essais de Théodicée*, II, § 180-185, et III, § 335 et 351, et *Monadologie*, § 46, où la thèse de Descartes est présentée sous une forme radicale, comme si elle introduisait en Dieu un véritable arbitraire.

ARTICLE 3

1. Touchant la thèse selon laquelle le monde créé ne serait pas aussi bon qu'il pourrait être, Leibniz procède d'abord au rappel et à la critique de cette doctrine (« *Je ne saurais non plus approuver...* »), puis il explique longuement d'où vient l'erreur de ceux qui la professent (« *Je crois aussi qu'on trouvera...* »).

2. Leibniz avait d'abord écrit : « quelques scolastiques modernes ». En réalité il songe ici à tous ceux pour qui la présence du mal dans le monde est un fait incontestable et qui, par suite, tendent à laisser croire que le monde, pris en lui-même, n'est pas aussi parfait que possible. Il a pu penser encore à certaines formules de Malebranche : « Dieu pouvait sans doute faire un monde plus parfait que celui que nous habitons » (*Traité de la nature et de la grâce*, Disc. I, § 14) ; « Il est vrai que le monde visible serait plus parfait, si les terres et les mers faisaient des figures plus justes, si, étant plus petit, il pouvait entretenir autant d'hommes, si les pluies étaient plus régulières et les terres plus fécondes, en un mot s'il n'y avait point tant de monstres et de désordres » (*Méditations chrétiennes*, Entretien VII, § 11). Malebranche reconnaît en effet dans le monde l'existence d'imperfections réelles : sans doute ces imperfections s'expliquent-elles, d'après lui, par la simplicité des moyens mis en œuvre, c'est-à-dire comme une suite des lois générales établies par Dieu ; elles n'en constituent pas moins, en elles-mêmes, un désordre que nul ne saurait nier. Finalement, Leibniz et Malebranche s'accorderont pour soutenir que le monde créé est le meilleur possible ; mais ils ne définiront pas dans les mêmes termes l'optimisme auquel ils se rallieront. L'opposition apparaîtra nettement en 1711, après la publication des *Essais de Théodicée*. Parlant alors de Dieu, Malebranche écrira que « son ouvrage est le plus parfait qu'il puisse être, non absolument néanmoins, mais comparé aux voies qui en sont exécutrices ; car Dieu ne s'honore pas seulement par l'excellence de son ouvrage, mais encore par la simplicité et la fécondité, par la sagesse des voies » (*Lettre à Leibniz*, 14 décembre 1711, éd. G., t. I, p. 359) : ce qui revient à dire que le monde est sans doute parfait, mais par rapport à Dieu plutôt qu'en lui-même. A quoi Leibniz répliquera : « quand je considère l'ouvrage de Dieu, je considère ses voies comme une partie de l'ouvrage, et la simplicité jointe à la fécondité des voies fait une partie de l'excellence de l'ouvrage : car dans le total les moyens font une partie de la fin » (*Lettre à Malebranche*, janvier 1712, éd. G., t. I, p. 360) : ce qui revient à soutenir que le monde est parfait, en ce sens qu'il est en lui-même le meilleur qui puisse être. Sur les rapports de Leibniz et de Malebranche, voir André Robinet, *Malebranche et Leibniz, Relations personnelles*, Paris, Vrin, 1955.

3. Leibniz réfute la thèse qu'il rejette par deux arguments déjà présentés § 2 : elle lui semble en effet contraire et à la gloire de Dieu et au témoignage de l'Ecriture.

4. *Uti minus malum...* : « De même qu'un moindre mal comporte un élément de bien, de même un moindre bien comporte un élément de mal. ».

5. Leibniz explique maintenant d'où provient l'erreur qu'il a d'abord dénoncée. Elle vient : 1° de ce que l'on considère chaque chose en particulier et non le monde dans son ensemble (Leibniz reprend ici une remarque traditionnelle : voir saint Thomas, *Somme théologique*, I^a,

qu. 22, art. 2 ; voir également, dans le même sens, *Essais de Théodicée*, I, § 9) ; — 2° de ce que l'on ne conçoit pas qu'il y ait, en certains domaines, un degré suprême de perfection (Leibniz avait signalé l'illusion inverse § 1 ; voir aussi, en ce sens, *Meditationes de cognitione, veritate et ideis*, éd. G., t. IV, p. 424) ; — 3° de ce que l'on s'imagine ne pas pouvoir sauvegarder autrement la liberté de Dieu (Leibniz avait déjà signalé cette méprise § 2 ; voir aussi, en ce sens, *Essais de Théodicée*, I, § 45).

6. Leibniz avait d'abord écrit : « de ces nouveaux scolastiques ». Toute la fin de la phrase a été ajoutée postérieurement à la rédaction primitive.

7. Leibniz avait d'abord précisé sa pensée par l'exemple suivant, qu'il a supprimé ensuite : « par exemple, il y a une infinité de figures régulières, mais une est la plus parfaite, savoir le cercle ; s'il fallait faire un triangle et qu'il n'y eût aucune détermination de l'espèce de ce triangle, Dieu ferait assurément un triangle équilatéral parce qu'absolument parlant, il est le plus parfait ». Voir, dans le même sens, *Tentamen anagogicum*, 1697 (éd. G., t. VII, p. 278) et *De rerum originatione radicali*, 1697 (éd. G., t. VII, p. 304).

ARTICLE 4

1. Une fois écartées les conceptions fausses, il apparaît que la seule thèse recevable est celle qui affirme que, en raison de la souveraine perfection de Dieu, le monde créé doit être effectivement le meilleur des mondes possibles. Mais, sans s'attarder à l'énoncé même de cette thèse, Leibniz souligne immédiatement la double conséquence qui découle de l'optimisme professé : puisque Dieu agit toujours de la manière la plus parfaite et que le monde est le meilleur qui soit possible, nous devons : 1° aimer Dieu en toutes choses (« *La connaissance générale de cette grande vérité...* ») ; — 2° ne pas rester cependant inactifs (« *Car quant à l'avenir, il ne faut pas...* »). Cf. *Essais de Théodicée*, Préface, et I, § 55-58.

2. *Idem velle et idem nolle vera amicitia est* : « Vouloir la même chose et ne pas vouloir la même chose, voilà la véritable amitié. » Cette formule, — qui a été ajoutée par Leibniz postérieurement à la rédaction primitive, — résume l'un des thèmes développés par Cicéron, dans le *De amicitia*, et souvent repris ensuite : voir, par exemple, saint Thomas, *Somme théologique*, IIª IIªᵉ, qu. 29, art. 3.

3. Cf. Cicéron, *De fato*, XII,28-XIII,29. Leibniz est revenu sur la question du raisonnement paresseux dans les *Essais de Théodicée*, Préface, et I, § 55-58.

4. Toute la fin de la phrase a été ajoutée par Leibniz postérieurement à la rédaction primitive.

ARTICLE 5

1. Les articles 5-7 précisent, à partir de la notion d'être absolument parfait, les règles de la conduite divine, — 1° en considérant le principe même dont Dieu s'est inspiré (§ 5) — 2° en considérant les actions accomplies par Dieu conformément à ce principe (§ 6-7).

2. Leibniz estime pouvoir préciser ici les règles de la conduite divine,

— non qu'il juge possible de connaître entièrement toutes les raisons que Dieu a eues pour agir comme il l'a fait, — mais parce qu'il croit possible de définir le principe général dont la considération a été finalement déterminante. Aux yeux de Leibniz, en effet, la conduite de Dieu doit être rationnellement intelligible, — *fides quaerens intellectum*, comme le demandait saint Augustin. Les seules difficultés auxquelles se heurte l'entendement correspondent non pas à une impossibilité de droit, qui interdirait à la pensée humaine de pénétrer les secrets de Dieu, mais plutôt à une impossibilité de fait, qui tiendrait aux conditions actuelles de la connaissance, un esprit fini ne parvenant point à épuiser l'infini.

3. C'est par cinq exemples, tous empruntés à l'analyse des œuvres humaines (exemples d' « un excellent géomètre », d' « un bon architecte », d' « un bon père de famille », d' « un habile machiniste », d' « un savant auteur »), que Leibniz introduit la définition du principe suivant lequel Dieu agit, — à savoir la recherche de l'œuvre la plus riche par les moyens les plus simples : voir le *De rerum originatione radicali* (éd. G., t. VII, p. 303-304), où sont donnés des exemples plus abstraits, qui suggèrent l'idée d'un problème de *maximum* et de *minimum* ; voir aussi les *Essais de Théodicée*, I, § 8-9, la *Monadologie*, § 53-55, et les *Principes de la nature et de la grâce*, § 9-12, où se trouve énoncé sous sa forme la plus générale le principe qui porte à choisir le meilleur.

4. Les esprits sont les êtres les plus parfaits : en tout être il y a en effet un élément de passivité, qui est source de limitation, et un élément d'activité, qui est marque d'affranchissement ; mais, dans les esprits, la passivité se trouve réduite et l'activité devient prépondérante : c'est donc par un double caractère — *minimum* de passivité et *maximum* d'activité — que les esprits présentent une plus grande perfection et qu'ils peuvent être pris en conséquence pour la fin suprême de la création. Cf. *Discours*, § 15 ; — *De rerum originatione radicali* (éd. G., t. VII, p. 307) ; — *Essais de Théodicée*, I, § 29-31 (éd. G., t. VI, p. 119-121).

5. Cf. *Discours*, § 35-36. Toute la fin de l'article a été ajoutée par Leibniz postérieurement à la rédaction primitive.

6. En combinant le principe de la simplicité des voies avec celui de la richesse des effets, Leibniz rejoint Malebranche (Cf. *Traité de la nature et de la grâce*, Disc. I, § 17-19) ; mais, chez lui, les deux principes sont présentés sous une forme mathématique, comme des données qui posent un problème de *maximum* et de *minimum* (Cf. *De rerum originatione radicali*, éd. G., t. VII, p. 303-304), et, d'autre part, — en conséquence même de cet aspect mathématique, — ils sont considérés beaucoup plus que chez Malebranche comme l'expression d'une seule et même exigence (Cf. *Lettre à Malebranche*, janvier 1712, éd. G., t. I, p. 360).

ARTICLE 6

1. Rien ne pouvant modifier le principe suivant lequel Dieu ne cesse d'agir et dont l'effet est d'amener à l'existence l'œuvre la plus riche par les voies les plus simples, il n'y a pas lieu de distinguer plusieurs formes d'activités divines qui s'opposeraient irréductiblement les unes aux autres ; il n'y a pas lieu, en particulier, d'établir de différences absolues, — 1° entre actions ordinaires et actions extraordinaires (§ 6), — 2° entre opérations naturelles et opérations surnaturelles (§ 7, début), — 3° entre volontés générales et volontés particulières (§ 7, fin).

2. Leibniz commence par reconnaître, avec le sens commun, qu'on peut être tenté de distinguer, à propos des actions de Dieu, les actions ordinaires, accomplies conformément au principe de l'ordre, et les actions extraordinaires, accomplies en dérogation à ce principe fondamental. Mais il réplique aussitôt, en se servant d'une comparaison mathématique, qu'une telle distinction n'est pas fondée : toute dérogation apparente à l'ordre n'est en réalité qu'une dérogation à un ordre particulier et non une dérogation à l'ordre universel, le principe de l'ordre ayant en lui-même une valeur absolue. Ces remarques préparent les considérations de l'article 7 sur le miracle, car celui-ci correspond en fait à un type particulier d'action extraordinaire ; elles préparent également les remarques du même article qui visent la philosophie de Malebranche.

3. Cf. *Specimen inventorum* (éd. G., t. VII, p. 312).

4. Cette phrase a été ajoutée par Leibniz postérieurement à la rédaction primitive.

5. La fin de l'article a été ajoutée par Leibniz postérieurement à la rédaction primitive.

ARTICLE 7

1. La distinction du miracle et des opérations naturelles se résout, pour Leibniz, comme celle des actions ordinaires et actions extraordinaires : le miracle ne constitue donc une exception que par rapport à telle ou telle loi particulière de la nature, mais non par rapport au principe général de l'ordre. En fait, au moment où Leibniz composait le *Discours de métaphysique* (fin 1685 — début 1686), le problème du miracle était l'objet de vives discussions entre Malebranche et Arnauld : Malebranche ayant déclaré en 1680, dans le *Traité de la nature et de la grâce* (Disc. I, § 18), que « les lois de la nature sont constantes et immuables » et qu' « elles sont générales pour tous les temps et tous les lieux », Arnauld craignit que, dans de telles conditions, la possibilité du miracle se trouvât gravement compromise ; Malebranche crut donc devoir préciser sa position, en 1683 et 1684, dans le *Premier Eclaircissement* et dans le *Dernier Eclaircissement* au *Traité de la nature et de la grâce*, en même temps d'ailleurs qu'il en reprenait l'exposé dans les *Méditations chrétiennes* (Médit. VII-VIII) ; Arnauld revint à la charge, en 1685, dans une *Dissertation sur la manière dont Dieu a fait les miracles dans l'ancienne Loi par le ministère des Anges* (Cf. *Œuvres*, t. XXXVIII, p. 675), et Malebranche lui répondit, la même année, dans une *Réponse à une Dissertation de M. Arnauld contre un Eclaircissement du Traité de la nature et de la grâce* (Cf. *Recueil de toutes les réponses*, t. II, p. 247 et suiv.) ; Arnauld ayant répliqué à son tour et fait paraître, en 1685, le premier volume des *Réflexions philosophiques et théologiques sur le nouveau système de la nature et de la grâce* (Cf. *Œuvres*, t. XXXIX, p. 156), Malebranche reprit la question, en 1686, dans la seconde des *Lettres du P. Malebranche à un de ses amis* (Cf. *Recueil de toutes les réponses*, t. III, p. 1 et suiv.) : finalement, il ressort de ce débat que, aux yeux de Malebranche, Dieu agit le plus souvent par des volontés générales, quelquefois par des volontés particulières, mais toujours suivant l'ordre (Voir, à ce sujet, Henri Gouhier, *La philosophie de Malebranche et son expérience religieuse*, Paris, Vrin, 1926, p. 55-68). En un sens, Leibniz rejoint par conséquent Malebranche, dont il accentue encore la thèse : Cf. *Discours*, § 16 ; — *Correspondance avec Arnauld*, lettre IX, p. 107, et lettre XX, p. 161-162 ; — *Essais de Théodicée*, I, § 53-

54, et III, § 249. (Voir, à ce sujet, André Robinet, *Malebranche et Leibniz. Relations personnelles*, Paris, Vrin, 1955.)

2. La distinction des volontés particulières et des volontés générales se résout, elle aussi, pour Leibniz, comme les précédentes : il n'y a pas d'opposition absolue entre ces deux espèces de volontés ; et, soit que l'on considère la volonté en elle-même, soit qu'on la considère dans son objet, on doit reconnaître qu'elle est toujours conforme à l'ordre.

3. Toute la fin de l'article a été ajoutée par Leibniz postérieurement à la rédaction primitive.

4. Leibniz reprend ici à son compte la distinction classique, à propos de Dieu, entre volonté antécédente, qui se porte au bien, et volonté conséquente, qui va au meilleur : voir saint Thomas, *Somme théologique*, Iª, qu. 19, art. 6 ; le même thème sera repris et développé par Leibniz dans les *Essais de Théodicée*, I, § 22-25.

ARTICLE 8

1. Les articles 8-16 constituent la seconde partie du *Discours* : après avoir étudié précédemment l'action de Dieu dont le monde dépend, Leibniz considère maintenant les *êtres créés*, ou *substances individuelles*, qui composent ce monde. La transition est toute naturelle, puisque l'action de Dieu s'achève en des créatures qui reçoivent, non seulement l'être, mais encore un certain pouvoir et une certaine activité. La question est cependant difficile à résoudre, en raison du désaccord qui règne parmi les philosophes : pour les uns, — tel Malebranche, auquel il est fait allusion, — c'est Dieu qui fait tout dans les créatures (la théorie des causes occasionnelles tend en effet à montrer, d'après Malebranche, que Dieu seul est cause efficace et que les créatures ne constituent jamais que des occasions : voir, parmi les textes de Malebranche connus en 1686, *La Recherche de la vérité*, Liv. VI, part. I, ch. III, ainsi que les Xᵉ et XVᵉ *Eclaircissements*, — *Conversations chrétiennes*, Entr. I-II, — *Méditations chrétiennes*, Médit. V, VI, IX, XII) ; pour les autres, — tel Descartes, auquel il est fait également allusion, — Dieu ne fait pas tout dans les créatures (l'étude des lois du mouvement permet en effet d'établir, d'après Descartes, que Dieu assure la conservation de la même quantité de mouvement, mais que les créatures peuvent modifier la direction de ce mouvement et lui imprimer une détermination particulière : voir, sur ce point, Descartes, *Principes de la philosophie*, II, § 36-44, et *Les passions de l'âme*, § 34 et 41-44) : Leibniz doit donc chercher ici à préciser ce qui revient à Dieu et ce qui revient aux créatures dans l'activité des substances individuelles ; c'est ce qu'il fera bientôt (§ 14-15), mais, pour y parvenir, il commence par indiquer d'abord ce que sont en elles-mêmes les substances individuelles. Le développement de la pensée s'accomplit dès lors en quatre temps : 1° détermination de la *nature des substances individuelles* (§ 8-9) ; — 2° d'où une première remarque, montrant que la conception nouvelle réintroduit *la notion de forme substantielle* (§ 10-12) ; — 3° d'où encore une seconde remarque, montrant que la conception nouvelle éclaire le *problème de la liberté humaine* (§ 13) ; — 4° détermination des *rapports des substances individuelles* (§ 14-16).

2. Les articles 8-9 traitent de la *nature des substances individuelles*, en donnant d'abord un essai de définition de la substance (§ 8) et en esquissant ensuite une étude des caractères de la substance (§ 9).

3. *Actiones sunt suppositorum* : **« Les actions sont le fait des substances. »**

4. Prise dans toute son ampleur, la théorie leibnizienne de la substance est d'une extrême complexité. Elle se situe, en fait, au point de convergence de trois séries de réflexions : 1° réflexions tirées de la physique, établissant, à partir d'une étude du mouvement et de la matière, l'existence d'unités formelles comme principes de tout être et de toute action ; — 2° réflexions tirées de la logique, montrant, à partir d'une analyse des notions et des propositions, la réalité de sujets qui enveloppent dans leur définition une suite plus ou moins riche de prédicats ; — 3° réflexions tirées des mathématiques, justifiant, à propos des grandeurs finies, l'idée de somme finie dont les termes en nombre infini s'enchaînent suivant une certaine loi. Sur le premier de ces trois aspects de la pensée de Leibniz, voir Emile Boutroux, *Notice sur la vie et la philosophie de Leibniz*, dans l'édition de la *Monadologie*, Paris, Delagrave, 1881, et *La philosophie allemande au XVII*^e^ *siècle* (cours de 1887-1888), Paris, Vrin, 1929 ; — sur le second aspect de la pensée de Leibniz, voir Bertrand Russell, *A critical exposition of the philosophy of Leibniz*, Cambridge, 1900 (traduction française, *La philosophie de Leibniz*, Paris, Alcan, 1908), et Couturat, *La logique de Leibniz*, Paris, Alcan, 1901 (à compléter par l'article de Couturat, « Sur la métaphysique de Leibniz », dans la *Revue de métaphysique et de morale*, janvier 1902, et par la discussion « Sur les rapports de la logique et de la métaphysique de Leibniz », dans le *Bulletin de la Société française de philosophie*, 1902, n° 4) ; — sur le dernier aspect de la pensée de Leibniz, voir Brunschvicg, *Les étapes de la philosophie mathématique*, Paris, Alcan, 1912 (Cf. p. 171-177, et p. 197-249), *L'expérience humaine et la causalité physique*, Paris, Alcan, 1922 (Cf. p. 205-217), *Le progrès de la conscience dans la philosophie occidentale*, 2 vol., Paris, Alcan, 1927 (Cf. p. 225-247), *Spinoza et ses contemporains*, 3e éd., Paris, Alcan, 1923 (Cf. p. 377-432) ; — de plus, parmi les travaux récents, il convient de signaler ceux de M. Gueroult, *Dynamique et métaphysique leibniziennes*, Paris, Les Belles Lettres, 1934 (à compléter par deux articles, « L'espace, le point et le vide chez Leibniz », dans la *Revue philosophique*, oct.-déc. 1946, et « La constitution de la substance chez Leibniz », dans la *Revue de métaphysique et de morale*, janv.-mars 1947), et de M. Jalabert, *La théorie leibnizienne de la substance*, Paris, P.U.F., 1947.

Dans le *Discours de métaphysique*, la définition de la substance est fondée principalement sur les considérations tirées de la logique, mais sans que soient exclues les remarques empruntées à la physique ou aux mathématiques. Elle se développe en trois phases : 1° au niveau de la pure possibilité (« *Il est bien vrai que...* »), Leibniz sous-entend les principes de sa logique (à savoir, que toute notion est décomposable par analyse en éléments simples et que, par conséquent, toute proposition ne peut tendre qu'à mettre en évidence l'inclusion de tel ou tel élément dans la notion considérée, c'est-à-dire l'inclusion d'un prédicat dans un sujet), et il propose, pour commencer, une définition purement idéale de la substance (à savoir, que tout sujet qui enveloppe un nombre plus ou moins grand de prédicats et qui ne peut être considéré à son tour comme le prédicat d'aucun autre sujet, représente une substance individuelle), mais il reconnaît en même temps les limites d'une telle définition, qui ne donne qu'une explication nominale et non réelle (voir plus loin, § 24) ; — 2° au niveau de réalité effective (« *Or il est constant que...* »), Leibniz constate qu'on observe dans les choses des rapports de prédication, et il en conclut que la structure du réel correspond aux lois de la logique : sans doute y a-t-il, en fait, plusieurs formes de prédication, car le prédicat peut se trouver contenu *expressément* dans le sujet, c'est-à-dire lui appartenir *nécessairement* (ainsi, par rapport à la notion de triangle, l'égalité de la somme des angles à deux droits), mais il peut aussi ne se trouver contenu que *virtuellement* dans le sujet, c'est-à-dire ne pas lui appartenir *nécessairement*, tout en lui appartenant *certainement* (ainsi, pour un individu, la date de sa mort) ; dans tous les cas, cependant, il convient de reconnaître une prédication véritable, c'est-à-dire une inhérence du prédicat au sujet, en précisant toutefois que cette prédication ne peut être mise en évidence par un entendement fini que pour les vérités nécessaires, les vérités contingentes n'étant saisissables de la même manière que par un entendement infini (sur la distinction des vérités nécessaires et des vérités contingentes, voir en particulier, *De rerum originatione radicali*, éd. G., t. VII, p. 302-308, — *Specimen inventorum*, éd. G., t. VII, p. 309-318, — opuscule *Verum est affirmatum*, édité par Couturat, *Opuscules et fragments inédits de Leibniz*, Paris, Alcan, 1903, p. 16-24, — *De libertate*, édité par Foucher de Careil, *Nouvelles lettres et opuscules inédits de Leibniz*, Paris, 1857, p. 178-185, — *Lettre à Bourguet*, 1710, éd. G., t. III, p. 550-551) ; — 3° dans une théorie complète (« *Cela étant, nous pouvons dire que...* »), qui tient compte à la fois des considérations empruntées à la logique pure et des enseignements tirés de la correspondance observée entre le réel et le logique, Leibniz en vient à dire finalement que la substance individuelle est constituée par le sujet logique et les attributs de la substance par les prédicats du sujet.

Les textes de Leibniz relatifs à la définition de la substance, sous l'un ou l'autre des trois aspects qu'on peut distinguer, se rencontrent dans la plupart des œuvres ; parmi les passages les plus typiques, susceptibles d'éclairer ou de compléter le *Discours* et la *Correspondance avec Arnauld*, il convient de retenir : 1° les textes qui traitent des problèmes de logique, dans Gerhardt, *Die philosophischen Schriften von G.W.Leibniz*, t. VII (Cf. p. 43-183, 198-203, 289-301, 309-318), et dans Couturat, *Opuscules et fragments inédits de Leibniz*, Paris, Alcan, 1903 (Cf. p. 11-24, 356-403, 518-523) ; — 2° les textes qui traitent du problème de la substance en général : *De primae philosophiae emendatione et de notione substantiae*, 1694, (éd. G., t. IV, p. 468-470), — *Système nouveau de la nature et de la communication des substances*, 1695, § 2-11 (éd. G., t. IV, p. 471-487), — *De ipsa natura sive de vi insita actionibusque creaturarum*, 1698 (éd. G., t. IV, p. 504-516), — *Correspondance avec de Volder*, 1698-1706 (éd. G., t. II, p. 148-283), — *Considérations sur la doctrine d'un esprit universel unique*, 1702 (éd. G., t. VI, p. 529-538), — *Nouveaux Essais sur l'entendement*, 1704, Liv. II, ch. XXVII, § 1-3 (éd. G., t. V, p. 213-214), — *Considérations sur les principes de vie et sur les natures plastiques*, 1705 (éd. G., t. VI, 539-555), — *Entretien de Philarète et d'Ariste*, 1711 (éd. G., t. VI, p. 579-594), — *Monadologie*, 1714, § 1-17 (éd. G., t. VI, p. 607-623), — *Principes de la nature et de la grâce*, 1714, § 1-6 (éd. G., t. VI, p. 598-606), — *Correspondance avec le P. Des Bosses*, 1706-1716 (éd. G., t. II, p. 291-521).

5. L'exemple développé ici par Leibniz — à savoir celui du personnage d'Alexandre et de la suite des événements qui composent la vie d'Alexandre — illustre la définition qui vient d'être donnée de la substance, sujet logique, et des attributs, prédicats du sujet. Mais, en même temps, cet exemple souligne avec force l'originalité de la théorie leibnizienne : Leibniz est bien d'accord avec Descartes pour dire que la substance est ce qui peut être conçu par soi et n'a besoin pour exister que du concours ordinaire de Dieu ; mais il s'en sépare aussi, car, pour Descartes, la substance est définie en termes d'évidence intuitive, comme

une nature simple, tandis que, pour Leibniz, elle est définie par voie d'analyse logique, comme une réalité complexe ; — par ailleurs, il est d'accord avec Aristote pour concevoir la substance comme une essence, sujet dernier des prédicats ; mais il s'en sépare également, car, pour Aristote, l'essence correspond à un universel, dont l'individuation est assurée par la matière, tandis que, pour Leibniz, l'essence constitue par elle-même une individualité, sans recevoir quoi que ce soit d'une matière extérieure ; — finalement, Leibniz retrouve, en un sens, la pensée de Plotin, selon laquelle les idées intelligibles sont déjà des essences possédant les caractères de l'individualité ; mais il transpose cette pensée, dans la mesure où, pour lui, la substance individuelle relève de l'ordre de la nature et se développe comme une série mathématique : le néoplatonisme est ici réinterprété en fonction de vues inspirées par la physique moderne et les principes du calcul infinitésimal.

6. Toute la fin de l'article a été ajoutée par Leibniz postérieurement à la rédaction primitive.

ARTICLE 9

1. Les caractères de la substance sont indiqués : 1º en considérant la substance en elle-même : il apparaît alors que chaque substance est différente de toutes les autres et seule de son espèce ; il apparaît aussi qu'elle ne peut commencer à être que par création et finir d'exister que par annihilation (« *Il s'ensuit de là plusieurs paradoxes...* ») ; — 2º en considérant la substance par rapport au monde et par rapport à Dieu : il apparaît alors que chaque substance exprime l'univers et imite Dieu (« *De plus, toute substance...* »).

2. *Solo numero* : « par le nombre seulement ». Leibniz fait allusion à ce qu'il appelle ailleurs le *principe des indiscernables* : toute substance qui ne différerait d'une autre que quantitativement, c'est-à-dire par des dénominations extrinsèques, se confondrait avec cette dernière et en serait par conséquent indiscernable ; elle doit en différer qualitativement, c'est-à-dire par des dénominations intrinsèques, pour former un être distinct et constituer réellement une substance individuelle (Cf. *Correspondance avec Arnauld*, Lettre X, p. 119-120 ; — *De ipsa natura*, § 13 ; — *Nouveaux Essais sur l'entendement*, Liv. II, ch. XXVII, § 1-3, et Liv. III, ch. VI, § 14 ; — *Monadologie*, § 8-9 ; — *Principes de la nature et de la grâce*, § 2 ; — *Recueil des Lettres entre Leibniz et Clarke*, IVe Ecrit de Leibniz, § 3-6, et Ve Ecrit de Leibniz, § 21-26). Dans la rédaction primitive, Leibniz avait ajouté, après les mots *solo numero* : « *item* que si les corps sont des substances, il n'est pas possible que leur nature consiste seulement dans la grandeur, figure et mouvement, mais qu'il faut quelque autre chose » ; en supprimant finalement cette phrase, il n'a pas renoncé à la remarque qu'elle apportait, mais il en a seulement reporté plus loin la mention explicite (Cf. § 12 et 18).

3. La phrase relative à saint Thomas (« *et que ce que saint Thomas assure... à l'égard de leurs figures* ») a été ajoutée par Leibniz postérieurement à la rédaction primitive. Elle correspond à une reprise de la remarque précédente en langage thomiste : *quod ibi omne individuum sit species infima* ; « que là tout individu est une espèce infime » (Cf. *Correspondance avec Arnauld*, Lettres IX, p. 108-109, — X, p. 119-120. — XII, p. 129-130 ; — *De ipsa natura*, § 13 ; — *Monadologie*, § 8). Aux yeux de saint Thomas, les anges sont en effet de purs esprits : dans leur cas le principe d'individuation ne se trouve donc pas du côté de la ma-

tière, dont ils sont affranchis, mais du côté de la forme, en sorte qu'ils ne se distinguent les uns des autres que par les différences de formes ou différences spécifiques qui les séparent, chaque individualité angélique constituant en définitive une espèce isolée (Cf. saint Thomas, *Somme théologique*, Ia, qu. 50, art. 4). En généralisant, pour son compte, ce que saint Thomas dit des anges, Leibniz veut souligner le fait que, d'après lui, chaque substance possède par nature une individualité propre, pleinement déterminée ; mais, ce faisant, il prend soin, très explicitement, de donner à la doctrine thomiste un sens mathématique : il assimile la différence spécifique dont il parle, non à celle qui opposerait de façon discontinue des formes rigoureusement séparées, mais à celle qui existe entre des figures — telles le cercle, l'ellipse et la parabole, au titre de sections coniques, — obtenues suivant une loi de continuité par des déplacements insensibles (Cf. *Lettre de M. L. sur un principe général utile à l'explication des lois de la nature*, 1687, éd. G., t. III, p. 52 ; — *Animadversiones in partem generalem Principiorum Cartesianorum*, 1692, Par. II, art. 45, éd. G., t. IV, p. 375-376).

4. Leibniz est souvent revenu sur cette idée que les substances, en raison de leur simplicité, ne peuvent commencer que par création et périr que par annihilation ; il a seulement hésité, dans certains textes, au sujet des transformations auxquelles elles sont soumises. Voir, plus loin, dans le *Discours*, § 12, 32 et 34, et dans la *Correspondance avec Arnauld*, Lettres X, p. 122, — XVI, p. 141-142, — XVII, p. 144-145, — XXVI, p. 192. Voir également *Système nouveau de la nature et de la communication des substances*, § 4-8 et 16 ; — *De rerum originatione radicali*, conclusion ; — *Considérations sur la doctrine d'un esprit universel* ; — *Nouveaux Essais sur l'entendement*, Liv. II, ch. XXVII, § 9 *bis* et 14 ; — *Considérations sur les principes de vie et sur les natures plastiques* ; — *Essais de Théodicée, I*, § 86-91, et III, § 396-397 ; — *Monadologie*, § 4-6 et 73-77 ; — *Principes de la nature et de la grâce*, § 2 et 6.

5. Les deux phrases suivantes ont été ajoutées par Leibniz postérieurement à la rédaction primitive. Pour Leibniz, toute substance *exprime l'univers*, non point par suite d'une influence qui s'exercerait de l'extérieur sur elle, mais en vertu d'une spontanéité interne qui lui fait trouver en elle des traces de tout ce qui existe dans l'univers. De même, toute substance — ou du moins tout esprit — *imite Dieu*, sous le double rapport de la sagesse, c'est-à-dire de la connaissance, et de la puissance, c'est-à-dire de l'action, en ce sens qu'elle a connaissance, au moins confusément, de tout l'univers qu'elle exprime, et qu'elle tient sous sa dépendance, au moins idéalement, l'ensemble de cet univers. Voir, plus loin, dans le *Discours*, § 14-16, 30, 35-36, et dans la *Correspondance avec Arnauld*, Lettres X, p. 122, — XVII, p. 144, — XX, p. 159-160, — XXVI, p. 180-183 et p. 191-192. Voir également *Monadologie*, § 56, 61-63, 83, et *Principes de la nature et de la grâce*, § 3 et 13-14.

ARTICLE 10

1. Les articles 10-12 développent un premier groupe de remarques incidentes, montrant que la conception nouvelle de la substance, telle qu'elle vient d'être définie (§ 8-9), réintroduit en fait la notion scolastique de forme substantielle : sans doute la considération des formes substantielles ne doit-elle pas servir à expliquer le détail des phénomènes (§ 10) ; du moins doit-elle servir à rendre compte du fondement même de ces phénomènes (§ 11-12). Voir, plus loin, dans le *Discours*,

§ 18, et dans la *Correspondance avec Arnauld*, Lettres X, p. 123-124, — XVI, p. 141-142, — XVII, p. 144-147, — XVIII, p. 151, — XX, p. 164-169, — XXVI, p. 184-192. Voir également *De primae philosophiae emendatione et de notione substantiae*, 1694 (éd. G., t. IV, p. 468-470) ; — *Système nouveau de la nature et de la communication des substances*, 1695, § 2-11 (éd. G., t. IV, p. 478-483) ; — *De ipsa natura*, 1698, § 6-13 (éd. G., t. IV, p. 507-512) ; — Opuscule *Nullum quidem librum*, 1702 (éd. G., t. IV, p. 393-400) ; — *Nouveaux Essais sur l'entendement*, 1704, Liv. III, ch. VI, § 24 (éd. G., t. V, p. 296-297) ; — *Lettre à Rémond*, 10 janvier 1714 (éd. G., t. III, p. 606-607). Voir enfin l'ensemble des textes relatifs à la notion de substance en général : cf. ci-dessus, article 8, note (4).

2. D'après la tradition scolastique d'inspiration aristotélico-thomiste, les êtres sont composés de matière et de forme ; la forme détermine la matière et représente la nature commune des individus d'une même espèce ; la matière individualise la forme et représente ce qui distingue les individus à l'intérieur d'une même espèce ; la forme substantielle n'est donc pas à elle seule la substance, mais le principe actif du composé substantiel, c'est-à-dire le principe qui, en lui-même, correspond à une essence et qui, par son union à la matière, constitue un être individuel ; elle est, par là même, le principe de tout changement. Leibniz reprend la doctrine thomiste, dans la mesure où il admet l'existence de formes substantielles dans la nature ; mais il s'en sépare en ce que, pour lui, la forme substantielle constitue toute la substance et va jusqu'à l'individualité, tandis que, pour saint Thomas, elle définit seulement une essence générale commune à plusieurs individus.

3. Leibniz se range sur ce point parmi les adversaires de la physique aristotélicienne, et il donne raison aux partisans du mécanisme qui se réclament de Galilée et de Descartes (Cf. *Correspondance avec Arnauld*, Lettres X, p. 123-124, — XVII, p. 146-147, — XX, p. 166).

4. Les deux exemples suivants — d'ordre mathématique et d'ordre moral (le second de ces exemples ayant été d'ailleurs ajouté par Leibniz postérieurement à la rédaction primitive) — sont destinés à montrer que, même là où se posent des problèmes métaphysiques dont la solution exigerait de longs débats mettant en jeu certains principes généraux, il est possible de procéder à l'étude de questions particulières et d'y obtenir des explications valables. Ils se réfèrent tous deux, d'après Leibniz, au problème relatif à la nature de l'infini (Cf. *De libertate*, éd. Foucher de Careil, *Nouvelles lettres et opuscules inédits de Leibniz*, Paris, 1857, p. 179-180 ; — *Essais de Théodicée*, Préface, éd. G., t. VI, p. 29). Le premier exemple, — celui de la composition du continu, — dont Leibniz emprunte l'expression (Cf. *Nouveaux Essais sur l'entendement*, Liv. II, ch. XXIII, § 31) à Libert Froidmont, professeur à Louvain, qui avait publié en 1631 un ouvrage, *Labyrinthus de compositione continui*, — évoque la difficulté qu'on rencontre dès qu'on cherche à concevoir la divisibilité à l'infini d'une grandeur finie : cette difficulté ne peut être levée que par l'introduction de l'idée d'infini actuel, en définissant, à l'image de l'analyse mathématique, la sommation effective d'un nombre infini d'éléments réels (Cf. *Lettre à Foucher*, janvier 1692, éd. G., t. I, p. 416, et *Remarques sur les objections de M. Foucher*, 1695, éd. G., t. IV, p. 491-492) ; mais des démonstrations particulières peuvent être avancées, en géométrie, sans que soient résolues les questions de principe ainsi soulevées. Le deuxième exemple, — celui de l'accord du libre arbitre et de la providence divine, — dont Leibniz rappelle seu-

lement le caractère traditionnel en théologie, — évoque de son côté la difficulté qu'on rencontre dès qu'on cherche à concilier la liberté de l'homme et la prescience de Dieu : cette difficulté ne peut être levée, ici encore, que par l'introduction de l'idée d'infini actuel, en définissant, au niveau de l'entendement divin, la vision *a priori* d'un nombre infini d'événements contingents (Cf. *Essais de Théodicée*, Préface, et I, § 36-52) ; mais des décisions particulières peuvent être prises, dans la pratique, sans que soient résolues les questions de principe d'abord posées. Dans les deux cas, le problème métaphysique se trouve écarté, au moins provisoirement, et, grâce à une espèce de mise entre parenthèses, des enquêtes ou des débats de caractère restreint demeurent accessibles aux méthodes particulières de l'investigation humaine. De toute évidence, il en doit aller de même pour la physique.

5. Ce qui vient d'être dit à propos des deux exemples précédents est également vrai en physique : laisser de côté l'examen des principes métaphysiques signifie, dans ce cas, qu'on explique les phénomènes physiques par des réalités de même ordre qu'eux (soit en les considérant tels que l'expérience concrète les fait connaître, soit en les considérant tels que les formules mathématiques permettent de les élaborer), et qu'inversement on ne fait point appel à des principes d'ordre supérieur (soit en invoquant une intervention directe de la toute puissance divine, telle que semble l'imaginer Malebranche, soit en invoquant une action mystérieuse de quelque entité cachée, telle que l'imaginent Paracelse et Van Helmont).

6. Voir, ci-dessus, *Discours*, § 4, et *Essais de Théodicée*, Préface (éd. G., t. VI. p. 30 et suiv.).

ARTICLE 11

1. *Postliminio* : « en vertu d'un droit de rentrée ».

2. Sur la formation de Leibniz, l'influence qu'y a exercée la philosophie scolastique et le rôle qu'y a joué la pensée moderne, voir en particulier : *Lettre à Foucher*, 1675 (éd. G., t. I, p. 371) ; — *Lettre à Conring*, 19 mars 1678 (éd. G., t. I, p. 197-198) ; — *Système nouveau de la nature et de la communication des substances*, 1695, § 2-5 (éd. G., t. IV, p. 478-480) ; — *Lettre à Rémond*, 10 janvier 1714 (éd. G., t. III, p. 606-607). Sur l'ensemble des questions qui touchent à la biographie de Leibniz, consulter — outre *Gottfried Wilhelm Freiherr von Leibniz. Eine Biographie* von G.E. Guhrauer, 2 vol., Breslau, 1846, — les études de Hannequin, *La première philosophie de Leibniz*, dans les *Etudes d'histoire des sciences et d'histoire de la philosophie*, t. II, Paris, 1908, et de Kabitz, *Die Philosophie des jungen Leibniz*, Heidelberg, 1909.

3. Leibniz ne cache pas qu'en faisant appel à la notion de forme substantielle, il ne reprend pas sans modification la doctrine scolastique traditionnelle. Chez lui, la notion de forme substantielle offre en effet une double particularité : 1° elle correspond à une *essence individuelle*, c'est-à-dire, non pas à une forme commune à plusieurs individus, comme pour saint Thomas, mais à une véritable individualité singulière, unique de son espèce (voir, ci-dessus, § 9, note 3) ; — 2° elle constitue une *force active*, c'est-à-dire, non pas une puissance nue, comme dans l'enseignement de l'Ecole, mais une authentique tendance, intermédiaire entre la pure faculté d'agir et l'action elle-même (Cf. *De primae philosophiae emendatione et de notione substantiae*, 1694, éd. G., t. IV, p. 468-470 ;

— *Système nouveau de la nature et de la communication des substances,* 1695, § 3, éd. G., t. IV, p. 478-479 ; — Opuscule *Nullum quidem librum,* 1702, éd. G., t. IV, p. 393-400).

ARTICLE 12

1. Leibniz veut préciser, finalement, pour quelles raisons la notion de forme substantielle doit être retenue ; mais il développe sa pensée en montrant tout à la fois que, pour rendre compte du fondement des phénomènes, la notion cartésienne d'étendue est insuffisante et la notion de forme substantielle, au contraire, constamment requise. Il affirme tour à tour : 1° que l'étendue ne peut pas constituer l'essence des corps : sans doute aucune preuve particulière n'est ici donnée ; mais on sait que, pour Leibniz, cette impossibilité vient de ce que l'étendue ne rend pas compte de l'inertie ou résistance au mouvement qui appartient aux corps, non plus que de l'unité qui assure la réalité des êtres ; — 2° que l'étendue ne peut même pas constituer une substance : cette impossibilité ressort de ce que la notion d'étendue n'est ni une notion distincte, c'est-à-dire susceptible d'être résolue en ses éléments, — en sorte qu'on ne peut savoir si elle se suffit à elle-même, — ni une notion objective, c'est-à-dire susceptible d'être détachée de tout sujet pensant, — en sorte qu'on ne peut pas lui reconnaître une véritable indépendance. De toutes ces remarques il résulte donc que, si la notion de forme substantielle doit être retenue en métaphysique, c'est que l'explication cartésienne des corps par la seule étendue, comme aussi la simple affirmation de la substantialité de l'étendue, se révèlent inacceptables, et que, par contre-coup, une hypothèse nouvelle s'impose, selon laquelle la substance doit être conçue « à l'imitation de la notion que nous avons des âmes » (*Système nouveau de la nature et de la communication des substances,* § 3). Sur l'ensemble de cette question, voir plus loin dans le *Discours,* § 18, et dans la *Correspondance avec Arnauld,* Lettres X, p. 123-124, — XVI, p. 141-142, — XVII, p. 144-147, — XX, p. 164-169, — XXVI, p. 186-187. Voir aussi *Lettre sur la question si l'essence du corps consiste dans l'étendue,* 18 juin 1691 (éd. G., t. IV, p. 464-466) ; — *De primae philosophiae emendatione et de notione substantiae,* 1694 (éd. G., t. IV, p. 468-470) ; — *Système nouveau de la nature et de la communication des substances,* 1695, § 2-11 (éd. G., t. IV, p. 478-483) ; — *De ipsa natura,* 1698, § 11-13 (éd. G., t. IV, p. 510-514) ; — Opuscule *Nullum quidem librum,* mai 1702 (éd. G., t. IV, p. 393-400).

2. La fin de l'article a été ajoutée par Leibniz postérieurement à la rédaction primitive. Sur la différence qui subsiste, malgré tout, entre les simples formes substantielles et les âmes intelligentes, voir plus loin dans le *Discours,* § 34-36, et dans la *Correspondance avec Arnauld,* Lettres XX, p. 167, — XXVI, p. 191-192, — XXVIII, p. 199. Voir également *Système nouveau de la nature et de la communication des substances,* § 5 et 8 ; — *Monadologie,* § 18-30 et 82-85 ; — *Principes de la nature et de la grâce,* § 4-6 et 14-15.

ARTICLE 13

1. L'article 13 développe un deuxième groupe de remarques incidentes, montrant que la conception nouvelle de la substance, telle qu'elle a été définie précédemment (§ 8-9), éclaire de façon décisive le problème de la liberté humaine. C'est en fait autour de la thèse soutenue dans

cet article que s'est engagée, en 1686, la *Correspondance entre Leibniz et Arnauld* : voir dans le *Discours*, § 30-31, et dans la *Correspondance avec Arnauld*, Lettres I-XIII. Sur l'ensemble du problème de la liberté, voir également : *De libertate*, 1686 (éd. Foucher de Careil, *Nouvelles lettres et opuscules inédits de Leibniz*, Paris, 1857, p. 178-185) ; — *De libertate, fato, gratia Dei*, 1685-1686 (éd. Grua, *Leibniz, Textes inédits*, p. 306-322) ; — *Dialogue effectif sur la liberté de l'homme et sur l'origine du mal*, janvier 1695 (éd. Grua, p. 361-369) ; — *Conversation sur la liberté et le destin*, 1699-1703 (éd. Grua, p. 478-486) ; — *Nouveaux Essais sur l'entendement*, 1704, Liv. II, ch. XXI (éd. G., t. V, p. 155-197) ; — Note *Sur la liberté* (éd. G., t. VII, p. 109-111) ; — *Essais de Théodicée*, 1710, I, § 34-58, et III, § 365 et 405-417 (éd. G., t. VI, p. 122-135, 331-332, 357-365) ; — *Recueil des Lettres entre Leibniz et Clarke*, 1715-1716, Ve Ecrit de Leibniz, § 1-20, éd. G., t. VII, p. 389-393).

2. Le début de l'article — jusqu'à : « *Venons à un exemple...* », — énonce dans toute sa généralité la thèse de Leibniz. La pensée s'y développe, à travers objections et réponses, dans une argumentation très serrée, qui comporte cinq étapes : — 1° rappel de la thèse qui va poser un problème (« *Nous avons dit que...* ») : reprenant la définition de la substance qui a été donnée § 8, Leibniz souligne que la substance enferme dans sa nature tous ses attributs, comme un sujet contient dans sa notion tous ses prédicats, et que, par conséquent, la connaissance de la substance avec tous ses attributs doit pouvoir être obtenue *a priori*, comme celle des propriétés d'une figure géométrique ; — 2° premier énoncé du problème posé par la théorie de la substance (« *Mais il semble que...* ») : la définition leibnizienne de la substance paraît supprimer toute différence entre vérités nécessaires et vérités contingentes, au profit d'un nécessitarisme absolu ; elle paraît aussi entraîner la négation de toute liberté humaine, au profit d'un fatalisme universel ; ces deux difficultés n'en font d'ailleurs qu'une seule et expriment en deux langages différents un même embarras : l'exclusion apparente des idées de contingence et de liberté, et l'affirmation corrélative d'un nécessitarisme ou d'un fatalisme radical ; — 3° réponse sommaire au premier énoncé du problème (« *A quoi je réponds...* ») : l'embarras doit se dissiper, si l'on distingue entre ce qui est certain et ce qui est nécessaire, c'est-à-dire entre prescience et détermination, en sorte qu'on puisse dire qu'une prescience certaine relative aux futurs contingents n'implique pas forcément une détermination nécessaire de ceux-ci ; le principe de cette solution rappelle la doctrine classique des théologiens soucieux de concilier la prescience divine et la liberté humaine, et il annonce en même temps la théorie complète de Leibniz, qui oppose, à l'intérieur d'une même vision des choses, deux types de connexions ou de consécutions (Cf. *Essais de Théodicée*, I, § 36-38) ; — 4° nouvel énoncé du problème posé par la théorie de la substance (« *Mais, dira-t-on,...* ») : la première réponse proposée paraît insuffisante, car, s'il est vrai que la prescience ou connaissance certaine n'implique pas forcément une détermination nécessaire, il est non moins vrai que la *cause* de la prescience, — cause qui réside dans le fait que le sujet enferme tous ses prédicats, — semble impliquer inévitablement une détermination nécessaire ; le problème paraît ainsi se poser à nouveau tout entier, puisque la substance individuelle enferme réellement à l'avance tout ce qui lui arrivera et que la prescience divine se trouve fondée, tout compte fait, sur une telle liaison des prédicats au sujet (Cf. *Essais de Théodicée*, I, § 38) ; — 5° réponse complète au nouvel énoncé du problème (« *Pour y satisfaire solidement, je dis que...* ») : pour sortir d'embarras, il faut distinguer deux sortes de connexions : l'une est nécessaire, en ce sens que son con-

traire implique contradiction, comme dans l'enchaînement des vérités mathématiques ; l'autre est contingente, en ce sens que son contraire n'implique pas contradiction, comme dans l'enchaînement des vérités de fait ; la première ne présuppose aucune hypothèse et traduit une détermination absolue ; la seconde présuppose une hypothèse et traduit une détermination conditionnelle ; mais, dans les deux cas, il y a liaison et certitude rigoureuses ; — si l'on cherche ensuite de quelles sources découlent ces deux types de connexions, on constate que les connexions nécessaires dépendent de l'entendement de Dieu (dont le propre est de concevoir les essences, sans autre opération que celle de la pensée pure) et que les connexions contingentes dépendent de la volonté de Dieu (dont le propre est de poser les existences, en fonction d'un choix inspiré par la considération du meilleur) ; les premières sont donc régies par le seul jeu du principe de contradiction, tandis que les secondes requièrent en outre le principe de raison suffisante ; — si l'on cherche, d'autre part, de quelles formes de connaissance relèvent ces deux types de connexions, on constate que les connexions nécessaires sont susceptibles d'être connues par la simple analyse d'une possibilité logique (parce qu'elles ne portent que sur des essences et ne supposent que le principe de contradiction), mais que les connexions contingentes ne sont susceptibles d'être connues que par l'analyse intégrale du monde réel (parce qu'elles portent sur des existences et supposent le principe de raison suffisante) ; ainsi les premières, n'exigeant qu'une analyse finie, peuvent être pleinement comprises par l'entendement fini de l'homme, tandis que les secondes, exigeant une analyse infinie, ne peuvent être pleinement comprises que par l'entendement infini de Dieu ; — à la lumière de ces remarques, il apparaît maintenant qu'il y a place dans le monde pour la contingence à côté de la nécessité et pour la liberté à l'intérieur de la détermination : d'une façon générale, les connexions nécessaires et les connexions contingentes, de même que les vérités qu'elles constituent, sont toujours rigoureusement déterminées et, par conséquent, intelligibles *a priori* ; mais les premières, étant finies, ne requièrent qu'une analyse dont l'homme est capable, tandis que les secondes, étant infinies, demandent une analyse que Dieu seul peut achever ; d'une façon plus particulière, la notion de substance individuelle exclut toute idée de nécessité absolue, puisque son développement n'est pas nécessaire, en raison du choix primordial de Dieu dont toute existence dépend ; elle enferme cependant par avance la totalité des déterminations qui doivent apparaître au cours de son développement, car tout se trouve fixé une fois pour toutes par le choix de Dieu : on peut ainsi maintenir et la définition de la substance (sujet impliquant ses prédicats) et l'affirmation de la liberté (développement non nécessaire, quoique certain, des prédicats). Voir, pour les textes relatifs à la distinction des vérités nécessaires et des vérités contingentes et à l'application qui en est faite dans la définition de la substance, les références données à l'article 8, note (4).

3. Leibniz avait d'abord songé à un autre exemple, et la rédaction primitive portait ici :« puisque saint Pierre reniera notre Seigneur, cette action est comprise dans sa notion, car... ». S'il a finalement écarté l'allusion à saint Pierre et s'il a retenu plus simplement l'exemple de César, peut-être est-ce pour ne pas évoquer des événements dont l'examen soulève un problème proprement théologique — celui de la grâce — et pour ne considérer qu'un fait d'ordre profane, qui se situe tout entier sur le plan de la nature. Quelle qu'ait pu être d'ailleurs la raison de ce changement, Leibniz n'a eu dans le fond qu'un souci : illustrer de façon concrète ce qui a été dit d'une façon générale de toute substance individuelle.

4. *Ut possit inesse subjecto* : « afin qu'il puisse être inhérent au sujet ». Leibniz ne fait que répéter, à propos de l'exemple de César, ce qui a été dit de toute substance individuelle, c'est-à-dire de tout sujet par rapport à ses prédicats.

5. Ces deux phrases (« *On pourrait dire que ce n'est pas... il lui est désormais nécessaire d'y satisfaire* ») posent à nouveau, — mais en fonction, cette fois, de l'exemple de César, — le problème de savoir si la définition de la substance et l'affirmation de la liberté sont compatibles : sans doute pourrait-on croire que tel événement particulier, qui fait partie de la vie de César, ne dérive pas de la notion même de celui-ci et constitue dans le fond un accident extérieur, dont Dieu a pu avoir connaissance dès l'origine ; à regarder cependant les choses de plus près, on doit reconnaître que cet événement découle bien de la notion individuelle de César, puisque Dieu, en donnant l'existence à César, a posé du même coup tous les événements futurs qui le caractérisent : la question — peut-on dire que César ait été libre ? — reparaît ainsi de manière précise.

6. Ces deux phrases (« *J'y pourrais répondre par l'instance... servira à éclaircir aussi bien l'une que l'autre* »), — qui d'ailleurs ont été ajoutées par Leibniz postérieurement à la rédaction primitive, — n'ont pour pour but que d'écarter une réponse jugée insuffisante : on pourrait en effet tenter de résoudre le problème en faisant appel, ici encore (comme au début de l'article), à la doctrine classique des théologiens sur les futurs contingents et en montrant que la prescience n'implique pas la détermination nécessaire ; mais la réponse ne serait pas satisfaisante, car elle ne lèverait la difficulté qu'en en faisant surgir une autre, à savoir (comme il a été dit précédemment) celle de la *cause* de la prescience ; mieux vaut donc chercher par conséquent une explication qui soit immédiatement pertinente.

7. Pour développer sa réponse, Leibniz reprend, à propos de César, la distinction entre connexion nécessaire et connexion contingente indiquée plus haut. Il montre que la vie de César correspond au second type de connexion, dont l'analyse ne peut être achevée par un entendement fini. Il précise même qu'elle dépend d'un acte de la volonté divine, qui a été inspiré par la considération du meilleur. On peut donc affirmer, devant les événements qui composent la vie de César, qu'ils sont à la fois contingents et certains, c'est-à-dire libres et déterminés.

8. En réalité, Dieu seul est capable d'achever cette démonstration, parce qu'il est seul capable de procéder à une analyse qui va à l'infini et de l'épuiser réellement ; l'homme, dont l'entendement est fini, n'a pas ce pouvoir, et il ne peut achever que les analyses qui portent sur un nombre fini d'éléments (Cf. *De libertate*, éd. Foucher de Careil, *Nouvelles lettres et opuscules inédits de Leibniz*, Paris, 1857, p. 178-185).

9. Cette phrase a été ajoutée par Leibniz postérieurement à la rédaction primitive.

10. Cette phrase a été ajoutée par Leibniz postérieurement à la rédaction primitive.

11. *Raisonnable* s'oppose ici, comme quelques lignes plus loin, à *nécessaire*, et correspond par suite à *contingent*. Leibniz qualifie de *nécessaire* ce dont le contraire implique contradiction et, par conséquent, ce dont la démonstration ne requiert effectivement que la mise en œuvre du principe de contradiction ; il qualifie de *raisonnable* ce dont l'être se justifie

par une raison et, par conséquent, ce dont la démonstration requiert encore la mise en œuvre du principe de raison suffisante, que détermine au reste la considération du meilleur. Dans les deux cas, la certitude ne fait pas de doute : on peut donc dire, chaque fois, que la chose est *assurée*, quoique *différemment assurée*, — le *nécessaire* étant assuré *absolument* et le *raisonnable* (ou encore *contingent*) étant assuré *hypothétiquement*.

12. Ces dernières lignes de l'article résument l'explication leibnizienne : la distinction entre connexions nécessaires et connexions contingentes permet de dire que le développement de la substance individuelle correspond toujours à une connexion contingente et que, par conséquent, il est rigoureusement certain, mais non nécessaire. On voit ainsi se dessiner, chez Leibniz, une vision du monde où tout est pleinement intelligible parce qu'entièrement déterminé : tout est déterminé, non seulement à partir du choix primordial de Dieu, — puisque c'est l'ensemble de l'univers qui se trouve avoir été posé dans l'existence par l'acte de la volonté divine, — mais encore à l'intérieur de ce choix lui-même, — puisque c'est de la seule considération du meilleur qu'a dû s'inspirer la volonté de Dieu dans la création ; partant, tout est intelligible, non pas seulement au niveau des essences, — telles qu'elles peuvent être conçues, avec la tradition platonicienne, dans leurs formes universelles constituant un ordre idéal pour la pensée, — mais également au niveau des existences, — telles qu'elles doivent être définies, d'après la mathématique moderne, dans leurs individualités singulières composant le système réel des choses.

ARTICLE 14

1. Après les deux groupes de remarques, dont le but était de montrer que la doctrine nouvelle oblige à réintroduire la notion de forme substantielle (§ 10-12) et permet d'éclairer le problème de la liberté (§ 13), les articles 14-16 prolongent les développements des articles 8-9, relatifs à la nature de la substance, et déterminent, pour finir, les *rapports des substances individuelles* : 1° au point de vue métaphysique, on doit reconnaître que les substances individuelles ne dépendent que de Dieu (§ 14) ; — 2° au point de vue pratique, on peut dire cependant qu'elles agissent les unes sur les autres (§ 15) ; — 3° ces considérations permettent de mieux expliquer le miracle (§ 16).

2. Leibniz entend montrer que, du point de vue métaphysique, on doit reconnaître que les substances individuelles ne dépendent que de Dieu : il commence par énoncer le principe de sa thèse (« *Or il est premièrement très manifeste que...* ») ; il développe ensuite les conséquences de celle-ci (« *Or nous avons dit ci-dessus et il s'ensuit...* »). Dans l'énoncé du principe, Leibniz sous-entend l'analyse de l'acte créateur, dont la description ne sera développée que plus tard (voir les références aux principaux textes, article 1, note 5), et il souligne immédiatement, comme suite de cet acte, la totale dépendance d'un nombre infini de créatures par rapport à Dieu : pour expliquer cette dépendance et cette infinité, il imagine l'opération par laquelle Dieu a préludé à la création (Dieu envisageant le système général des possibles qu'il se propose de créer et considérant chacun des points de vue particuliers auxquels ce système peut être regardé) et il définit d'après cette pensée la position dans l'existence des substances individuelles (Dieu faisant correspondre une substance à chacun des points de vue considérés et créant ainsi une

infinité de substances qui dépendent de lui) ; l'explication est susceptible d'être présentée sous une forme mathématique, si l'on songe, par exemple, au fait que des figures géométriques peuvent être engendrées, en nombre infini, suivant une loi de continuité, par de simples déplacements insensibles (ainsi la section d'un cône par un plan donne, par déplacements de ce plan, une infinité de cercles, d'ellipses et de paraboles) : le nombre des êtres qui dépendent de Dieu est donc infini, et la nature ne souffre pas de vide (Voir, sur l'analogie mathématique, *Lettre de M. L. sur un principe général utile à l'explication des lois de la nature*, éd. G., t. III, p. 52, et *Animadversiones in partem generalem Principiorum Cartesianorum*, Par. II, art. 45, éd. G., t. IV, p. 375-376, — et, sur le nombre des substances qui remplissent le monde, *Nouveaux Essais sur l'entendement*, Liv. III, ch. VI, § 12, éd. G., t. V, p. 285-287). Par de telles remarques, Leibniz exclut à la fois la conception cartésienne d'une multiplicité de substances, formant des êtres absolument distincts les uns des autres, et la conception spinoziste de l'unité de la substance, en laquelle viendraient se fondre entièrement les divers individus ; il développe une conception nouvelle, qui reconnaît, sous la dépendance de Dieu, une infinité d'êtres étroitement liés : on doit admettre en effet l'existence d'une infinité d'êtres, puisque le nombre des points de vue auxquels peut être considéré le système général des choses est infini ; en chacun de ces êtres se reflète la totalité du monde, puisque chaque point de vue ne se définit que par rapport au système en fonction duquel il est conçu ; mais chacun de ces êtres possède une originalité propre, puisque chaque point de vue est parfaitement défini et ne se confond avec aucun autre ; en définitive, l'image du monde est celle d'un univers, où les êtres sont distincts, du fait que la pensée de Dieu s'est en quelque sorte placée tour à tour à différents points de vue, mais où ils sont également apparentés, du fait que la pensée de Dieu a procédé de façon continue par transitions insensibles, comme pour ces figures géométriques engendrées les unes après les autres suivant une même loi de transformation : le monde n'offre pas ici, comme le voulait le néoplatonisme, une hiérarchie descendante des êtres, allant de l'unité à la dispersion ; il présente, conformément aux exigences de la réflexion mathématique, une variété de termes complémentaires régis par une même loi ; il n'est donc pas le résultat d'un mouvement qui se perd en s'écartant de sa source, mais celui d'une opération de pensée qui définit, en se développant, des points de vue partiels.

3. Leibniz dégage ici les conséquences qui découlent immédiatement de sa thèse : en effet, s'il est vrai qu'il existe une infinité d'êtres qui ne dépendent directement que de Dieu, il est également vrai : 1° que chaque substance individuelle ne tire toutes ses pensées que de son propre fonds ; — 2° que des réalités correspondent cependant, au dehors des substances, à la série des pensées évoquées par celles-ci.

4. En marquant que ce qui arrive à chaque substance n'est pas l'effet d'une influence extérieure, mais une suite de son être, qui lui-même dépend uniquement de Dieu, Leibniz retrouve ce qu'il a déjà dit en définissant la notion de substance (§ 8-9) et en discutant le problème de la liberté (§ 13).

5. Pour marquer que d'authentiques réalités répondent, en dehors des substances individuelles, aux idées qui surgissent du seul fonds de chaque être, Leibniz procède ici en deux temps et a recours à deux critères : 1° l'ordre des pensées (critère logique) conduit à regarder cellesci, même si rien ne leur répond dans le monde, comme des phénomènes véritables, ayant une vérité intrinsèque et permettant des prévisions

que les événements confirment ; — 2° la correspondance des êtres (critère moral) conduit à regarder ceux-ci, en tant que représentatifs de points de vue complémentaires, comme autant de substances, ayant une réalité extrinsèque et s'entre-répondant les unes aux autres (Cf. *Lettre à Foucher*, 1675, éd. G., t. I, p. 372-374 ; — *Correspondance avec Arnauld*, Lettre XX, p. 166-167 ; — *De modo distinguendi phaenomena realia ab imaginariis*, éd. G., t. VII, p. 319-322 ; — *Nouveaux Essais sur l'entendement*, Liv. IV, ch. II, § 14, éd. G., t. V, p. 354-356).

6. Le texte primitif, plus bref, portait simplement : « ...gardent un certain ordre, qui fait que nous pouvons juger de l'avenir par le passé sans nous tromper ».

7. La fin de la phrase est une addition ajoutée par Leibniz postérieurement à la rédaction primitive.

8. Le terme d'*expression* — dont Leibniz fait usage pour désigner « un rapport constant et réglé » entre deux choses (comme on dit, par exemple, que « une ellipse exprime un cercle vu de travers, en sorte qu'à chaque point du cercle il en réponde un de l'ellipse et *vice-versa*, suivant une certaine loi de rapport ») — résume la double affirmation, selon laquelle les pensées de chaque individu sont tirées de son propre fonds, mais correspondent cependant à des réalités véritables. Voir, sur ce terme, *Lettre à Foucher*, juillet 1686 (éd. G., t. I, p. 382-384) et *Correspondance avec Arnauld*, Lettres XX, p. 159-160, et XXVI, p. 180-184.

9. Pour terminer, Leibniz explique, — en faisant allusion à la théorie de l'harmonie préétablie, — comment il peut soutenir à la fois que chaque substance tire d'elle-même ce qui lui arrive et voit cependant ce qui lui arrive correspondre à des réalités. L'intérêt de cette explication est de montrer que la théorie de l'harmonie préétablie peut être introduite, non point — comme il arrive le plus souvent — *a posteriori*, par l'élimination d'hypothèses jugées inacceptables, mais — comme il se doit — *a priori*, par la considération de la nature de Dieu et des substances. Voir dans le *Discours*, § 33, et dans la *Correspondance avec Arnauld*, Lettres III, p. 87-88, — IX, p. 106-113. — X, p. 117-124, — XVI, p. 138-141, — XVII, p. 143-144, — XX, p. 159-164, — XXVI, p. 180-184. Voir également : *Système nouveau de la nature et de la communication des substances*, § 12-18, et les *Eclaircissements* qui lui font suite (éd. G., t. IV, p. 483-487 et 493-503 ; — *Nouveaux Essais sur l'entendement*, Liv. II, ch. XXI, § 72 ; — *Essais de Théodicée*, I, § 59-66 ; — *Monadologie*, § 49-62 ; — *Principes de la nature et de la grâce*, § 12-13.

10. Le membre de phrase — « et qui voit l'univers, non seulement comme ils le voient, mais encore tout autrement qu'eux tous » — est une addition postérieure à la rédaction primitive : Leibniz y souligne que Dieu voit l'univers, non seulement de tous les points de vue, — pour créer toutes les substances, — mais encore sans aucun point de vue, — dans une entière vision de tout le réel.

11. Le membre de phrase — « en quelque façon, et dans un bon sens, quoique éloigné de l'usage » — est une addition postérieure à la rédaction primitive.

12. La fin de la phrase — « ce qui ne manquerait pas... qu'il ne restât que Dieu et moi » — est une addition postérieure à la rédaction primitive.

13. Le manuscrit comprend ici un long passage, qui terminait pri-

mitivement l'article, mais qui a été supprimé par Leibniz avant la transcription des copies. — « Il est constant surtout que, lorsque nous désirons quelque phénomène, qu'il arrive à point nommé et que cela se rencontre ordinairement, nous disons d'avoir agi et d'en être la cause, comme lorsque je veux ce qu'on appelle remuer la main. Aussi, lorsqu'il me paraît qu'à ma volonté quelque chose arrive à ce que j'appelle une autre substance, et que cela lui serait arrivé par là, comme je juge par de fréquentes expériences, quand même elle n'aurait pas voulu, je dis que cette substance pâtit, comme je l'avoue de moi-même,lorsque cela m'arrive suivant la volonté d'une autre substance. Lors aussi que nous avons voulu quelque chose qui arrive, et qu'il s'ensuit encore quelque autre chose que nous n'avons point voulu, nous ne laissons pas de dire que nous avons fait cela, pourvu que nous entendions comme cela s'en est suivi. Il y a aussi quelques phénomènes d'étendue que nous nous attribuons plus particulièrement et dont le fondement *a parte rei* est appelé notre corps, et comme tout ce qui lui arrive de considérable, c'est-à-dire tous les changements notables qui nous y paraissent, se font sentir fortement au moins à l'ordinaire, nous nous attribuons toutes les passions de ce corps, et cela avec grande raison, car quand même nous ne nous en sommes pas aperçus alors, nous ne laissons pas de nous bien apercevoir des suites, comme lorsqu'on nous a transportés d'un lieu à un autre en dormant. Nous nous attribuons aussi les actions de ce corps, comme lorsque nous courons, frappons, tombons, et que notre corps continuant le mouvement commencé fait quelque effet. Mais je ne m'attribue point ce qui arrive aux autres corps, puisque je m'aperçois qu'il peut arriver des grands changements qui ne me sont point sensibles, si ce n'est que mon corps s'y trouve exposé d'une certaine manière que je conçois y être propre. — Ainsi on voit bien que, quoique tous les corps de l'univers nous appartiennent en quelque façon, et sympathisent avec le nôtre, nous ne nous attribuons point ce qui leur arrive. Car, lorsque mon corps est poussé, je dis qu'on m'a poussé moi-même, mais lorsqu'on pousse quelque autre, quoique je m'en aperçoive et que cela fasse naître quelque passion en moi, je ne dis pas d'avoir été poussé, puisque je mesure le lieu où je suis par celui de mon corps. Et ce langage est fort raisonnable, car il est propre à s'exprimer nettement dans la pratique ordinaire. On peut dire en peu de mots, quant à l'esprit, que nos volontés et nos jugements ou raisonnements sont des actions, mais que nos perceptions ou sentiments sont des passions ; et quant au corps, nous disons que le changement qui lui arrive est une action, quand il est la suite d'un changement précédent, mais autrement c'est une passion. — En général, pour donner à nos termes un sens qui concilie la métaphysique à la pratique, lorsque plusieurs puissances sont affectées par un même changement, on peut dire que celle qui par là passe à un plus grand degré de perfection ou continue dans le même agit, mais celle qui devient par là immédiatement plus limitée, en sorte que ses expressions deviennent plus confuses, pâtit. » — La suppression de ce passage, — où Leibniz tente déjà de concilier le langage métaphysique avec la manière courante de parler, — s'explique sans doute par le fait que la question abordée doit être reprise dans l'article suivant.

ARTICLE 15

1. Leibniz entend montrer maintenant que, sinon par rapport à la vérité métaphysique (dont il vient d'être question § 14), du moins par rapport à la vie pratique (telle que le langage la reflète), on peut parler comme si les substances agissaient les unes sur les autres et se trouvaient

par conséquent susceptibles d'agir et de pâtir tour à tour. En effet, pour une substance individuelle, tout ce qui tend à assurer une distinction plus grande des représentations constitue une action ; au contraire, tout ce qui tend à produire une distinction moindre de ces mêmes représentations constitue une passion. Dès lors, — puisque les différentes substances se limitent mutuellement, du fait que chacune d'elles correspond à un point de vue particulier, qui suppose d'ailleurs, pour se définir, tous les autres points de vue possibles, — on peut dire que ce qui est perception claire pour une substance, du point de vue qui est le sien, demeure nécessairement perception obscure pour les autres substances, placées à des points de vue différents, comme, inversement, ce qui est clair pour ces dernières est obscur pour la première. Tout s'équilibre donc dans le monde, de telle façon qu'à chaque action en un point correspond une passion en un autre, et à toute passion, une action ; action et passion se compensent au reste par le seul jeu d'une harmonie supérieure, en sorte que l'influence dont il est permis de parler, à propos des substances, reste purement idéale. Voir dans le *Discours*, § 32-33, et dans la *Correspondance avec Arnauld*, Lettres IX, p. 113, — X, p. 122-124, — XVI, p. 138-141, — XVII, p. 143-144, — XX, p. 159-164, — XXVI, p. 180-184, — XXVII, p. 196-197, Voir également *Système nouveau de la nature et de la communication des substances*, § 17 ; — *Nouveaux Essais sur l'entendement*, Liv. II, ch. XXI, § 72 ; — *Essais de Théodicée*, I, § 64-66 ; — *Monadologie*, § 49-52 ; — *Principes de la nature et de la grâce*, § 13.

2. La perfection pour une substance n'est pas seulement d'exprimer l'univers, mais encore d'imiter Dieu : voir ci-dessus, *Discours*, § 9.

3. Sur la valeur, positive ou négative, du plaisir et de la douleur ainsi définis, voir *Essais de Théodicée*, I, § 33.

ARTICLE 16

1. Le problème du miracle se pose inévitablement au terme des considérations précédentes : car, s'il est vrai que, métaphysiquement parlant, chaque substance ne tire que de son propre fonds tout ce qui lui arrive, il semble que l'idée de miracle devienne par là même radicalement inconcevable : elle supposerait, contrairement au principe admis, une intrusion extérieure de Dieu dans le développement des substances. Comme le rappelle ici Leibniz, le problème du miracle a déjà été soulevé précédemment (Cf. § 7) ; mais, en fait, la discussion en est maintenant reprise d'un point de vue plus restreint : à l'article 7, il était question du miracle par rapport aux lois générales qui régissent l'univers ; or il n'en doit être désormais question que par rapport à la loi de développement qui caractérise une substance individuelle. Le problème revêt cependant ici une importance singulière : il s'agit de savoir s'il y a place dans une substance pour quelque intervention d'origine surnaturelle ; plus précisément, — une substance ne pouvant subir, par nature, aucune action d'une autre substance, — il s'agit de savoir s'il ne peut également y avoir place pour aucune action extraordinaire de Dieu. Sur la question du miracle, voir dans le *Discours*, § 7, et dans la *Correspondance avec Arnauld*, Lettres IX, p. 107, — X, p. 116-117, — XX, p. 161-163 ; — voir également *Addition à l'Explication du système nouveau touchant l'union de l'âme et du corps*, éd. G., t. IV, p. 587, — *Essais de Théodicée*, I, § 53-54, et III, § 249, — *Recueil des Lettres entre Leibniz et Clarke*, Ier Ecrit de Leibniz, IIIe Ecrit de Leibniz, § 17, et Ve Ecrit de Leibniz, § 107-117.

2. La fin de cette phrase a été ajoutée par Leibniz postérieurement à la rédaction primitive.

3. La solution proposée par Leibniz comporte : 1° le recours à une distinction fondamentale, valable pour l'univers en général et pour chaque substance en particulier (« *Mais il faut se souvenir de ce que nous avons dit...* ») : il faut en effet distinguer la loi universelle de l'ordre, telle que Dieu l'a conçue en créant le monde, et les maximes subalternes de la nature, telles que l'homme les connaît en étudiant les choses, et reconnaître en conséquence qu'aucun événement ne peut être contraire à la loi universelle de l'ordre, quoiqu'il puisse n'être pas conforme à certaines maximes subalternes de la nature ; — 2° l'explication proprement dite du miracle, dans le cas de la substance individuelle (« *C'est pourquoi, si nous comprenons...* ») : toute intervention surnaturelle de Dieu étant, par principe, conforme à la loi de l'ordre, le miracle doit se trouver contenu à l'avance, implicitement, dans la notion du sujet, en sorte que rien ne survienne à celui-ci du dehors ; mais une action de Dieu pouvant être contraire à certaines maximes subalternes, le miracle pourra excéder apparemment ce qu'un sujet est capable de produire de façon explicite dans le cours ordinaire des choses ; — 3° l'énoncé d'une conséquence pratique, relative aux prévisions humaines (« *Par conséquent, afin de parler plus clairement...* ») : il est évident que l'homme, dont l'entendement est fini, ne peut apercevoir l'inclusion du miracle dans la notion de la substance, car il ne connaît que les maximes subalternes de la nature et non la loi universelle de l'ordre ; pour l'homme, le miracle paraîtra donc constituer une intrusion d'origine externe dans le cours des événements, comme le croit le sens commun.

4. Leibniz aboutit ainsi à une théorie du miracle, d'après laquelle celui-ci est conçu comme une dérogation aux maximes subalternes de la nature, mais non à la loi universelle de l'ordre, — ou, pour employer une formule qui convienne mieux à l'homme, comme une dérogation à la *puissance* habituelle de l'individu, mais non à l'*essence* profonde de celui-ci. Une telle théorie conduit au fond à évacuer tout mystère et à postuler une entière intelligibilité : elle n'établit qu'une différence de degré entre *nature* et *surnature*, et elle suppose qu'en droit l'une et l'autre relèvent également de la même raison.

5. Ces dernières remarques — comme aussi, plus généralement, l'ensemble des considérations précédentes relatives aux rapports des substances individuelles (§ 14-16), — manifestent chez Leibniz une double préoccupation : 1° un souci constant de conciliation, pour accorder le langage du sens commun (qui parle d'une action naturelle des substances les unes sur les autres) et le langage de la foi (qui parle d'une action surnaturelle de Dieu sur les substances) avec la théorie générale de la substance antérieurement établie (théorie qui exclut toute possibilité d'influence extérieure et ne définit qu'une loi interne de développement) ; — 2° un effort permanent de réduction, pour maintenir absolument la conception d'abord proposée et ne faire place aux expressions du sens commun (évoquant une interaction réciproque) ou à celles de la foi (évoquant une intervention miraculeuse) qu'à titre d'images traduisant le jeu des apparences. Souci de conciliation et effort de réduction révèlent en définitive une même croyance à l'intelligibilité absolue d'un univers sans coupures.

ARTICLE 17

1. Les articles 17-22 constituent la troisième partie du *Discours* : après avoir étudié la nature et les rapports des *substances individuelles*, qui forment le monde, Leibniz considère maintenant l'*univers physique* proprement dit, qui compose le domaine des réalités matérielles. L'examen de cette nouvelle série de questions est introduit de façon très habile, mais régulière : il est préparé par l'allusion aux lois de la nature, que l'article 16 vient d'évoquer à propos du miracle ; mais il est exigé, plus profondément, par le programme d'une enquête métaphysique qui conduit à passer, comme dans les Sommes médiévales, de la considération des réalités incorporelles à celle des corps. Le plan suivi groupe les questions autour de deux thèmes développés successivement : le premier est consacré à *la notion de force*, comme fondement des phénomènes physiques (§ 17-18) ; le second est consacré à la *notion de finalité*, comme principe d'explication suprême (§ 19-22).

2. Leibniz va justifier d'abord le recours à la notion de *force* dans l'étude des phénomènes, en établissant l'*existence* (§ 17) et en définissant la *nature* (§ 18) de ce qu'il entend sous ce terme. — Les textes où il traite de la notion de force sont extrêmement nombreux et s'échelonnent dans l'œuvre entière de 1686 à 1715 ; parmi les plus importants, on peut citer, à côté du *Discours* et de la *Correspondance avec Arnauld*, les différents opuscules suivants : 1° en 1686-1687, à l'époque même du *Discours* et de la *Correspondance avec Arnauld*, Leibniz publie la *Brevis demonstratio erroris memorabilis Cartesii* dans les *Acta eruditorum* de mars 1686 (éd. Gerhardt, *Leibnizens mathematische Schriften*, t. VI, p. 117-119) ; cet opuscule correspond, à peu de choses près, à l'article 17 du *Discours*, mais il doit être complété par la controverse qu'il a suscitée avec l'abbé Catelan et Malebranche, en 1686-1687, dans les *Nouvelles de la République des Lettres* (éd. G., t. III, p. 40-55) ; — 2° à partir de 1688, et du point de vue scientifique, Leibniz revient sans cesse sur la considération de la force comme principe de la dynamique ; on trouve les principaux textes dans Gerhardt, *Leibnizens mathematische Schriften*, t. VI : *Illustratio ulterior objectionis contra cartesianam naturae legem*, vers 1688 (p. 123-128) ; *Principium quoddam generale*, vers 1688 (p. 129-135) ; *Dynamica de potentia et legibus naturae*, vers 1689-1690 (p. 283-514) ; *De causa gravitatis*, d'abord publié dans les *Acta eruditorum* de mai 1690 (p. 193-203) ; *De legibus naturae et vera aestimatione virium motricium contra Cartesianos*, d'abord publié dans les *Acta eruditorum* de septembre 1691 (p. 204-215) ; *Essai de dynamique sur les lois du mouvement*, vers 1691 (p. 215-231) ; *Specimen dynamicum*, dont la première partie a d'abord été publiée dans les *Acta eruditorum* d'avril 1695 (p. 234-254); — 3° à partir de 1692, et du point de vue philosophique, Leibniz reprend ses remarques sur la force en vue d'une théorie de la substance : *Animadversiones in partem generalem Principiorum Cartesianorum*, en 1692 (Cf. II, § 36, éd. G., t. IV, p. 370-372) ; *De primae philosophiae emendatione et de notione substantiae*, en 1694 (éd. G., t. IV, p. 468-470) ; *Système nouveau de la nature et de la communication des substances*, en 1695 (Cf. § 2-3, éd. G., t. IV, p. 478-479) ; *De ipsa natura*, en 1698 (éd. G., t. IV, p. 504-516) ; *Lettres à Bayle*, en 1698-1699 (éd. G., t. III, p. 55-61) ; *Lettres à de Volder*, en 1698-1700 (éd. G., t. II, p. 153-283) ; *Nouveaux Essais sur l'entendement*, en 1704 (Cf. Liv. II, ch. XXI, § 1-4, éd. G., t. V, p. 155-158) ; *Essais de Théodicée*, en 1710 (Cf. I, § 61 et 87, et III, § 345-349, éd. G., t. VI, p. 136, 149-150, 319-321) ; *Monadologie*, en 1714 (Cf. § 80, éd. G., t. VI, p. 620-621) ; *Principes de la nature et de la grâce*, en 1714

(Cf. § 11, éd. G., t. VI, p. 603). — Parmi les études critiques auxquelles la pensée de Leibniz a donné lieu sur ce point voir en particulier : 1° pour une analyse de la pensée même de Leibniz : G. Milhaud, *Les lois du mouvement et la philosophie de Leibniz*, article publié dans la *Revue philosophique*, 1900, et recueilli dans les *Nouvelles études sur l'histoire de la pensée scientifique*, Paris, Alcan, 1911 (p. 197-218) ; M. Gueroult, *Dynamique et métaphysique leibniziennes*, Paris, Les Belles Lettres, 1934 ; — 2° pour une interprétation de la pensée de Leibniz en fonction de l'histoire de la mécanique et de l'histoire des doctrines philosophiques : Ernst Mach, *La mécanique. Exposé historique et critique de son développement*, trad. Bertrand, Paris, Hermann, 1904 (p. 267-275, et p. 427-429) ; Léon Brunschvicg, *L'expérience humaine et la causalité physique*, Paris, Alcan, 1922 (p. 205-217) ; Paul Mouy, *Le développement de la physique cartésienne*, 1646-1712, Paris, Vrin, 1934 (p. 218-263) ; René Dugas, *La mécanique au XVIIe siècle*, Paris, Dunod, 1954 (p. 460-520, et 561-570).

3. Leibniz estime que l'étude des phénomènes physiques oblige à reconnaître l'existence de la force comme seule réalité qui se conserve dans le monde : il énonce d'abord sa thèse, en l'opposant à celle de Descartes et de Malebranche (« *Communément nos nouveaux philosophes...* ») ; il apporte ensuite une démonstration, qui justifie le recours à un nouveau principe (« *Ainsi ils ont cru...* »).

4. Allusion à la théorie de Descartes, telle qu'elle est exposée dans la seconde partie des *Principes de la philosophie*. Ayant défini la matière comme une substance étendue (*Principes*, II, § 4) et le mouvement comme le transport d'une partie de la matière d'un lieu dans un autre (*ibid.*, § 25), Descartes estime en effet (*ibid.*, § 36) que la quantité de mouvement d'un corps est égale au produit de la vitesse par la grandeur du mobile *(m v)* ; s'interrogeant ensuite sur la cause première du mouvement, il ajoute « qu'il est évident qu'il n'y en a point d'autre que Dieu, qui de sa toute-puissance a créé la matière avec le mouvement et le repos, et qui conserve maintenant en l'univers, par son concours ordinaire, autant de mouvement et de repos qu'il y en a mis en le créant » (*Ibid.*, § 36) : sans doute cette quantité de mouvement peut-elle se trouver répartie de façon variable entre les différents corps qui composent le monde ; mais, si l'on considère l'ensemble de l'univers, il ne fait point de doute que Dieu y conserve, en raison de son immutabilité, « une égale quantité de mouvement » (*Ibid.*, § 36).

5. Leibniz avoue qu'en mécanique il a d'abord accepté le principe de la doctrine cartésienne, et il fait allusion à ses premiers travaux de 1671, *Theoria motus concreti* et *Theoria motus abstracti* (éd. G., t. IV, p. 177-240). En fait, dès ses premiers travaux, il reprochait à Descartes de ne pas rendre compte de la cohésion des corps et il critiquait quelques-unes des thèses cartésiennes sur les lois du choc ; dans l'ensemble, il acceptait cependant les principes généraux du mécanisme, tels que ceux-ci se dégageaient des recherches de Gassendi et de Descartes (Voir, sur cette question, Hannequin, *La première philosophie de Leibniz*, dans les *Etudes d'histoire des sciences et d'histoire de la philosophie*, t. II, Paris, Alcan, 1908, et Kabitz, *Die Philosophie des jungen Leibniz*, Heidelberg, 1909).

6. A la thèse cartésienne relative à la conservation de la quantité de mouvement, Leibniz oppose immédiatement sa propre thèse sur la conservation de la force. En faveur de cette thèse, il fait valoir : 1° qu'elle est conforme à la raison (« *Or il est bien raisonnable que la même force...* »),

— non qu'elle soit mathématiquement nécessaire, comme si son contraire impliquait contradiction, — mais parce qu'elle est métaphysiquement préférable, en ce sens qu'elle est plus conforme à la sagesse de Dieu, qui exige que la stabilité du monde soit garantie conformément au principe de l'égalité entre la cause et l'effet ; — 2° qu'elle est conforme aux faits (« *Aussi quand on prend garde aux phénomènes on voit bien que...* »), — puisque l'expérience montre qu'il n'y a point de mouvement perpétuel, comme le supposerait le principe cartésien, et qu'il peut y avoir au contraire conservation de la force, s'il est vrai que celle-ci se communique à d'autres corps ou aux parties du mobile lui-même. D'après Leibniz, il semble donc naturel de dire que c'est la force, et non le mouvement, qui se conserve, et que c'est par conséquent la force, et non le mouvement, qui correspond à quelque chose de véritable et de réel.

7. La fin de la phrase a été ajoutée par Leibniz postérieurement à la rédaction primitive.

8. Leibniz avait d'abord écrit : « Or, il est bien manifeste que... ».

9. Le membre de phrase — « qui est toujours un peu diminuée... se réparerait, et par conséquent » — a été ajouté par Leibniz postérieurement à la rédaction primitive.

10. La fin de la phrase a été ajoutée par Leibniz postérieurement à la rédaction primitive.

11. Pour apporter une démonstration de sa thèse, Leibniz établit qu'il est nécessaire de distinguer entre la quantité de mouvement et la force, — l'une et l'autre n'étant pas toujours équivalentes, — et de reconnaître, dans ces conditions, que seule la force, et non la quantité de mouvement, se conserve constante dans l'univers. La démonstration qui occupe ici la fin de l'article 17 est identique, à peu de choses près, à celle que développe la *Brevis demonstratio erroris memorabilis Cartesii*, publiée dans les *Acta eruditorum* de mars 1686 (éd. Gerhardt, *Leibnizens mathematische Schriften*, t. VI, p. 117-119) : en fait, l'article des *Acta eruditorum* a été le point de départ d'une véritable polémique, marquée par un échange de notes avec l'abbé Catelan et Malebranche dans les *Nouvelles de la République des Lettres* de 1686-1687 (éd. G., t. III, p. 44-55) ; par ailleurs, — à l'inverse du *Discours* lui-même qu'Arnauld n'a jamais eu entre les mains, — le texte de l'article des *Acta eruditorum* a été communiqué par Leibniz à Arnauld et discuté entre eux, en 1686-1688, à l'occasion des échanges de vues relatifs à la théorie de la substance (Cf. *Correspondance avec Arnauld*, Lettres X, p. 124, — XIV, p. 135-136, — XVII, p. 147-150, — XIX, p. 158, — XX, p. 169, — XXI, p. 170-171, — XXII, p. 175, — XXVI, p. 193-195, — XXVII, p. 196-197, — XXVIII, p. 198-203).

12. Leibniz commence par rappeler deux principes communément admis : l'un, suivant lequel tout corps tombant d'une certaine hauteur acquiert, sauf empêchement d'origine externe, la force d'y remonter, (« *je suppose qu'un corps tombant d'une certaine hauteur...* ») ; l'autre, suivant lequel il faut une force égale pour élever un corps de 1 livre à 4 toises et pour élever un corps de 4 livres à 1 toise (« *Je suppose aussi qu'il faut autant de force...* »). Ces principes, — qui d'ailleurs ne préjugent point de la question de savoir si c'est la quantité de mouvement ou la force qui se conserve, — n'étaient pas nouveaux pour Leibniz : le premier avait été explicitement énoncé par Christian Huygens, notamment dans un travail sur les *Règles du mouvement dans la rencontre des*

corps, publié dans le *Journal des savants* du 18 mars 1669, et dans un ouvrage, *Horologium oscillatorium* de 1673, dont Huygens avait offert un exemplaire à Leibniz ; le second avait été formulé par Descartes lui-même, dans un petit traité de mécanique, adressé à Constantin Huygens, en appendice à une lettre du 5 octobre 1637, *Explication des engins par l'aide desquels on peut avec une petite force lever un fardeau fort pesant.*

13. L'incidente a été ajoutée par Leibniz postérieurement à la rédaction primitive.

14. Leibniz développe sa démonstration en effectuant tour à tour, dans l'exemple choisi, le calcul de la force (« *Il est donc manifeste que le corps A...* ») et le calcul de la quantité de mouvement (« *Voyons donc maintenant si la quantité de mouvement...* ») : d'où il ressort qu'il y a, dans cet exemple, égalité des forces et inégalité des quantités de mouvement, en sorte que force et quantité de mouvement ne peuvent être ici confondues.

15. Toute la fin de la phrase a été ajoutée par Leibniz postérieurement à la rédaction primitive.

16. Galilée avait établi, à propos du problème de la chute des corps, — notamment dans les *Discorsi e dimostrazioni matematiche* de 1638, — que les espaces sont proportionnels aux carrés des temps employés à les parcourir, — que les vitesses sont proportionnelles aux temps employés à les acquérir, — que, par suite, les espaces sont proportionnels aux carrés des vitesses, ou les vitesses proportionnelles à la racine carrée des espaces, c'est-à-dire à la racine carrée des hauteurs de chute : il est clair par conséquent que, dans l'exemple de Leibniz, la vitesse de A en D sera égale à 2, et la vitesse de B en F égale à 1.

17. La fin de la phrase a été ajoutée par Leibniz postérieurement à la rédaction primitive.

18. Dans sa conclusion, — dont les deux phrases suivantes ont été ajoutées postérieurement à la rédaction primitive, — Leibniz ne se borne pas à affirmer la distinction de la force et de la quantité de mouvement ; il indique aussi très clairement que, si la quantité de mouvement peut être exprimée, selon la formule de Descartes, par le produit de la vitesse par la grandeur du mobile ($m v$), la force doit être exprimée au contraire par l'effet qu'elle peut produire, c'est-à-dire, — puisque l'effet futur est l'élévation du corps à une certaine hauteur et que la hauteur est proportionnelle au carré de la vitesse, — par le produit $m v^2$.

ARTICLE 18

1. Pour compléter les remarques de l'article précédent et pour souligner l'importance de la notion introduite par ces remarques, Leibniz précise maintenant quelle est la *nature* de la force. Il note en effet : 1° que la force correspond à quelque chose de plus réel que le mouvement : en tant que simple déplacement dans l'espace, le mouvement ne peut être attribué à un corps plutôt qu'à un autre ; il est *relatif*, car il suppose toujours, pour être défini, le choix d'un système de référence ; la force présente, au contraire, un caractère *absolu*, parce qu'elle est le principe interne de tout déplacement ; et, à ce titre, elle peut très légitimement être attribuée à un corps plutôt qu'à un autre (la conception du mouvement qui est évoquée ici rappelle celle de Descartes dans les *Prin-*

cipes de la philosophie, II, § 25-30, — de même que le recours à quelque principe interne de spontanéité rappelle l'objection de Morus à Descartes : voir *Lettre de Morus à Descartes*, 5 mars 1649, éd. A. T., t. V, p. 312-313, et *Réponse de Descartes à Morus*, 15 avril 1649, éd. A. T., t. V, p. 345-346, ainsi que la nouvelle *Lettre de Morus à Descartes*, 23 juillet 1649, éd. A. T., t. V, p. 380-383, et la nouvelle *Réponse de Descartes à Morus*, août 1649, éd. A. T., t. V, p. 403-405) ; — 2° que la force correspond même à un principe d'ordre métaphysique : elle doit être estimée par l'effet futur qu'elle peut produire ; partant, elle doit être conçue comme une puissance — ou « cause prochaine » — capable de produire cet effet ; elle s'apparente par là à la notion de forme substantielle, telle que les scolastiques l'ont définie, et se situe au plan des réalités proprement métaphysiques (voir ci-dessus § 11).

2. Les mots — « en physique et en mécanique » — ont été ajoutés par Leibniz postérieurement à la rédaction primitive.

3. Le membre de phrase — « et pour corriger même plusieurs erreurs... de quelques habiles mathématiciens » — a été ajouté par Leibniz postérieurement à la rédaction primitive.

4. Le membre de phrase — « si on n'y considère que... un changement de place » — a été ajouté par Leibniz postérieurement à la rédaction primitive.

5. La fin de la phrase a été ajoutée par Leibniz postérieurement à la rédaction primitive.

6. Pour faire comprendre sa pensée, Leibniz use volontiers, à maintes reprises, de deux types de comparaisons : l'une, tirée de l'histoire de la philosophie, rapproche la notion de *force* des notions aristotéliciennes de *puissance* et d'*acte*, comme si la force tenait en quelque sorte le milieu entre l'une et l'autre, manifestant ainsi *la spontanéité d'une tendance* ; — l'autre, empruntée aux enseignements de la psychologie, veut éclairer la notion de *force* par celle de *vouloir* ou d'*effort*, les données de l'expérience interne révélant en effet l'existence du *pouvoir qui appartient à la volonté*. Sur ces rapprochements, voir : *De primae philosophiae emendatione et de notione substantiae*, conclusion ; — *Système nouveau de la nature et de la communication des substances*, § 3 ; — *De ipsa natura*, § 13 ; — *Nouveaux Essais sur l'entendement*, Liv. II, ch. XXI, § 1-4 ; — *Monadologie*, § 10-13 ; — *Principes de la nature et de la grâce*, § 12.

7. Les mots — « la philosophie mécanique des modernes avec la circonspection de » — ont été ajoutés par Leibniz postérieurement à la rédaction primitive.

8. La conception de Leibniz ouvre des perspectives nouvelles, qui permettent de concilier la science des Modernes et la métaphysique des Anciens. La science des Modernes est en effet fondée sur l'idée de mécanisme, et la métaphysique des Anciens sur celle de forme substantielle : en montrant que le principe des phénomènes doit être cherché dans la notion de force, Leibniz établit donc que la science prend appui sur la métaphysique, — non point cependant que les notions métaphysiques aient à être invoquées pour l'explication des faits particuliers, car ce serait méconnaître les exigences de la science, mais seulement en ce sens que l'analyse scientifique demeure subordonnée, dans son fondement, à des affirmations qui la dépassent. Ainsi se trouvent définies les conditions d'une authentique synthèse, dont, pour sa part, Leibniz n'a cessé de rêver (Cf. ci-dessus, § 10, et ci-dessous, § 21-22).

ARTICLE 19

1. Après avoir traité de la *force* comme fondement des phénomènes, Leibniz traite de la *finalité* comme principe d'explication (§ 19-22). Le développement actuel, sensiblement plus long que le précédent, offre deux séries de considérations : 1° Leibniz pose d'abord le principe de sa thèse, en montrant la nécessité d'un recours à l'idée de finalité (§ 19) et en faisant appel sur ce point au témoignage de Platon (§ 20) ; — 2° Leibniz précise ensuite l'application de sa thèse, en indiquant qu'il convient sans doute de faire place à la considération des causes finales (§ 21), mais en ajoutant qu'il convient aussi de maintenir également la considération des causes efficientes (§ 22).

2. L'article 19 montre la nécessité d'un recours à l'idée de finalité : 1° la thèse est d'abord énoncée en opposition à celle des partisans du mécanisme (« *Comme je n'aime pas de juger...* ») ; — 2° une objection possible est ensuite écartée (« *Je veux bien avouer que...* ») ; — 3° la thèse est enfin justifiée par un appel à des preuves de fait (« *Tous ceux qui voient...* »).

3. Il s'agit des philosophes modernes, tels les Cartésiens, pour qui le mécanisme est la seule conception valable sur le plan de l'analyse scientifique.

4. Si le mécanisme paraît dangereux, dès qu'il est érigé en philosophie, c'est qu'il implique une conception inacceptable de la création : pour Leibniz, nier toute finalité dans le monde actuel équivaut en effet à nier toute finalité dans la création du monde et à ne concevoir, à l'origine des choses, qu'une nécessité pure ou un pur arbitraire ; de toute évidence, de telles négations, comme les affirmations parallèles qui les accompagnent, tendent à méconnaître en Dieu toute bonté et à ruiner en l'homme tout amour. (Cf. ci-dessus § 2).

5. La fin de la phrase a été ajoutée par Leibniz postérieurement à la rédaction primitive.

6. En évoquant les remarques déjà faites à l'article 2 du *Discours*, Leibniz précise que Descartes et Spinoza n'ont pas échappé au danger qu'il vient de signaler. Il fait allusion à Spinoza, pour qui Dieu ne s'est proposé aucune fin dans la création, et pour qui, par conséquent, le monde est l'effet d'une nécessité absolue (Cf. Spinoza, *Ethique*, I, pr. 32-33, et Appendice final). Il fait aussi allusion à Descartes, pour qui Dieu ne s'est pas réglé sur la considération de quelque bien au moment de la création, et pour qui, dans le fond, le monde est le résultat d'une décision volontaire absolument libre (Cf. Descartes, *Lettres à Mersenne*, 15 avril, 6 mai et 27 mai 1630, — *Réponses aux Ve Objections*, § 1, — *Réponses aux VIe Objections*, § 8, — *Lettre au P. Mesland*, 2 mai 1644, — *Lettre à Arnauld*, 29 juillet 1648). Bref, il note que dans les doctrines de Descartes et de Spinoza la finalité n'a point de place (Cf. ci-dessus, § 2, et les notes correspondantes).

7. Contre les partisans du mécanisme, Leibniz se propose d'introduire la notion de finalité comme principe d'explication suprême. La raison qu'il juge déterminante sur ce point est d'ordre théologique : Dieu ayant agi, lors de la création, conformément au principe du meilleur, le monde créé doit être le plus parfait qui puisse se trouver, et il doit manifester, par l'ordre qui règne entre ses différentes parties, une authentique finalité.

C'est *a priori*, avant même tout examen des faits, que s'impose aux yeux de Leibniz une pareille affirmation. Voir, sur l'usage de la notion de finalité : *Dialogue entre un habile politique et un ecclésiastique d'une piété reconnue*, 1679 (éd. Foucher de Careil, *Œuvres de Leibniz*, t. II (2e éd.), p. 536-542) ; — *Unicum opticae, catoptricae et dioptricae principium*, 1682 (éd. Dutens, *Leibnitii Opera omnia*, t. III, p. 145-151) ; — *Lettre sur un principe général utile à l'explication des lois de la nature*, 1687 (éd. G., t. III, p. 54-55) ; — *Réponse aux réflexions de Régis*, 1697 (éd. G., t. IV, p. 336-349) ; — *Tentamen anagogicum*, 1697 (éd. G., t. VII, p. 270-279) ; — *Essais de Théodicée*, II, § 212-214 (éd. G., t. VI, p. 245-247).

8. Leibniz prévoit l'objection classique selon laquelle il est impossible de déterminer les fins que Dieu s'est proposé d'atteindre et, par conséquent, illusoire d'en invoquer le détail pour l'explication des faits. Mais il y répond d'avance par une distinction : l'objection serait valable, si l'on prétendait expliquer par la finalité tel ou tel phénomène particulier, et si l'on s'imaginait, par là même, que Dieu s'est effectivement proposé des fins particulières ; mais l'objection tombe, si l'on ne cherche à expliquer par la finalité que l'économie générale de l'univers, et si l'on reconnaît, en même temps, que Dieu s'est seulement proposé une fin unique, à savoir la réalisation du monde le meilleur. Aux yeux de Leibniz, Dieu n'a pas agi par des actes de volonté indépendants les uns des autres, mais par une volonté générale visant l'ensemble de la création.

9. La fin de la phrase a été ajoutée par Leibniz postérieurement à la rédaction primitive.

10. Dieu n'a pas eu pour fin, dans son action, telle ou telle substance particulière, mais l'ensemble des êtres ou — plus exactement — la corrélation harmonieuse des substances et l'activité supérieure des esprits (Cf. ci-dessus, § 14-15).

11. Phrase remaniée ; Leibniz avait d'abord écrit : « C'est pourquoi bien loin qu'on se puisse tromper là-dessus, il n'y a aucune matière où il y ait moins d'erreur à craindre. »

12. Leibniz entend justifier sa thèse par la considération de certains faits. Il invoque comme preuve *a posteriori* de la finalité dans le monde « l'admirable structure des animaux », c'est-à-dire l'adaptation des différentes parties d'un organisme les unes aux autres ; et, sur ce point, il s'oppose à ceux qu'il nomme des « esprits forts prétendus », c'est-à-dire aux partisans d'un pur mécanisme, tels Hobbes et Gassendi. Sans insister sur les faits eux-mêmes, il souligne avant tout l'absurdité d'une explication entièrement mécaniste ; il fait valoir notamment qu'une théorie physique, où il ne serait fait place qu'à la nécessité et au hasard, ne serait pas conciliable avec une affirmation métaphysique, telle que la raison l'exige, touchant l'existence d'un Dieu souverainement intelligent et tout puissant, ordonnateur des choses. Les exemples qui suivent illustreront ces remarques. (Voir, dans le même sens, le *Dialogue entre un habile politique et un ecclésiastique d'une piété reconnue* de 1679, éd. Foucher de Careil, *Œuvres de Leibniz*, t. II, 2e éd., p. 536-539).

13. Les mots — « et même de véritable philosophie » — ont été ajoutés par Leibniz postérieurement à la rédaction primitive.

14. Phrase remaniée ; Leibniz avait d'abord écrit : « Car il est ridicule d'introduire une intelligence souveraine ordonnatrice des choses et de ne pas employer sa sagesse à rendre raison des phénomènes. »

15. L'exemple de la conquête d'une place forte n'a pour but que de présenter sous une forme concrète la remarque précédente relative à l'absurdité d'un mécanisme pur. Il prépare directement la citation de Platon qui sera faite à l'article suivant. Ailleurs il est parfois remplacé par la supposition, non moins absurde, d'une « bibliothèque entière » qui « s'est formée un jour par un concours fortuit d'atomes », c'est-à-dire d'un pays « où les livres s'écrivent par hasard », grâce au jeu d'une nécessité mécanique (Cf. *Dialogue entre un habile politique et un ecclésiastique d'une piété reconnue*, 1679, éd. Foucher de Careil, *Œuvres de Leibniz*, t. II, 2e éd., p. 538).

16. Il faut reconnaître qu'en s'appuyant ici sur la considération de certains faits, Leibniz paraît se contredire : n'a-t-il pas déclaré précédemment que la finalité se vérifie pour le monde pris dans son ensemble et non pour le détail des phénomènes particuliers ? La contradiction n'est cependant qu'apparente : Leibniz peut invoquer à titre d'exemples la structure de certains êtres ou une suite d'événements historiques, parce qu'il considère ces êtres ou ces événements comme des *touts*, et que, dans le fond, le principe des causes finales qui vaut d'abord pour le monde est applicable à tout ensemble où se retrouve un caractère de totalité réelle.

ARTICLE 20

1, Leibniz a cité à différentes reprises ce passage de Platon, *Phédon*, 97b-99c : voir, par exemple, *Lettre à Thomasius*, 19/29 décembre 1670 (éd. G., t. I, p. 32-34), — *Abrégé du Phédon*, 1676 (éd. Foucher de Careil, *Nouvelles lettres et opuscules inédits de Leibniz*, Paris, 1857, p. 78-80), — *Lettre sur un principe général utile à l'explication des lois de la nature*, 1687 (éd. G., t. III, p. 54-55), — *Réponse aux réflexions de Régis*, 1697 (éd. G., t. IV, p. 339), — Opuscule « *Il y a deux sectes de naturalistes* » (éd. G., t. VII, p. 333-336).

2. Le manuscrit de Leibniz porte ici, en marge, une simple note : *Inseratur locus ex Phaedone Platonis ubi Socrates Anaxagoram irridet, qui mentem introducit nec ea utitur* ; (« insérer le passage du Phédon de Platon où Socrate raille Anaxagore, qui introduit l'esprit et ne s'en sert pas »). Or, le passage en question se trouve chez Leibniz, soit — sous forme de résumé — dans l'*Abrégé du Phédon* de 1676 (éd. Foucher de Careil, *Nouvelles lettres et opuscules inédits de Leibniz*, Paris, 1857, p. 78-80), soit — sous une forme plus développée — dans l'opuscule « *Il y a deux sectes de naturalistes...* » (éd. G., t. VII, p. 333-336). C'est ce dernier texte qui a été inséré ici ; mais, en fait, la traduction de Leibniz est assez libre et comporte quelques coupures.

3. En racontant l'histoire de sa pensée, Socrate a d'abord dit l'espérance qu'avait fait naître en lui la découverte d'Anaxagore, dont la doctrine tendait à expliquer l'ordre des choses par l'action d'une intelligence ; il a dit ensuite la déception que lui avait apportée la lecture même du philosophe, dont les analyses n'invoquaient en fait que le jeu d'une causalité mécanique. Socrate a fait voir ainsi que l'erreur de son maître fut de n'avoir pas su distinguer, dans l'étude concrète des phénomènes, ce qui est proprement une cause et ce qui représente seulement une condition sans laquelle une cause ne peut être efficace ; il a donc fait comprendre que la tâche du physicien est de définir, en tout domaine, l'action de la cause finale, dont le rôle s'avère déterminant, à

côté de celle de la cause efficiente, qui reste secondaire. Leibniz, en rappelant ce récit, donne évidemment à entendre qu'il partage l'opinion de Socrate, telle qu'elle est rapportée par Platon. Mais, ce faisant, il néglige au fond certains contrastes, qui permettent d'opposer, sur le problème en question, la pensée ancienne et la pensée moderne. S'il est en effet fondé, dans une large mesure, à instituer un rapprochement entre des doctrines qui ont de réelles analogies, il ne peut cependant déclarer ces doctrines tout à fait identiques. Pour sa part, il soutient une thèse qui garde une originalité propre : Socrate, chez Platon, recourait à l'explication par la finalité pour rendre compte du détail même des phénomènes ; Leibniz n'invoque au contraire la considération de la finalité qu'au niveau de l'acte créateur et pour l'intelligence de l'univers pris dans son ensemble. D'après lui, l'essentiel est que soient reconnues, tout à la fois, et l'insuffisance de la causalité physique, pourtant valable à son rang, et la nécessité d'un principe supérieur de finalité, seul intelligible en dernière analyse. La finalité qu'exige la métaphysique vient ainsi se superposer, mais sans l'abolir, au mécanisme que postule la science.

ARTICLE 21

1. Pour montrer, à titre de précision complémentaire, l'importance que présente la considération de la finalité en physique, Leibniz développe deux exemples : 1° celui des lois du mouvement en général (« *Ce qui est si vrai qu'on remarque...* ») ; — 2° celui des phénomènes d'optique en particulier (« *Je trouve même que plusieurs effets...* »). Dans l'un et l'autre cas, il s'appuie sur les conclusions de mémoires scientifiques déjà publiés.

2. Sur les lois du mouvement, Leibniz présente sa pensée en l'opposant à celle de Descartes. Exclure toute considération de finalité à propos des lois du mouvement, c'est en effet définir ces lois, comme Descartes, à partir des notions purement géométriques d'étendue et de déplacement (Cf. Descartes, *Principes de la philosophie*, II, § 23-53) ; or, ne faire ainsi appel qu'à des notions de type géométrique, c'est en définitive imaginer des lois qui ne correspondent pas à celles du monde réel : en particulier, c'est supposer que, dans le choc, un corps peut communiquer la vitesse qu'il a sans en rien perdre, comme si n'existait, du côté de la matière, aucune résistance au mouvement ; c'est supposer aussi que, dans la nature, la formation d'un système équilibré n'est pas toujours concevable, comme si, par exemple, pouvait n'être pas respecté le principe général de l'égalité de la cause pleine et de l'effet entier : l'inexactitude des conclusions auxquelles conduit le mécanisme cartésien oblige donc à renoncer aux principes dont il se réclame. Au contraire, expliquer les lois du choc ou la formation d'un système équilibré, c'est-à-dire quelques-unes des règles fondamentales de la mécanique, c'est chose aisée, d'après Leibniz, si l'on veut bien admettre, au delà du mouvement, la conservation de la force et de la direction en somme, c'est-à-dire un principe d'ordre métaphysique, impliquant l'existence d'une finalité dans le monde : par *force*, Leibniz entend la puissance capable de passer d'elle-même à l'action et de produire un effet futur ; par *direction*, il entend la détermination du mouvement, appréciée par la projection de celui-ci sur une droite : or, qu'il y ait conservation de la même quantité de force dans le monde, c'est ce qu'a permis d'établir précédemment la distinction entre force et quantité de mouvement, à l'article 17 du *Discours* ; et qu'il y ait, de plus, conservation de la direc-

tion en somme, c'est ce que précisera la *Lettre à Arnauld* du 30 avril 1687, en soulignant que tout dans l'univers est « parfaitement balancé » et que toutes les directions de tous les corps sont « parfaitement égales » : cette double conservation suppose, de toute évidence, que l'ensemble des choses ait été pris en considération par la sagesse divine et réponde par conséquent à une certaine fin. Au moment de la rédaction du *Discours*, Leibniz avait déjà formulé certaines critiques contre la théorie cartésienne du mouvement, notamment à propos des lois du choc (Cf. *Theoria motus abstracti*, 1671, éd. G., t. IV, p. 221-240) ; en 1686-1687, les polémiques sucitées par la *Brevis demonstratio erroris memorabilis Cartesii* l'ont conduit à reprendre sous une forme nouvelle ses premières objections ; plus tard, en développant sa doctrine personnelle, il reviendra souvent sur le même problème (Cf. ci-dessus, § 17, note 2).

3. Allusion à la *Theoria motus abstracti* de 1671, conclusion (éd. G., t. IV, p. 237-240), où se trouve critiquée la 4e loi cartésienne du choc (Cf. Descartes, *Principes de la philosophie*, II, § 49).

4. Les mots — « et les plus déterminées » — ont été ajoutés par Leibniz postérieurement à la rédaction primitive.

5. Sur les phénomènes d'optique, Leibniz présente encore sa pensée en l'opposant à celle de Descartes. Aussi bien pour la catoptrique, qui étudie les lois de la réflexion à propos des miroirs, que pour la dioptrique, qui étudie les lois de la réfraction à propos des lentilles, il estime que toutes les lois de l'optique peuvent être déduites du principe métaphysique selon lequel Dieu agit toujours de la façon la plus simple, et qu'ainsi ces lois manifestent très clairement dans la nature une authentique finalité ; parlant de la lumière, « la cause finale, dit-il, suffit pour deviner les lois qu'elle suit : car pourvu qu'on se figure que la nature a eu pour but de conduire les rayons d'un point donné à un autre point donné par le chemin le plus facile, on trouve admirablement bien toutes ces lois » (*Réponse aux réflexions qui se trouvent dans le Journal des savants* de 1697, éd. G., t. IV, p. 340). Ce sont ces vues que Leibniz avait déjà exposées dans le mémoire auquel il fait ici allusion, *Unicum opticae, catoptricae et dioptricae principium*, publié dans les *Acta eruditorum* de juin 1682 (éd. Dutens, *Leibnitii Opera omnia*, t. III, p. 145-151). Ce sont elles également qu'il reprendra plus tard dans différents opuscules : *Remarques sur l'abrégé de la vie de Mons. Descartes*, vers 1694 (éd. G., t. IV, p. 317-319) ; — *Réponse aux réflexions qui se trouvent dans le Journal des savants de cette année touchant les conséquences de quelques endroits de la philosophie de Descartes*, 1697 (éd. G., t. IV, p. 340) ; — *Tentamen anagogicum*, 1697 (éd. G., t. VII, p. 270-279) ; — *Nouveaux Essais sur l'entendement*, Liv. IV, ch. VII, § 15 (éd. G., t. V, p. 404-405).

6. La fin de cette phrase a été ajoutée par Leibniz postérieurement à la rédaction primitive. Cf. ci-dessous, § 22.

ARTICLE 22

1. Pour finir, Leibniz note que l'importance reconnue au principe de finalité n'exclut aucunement le recours à la causalité efficiente dans les sciences physiques : en pratique, il est nécessaire d'invoquer conjointement le jeu des causes efficientes et celui des causes finales (« *Il est bon de faire cette remarque...* »), quoiqu'il puisse être utile parfois de tenir compte des secondes plus que des premières (« *Cependant je trouve que...* »).

2. Le souci de ne négliger ni les causes efficientes ni les causes finales permet de concilier les tenants de la tradition cartésienne et ceux de la tradition platonico-aristotélicienne, auxquels il est fait allusion ici. Mais c'est surtout à propos des phénomènes biologiques que cet effort de rapprochement paraît offrir le plus d'intérêt.

3. La décision de préférer parfois l'explication par les causes finales, — jugée plus facile et plus rapide, — à l'explication par les causes efficientes, — estimée plus difficile dans l'application, — se trouve justifiée ici par l'exemple, déjà cité à l'article précédent, des lois de l'optique, notamment par celui de la loi de la réfraction découverte par Snellius.

4. Le membre de phrase — « qui est plus profonde en effet... est en récompense » — a été ajouté par Leibniz postérieurement à la rédaction primitive.

5. Les mots — « et utiles » — ont été ajoutés par Leibniz postérieurement à la rédaction primitive.

6. Les mots — « plus physique » — ont été ajoutés par Leibniz postérieurement à la rédaction primitive.

7. Snellius (1591-1626), professeur de mathématiques à l'Université de Leyde, avait laissé à sa mort divers manuscrits, parmi lesquels se trouvait un travail sur la réfraction ; cette étude, conduite suivant une méthode expérimentale, énonçait pour la première fois la loi des sinus (Cf. P. van Geer, *Notice sur la vie et les travaux de Willebrord Snellius*, dans les *Archives Néerlandaises*, t. XVIII, 1883). Or, Leibniz estime que, dans la recherche, Snellius n'a fait qu'appliquer à l'étude de la réfraction (dioptrique) le principe de simplicité dont les Anciens, tel Héliodore de Larisse, avaient fait usage dans l'étude de la réflexion (catoptrique). Le principe de simplicité veut que la lumière aille d'un point à un autre par le chemin le plus court : il conduit donc à admettre, dans la catoptrique, l'égalité des angles d'incidence et de réflexion, et, dans la dioptrique, la constance de la relation entre les sinus des angles d'incidence et de réfraction ($\frac{\sin i}{\sin r} = k$, k étant une constante caractéristique des milieux). Leibniz déclare après cela que les vues de Snellius confirment la valeur des considérations tirées de la simplicité des voies de la nature, c'est-à-dire de la finalité, dans les questions de physique ; aussi n'en rejette-t-il qu'avec plus de force les démonstrations purement géométriques de Descartes sur le même problème. Voir, à ce sujet, *Remarques sur l'abrégé de la vie de Mons. Descartes*, vers 1694 (éd. G., t. IV, p. 317-319) ; — *Réponse aux réflexions qui se trouvent dans le Journal des savants de cette année touchant les conséquences de quelques endroits de la philosophie de Descartes*, 1697 (éd. G., t. IV, p. 340) ; — *Tentamen anagogicum*, 1697 (éd. G., t. VII, p. 270-279) ; — *Nouveaux Essais sur l'entendement*, Liv. IV, ch. VII, § 15 (éd. G., t. V, p. 404-405).

8. Après ces mots, Leibniz avait ajouté postérieurement à la rédaction primitive, mais finalement supprimé, une phrase incidente : « qu'il avait enseignées publiquement en Hollande (quoique la mort l'ait empêché de faire imprimer son ouvrage qu'on sait avoir été tout fait) ».

9. La fin de la phrase a été ajoutée par Leibniz postérieurement à la rédaction primitive.

10. Héliodore de Larisse, mathématicien grec, avait composé, à la fin du IIIe siècle ou au début du IVe siècle ap. J.-C., un petit traité d'op-

tique. Cet ouvrage rattachait la propagation rectiligne de la lumière et les lois de la réflexion au fait que la lumière, ou plus exactement le rayon lumineux, tend toujours à parcourir le chemin le plus court.

11. Fermat avait eu communication, par l'intermédiaire de Mersenne de la *Dioptrique* de Descartes, au début de 1637, peu avant la publication de l'ouvrage. Il avait envoyé aussitôt à Mersenne, dès avril ou mai 1637, une critique de la démonstration cartésienne de la loi de la réfraction, et Mersenne avait transmis cette critique à Descartes : un échange de vues — objections et réponses — s'ensuivit entre Descartes et Fermat, en 1637-1638. Fermat estimait que la démonstration donnée par Descartes est contraire au bon sens ; mais il admettait, en accord avec les Anciens, que la nature agit toujours par les voies les plus courtes. Cf. *Lettre de Fermat à Mersenne*, avril ou mai 1637 (dans *Correspondance de Descartes*, éd. Adam-Milhaud, t. I, p. 341-345) ; — *Lettre de Descartes à Mersenne*, 5 octobre 1637 (*Ibid.*, t. II, p. 42-47) ; — *Lettre de Fermat à Mersenne*, novembre 1637 (*Ibid.*, t. II, p. 50-58) ; — *Lettre de Descartes à Mydorge*, 1er mars 1638 (*Ibid.*, t. II, p. 154-159).

12. Leibniz avait d'abord écrit : « Car lorsque les rayons observent la même proportion des sinus, il se trouve que c'est la voie la plus aisée pour passer... »

13. Les mots — « par la voie des efficientes » — ont été ajoutés par Leibniz postérieurement à la rédaction primitive.

14. La démonstration de la loi de la réfraction donnée par Descartes — démonstration fondée sur un raisonnement qui a pu être inspiré par un problème de géométrie relatif à la théorie des coniques — se trouve dans la *Dioptrique*, Discours II. Quant à l'accusation de plagiat portée contre Descartes, elle a été formulée pour la première fois, en 1662, par Isaac Vossius : celui-ci déclarait avoir vu un travail manuscrit de Snellius sur la lumière, où se trouvait indiquée, à propos de la réfraction, la loi des sinus, et il faisait remarquer que Descartes avait pu prendre connaissance de ce travail et des idées qui y étaient exposées pendant son séjour en Hollande. La critique moderne a cependant prouvé, aujourd'hui, que cette accusation est des plus contestables : sans doute Descartes a-t-il eu connaissance du manuscrit de Snellius, vers 1632, avant la publication de sa *Dioptrique* ; mais, à cette date, il était déjà en possession de la découverte relative à la loi de la réfraction. Voir, sur ce point, Korteweg, *Descartes et les manuscrits de Snellius*, dans la *Revue de métaphysique et de morale*, juillet 1896, — et Gaston Milhaud, *Descartes savant*, Paris, Alcan, 1921 (ch. V, Les travaux d'optique de 1620 à 1629).

ARTICLE 23

1. Les articles 23-31 constituent la quatrième partie du *Discours* : après s'être arrêté à l'étude du monde physique, qui représente le plus bas degré de l'être, et après avoir indiqué que ce monde se rattache, par les principes qui en commandent l'économie, à un ordre supérieur, authentiquement métaphysique, Leibniz revient maintenant à l'étude des substances immatérielles et s'applique à montrer comment les esprits qui les représentent se trouvent en rapport avec Dieu par l'entendement et la volonté : il analyse les conditions d'une sorte de *retour vers Dieu*. Le plan suivi rappelle donc à nouveau celui des Sommes médiévales où, après une description de la hiérarchie des êtres créés, on trouve l'indication des voies par lesquelles l'homme, parmi ces êtres, devient

capable de s'unir à Dieu ; plus profondément peut-être, il rappelle le rythme suivant lequel se développe toute métaphysique néo-platonicienne, dans un double mouvement de procession et de conversion : il correspond en tout cas à un schéma classique. Pratiquement, Leibniz distingue d'ailleurs — conformément à la tradition scolastique, qui oppose la connaissance intellectuelle, ordonnée au vrai, et l'action morale, ordonnée au bien, — et en accord avec sa propre doctrine de la substance, qui définit comme deux facultés distinctes la perception et l'appétition, — deux moyens différents de s'élever vers Dieu : la voie de l'entendement (§ 23-29) et celle de la volonté (§ 30-31).

2. Pour commencer, Leibniz aborde l'étude de l'entendement (§ 23-29) ; et il distingue à ce sujet deux questions : 1° celle de *la nature des idées* que l'entendement peut concevoir (§ 23-25) ; — 2° celle de *l'origine des idées* que l'entendement se forme (§ 26-29). Sur la question même de la nature des idées, Leibniz procède méthodiquement : il souligne d'abord la nécessité d'examiner la nature des idées (§ 23) ; puis il établit une classification des différents types d'idées et de définitions (§ 24) ; il précise enfin quelles sont les idées qui donnent lieu à une connaissance entière par contemplation (§ 25).

3. Leibniz rappelle d'abord la nécessité d'examiner la nature des idées qui occupent l'entendement, avant d'accepter ces idées comme vraies : il arrive souvent, en effet, qu'on s'imagine avoir des idées claires et qu'on pense pouvoir s'élever par ce moyen à des connaissances certaines ; or, l'illusion est fréquente, car il peut se faire que les idées, dûment examinées, se révèlent contradictoires et que, par conséquent, les affirmations qui en étaient déduites se trouvent fausses ; il importe ainsi, devant toute idée, de ne point conclure sur la foi d'une évidence apparente et de procéder toujours à un travail préliminaire d'analyse : c'est ce que recommandait déjà l'article 1er du *Discours* et ce que redira la *Lettre à Arnauld* du 14 juillet 1686 (*Lettre* XI, p. 128) ; c'est aussi ce qu'avait expliqué Leibniz, deux ans avant le *Discours*, dans les *Meditationes de cognitione, veritate et ideis*, publiées par les *Acta eruditorum* de novembre 1684 (éd. G., t. IV, p. 422-426) ; c'est même ce qu'il avait laissé entendre auparavant, sous la forme d'une critique des idées cartésiennes, dans une *Lettre à Elisabeth* de 1678 (éd. G., t. IV, p. 290-296) et dans une *Lettre à Jean Gallois* d'otobre 1682 (G.W. Leibniz, *Sämtliche Schriften und Briefe*, Reihe II, Bd. I, p. 529-532). Pour faire sentir l'importance d'un tel examen, Leibniz développe généralement deux types d'exemples : l'exemple de l'idée de Dieu sur laquelle repose l'argument ontologique ; et l'exemple de certaines idées mathématiques trop facilement admises pour vraies par le sens commun : le premier exemple illustre le cas où apparaît finalement le bien fondé de l'idée conçue ; mais le second illustre celui où se révèle la contradiction des idées en cause : dans le texte actuel, les exemples mathématiques ne sont évoqués qu'incidemment, à l'intérieur de l'exemple métaphysique, pour montrer l'intérêt d'une analyse ; mais, en fait, ils confirment l'utilité de l'examen décidé, quand bien même celui-ci doit aboutir à valider définitivement l'idée soumise à réflexion.

4. Les mots — « anciens et nouveaux » — ont été ajoutés par Leibniz postérieurement à la rédaction primitive.

5. Leibniz résume l'argument ontologique tel qu'il avait été présenté par saint Anselme dans le *Proslogion*, ch. II-IV, et repris par Descartes dans le *Discours de la méthode*, IV, — les *Méditations*, V, — et les *Principes de la philosophie*, I, § 14.

6. La fin de la phrase a été ajoutée par Leibniz postérieurement à la rédaction primitive.

7. Les trois exemples mathématiques évoqués ici, — celui du mouvement le plus rapide, celui du nombre le plus grand et celui de la rencontre de la conchoïde avec sa base, — sont destinés à prouver qu'une idée, même si elle est apparemment claire, doit être soumise à l'analyse, puisque l'analyse est le seul moyen d'y déceler éventuellement, — comme cela se produit d'ailleurs dans le cas actuel, — une contradiction secrète. Que l'idée du mouvement le plus rapide soit contradictoire, c'est ce que montre le fait que, si l'on suppose une roue tournant selon ce mouvement, rien n'empêche de prolonger par la pensée l'un des rayons de cette roue et d'imaginer ainsi un mouvement plus rapide encore que le plus rapide : ce qui est absurde. Que l'idée du nombre le plus grand soit contradictoire, c'est ce que montre à son tour le fait que, si l'on suppose un tel nombre, rien n'empêche d'y ajouter par la pensée une unité nouvelle et de concevoir de la sorte un nombre plus grand encore que le plus grand : ce qui est encore absurde. Quant à la rencontre de la conchoïde avec sa base, elle se révèle également contraire à la raison : la conchoïde est une courbe qui se rapproche indéfiniment d'une droite, sans jamais l'atteindre et moins encore la couper ; or, s'il semble à qui se tient dans les limites de l'intuition sensible qu'une telle courbe doive finir par rencontrer la droite dont elle ne cesse de se rapprocher, il faut reconnaître que, d'un point de vue mathématique, l'idée de rencontre est absolument inconcevable dans l'hypothèse envisagée : soient en effet une droite quelconque MM' et un point A extérieur à cette droite ; si l'on mène du point A la perpendiculaire AP et les obliques AB, AC, AD, etc... à la droite MM', — si l'on prolonge, d'autre part, chacune de ces lignes de l'autre côté de MM' d'une longueur constante PP', égale à BB', CC', DD', etc... — et si l'on joint enfin les points P', B', C', D', etc..., on obtient une courbe qui est la conchoïde de la droite MM' ; et il est évident que cette courbe s'approche indéfiniment de la droite, mais ne la rencontre pas.

8. Allusion au livre d'Arnauld, *Traité des vraies et des fausses idées*, paru en 1683. Leibniz l'avait déjà pris en considération dans ses *Meditationes de cognitione, veritate et ideis* de 1684. Il est évident que l'analyse dont il est question ici permet d'effectuer sans peine le discernement de la vérité et de la fausseté des idées, puisqu'elle indique s'il y a ou s'il n'y a pas contradiction dans une idée et, par conséquent, si cette idée est possible.

9. L'idée de Dieu telle que l'évoque l'argument ontologique constitue à son tour un exemple typique d'évidence imparfaite faute d'analyse : c'est à ce titre qu'elle est prise ici en considération. En fait, Leibniz ne s'arrête donc pas au *contenu* de l'argument, mais à la *forme* de celui-ci ; il ne l'examine pas en tant que preuve de l'existence de Dieu, mais en tant que démonstration incomplète. De ce point de vue, estime-t-il, une démonstration préliminaire devrait être produite touchant la *possibilité* même de l'idée de Dieu ou d'Etre parfait : démonstration qu'il serait d'ailleurs facile de donner, si l'on remarquait que les perfections attribuées à Dieu sont des qualités simples et que les qualités simples sont par nature compatibles entre elles. Une fois établie l'absence de contradiction au point de départ, la démonstration relative à l'*existence* même de Dieu devient valable : démonstration que saint Anselme et Descartes ont développée, en soulignant que l'existence est une perfection et qu'à ce titre elle appartient nécessairement à Dieu comme

Etre souverainement parfait. Ainsi, pour Leibniz, l'argumentation classique n'est pas fausse ; elle est seulement insuffisante. L'intérêt de la critique ne fait au reste aucun doute : cette critique confirme, jusqu'en métaphysique, l'importance de l'analyse ; bien plus, elle en fait voir la fécondité, car, si les exemples mathématiques montrent la nécessité de l'analyse pour le discernement des idées fausses, l'exemple de l'idée de Dieu en manifeste la nécessité pour l'établissement rigoureux d'une affirmation vraie. — Leibniz est revenu très souvent sur la critique de l'argument ontologique. Outre l'article actuel du *Discours*, qui a été préparé par les remarques de l'article 1er et qui sera complété par les réflexions contenues dans la *Lettre à Arnauld* du 14 juillet 1686 (*Lettre* XI, p. 128), on peut citer parmi les textes les plus caractéristiques : *Quod Ens perfectissimum existit*, 1676 (éd. G., t. VII, p. 261-262) ; — *Correspondance avec Eckhard et Molanus*, 1677 (éd. G., t. I, p. 212-272) ; — *Lettre à Elisabeth*, 1678 (éd. G., t. IV, p. 292-296) ; — *Lettre à Malebranche*, 22 juin 1679 (éd. G., t. I, p. 331-332 et 337-339) ; — *Meditationes de cognitione, veritate et ideis*, 1684 (éd. G., t. IV, p. 424) ; — *Lettre à Foucher*, juillet 1686 (éd. G., t. I, p. 384-385) ; — *De synthesi et analysi universali* (éd. G., t. VII, p. 294-295) ; — *Specimen inventorum* (éd. G., t. VII, p. 309-312) ; — *Animadversiones in partem generalem Principiorum Cartesianorum*, 1692, § 14 (éd. G., t. IV, p. 358-359) ; – *De rerum originatione radicali*, 1697 (éd. G., t. VII, p. 303) ; — *Lettre à Burnett*, 20 janvier 1699 (éd. G., t. III, p. 248) ; — *Note sur l'argument ontologique*, 1701 (éd. G., t. IV, p. 401-404); — *Extrait d'une lettre touchant la démonstration cartésienne de l'existence de Dieu*, 1701 (éd. G., t. IV, p. 405-406) ; — *Nouveaux Essais sur l'entendement*, 1704, Liv. IV, ch. X, § 7 (éd. G., t. V, p. 418-420) ; — *Lettre à Bierling*, 10 novembre 1710 (éd. G., t. VII, p. 490) ; — *Monadologie*, 1714, § 45 (éd. G., t. VI, p. 614). Pour une discussion des problèmes posés par la critique leibnizienne de l'argument ontologique, voir Hannequin, *La preuve ontologique cartésienne défendue contre la critique de Leibniz*, dans la *Revue de métaphysique et de morale*, juillet 1896 (article reproduit dans *Etudes d'histoire des sciences et d'histoire de la philosophie*, Paris, Alcan, 1908, t. I, p. 233-264), et Iwanicki, *Leibniz et les démonstrations mathématiques de l'existence de Dieu*, Strasbourg, 1933.

10. La fin de la phrase a été ajoutée par Leibniz postérieurement à la rédaction primitive.

ARTICLE 24

1. Après avoir montré la nécessité de procéder à un travail préliminaire d'analyse, Leibniz esquisse une classification des différentes espèces d'idées (« *Pour mieux comprendre la nature des idées...* ») et des différentes espèces de définitions (« *Il est bon aussi de discerner...* »), ou, plus exactement, il distingue différents degrés de précision et de valeur à propos des idées que conçoit l'entendement et des définitions qui découlent de ces idées : les remarques de l'article précédent sur la nécessité de l'analyse justifient cet effort de classement. Mais le souci de Leibniz s'explique par une conception de l'idée qui lui est personnelle et qui s'oppose à celle de Descartes. Descartes, en recourant à l'évidence des idées claires et distinctes, ne considérait en effet que l'*impression subjective produite par l'idée* quand celle-ci est immédiatement présente à l'entendement : pour lui, la clarté résultait, par opposition à l'obscurité, de la présence immédiate de l'idée à l'esprit ; la distinction résultait, par opposition à la confusion, d'une clarté permettant de bien séparer

l'idée considérée de toutes les autres ; la clarté ne supposait pas la distinction, mais la distinction supposait la clarté ; au reste, une clarté intégrale entraînait nécessairement la distinction ; il semblait, en somme, que la clarté fût une caractéristique de l'idée considérée en elle-même, et la distinction une caractéristique de l'idée confrontée à toutes les autres (Cf. Descartes, *Regulae ad directionem ingenii*, Reg. I-XII, et *Discours de la méthode*, II). Leibniz, au contraire, en recherchant une intelligibilité parfaite, considère *la structure objective de l'idée elle-même*, envisagée indépendamment de la pensée qui la conçoit : toute idée se décompose en effet en idées plus simples, et celles-ci se décomposent à leur tour en de plus simples encore, jusqu'à ce que soient obtenus des termes absolument simples, vraiment premiers et indécomposables ; les différentes espèces d'idées qu'il est possible de distinguer les unes des autres correspondent aux différents degrés d'une analyse, qui peut être plus ou moins poussée ; mais, au fond, une idée n'est parfaitement définie que par l'énumération de tous les termes simples qui la constituent. Au fond, Descartes et Leibniz se réclament de deux conceptions différentes de l'intelligibilité : chez le premier, l'intelligibilité se reconnaît à une expérience subjective qui correspond à un sentiment de présence ; chez le second, elle exprime une connaissance objective qui correspond à une analyse logique : on comprend, après cela, que Leibniz ne veuille pas se contenter des critères cartésiens pour apprécier les idées et qu'il réclame, avant de donner son assentiment, un long et patient effort d'analyse. Les considérations exposées ici dans le *Discours* reprennent, sous forme de résumé, celles que Leibniz avait déjà développées, deux ans plus tôt, dans les *Meditationes de cognitione, veritate et ideis* de 1684 (éd. G., t. IV, p. 422-426) ; elle seront reprises à leur tour, en 1704, dans les *Nouveaux Essais sur l'entendement*, Liv. II, ch. XXIX-XXXI, et Liv. III, ch. III-VI (éd. G., t. V, p. 236-249 et p. 266-309). Pour une étude détaillée des thèses de Leibniz sur ce point, voir Couturat, *La logique de Leibniz*, Paris, Alcan, 1901.

2. Leibniz simplifie ici l'exposé de sa pensée, en indiquant immédiatement le caractère de l'idée *claire* qui reste encore *confuse*, et en marquant aussitôt la précision supplémentaire qui fait que cette idée devient *distincte*. Cependant, si l'on se reporte au texte des *Meditationes de cognitione, veritate et ideis* de 1684, — texte qui se trouve repris dans les *Nouveaux Essais sur l'entendement*, Liv. II, ch. XXIX, — on constate que Leibniz a coutume de présenter d'abord, de façon plus explicite, une double opposition : 1° c'est à l'idée *obscure* que s'oppose l'idée *claire* : une idée est *obscure*, en effet, quand elle ne permet pas de reconnaître la chose qu'elle représente (ainsi en est-il pour l'idée d'une plante ou d'un animal dont on ne garde qu'un vague souvenir) ; elle est *claire*, quand elle permet de reconnaître cette chose parmi d'autres qui lui sont semblables ; — 2° c'est à l'idée *confuse* que s'oppose l'idée *distincte* : parmi les idées claires, on appelle en effet *confuse* toute idée dont on ne connaît pas un nombre suffisant d'éléments constitutifs et qui, par conséquent, ne permet pas de discerner par ses caractères propres la chose représentée (ainsi en est-il pour les couleurs, qu'on distingue pratiquement les unes des autres, mais à propos desquelles on ne saurait expliquer à un aveugle ce qui fait qu'on doit les distinguer) ; on appelle au contraire *distincte* l'idée dont on connaît un nombre suffisant d'éléments constitutifs et que, par suite, on sait reconnaître et distinguer des autres (ainsi en est-il pour l'idée que les chimistes ont de l'or, puisque cette idée permet d'indiquer avec une précision suffisante à quelles marques distinctives on reconnaît qu'on est effectivement en présence de l'or).

3. Les mots — « clairement, sans être en doute en aucune façon » —

ont été ajoutés par Leibniz postérieurement à la rédaction primitive.

4. Leibniz poursuit le développement de sa pensée en présentant à nouveau une double opposition : 1° c'est à l'idée *inadéquate* que s'oppose l'idée *adéquate* : parmi les idées distinctes, on appelle en effet *inadéquate* toute idée dont les éléments caractéristiques ne sont pas connus à leur tour d'une façon complètement distincte (ainsi l'idée de l'or, dont, malgré tout, on ne connaît que confusément certaines propriétés) ; on appelle au contraire *adéquate* l'idée dont tous les éléments sont connus d'une manière parfaitement distincte (ainsi les idées que nous avons des nombres) ; — 2° c'est enfin à l'idée *symbolique* (ou *suppositive*) que s'oppose l'idée *intuitive* : parmi les idées adéquates, on appelle en effet *symbolique* ou *suppositive* l'idée dont tous les éléments constitutifs sont connus distinctement, mais ne peuvent être appréhendés tous à la fois par la pensée ; il faut en ce cas substituer aux différents éléments distingués quelque signe abréviatif qui les résume et les représente (symbole) et il faut admettre par hypothèse que l'ensemble de ces éléments est donné avec le signe employé (supposition), comme fait le mathématicien pour le chiliogone ou polygone à mille côtés ; on appelle au contraire *intuitive* l'idée dont on peut saisir d'une seule vue toutes les notions élémentaires constitutives, telle l'idée d'une figure géométrique simple, comme le triangle. Il est à remarquer, pour conclure, que les différentes espèces d'idées dont parle Leibniz correspondent aux différents degrés d'une analyse de plus en plus poussée d'éléments constitutifs et d'une prise de conscience de plus en plus vive de la somme de ces éléments.

5. Leibniz avait d'abord écrit : « comprend à la fois toute cette analyse d'une notion ».

6. Leibniz avait d'abord écrit : « n'étant que suppositives ».

7. Leibniz procède pour les définitions comme il vient de procéder pour les idées (Cf. *Nouveaux Essais sur l'entendement*, Liv. III, ch. III). A la définition *nominale* s'oppose la définition *réelle* : on appelle en effet définition *nominale* toute définition qui indique les caractères distinctifs d'une chose, c'est-à-dire un nombre suffisant d'éléments pour pouvoir distinguer la chose en question de ses semblables, mais qui n'indique pas la possibilité même de la chose définie, c'est-à-dire la totalité des éléments et leur compatibilité mutuelle, dont en fait la possibilité dépend (ainsi la définition de la vis sans fin comme une ligne dont les parties sont congruentes, c'est-à-dire constituées de telle façon qu'elles peuvent avancer les unes sur les autres, énonce effectivement une propriété réciproque, mais néglige la question de possibilité) ; on appelle au contraire définition *réelle* toute définition qui indique, non seulement les caractères distinctifs d'une chose, mais encore la possibilité de celle-ci (ainsi, pour la vis sans fin, la définition réelle montre qu'une telle vis est possible, parce qu'elle vient s'engrener sur une roue dentée qui lui permet de tourner sur place). Il est clair, après cela, que d'une définition nominale on ne peut rien tirer de certain, puisque, faute d'établir la possibilité du défini, elle peut envelopper une contradiction, alors qu'au contraire, et pour la raison inverse, on peut tirer quelque vérité d'une définition réelle (d'où l'erreur de Hobbes, qui ne concevait que des définitions nominales).

8. Les mots — « ou peuvent incéder l'une sur l'autre » — ont été ajoutés par Leibniz postérieurement à la rédaction primitive.

9. La fin de la phrase a été ajoutée par Leibniz postérieurement à la rédaction primitive.

10. Le passage suivant — « et tandis qu'on n'a qu'une définition nominale... quelques nouveaux philosophes ont cru » — a été ajouté par Leibniz postérieurement à la rédaction primitive.

11. Allusion à Hobbes (voir, par exemple, le *De corpore* de 1655, ch. II-III), pour qui, — toute connaissance s'appuyant sur la sensation et se développant grâce au langage, — la science réside en des mots, dont le sens est fixé par des définitions purement nominales : « la vérité, disait-il, est dans le mot, non dans la chose » (*Loc. cit.*, ch. III, § 7) ; et il ajoutait : « les premières vérités tirent leur origine du vouloir de ceux qui les premiers imposèrent des noms aux choses ou de ceux qui acceptèrent les noms établis par d'autres ; ainsi, par exemple, il est vrai que *l'homme est un animal* parce qu'on a été d'avis d'imposer ces deux noms à une même chose » (*Loc. cit.*, ch. III, § 8).

12. Leibniz achève son exposé par une dernière opposition. Parmi les définitions réelles, il estime en effet devoir distinguer les définitions *a posteriori* et les définitions *a priori* : on appelle *a posteriori* toute définition réelle dans laquelle la possibilité de la chose définie n'est établie que par appel à l'expérience (ainsi en est-il en physique, où l'existence d'un objet atteste évidemment la possibilité de celui-ci) ; on appelle au contraire *a priori* toute définition réelle dans laquelle la possibilité de la chose définie est établie par une démonstration faisant voir que les éléments de la chose sont compatibles entre eux (ainsi en est-il en mathématiques) : cette compatibilité peut au reste apparaître, soit après une analyse incomplète, qui suppose quelque chose de déjà donné (définition *causale*), soit après une analyse complète, qui ne suppose rien et va jusqu'aux éléments rigoureusement premiers (définition *essentielle*).

13. Phrase remaniée : au lieu de « dans la définition du vif argent... réelle et rien davantage », — Leibniz avait d'abord écrit : « dans la définition de l'or, elle est encore assez imparfaite ».

14. Les mots — « de la possibilité » — ont été ajoutés par Leibniz postérieurement à la rédaction primitive.

15. Les mots — « réelle et » — ont été ajoutés par Leibniz postérieurement à la rédaction primitive.

ARTICLE 25

1. Pour conclure, Leibniz entend préciser quelles sont les idées qui donnent une connaissance entière par contemplation. Or, après les distinctions précédentes, seules les idées *intuitives* et les idées *claires* paraissent capables d'apporter une telle connaissance.

2. Que les idées *intuitives* donnent une connaissance entière par contemplation, c'est ce qui résulte du fait qu'elles sont le fruit d'une analyse parfaite : sans doute les idées *symboliques* ou *suppositives* sont déjà des idées distinctes et même adéquates ; mais, ne laissant pas voir tous leurs éléments, elles exigent le recours à un signe symbolique et partant ne révèlent pas leur possibilité ; seules les idées intuitives sont susceptibles, à cet égard, d'être entièrement connues ; seules, par conséquent, elles peuvent devenir objet d'une contemplation fondée en vérité (Cf. *Nouveaux Essais sur l'entendement*, Liv. IV, ch. II, § 1).

3. Le membre de phrase — « et si elle est possible... qu'on l'apprend » — a été ajouté par Leibniz postérieurement à la rédaction primitive.

4. Le membre de phrase — « ou au moins incompatible... auxquelles je la joins » — a été ajouté par Leibniz postérieurement à la rédaction primitive.

5. Que les idées *claires* donnent une connaissance entière par contemplation, c'est ce qui apparaît également possible : certes les idées claires n'ont pas en général même valeur que les idées intuitives, parce qu'elles ne permettent pas de voir tous les éléments dont elles se composent ; elles peuvent cependant, elles aussi, devenir objet d'une contemplation fondée en vérité : d'abord, dans le cas des notions primitives absolument indécomposables, elles sont équivalentes aux idées intuitives ; d'autre part, dans le cas des notions complexes, elles donnent une connaissance entière, quoique imprécise, et méritent même une pleine confiance, pour peu que l'expérience en atteste la possibilité : à ce double titre elles doivent donc de prendre rang à côté des notions intuitives.

ARTICLE 26

1. Après le problème de la nature des idées, Leibniz traite maintenant le problème de leur origine (§ 26-29) : d'où viennent nos idées et comment pouvons-nous les acquérir ? Il procède, ici encore, très méthodiquement et montre : 1° qu'en un sens, — qui est le plus profond, — toutes les idées sont innées à l'esprit (§ 26) ; — 2° qu'en un autre sens, — plus superficiel, — toutes les idées viennent de l'expérience (§ 27) ; — 3° que finalement la connaissance s'explique par une action de Dieu qui éclaire l'esprit (§ 28) ; — 4° que cependant la connaissance ne comporte pas de vision en Dieu, comme le voulait Malebranche (§ 29). Pour l'ensemble de ces développements, voir les *Nouveaux Essais sur l'entendement*, et spécialement la *Préface*.

2. Pour commencer, Leibniz affirme qu'au fond toutes nos idées sont innées à notre esprit (§ 26) : il énonce d'abord directement sa thèse (« *Pour bien concevoir ce que c'est qu'idée...* ») ; — il en montre ensuite l'accord avec l'ensemble de sa philosophie (« *Cela s'accorde avec mes principes...* ») ; — et il en souligne enfin l'accord avec la philosophie de Platon (« *C'est ce que Platon a excellemment bien considéré...* »). Pour énoncer sa thèse, Leibniz part d'une distinction qui oppose deux conceptions touchant les idées : pour les uns, dit-il, l'idée est une « forme de nos pensées », c'est-à-dire une simple modalité ou manière d'être de notre pensée ; pour les autres, elle est une « forme permanente », c'est-à-dire un objet véritable, qui a une réalité en soi et qui subsiste indépendamment de l'esprit qui le pense. Cette distinction approfondit une remarque de Descartes : Descartes avait en effet considéré que l'idée est d'abord un *mode de la pensée*, — « cette forme de chacune de nos pensées, par la perception immédiate de laquelle nous avons connaissance de ces mêmes pensées », — et, à ce titre, il lui avait reconnu une *réalité formelle* ; mais il avait ajouté, d'autre part, qu'elle possède aussi une *réalité objective*, — « l'entité ou l'être de la chose représentée par l'idée, en tant que cette entité est dans l'idée », — et, à cet égard, il lui avait reconnu le caractère d'une *chose pensée* (Cf. Descartes, *Réponses aux IIe Objections*, sub fine, Raisons disposées de façon géométrique, Définitions II et III ; cf. aussi *Méditations*, III). Plus immédiatement, la distinction de Leibniz rappelle l'opposition qui se manifestait, à peu près à l'époque même du *Discours*, entre Malebranche et ses premiers critiques, Foucher et Arnauld : en 1674, dans *La recherche de la vérité* (Liv. III, part. II, ch. I), Malebranche avait en effet admis, après saint Augustin, que les idées ne sont pas de simples manières d'être de l'âme, mais

d'authentiques réalités intelligibles qui subsistent en dehors de nous ; au contraire Foucher, dans sa *Critique de la Recherche de la vérité* (1675), avait considéré, sans voir d'ailleurs à quel point il s'opposait à Malebranche, que « toutes nos idées ne sont que des façons d'être de notre âme » (p. 46), et plus tard Arnauld, dans son traité *Des vraies et des fausses idées* (1683), avait expliqué à son tour que les idées correspondent à des représentations, et non à des êtres, pour l'esprit qui les pense. Se situant ainsi par rapport à ses devanciers et à ses contemporains, Leibniz rejettera la conception de *l'idée-modalité* et il adoptera celle de *l'idée-réalité*, tout en interprétant celle-ci autrement que Malebranche.

3. Toute la fin de la phrase a été ajoutée par Leibniz postérieurement à la rédaction primitive.

4. Leibniz se rallie expressément à une doctrine qui définit l'idée comme une authentique réalité innée à l'esprit (Cf. *Nouveaux Essais sur l'entendement*, Liv. II, ch. I, § 1). Partant, il retrouve la doctrine fondamentale de Descartes, pour qui les idées sont « de vraies et immuables natures » (*Réponses aux Ire Objections*), figurant devant l'esprit des êtres intelligibles, et pour qui ces « natures » ou « essences » subsistent effectivement dans l'âme humaine « *mentibus nostris ingenitae* » (*Lettre à Mersenne*, 15 avril 1630). Plus tard, les *Nouveaux Essais sur l'entendement* (Préface et Liv. I) insisteront longuement sur le thème de l'innéité.

5. Voir ci-dessus, *Discours*, § 9.

6. Pour montrer l'accord de sa théorie des idées avec l'ensemble de sa philosophie, Leibniz rappelle la définition qu'il a donnée de la substance (Cf. ci-dessus, *Discours*, § 8-9 et 13-15), et il souligne que cette définition exclut l'empirisme sous toutes ses formes (puisque rien ne vient à la substance du dehors) et implique au contraire l'innéisme (puisque tout vient à la substance de son propre fonds) : voir *Nouveaux Essais sur l'entendement*, Avant-Propos, et Liv. I, ch. I.

7. Allusion aux philosophies empiristes, — aussi bien à celles de la scolastique aristotélicienne qu'à celles de la tradition épicurienne, — d'après lesquelles les objets extérieurs envoient des « espèces » qui leur ressemblent et que les sens recueillent : dans les doctrines en question, ces « espèces » — *species* ou *simulacra* — sont conçues comme les objets immédiats de la connaissance sensible et se trouvent par conséquent définies comme des réalités intermédiaires entre les choses elles-mêmes et la connaissance proprement dite de ces choses.

8. On retrouve la même image dans la *Monadologie*, § 7.

9. La fin de la phrase a été ajoutée par Leibniz postérieurement à la rédaction primitive.

10. Pour montrer l'accord de sa théorie des idées avec les principes de la philosophie platonicienne, Leibniz évoque la doctrine de la réminiscence telle que Platon l'a exposée dans le *Ménon* (80d-86c) et dans le *Phédon* (72e-77a). Faisant l'hypothèse d'un monde intelligible qui existerait au delà des choses sensibles et supposant un séjour des âmes dans ce monde avant toute descente dans un corps, Platon avait assimilé la découverte du vrai à une réminiscence de vérités antérieurement contemplées. Leibniz estime que cette doctrine définit admirablement l'innéisme : il suffit, à son dire, de débarrasser la thèse de Platon des considérations relatives à la préexistence des âmes (à celle, du moins, des âmes raisonnables, d'après la *Monadologie*, § 82), pour retrouver la théo-

rie même de l'innéité qui vient d'être énoncée (voir, dans le même sens, *Nouveaux Essais sur l'entendement*, Liv. I, ch. I § 4-5). Sur le caractère de ce qu'on peut appeler, chez Leibniz, un héritage platonicien, voir Brunner, *Etudes sur la signification historique de la philosophie de Leibniz*, Paris, Vrin, 1951, ch. I (voir en particulier, p. 36-39).

11. La fin de la phrase a été ajoutée par Leibniz postérieurement à la rédaction primitive.

12. Allusion à la scène du *Ménon* (82a-85b) où Socrate, pour confirmer par un exemple la théorie de la réminiscence, interroge un jeune esclave et lui fait résoudre la problème de la duplication du carré. Leibniz a souvent rappelé cet exemple : voir, en particulier, *Nouveaux Essais sur l'entendement*, Liv. I, ch. I, § 5.

13. Les mots — « sait tout cela virtuellement et » — ont été ajoutés par Leibniz postérieurement à la rédaction primitive.

14. La thèse que soutient finalement Leibniz n'implique pas qu'il y ait en l'âme une connaissance *actuelle*, mais seulement une connaissance *virtuelle*, de toutes les idées innées ; du même coup, elle implique qu'il y ait de la part de l'âme, pour assurer au moment opportun le passage de la virtualité à l'actualité, un effort réel d'attention : plus exactement, Leibniz parle d'*animadversion*, transcrivant le mot latin *animadversio*, pour signifier l'application de l'esprit à l'objet considéré afin de le mieux voir (Cf., dans le même sens, *Nouveaux Essais sur l'entendement*, Liv. I, ch. I, § 25-27, et ch. III, § 18).

15. En définitive, le rapprochement esquissé par Leibniz entre sa doctrine et celle de Platon ne peut être accepté sans réserves. Il est partiellement fondé, en ce sens que, pour Platon comme pour Leibniz, les idées sont d'authentiques réalités et que la connaissance s'obtient, non par appel à l'expérience sensible, mais par effort de réflexion de l'esprit sur soi. Il appelle cependant de graves restrictions : car, pour Platon, les idées existent dans un monde à part, sous une forme pleinement actualisée, et par suite elles ont été pour l'âme, dans une vie antérieure, des objets de contemplation ; pour Leibniz, au contraire, ces mêmes idées n'existent toujours que dans l'esprit, d'où elles doivent être tirées, et elles ne surgissent à la conscience que par un effort d'attention, dans un progrès de la pensée réfléchie.

ARTICLE 27

1. Leibniz affirme maintenant qu'en un sens toutes nos idées peuvent être considérées comme issues de l'expérience. De fait, c'est en évoquant les thèses traditionnellement attribuées à Aristote qu'il introduit l'énoncé de sa nouvelle affirmation. Il en indiquera, tour à tour, la valeur, essentiellement pratique (« *Cependant, ces sortes de doxologies...* »), et l'insuffisance, finalement radicale (« *Mais quand il s'agit de l'exactitude...* »). Mais il commence par s'y référer en citant quelques formules universellement connues : il fait allusion au passage célèbre d'Aristote (*De anima*, liv. III, ch. IV, 430 a), où il est dit qu'avant de s'appliquer à un objet de pensée l'esprit est « comme une tablette sur laquelle il n'y a rien d'écrit en acte » ; cette expression, interprétée d'ailleurs de façon fort inexacte, avait été constamment reprise par tous les partisans de l'empirisme, qui comparaient volontiers l'entendement à une table rase et cherchaient en tout cas l'origine des idées dans les données des sens :

« *nihil est in intellectu*, disait-on, *quod non prius fuerit in sensu* ». Voir, à ce sujet, les déclarations que Leibniz a développées plus tard, à propos des analyses de Locke, dans les *Nouveaux Essais sur l'entendement*, Liv. II, ch. I, § 1-2.

2. La fin de la phrase a été ajoutée par Leibniz postérieurement à la rédaction primitive.

3. Leibniz accepte le langage de l'empirisme sur le plan de la vie pratique, comme on accepte dans la vie quotidienne de parler du mouvement du soleil. Mais il justifie cette acceptation par les remarques déjà présentées au sujet des rapports des substances (voir ci-dessus, *Discours*, § 15) : puisqu'on est en droit de parler d'une influence *idéale*, mais non *réelle*, des substances les unes sur les autres, parce qu'elles s'entre-répondent malgré l'indépendance de leurs développements, on peut en effet parler également à propos de la connaissance sensible d'une influence *idéale*, quoique non *réelle*, des choses sur la pensée.

4. La fin de la phrase a été ajoutée par Leibniz postérieurement à la rédaction primitive.

5. Leibniz refuse d'admettre la thèse de l'empirisme sur le plan de la vérité métaphysique, et il maintient, au contraire, le bien-fondé de l'innéisme. Mais, ici encore, il justifie son attitude par des remarques déjà présentées au sujet des rapports des substances (voir ci-dessus, *Discours*, § 14) : puisqu'il est dit que chaque substance, ne dépendant que de Dieu seul, tire d'elle-même tout ce qui lui survient, on doit dire aussi qu'elle puise dans son propre fonds toutes ses connaissances ; il suffit de distinguer entre *idée* et *notion*, selon qu'il s'agit d'une connaissance virtuelle ou d'une connaissance actuelle.

6. Cette phrase a été ajoutée par Leibniz postérieurement à la rédaction primitive.

7. Les mots — « de l'identité, et de bien d'autres » — ont été ajoutés par Leibniz postérieurement à la rédaction primitive.

8. La thèse innéiste se trouve doublement fondée dans le cas particulier de certaines notions. Il est en effet des notions, telles que celles d'*être*, de *substance*, d'*action*, d'*identité*, etc..., qui nous sont innées, non seulement en ce sens que, par nature, elles subsistent comme toutes nos idées au fond de notre esprit, mais aussi en ce sens que, pratiquement, elles peuvent être considérées comme issues des données de l'expérience *interne* que le moi a de lui-même (Cf. *Nouveaux Essais sur l'entendement*, Liv. I, ch. I, § 23, et ch. III, § 3). Ces remarques de Leibniz sur l'expérience interne avaient déjà été faites incidemment par Descartes (Cf. *Méditations*, III), et elles seront reprises plus tard explicitement par Maine de Biran (Cf. *Essai sur les fondements de la psychologie*, Part. I, sect. II, ch. IV).

ARTICLE 28

1. Les deux séries de considérations précédentes (§ 26-27) n'ont eu pour but que de préparer la conclusion actuelle (§ 28) : car, s'il est vrai que toutes nos idées sont innées à notre esprit, quoiqu'elles paraissent venir de l'expérience, il faut reconnaître dans la thèse de l'innéisme une vérité métaphysique et ne voir dans la thèse de l'empirisme qu'un langage commode ; plus profondément, et pour définir le caractère de cet

innéisme, il convient même de ne pas s'arrêter à l'affirmation selon laquelle toutes nos connaissances se tirent de notre propre fonds, mais d'ajouter encore que, par cette origine interne, elles se rattachent à Dieu de qui tout dépend.

2. Pour énoncer la conclusion à laquelle il se trouve conduit et selon laquelle toute connaissance s'explique par une action de Dieu, Leibniz se réfère à sa théorie de la substance : il rappelle — d'après les articles du *Discours*, 8-9 et 14-15 — que chaque substance ne dépend que de Dieu ; et de ce rappel il tire, comme une double conséquence, la condamnation de toute hypothèse rattachant la connaissance à une action extérieure des choses sur l'esprit et la justification d'une doctrine rattachant cette même connaissance à une action intérieure de Dieu sur la pensée : Dieu seul agit ainsi sur nous, et nous ne connaissons les choses que *par* Dieu.

3. Les mots — « par son concours ordinaire » — ont été ajoutés par Leibniz postérieurement à la rédaction primitive.

4. *Lumen illuminans omnem hominem venientem in hunc mundum* : « la lumière qui éclaire tout homme venant en ce monde » (Prologue de l'*Evangile selon saint Jean*, I, 9, d'après la traduction de la Vulgate). C'est pour confirmer la conclusion qu'il vient d'énoncer que Leibniz fait appel au témoignage de l'Ecriture : il en isole une expression et n'en retient que l'idée du Verbe lumière des esprits.

5. *Intellectus agens animae rationalis* : « l'intellect agent de l'âme rationnelle » (formule traditionnelle dans la philosophie scolastique). C'est encore pour confirmer ses conclusions que Leibniz fait appel au témoignage des philosophes : il évoque la distinction aristotélicienne des deux intellects (l'intellect *patient* qui demeure naturellement en état de réceptivité par rapport aux intelligibles, et l'intellect *agent* qui exerce une action informante sur l'intellect patient pour l'éclairer) ; il écarte expressément l'interprétation d'Averroès, reprise au XIIIe siècle par Siger de Brabant, et selon laquelle, les deux intellects étant rigoureusement distincts, l'intellect agent serait commun à tous les hommes et correspondrait en chacun de ceux-ci à une parcelle détachée de l'entendement divin ; il se rallie implicitement à l'interprétation d'Albert le Grand et de saint Thomas (dont il rapproche Guillaume de Saint-Amour), d'après laquelle, au contraire, les deux intellects ne pouvant se trouver absolument séparés, l'intellect agent serait propre à chaque individu et correspondrait en chacun à une lumière reçue de Dieu qui viendrait illuminer les données des sens et les rendre par là même intelligibles : Leibniz croit ainsi trouver dans la doctrine traditionnelle de l'Ecole une interprétation conforme à ses vues.

6. Guillaume de Saint-Amour, qui comptait parmi les prêtres séculiers enseignant à l'Université de Paris vers 1250, est principalement connu par le rôle qu'il a joué, entre 1252 et 1256, dans le conflit des séculiers et des réguliers à propos des nominations aux chaires magistrales ; il fit partie de la délégation qui porta plainte auprès du Pape contre les réguliers en 1254, et, dans le même temps, il publia contre ces derniers un *Liber de Antichristo et ejusdem ministris* (1254) et un *Libellus de periculis novissimorum temporum* (1256).

7. Sans doute, pour Leibniz comme pour les auteurs auxquels il fait allusion, Dieu seul éclaire l'entendement, en sorte que toute connaissance vient de Dieu et mène à Dieu. Mais une différence subsiste où se

voit l'originalité de Leibniz : les auteurs mentionnés ici considèrent que les idées par lesquelles Dieu nous éclaire sont par nature extérieures à notre propre pensée, qu'elles nous viennent du dehors et qu'elles s'insèrent en définitive dans un esprit constitué d'avance indépendamment d'elles ; au contraire, Leibniz estime que les idées par lesquelles Dieu nous éclaire sont toujours intérieures à notre âme, qu'elles proviennent du fonds de celle-ci et que pour nous elles correspondent en somme au développement de ce qui était posé par Dieu en nous dès la création. Bref, aux yeux de Leibniz, l'action de Dieu ne se manifeste pas seulement, pour les âmes, par la position et le maintien de leur être dans l'existence, mais aussi par l'octroi d'une lumière qui vient éclairer l'entendement : l'octroi de cette lumière ne se fait point sous la forme d'un apport de connaissance d'origine externe, mais à la faveur d'une explicitation de richesses implicites, c'est-à-dire par l'actualisation d'un savoir virtuel.

ARTICLE 29

1. Allusion à Malebranche et à la théorie de la vision en Dieu. En 1686, à l'époque où Leibniz écrit le *Discours de métaphysique*, Malebranche a déjà publié plusieurs ouvrages qui exposent en détail, comme solution au problème de la connaissance, la théorie de la vision en Dieu : ce sont, notamment, *La recherche de la vérité*, 1674-1675, rééditée avec divers *Eclaircissements* en 1678 (Cf. *Recherche*, Liv. III, part. II, ch. I-VII, et Xe *Eclaircissement*), — les *Conversations chrétiennes*, 1677 (Cf. Entretiens I-III), — les *Méditations chrétiennes*, 1683 (Cf. Méditations, I-IV), — sans compter les premières *Réponses* aux critiques d'Arnauld, qui paraissent à partir de 1684. Or, on pourrait croire, estime Leibniz, que les vues qui viennent d'être présentées sur Dieu « soleil et lumière des âmes » (Cf. ci-dessus, § 28) rejoignent celles qu'a déjà développées Malebranche. Pour Malebranche, en effet, les idées ne sont produites en nous, ni par l'action des corps sur l'âme, ni par l'action de l'âme sur les impressions sensibles ; elles n'ont pas davantage été déposées en nous par Dieu, ni formées par l'âme elle-même ; Malebranche considère, avec saint Augustin, que les idées subsistent en Dieu à titre de modèles de tous les êtres créés ; et il conclut que, puisque Dieu est très étroitement uni aux âmes, « l'esprit peut voir en Dieu les ouvrages de Dieu, supposé que Dieu veuille bien lui découvrir ce qu'il y a dans lui qui les représente » (*Recherche*, Liv. III, part. II, ch. VI, début). Certaines analogies dans les formules — où il est toujours question de Dieu qui nous éclaire — pourraient ainsi faire penser à une similitude de doctrines et conduire à rapprocher Leibniz de Malebranche.

2. Leibniz oppose nettement sa propre conception de la connaissance à celle de Malebranche : d'après lui, nous ne voyons pas les choses *en* Dieu, comme le soutient Malebranche, mais nous les voyons *en* nous, quoique *par* Dieu. Deux groupes de considérations lui paraissent à cet égard décisives : 1° ce qui a déjà été dit de la nature de la substance (« *Cela vient à mon avis de...* ») : puisque chaque substance ne dépend que de Dieu et renferme d'avance dans son propre fonds tout ce qui lui doit arriver, il est clair que c'est *en elle* qu'elle conçoit les idées qu'elle a ; — 2° ce qui peut être ajouté au sujet des caractères de la substance (« *Il faut bien aussi que...* ») : en chaque substance réside à la fois la puissance passive d'être affectée d'une certaine façon (par quoi s'explique qu'elle ait des idées) et la puissance active de susciter en soi de telles affections (par quoi s'explique qu'elle acquière des idées), en sorte que, de toute évidence, c'est *par une spontanéité constitutive de son être* que

viennent à s'expliciter les connaissances qu'elle porte toujours implicitement en elle (Cf. ci-dessus, *Discours*, § 26, et *Nouveaux Essais sur l'entendement*, Liv. I, ch. I, § 25-27, et ch. III, § 18). Malgré tout, cependant, pour Leibniz il ne fait point de doute que, même si c'est *en elle* et *par une spontanéité constitutive de son être* que l'âme accède à la connaissance des idées, c'est néanmoins *par Dieu* que le développement du savoir est possible, puisque c'est Dieu qui a posé l'âme dans l'existence et l'a faite telle qu'il lui suffise ensuite, grâce à l'effort de la réflexion, d'expliciter ses richesses. Leibniz avait déjà critiqué la théorie de la vision en Dieu, dans les *Meditationes de cognitione, veritate et ideis* de 1684 (éd. G., t. IV, p. 426), et il reviendra sur cette critique dans l'*Entretien de Philarète et d'Ariste*, en 1711 (éd. G., t. VI, p. 590-594).

3. La fin de la phrase a été remaniée ; Leibniz avait d'abord écrit : « qu'elle exprime l'essence de Dieu ».

4. Cette dernière phrase a été ajoutée par Leibniz postérieurement à la rédaction primitive.

ARTICLE 30

1. Après l'étude de l'*entendement*, qui définit un premier mode de rapport à Dieu (§ 23-29), Leibniz aborde maintenant l'étude de la *volonté*, qui doit définir suivant les mêmes principes un second mode de rapport (§ 30-31) : il traite ainsi, successivement, de l'inclination proprement dite de la volonté (§ 30) et du don de la grâce qui s'y ajoute (§ 31).

2. L'analyse de la volonté, ressaisie d'abord dans l'inclination qui la caractérise, comporte ici : 1° une définition de l'activité volontaire (« *Dieu en concourant à nos actions...* ») ; — 2° la réponse à une objection d'ordre pratique (« *Il dépend donc de l'âme...* ») ; — 3° la réponse à une objection d'ordre théorique (« *Mais dira quelque autre...* ») ; — 4° une conclusion relative à l'action de Dieu (« *On voit bien cependant que...* »). Sur l'ensemble de ces questions, voir le *De libertate*, qui est vraisemblablement contemporain du *Discours* (éd. Foucher de Careil, *Nouvelles lettres et opuscules inédits de Leibniz*, Paris, 1857, p. 178-185), — Opuscule sur *La liberté* (éd. G., t. VII, p. 109-111), — *Système nouveau de la nature et de la communication des substances*, § 15-16 (éd. G., t. IV, p. 485-486), — *Nouveaux Essais sur l'entendement*, Liv. II. ch. XXI (éd. G., t. V, p. 155-197), — *Essais de Théodicée*, I (éd. G., t. VI, p. 102-161).

3. Pour définir l'activité volontaire, Leibniz fait état de trois traits caractéristiques : 1° *l'existence d'une certaine spontanéité* propre à toute substance individuelle, chaque substance, qui enferme d'avance en elle tout ce qui lui arrivera, demeurant indépendante du monde extérieur et trouvant en soi le principe de son action (Cf. ci-dessus, *Discours*, § 8, — *Système nouveau de la nature et de la communication des substances*, § 15-16. — *Essais de Théodicée*, III, § 290-291) ; — 2° *l'orientation de cette spontanéité vers le bien*, chaque substance se portant, grâce à l'entendement qui éclaire son choix et comme fait Dieu lui-même, vers le bien en général ou ce qui lui paraît le meilleur (Cf. ci-dessus, *Discours*, § 15, et *Nouveaux Essais sur l'entendement*, Liv. II, ch. XXI, § 5) ; — 3° *la liberté essentielle de cette spontanéité*, chaque substance excluant par nature toute nécessité rigoureuse et manifestant dans son être une contingence radicale (Cf. ci-dessus, *Discours*, § 13, — Opuscule sur *La liberté*, éd. G., t. VII, p. 109-111, — *Nouveaux Essais sur l'entendement*, Liv. II, ch. XXI, § 13, — *Essais de Théodicée*, I, § 34-52). Par là Leib-

niz, — tout en se souvenant peut-être de certaines remarques de Malebranche dans le *Traité de la nature et de la grâce* (Disc. III, § 1-3), — ne fait qu'appliquer à l'activité volontaire ce qu'a déjà révélé l'étude de la substance : dans les deux cas, il conçoit un sujet dont la notion enveloppe par avance tous ses prédicats et dont le développement ne fait qu'expliciter, de façon certaine, mais non nécessaire, la suite de ceux-ci ; « tout est donc certain et déterminé par avance dans l'homme, comme partout ailleurs, — dira-t-il dans les *Essais de Théodicée* (I, § 52), — et l'âme humaine est une espèce d'*automate spirituel*, quoique les actions contingentes en général, et les actions libres en particulier, ne soient point nécessaires pour cela d'une nécessité absolue, laquelle serait véritablement incompatible avec la contingence » ; il entend ainsi s'opposer tout à la fois aux partisans du fatalisme, dont les Stoïciens et Spinoza lui paraissent les plus purs représentants, et à ceux de la liberté d'indifférence, dont les Molinistes et Descartes lui semblent exprimer le plus franchement les vues ; aux premiers, il reproche de confondre détermination certaine et nécessité et de croire que tout est nécessaire parce que tout est déterminé, tandis qu'aux seconds il reproche, à l'inverse, de confondre liberté et absence de détermination et de croire que rien n'est déterminé là où il y a liberté : pour lui, une spontanéité intelligente et libre exclut certes la nécessité absolue, puisque d'autres initiatives ne seraient pas en soi contradictoires, mais elle comporte cependant une détermination certaine, puisqu'en fait tout développement réel n'est qu'une actualisation de virtualités.

4. Les mots — « dans laquelle on pouvait les prévoir de toute éternité » — ont été ajoutés par Leibniz postérieurement à la rédaction primitive.

5. Les mots — « en exprimant ou imitant... quelque chose de véritable » — ont été ajoutés par Leibniz postérieurement à la rédaction primitive.

6. Les mots — « de ce qui paraît le meilleur » — ont été ajoutés par Leibniz postérieurement à la rédaction primitive.

7. Les mots — « en tant qu'on l'oppose... tout à fait son action » — ont été ajoutés par Leibniz postérieurement à la rédaction primitive.

8. Leibniz tire immédiatement une conséquence de sa définition de la volonté : il prévoit en effet une objection contre sa thèse, ou du moins une difficulté d'ordre pratique, venant de ce qu'on pourrait être tenté de prendre appui sur les considérations précédentes pour croire que si tout est déterminé il est inutile, dans la vie de chaque jour, de se donner la moindre peine ; il a donc le souci de montrer que, tout au contraire, sa doctrine de la volonté oblige à ne point se laisser aller, commande la réflexion et prescrit même l'effort (Cf. ci-dessus, *Discours*, § 4). Ces remarques peuvent être rapprochées de celles que Malebranche avait présentées dans le *Traité de la nature et de la grâce*, Disc. III, § 15-16.

9. La tentation de paresse à laquelle songe Leibniz consiste à prétendre que, si Dieu a tout prévu et tout préordonné de toute éternité, et si, par conséquent, nos décisions se trouvent préformées en nous, il est permis de renoncer à l'effort et de se laisser vivre. Cette tentation correspond au « raisonnement paresseux » des philosophes, tel que Cicéron le rapporte dans le *De fato*, XII, 28 — XIII, 29, et suivant lequel, tout étant nécessaire, l'action est superflue. Elle rappelle aussi les dis-

cussions classiques des théologiens, qui s'interrogent sur les rapports de la toute-puissance de Dieu et de la liberté de l'homme, et qui cherchent à concilier l'une avec l'autre (Cf. ci-dessus, *Discours*, § 4, et *Essais de Théodicée*, Préface, § 8, et I, § 55-58).

10. La réponse de Leibniz à l'objection paresseuse — telle du moins qu'elle apparaît ici — consiste à légitimer l'effort d'un point de vue pratique : il note en effet que, dans le fond, tout est réellement déterminé, puisque tout a été prévu et préordonné par Dieu, mais il note aussi que, pour notre part, nous sommes dans un état d'ignorance qui nous empêche de savoir en quel sens joue la détermination ; dès lors il peut conclure que tout doit se passer pratiquement, pour nous, comme si rien n'était déterminé et comme si tout dépendait de nos efforts (Cf. ci-dessus, *Discours*, § 4, et *Essais de Théodicée*, I, § 55-58). Il retrouve ainsi la réponse traditionnelle des philosophes et des théologiens qui, reconnaissant l'ignorance de fait où nous nous trouvons par rapport à l'avenir, nous font remarquer qu'après tout nous ne savons pas si notre effort n'est pas précisément prévu comme la cause déterminante dont dépend cet avenir, et qui nous prescrivent en conséquence, du point de vue pratique, de nous comporter comme si cet avenir dépendait entièrement de nous. Ailleurs (Cf. ci-dessus, *Discours*, § 13, et *Correspondance avec Arnauld*, Lettres I-XIII), approfondissant cette première réponse, Leibniz ajoute, pour justifier l'effort, une raison qui lui est personnelle et qu'il tire de sa métaphysique générale : il fait valoir que ce qui est déterminé, c'est moins tel événement ou tel acte pris en lui-même à l'état isolé, qu'un ordre de causes et d'effets liés ensemble et formant un tout ; et il explique qu'en effet, à la création, Dieu a posé d'un seul coup dans l'existence le système universel des êtres et des choses, sans jamais procéder par initiatives indépendantes ou par opérations fragmentaires ; de ce point de vue, déclare-t-il, nous pouvons être assurés que notre effort entre effectivement dans la suite de causes et d'effets dont dépend l'événement futur, et que par là même notre responsabilité se trouve inévitablement engagée, puisque nous contribuons à ce qui arrive ; bref, conclut-il, l'effort est légitime, et par conséquent obligatoire, parce qu'il est en fait un élément essentiel de la détermination elle-même.

11. La fin de la phrase a été ajoutée par Leibniz postérieurement à la rédaction primitive.

12. Leibniz prévoit une seconde objection, — d'ordre théorique celle-là. La définition qui a été donnée de la volonté paraît en effet impliquer que Dieu lui-même a voulu le mal : puisque tous les actes d'un sujet sont en quelque sorte préformés dans l'être de celui-ci, et puisque chaque sujet individuel a été posé par Dieu dans l'existence avec tout ce qu'il renferme, Dieu ne peut-il pas être considéré comme responsable des fautes qui sont ensuite commises ? Leibniz se heurte ici à un problème classique, — comment concilier la réalité du mal avec la toute puissance et la sagesse de Dieu ? — problème d'autant plus difficile à résoudre, pour Leibniz, que se trouve davantage soulignée par lui l'universelle détermination de tous les événements.

13. La réponse de Leibniz, — qui sera précisée dans la *Correspondance avec Arnauld* et qui sera reprise plus tard, avec une ampleur extrême, dans les *Essais de Théodicée*, — consiste, pour l'essentiel, en quelques remarques : 1° sans doute Dieu a-t-il choisi les êtres qu'il a créés et, avec ces êtres, les actions bonnes ou mauvaises qu'impliquaient leurs notions ; — 2° cependant Dieu n'a pas choisi ces êtres individuel-

lement et pour ainsi dire un à un, mais il les a choisis ensemble, solidairement, en tant que parties d'un même monde dont ils étaient les membres ; — 3° or ce monde, à son tour, pris dans sa totalité, n'a pu être élu et créé par Dieu que parce qu'il était le meilleur de tous les mondes possibles ; — 4° on peut donc affirmer que Dieu n'a toujours voulu et ne veut toujours que le bien, quoiqu'il ait nécessairement permis et qu'il permette encore le mal que comporte le meilleur système. L'originalité de la réponse leibnizienne vient de ce que le mal y est considéré comme une condition du bien : l'explication en est reportée en Dieu, sans que la responsabilité en soit attribuée à Dieu ; de telles vues impliquent une conception optimiste du monde, telle que l'ont définie les premiers articles du *Discours* (§ 1-7), et une reprise de notions traditionnelles, telle que la distinction thomiste, à propos de Dieu, entre volonté antécédente et volonté conséquente (Cf. ci-dessus, *Discours*, § 7 et les notes correspondantes).

14. *Altitudinem divitiarum* : « abîme des richesses ». Leibniz reprend, avec une légère modification de forme, l'exclamation de saint Paul dans l'*Epître aux Romains*, XI, 33, au sujet du mystère de la sagesse divine : *O altitudo divitiarum sapientiae et scientiae Dei : quam incomprehensibilia sunt judicia ejus, et investigabiles viae ejus* ! — « O abîme des richesses de la sagesse et de la science de Dieu : que ses desseins sont impénétrables, et incompréhensibles ses voies ! » (Voir par ailleurs *Essais de Théodicée*, II, § 134).

15. Leibniz termine les discussions précédentes par des considérations théologiques qui expliquent et justifient son analyse : en effet, s'il importe de ne point s'abandonner à une paresse fataliste et de ne pas incriminer Dieu au sujet du mal, — s'il importe par conséquent de reconnaître en la volonté une activité originale, dont les effets sont déterminés, sans être jamais nécessaires, — c'est que, tout bien considéré, Dieu n'est pas la cause du mal que l'homme commet (en sorte qu'on ne peut point l'incriminer) et qu'il est seulement la cause de la grâce que l'homme reçoit (en sorte qu'on est effectivement tenu de n'être pas paresseux).

16. Que Dieu n'est pas la cause du mal, c'est ce que Leibniz montre ici en soulignant : 1° que le mal résulte, indépendamment du péché originel, d'une limitation inhérente à l'état de créature (ce qui peut s'accorder avec la thèse des supralapsaires) ; — 2° que le mal, ainsi compris, n'offre par conséquent rien de positif, mais demeure purement négatif, comme une privation ou un manque d'être (ce qui rejoint finalement la thèse de saint Augustin). Sur l'ensemble de cette question, voir *Dialogue effectif sur la liberté de l'homme et sur l'origine du mal*, janvier 1695 (éd. Grua, *Leibniz, Textes inédits*, Paris, P.U.F., 1948, p. 361-369), et *Essais de Théodicée*, I, § 29-33.

17. Tout le passage suivant — « qui les rend peccables... le degré de perfection qu'il lui plaît de donner » — a été ajouté par Leibniz postérieurement à la rédaction primitive.

18. Par « supralapsaires », Leibniz entend, avec la théologie classique, tous ceux qui, à la suite de Calvin et Zwingle, « prétendent que Dieu voulant manifester sa miséricorde et sa justice suivant des raisons dignes de lui, mais qui nous sont inconnues, a choisi les élus et rejeté par conséquent les réprouvés avant toute considération du péché, même d'Adam » (*Essais de Théodicée*, I, § 82). Sur l'ensemble du problème de la prédestination, que soulève la thèse des supralapsaires, voir *Essais de Théodicée*, I, § 77-84.

19. Saint Augustin a constamment défini le mal comme une privation : contre les Manichéens qui en faisaient un être, il y reconnaissait une simple absence d'être et déclarait que, comme tel, le mal ne pouvait être conçu en dehors du bien ; il rattachait par ailleurs ce manque d'être à la volonté de la créature, et il y voyait, à l'intérieur de la volonté, une simple déficience ou dépravation de celle-ci (Voir, par exemple, les formules des *Confessions*, III, 7, 12, et VII, 16, 22 ; voir aussi, dans le même sens, *De moribus manichaeorum*, Part. I, et *De natura boni*, Part. I, sect. I). Cette conception du mal a été reprise par la tradition chrétienne : voir saint Thomas, *Somme théologique*, I[a], qu. 48, a. I, et *Somme contre les Gentils*, III, c. 7-9.

20. Que Dieu est le principe de la grâce, c'est ce que Leibniz précise en distinguant, suivant une terminologie traditionnelle : 1° la grâce *suffisante*, qui suffit en soi pour obtenir le salut, quoique de fait elle n'en soit pas nécessairement suivie ; — 2° la grâce *efficace*, qui, produisant son effet, conduit effectivement au salut. La première demeure subordonnée à une condition : le consentement de la volonté humaine (Cf. *Correspondance avec Arnauld*, Lettre XVIII, p. 152-153). La seconde est victorieuse, quand elle devient absolument efficace : elle y parvient, soit directement par elle-même, soit indirectement en suscitant des circonstances favorables (Cf. *Essais de Théodicée*, I, § 99-106, et II, § 134). Ces vues de Leibniz peuvent être comparées à celles de Malebranche dans le *Traité de la nature et de la grâce* (Disc. III, § 18-21).

21. Les mots — « soit ordinaire ou extraordinaire » — ont été ajoutés par Leibniz postérieurement à la rédaction primitive.

22. Les mots — « en supposant que l'homme s'y joigne par ce qui est de lui » — ont été ajoutés par Leibniz postérieurement à la rédaction primitive.

23. La fin de la phrase a été ajoutée par Leibniz postérieurement à la rédaction primitive.

24. Primitivement l'article 30 s'achevait par une phrase que Leibniz a ensuite supprimée : « Enfin, les créatures sont obligées à Dieu des grâces qu'il leur donne, mais elles n'ont aucun droit ni sur celles qu'il leur donne, ni sur celles qu'il ne leur donne pas, autrement, ce ne seraient pas des grâces ». De fait, en supprimant cette dernière phrase, Leibniz a ajouté à son texte une série d'additions marginales, qui ont finalement constitué l'article 31.

ARTICLE 31

1. Leibniz est passé insensiblement de l'étude de l'activité volontaire (§ 30) à celle de la grâce par laquelle Dieu vient au secours de la volonté (§ 31) : sur ce point, — après avoir introduit en une phrase le principe de la thèse qu'il entend développer (« *Enfin les grâces de Dieu...* »), — il rejette deux conceptions qu'il juge fausses (« *Pour ce qui est de la foi...* »), puis il définit directement la doctrine qu'il estime vraie (« *Je crois donc...* »). — Voir, sur ces questions, *De libertate, fato, gratia Dei*, vers 1683-1686 (éd. Grua, *Leibniz, Textes inédits*, Paris, P.U.F., 1948, p. 306-322), et *Essais de Théodicée*, I, § 1-5 et 76-106, III, § 405-417.

2. La thèse que Leibniz introduit immédiatement et qui sera développée dans la suite de l'article, consiste à dire que la grâce est un don

essentiellement gratuit, que Dieu accorde à l'homme par pure libéralité, — ou, plus précisément, à montrer que la grâce n'est donnée, ni en raison de mérites reconnus à l'homme, ni sans raison aucune de la part de Dieu. Cette thèse correspond à l'enseignement traditionnel, de saint Augustin à saint Thomas, — la grâce ayant été constamment définie, en effet, par les théologiens classiques, comme un secours gratuit, dont l'octroi se trouve déterminé, non par la considération de quelque vertu humaine, mais par des raisons que Dieu seul connaît. En fait, cette thèse permet ici à Leibniz d'écarter certaines conceptions fausses, qui tendent à faire place aux mérites de l'homme, et de préciser la conception vraie, qui souligne l'existence en Dieu de raisons décisives dans le don de la grâce.

3. Les mots — « absolue ou conditionnelle » — ont été ajoutés par Leibniz postérieurement à la rédaction primitive.

4. Leibniz — toujours soucieux de montrer que la grâce est un don gratuit — commence par écarter les doctrines qui accordent à la considération des mérites de l'homme un rôle majeur. Il distingue ici deux doctrines : l'une, d'inspiration pélagienne (« *Pour ce qui est de la foi...* ») ; l'autre, d'inspiration moliniste (« *Et quant à cette science de Dieu...* »). — La première affirme que Dieu accorde sa grâce, — et par conséquent le salut, — à tous ceux dont il prévoit qu'ils en mériteront le bienfait par leur foi et leurs œuvres : de ce point de vue, ce serait donc la prévision des mérites futurs qui déterminerait Dieu à donner sa grâce. Pélage — et, après lui, tous ceux qui se sont inspirés plus ou moins directement de sa pensée — n'avait pas dit autre chose, dès le début du ve siècle : il avait enseigné, notamment dans ses *Commentaires des Epîtres de saint Paul*, que la volonté humaine est capable de faire le bien, et partant d'acquérir quelque mérite, sans la grâce ; il avait même précisé que la grâce, quand elle survient, ne fait que s'ajouter à l'effort pour l'achèvement en perfection des bonnes œuvres et leur ultime couronnement. Mais Leibniz est d'un sentiment contraire et s'oppose, comme saint Augustin, à la thèse pélagienne : sans doute peut-on soutenir que Dieu n'accorde sa grâce qu'à ceux dont il prévoit la foi et les bonnes œuvres (à ceux — *quos se fide donaturum praescivit* — « dont il a prévu qu'il leur ferait don de la foi ») ; mais on doit reconnaître aussi que la foi et les bonnes œuvres prévues sont elles-mêmes l'effet d'une première grâce : tout est grâce, même le premier acte de foi. — La seconde doctrine, plus subtile et moins éloignée de l'*Ecriture*, affirme que Dieu accorde sa grâce, — et par conséquent le salut, — à tous ceux qui l'auront méritée, non point certes par leur foi et leurs bonnes œuvres, telles que Dieu en a la prescience, mais par leurs simples prédispositions naturelles, que Dieu connaît à l'avance, et dont le jeu vient assurer l'effet de la grâce dès que celle-ci surgit. Molina, dès 1588, dans la *Concordia liberi arbitrii cum gratiae donis*, avait soutenu cette hypothèse : Dieu, disait-il, a une compréhension très profonde de chaque libre-arbitre, et il voit très clairement ce que chaque cause libre ferait de son plein gré dans telles ou telles circonstances, et même dans l'infinité des circonstances possibles ; cette vue de Dieu est ce que Molina nommait la « science moyenne » et ce qui lui permettait en définitive de concilier l'efficacité de la grâce divine avec la liberté du vouloir humain ; d'après lui, Dieu, — sachant à l'avance que, s'il accorde telle grâce à tel homme en telle circonstance, cet homme consentira librement au don reçu, — se décide à donner effectivement la grâce envisagée, dont l'efficace dès lors ne manque jamais de produire un effet heureux. Mais, ici encore, Leibniz est d'un sentiment contraire et s'oppose, avec les représentants de la tradition tho-

miste, à l'enseignement de Molina : sans doute peut-on dire que Dieu donne sa grâce à ceux dont il connaît par avance les prédispositions naturelles ; mais il faut reconnaître que ces prédispositions naturelles sont, elles aussi, dans leur principe, l'effet d'une première grâce, en sorte que, chez l'homme, tout est grâce reçue, sans mérite antérieur. — En somme, aux yeux de Leibniz, ce n'est ni sur la prévision de mérites futurs, ni même sur la considération de dispositions méritoires, que se fondent la miséricorde divine et l'octroi du salut.

5. Les mots — « il est très vrai que Dieu... *quos se fide donaturum praescivit* » — ont été ajoutés par Leibniz postérieurement à la rédaction primitive.

6. La parenthèse — « puisqu'il est vrai qu'il y a... y agisse aussi par après » — a été ajoutée par Leibniz postérieurement à la rédaction primitive.

7. Leibniz, énonçant désormais la doctrine qu'il estime seule fondée, explique, en des termes qui supposent toute sa métaphysique, que la grâce est un don gratuit fait par Dieu aux hommes (« *Je crois donc...* »), mais qu'elle se fonde en Dieu sur d'authentiques raisons (« *Car, quant à cette seule et grande demande...* »). Que la grâce soit un don purement gratuit, c'est une affirmation qui énonce, sous forme positive, ce qu'impliquait déjà, sous forme négative, le rejet des doctrines donnant quelque importance aux mérites ou aux bonnes dispositions de l'homme. En reprenant à son compte la thèse d'une pure gratuité de la grâce, Leibniz fait sienne l'opinion des théologiens luthériens ou thomistes, qui s'opposent en continuateurs de saint Augustin au pélagianisme et au molinisme. Mais cette doctrine il l'expose dans une langue qui lui est propre, en fonction de certaines vues sur la substance individuelle et l'action créatrice : pour lui, dans chaque cas particulier, l'octroi de telle ou telle grâce fait partie, comme tout autre événement, de la substance individuelle posée dans l'existence ; d'autre part, la position dans l'existence d'une substance individuelle, qui enveloppe telle ou telle grâce, dépend en dernier ressort de la seule volonté créatrice de Dieu ; ainsi, — l'octroi de la grâce étant contenu dans la notion du sujet et le choix du sujet étant arrêté par une décision de Dieu, — toute grâce ne dépend effectivement que de Dieu : elle est gratuite et non méritée (Cf. ci-dessus, *Discours*, § 8-9 et 13-16).

8. La parenthèse — « puisque nous ne savons pas... dans la dispensation de la grâce » — a été ajoutée par Leibniz postérieurement à la rédaction primitive.

9. Voir ci-dessus, *Discours*, § 8-9, et plus spécialement encore § 16.

10. La gratuité de la grâce n'exclut pas, aux yeux de Leibniz, l'existence de raisons déterminantes en Dieu ; la nature de ces raisons déterminantes peut même, pour l'essentiel, être sommairement indiquée. Sur ce point, Leibniz écarte l'hypothèse, — où se retrouve l'inspiration de Calvin, — selon laquelle les décisions de Dieu sont prises par un jugement souverain et demeurent absolument incompréhensibles : « Dieu a une fois décrété par son conseil éternel et immuable, disait Calvin (*Institution chrétienne*, Liv. III, ch. XXI, n. 7), lesquels il voulait prendre à salut et lesquels ils voulait dévouer à perdition. » Leibniz n'adopte pas même, en fin de compte, l'attitude de saint Augustin, que justifiaient pourtant certaines formules de saint Paul, et selon laquelle une intelligence humaine ne peut en définitive que s'incliner devant le mystère

d'une sagesse qui la dépasse : « Que si l'on veut nous forcer à pénétrer les profondeurs de ce mystère : pourquoi l'action persuasive de Dieu persuade-t-elle celui-ci et pas celui-là, disait saint Augustin (*De spiritu et littera*, 60), je ne trouve présentement pour répondre à cela que ces paroles : O profondeurs des trésors de la sagesse de Dieu. » Leibniz, dont toute la philosophie répond à une impérieuse exigence d'intelligibilité, s'oriente dans un autre sens : il ne peut évidemment concevoir un décret absolu, que rien ne justifierait ; il ne peut même pas s'arrêter devant un mystère qui serait à jamais insondable et qu'aucune lumière ne viendrait éclairer ; il postule donc « certaines grandes raisons de sagesse ou de congruité ». Pour lui, en effet, la raison qui détermine Dieu et qui décide en particulier de l'octroi de telle ou telle grâce à tel ou tel homme, c'est toujours *la volonté de créer le monde le meilleur*. Il suit de là, quoique Leibniz ne le précise pas ici : 1° que Dieu ne décide pas de donner telle grâce à tel homme par un décret particulier et pour un motif particulier ; — 2° que Dieu se décide, au contraire, à ce qu'il fait, par un décret général et pour un motif général, en considérant la totalité du monde. Finalement, le monde de la nature et le monde de la grâce apparaissent, après cela, foncièrement homogènes, parce que régis par les mêmes lois ; à les bien examiner, aucune coupure ne les sépare vraiment, et ils se situent en réalité dans le prolongement l'un de l'autre.

11. Cf. saint Paul, *Epître aux Romains*, XI, 33, dont le texte a déjà été cité plus haut, § 30. Leibniz invoque volontiers le témoignage de saint Paul pour souligner le mystère des décisions divines (voir, par exemple, *Essais de Théodicée*, I, § 134, et III, § 412) ; mais, à ses yeux, le mystère n'exclut pas la bonté et la bonté laisse deviner une raison, — celle même qui porte Dieu à choisir le monde le meilleur, — en sorte que, en droit, sinon en fait, le mystère n'est pas absolument impénétrable.

12. La fin de la phrase a été ajoutée par Leibniz postérieurement à la rédaction primitive.

ARTICLE 32

1. Les articles 32-37 constituent la cinquième et dernière partie du *Discours* : après avoir montré comment les esprits se trouvent en rapport avec Dieu par l'entendement et la volonté, Leibniz précise maintenant le terme auquel permettent d'aboutir, en définitive, les conditions de retour à Dieu qui viennent d'être définies : il analyse l'*union à Dieu* qui assure l'achèvement du monde. Le plan suivi marque une progression dans l'enquête, malgré quelques développements secondaires : 1° le principe de l'union est d'abord posé, par réflexion sur l'état de dépendance des créatures dans leur rapport à Dieu (§ 32-33) ; — 2° les degrés de l'union sont ensuite décrits, en tenant compte plus particulièrement de la diversité et de la hiérarchie des êtres (§ 34-35) ; — 3° la consommation de l'union est enfin présentée, par définition de la cité de Dieu telle que la composent les esprits dans leur rapport au Créateur (§ 36-37).

2. Les mots — « et particulièrement... enflammer les âmes d'un amour divin » — ont été ajoutés par Leibniz postérieurement à la rédaction primitive.

3. Pour Leibniz, les considérations métaphysiques développées jusqu'à présent, — notamment les considérations relatives à la nature de la substance individuelle et à la perfection des opérations divines (voir,

pour ces deux groupes de questions, ci-dessus, *Discours*, § 8-9 et 13-16, et § 1-7), — ouvrent des perspectives religieuses beaucoup plus nettement que ne le peuvent faire les hypothèses proposées par d'autres philosophies. Le principe qui commande ces perspectives religieuses, et qui fait voir la possibilité d'une union à Dieu, est celui-là même que révèle un rapprochement des doctrines relatives à la substance individuelle et à l'activité créatrice : le fait que toute substance soit dans une étroite dépendance par rapport à Dieu qui l'a créée montre en effet très clairement la réalité d'une union, dont les degrés pourront sans doute varier, mais dont l'effet ne sera pas moins décisif. Leibniz étudie dans l'article actuel le fondement de cette union. Il envisage successivement : 1° la dépendance de tout être par rapport à Dieu (« *Car on voit fort clairement que...* »), en considérant tour à tour chaque substance prise individuellement (« *Car on voit fort clairement que...* ») et les substances dans leurs relations mutuelles (« *Aussi Dieu seul fait la liaison...* ») ; — 2° la détermination de toute spontanéité par Dieu (« *On voit aussi que toute substance...* ») ; — 3° les conséquences de cette dépendance et de cette détermination, quant à l'immortalité des âmes (« *Or, rien ne fait comprendre plus fortement...* »). L'article suivant (§ 33) ne fera ensuite que mettre en évidence, par deux exemples particuliers, la fécondité des remarques présentes.

4. Pour marquer la dépendance de tout être par rapport à Dieu, Leibniz considère d'abord chaque substance individuellement. Les substances dépendent en effet de Dieu : 1° dans leur origine première (voir ci-dessus, *Discours*, § 14 ; voir également *Essais de Théodicée*, III, § 385, où se trouve encore le terme d'*émanation*, et *Monadologie*, § 47, où est introduit le terme de *fulguration*) ; — 2° dans leur être actuel (voir ci-dessus, *Discours*, § 9 ; voir également *Essais de Théodicée*, III, § 328-391, à propos de la notion de création continuée) ; — 3° dans leur développement régulier (voir ci-dessus *Discours*, § 8 et 13).

5. Les mots — « à mesure néanmoins de leur perfection » — ont été ajoutés par Leibniz postérieurement à la rédaction primitive.

6. Les mots — « dans le langage métaphysique » — ont été ajoutés par Leibniz postérieurement à la rédaction primitive.

7. Les mots — « et seul me peut faire du bien ou du mal » — ont été ajoutés par Leibniz postérieurement à la rédaction primitive.

8. Pour achever de mettre en lumière la dépendance de tout être par rapport à Dieu, Leibniz considère encore les substances dans leurs relations mutuelles. Il note : 1° que, dans le fond, les substances sont indépendantes les unes des autres et ne se rattachent qu'à Dieu, quoique règne entre elles une correspondance qui les fait s'accorder ; — 2° que, en apparence, les substances paraissent néanmoins agir les unes sur les autres, en raison même de la correspondance qui est établie entre leurs développements. Leibniz renvoie explicitement, sur ce point, aux remarques déjà présentées § 14-15 ; il reviendra sur la même question, au début du § 33, à propos du problème particulier des rapports de l'âme et du corps, et il précisera de nouveau ses vues dans la *Correspondance avec Arnauld* ; au reste, il a constamment repris, à travers ses œuvres, le thème actuellement évoqué de l'harmonie préétablie (Cf. ci-dessous, *Discours*, § 33, note 5).

9. Après la dépendance de l'être, envisagée dans toute sa généralité, Leibniz souligne d'une façon plus particulière la détermination de chaque

spontanéité par Dieu. Il se borne à rappeler sur ce point sa définition de la substance (§ 8) et sa définition de la liberté (§ 13), dont il a déjà évoqué les principes à propos du problème de l'activité volontaire et de la grâce (§ 30-31). Tout au plus ajoute-t-il ici, pour confirmer ses vues, un appel au témoignage de sainte Thérèse.

10. Les mots entre parenthèses — « qui devient liberté dans les substances intelligentes » — ont été ajoutés par Leibniz postérieurement à la rédaction primitive.

11. Allusion à sainte Thérèse, que Leibniz répétera en 1695, dans le *Système nouveau de la nature et de la communication des substances*, § 14. Leibniz précisera plus complètement encore sa pensée dans une *Lettre à Morell*, 10 décembre 1696 : « Quant à sainte Thérèse, vous avez raison d'en estimer les ouvrages ; j'y trouvai un jour cette belle pensée que l'âme doit concevoir les choses comme s'il n'y avait que Dieu et elle au monde : ce qui donne même une réflexion considérable en philosophie que j'ai employée utilement dans une de mes hypothèses » (éd. Grua, *Leibniz, Textes inédits*, Paris, P.U.F., 1948, p. 103). Le texte de sainte Thérèse évoqué par Leibniz est sans doute celui qui se trouve dans la *Vie*, ch. XIII ; la traduction d'Arnauld d'Andilly (éd. de 1670, p. 64) donne : « dans ces commencements elle (l'âme) ne doit prendre soin que d'elle-même, et rien ne lui peut être plus utile que de se conduire seule dans le monde avec Dieu seul » (Voir, sur ce point, Jean Baruzi, *Du « Discours de métaphysique » à la Théodicée »*, dans la *Revue philosophique*, oct.-déc. 1946, p. 394-395). Sans doute la remarque de sainte Thérèse n'est-elle originellement que l'expression d'une expérience mystique, relative à l'attitude de l'âme dans son dialogue intérieur avec Dieu ; mais Leibniz, par une transposition sur le plan métaphysique, y voit une confirmation de son propre système et, plus spécialement, l'image de la totale dépendance de l'âme par rapport à Dieu seul.

12. L'argument invoqué, par manière de conclusion, en faveur de l'immortalité, repose sur la double constatation de la dépendance des substances par rapport à Dieu et de leur indépendance les unes par rapport aux autres. Cette dépendance et cette indépendance, dûment confrontées, prouvent que les substances ne peuvent périr par une action des unes sur les autres, mais seulement par une annihilation opérée par Dieu (dont on sait d'ailleurs qu'elle n'a pas lieu, Dieu, qui est immuable, ne devant pas détruire ce qu'il a fait). L'argument ainsi présenté rejoint et confirme celui qui avait été déjà indiqué, à propos de la simplicité de la substance, ci-dessus, *Discours*, § 9 (Voir aussi *Correspondance avec Arnauld*, Lettre X, p. 122).

13. Les mots — « et cette étendue de l'âme » — ont été ajoutés par Leibniz postérieurement à la rédaction primitive.

14. Les mots — « sans annihilation » — ont été ajoutés par Leibniz postérieurement à la rédaction primitive.

ARTICLE 33

1. Leibniz traite ici, sous forme de digression, de deux problèmes particuliers : l'un, touchant les rapports de l'âme et du corps (« *On voit aussi l'éclaircissement inopiné de ce grand mystère...* ») ; — l'autre, touchant l'étendue de la perception (« *On voit aussi que les perceptions de nos sens...* »). Il estime en effet que ces deux problèmes peuvent recevoir

une solution très simple, à partir du principe de la dépendance des substances par rapport à Dieu, et que, partant, leur explication montre la fécondité du principe en question.

2. Le problème des rapports de l'âme et du corps n'est, pour Leibniz, qu'un cas particulier du problème plus général de la communication des substances, et, par conséquent, il doit être résolu suivant les mêmes principes. L'idée de Leibniz est que, les substances étant indépendantes les unes des autres et ne dépendant au fond que de Dieu, c'est en Dieu que se trouve le fondement de toute relation entre les êtres ou entre l'âme et le corps. Mais le développement de cette idée, à propos des seuls rapports entre l'âme et le corps, comporte ici : 1° le rejet de la thèse cartésienne et de la thèse occasionnaliste ; — 2° la définition rigoureuse de la théorie de l'harmonie préétablie. En fait, Leibniz est constamment revenu sur ce point de doctrine : voir ci-dessous, dans l'article actuel, note 5.

3. Allusion à Descartes, qui admettait une action réelle de l'âme sur le corps et du corps sur l'âme (Cf. Descartes, *Discours de la méthode*, V, — *Méditations*, VI, et *Réponses aux VI*[e] *objections*, — *Lettres à Régius*, janvier 1642 et juin 1642, — *Lettres à Elisabeth*, 21 mai 1643 et 21 juin 1643, — *Principes de la philosophie*, IV, § 189-198, — *Les passions de l'âme*, I, § 30-50). Leibniz rejette la thèse cartésienne, parce que l'idée d'une influence réelle des substances les unes sur les autres lui paraît inconcevable : non point que Leibniz se borne à reprendre les remarques de Descartes sur la distinction de l'âme et du corps, définis comme chose pensante et chose étendue, et sur la difficulté pour l'esprit de concevoir entre choses hétérogènes quelque interaction ; il songe plus profondément à la nature des substances en général et à l'impossibilité de toute communication directe des unes sur les autres en raison de cette nature même.

4. Allusion à Malebranche, dont la théorie des causes occasionnelles niait toute action réelle des êtres les uns sur les autres et ne reconnaissait de causalité efficace qu'en Dieu seul : cette théorie avait été préparée par l'occasionalisme de certains cartésiens, tels Louis de la Forge, dans le *Traité de l'Esprit de l'homme* (1666), et Géraud de Cordemoy, dans le *Discernement du corps et de l'âme* (1666) ; mais c'est dans *La Recherche de la vérité* (Liv. VI, part. II, ch. III), en 1675, ainsi que dans le Xe et XVe *Eclaircissements*, qui l'avaient suivie en 1678, que Malebranche en avait donné une expression complète ; il l'avait reprise encore dans les *Conversations chrétiennes* (Entretiens I et II), en 1677, et dans les *Méditations chrétiennes* (Méditations V, VI, IX, XII), en 1683, dont Leibniz avait connaissance en écrivant le *Discours*. Leibniz rejette la thèse occasionaliste, parce qu'elle présente l'inconvénient « de faire venir ce qu'on appelle *Deum ex machina* », c'est-à-dire de supposer à tout propos une intervention directe de Dieu : « c'est proprement recourir au miracle », quand il faudrait tirer une explication « de l'ordre des causes secondes » (*Système nouveau de la nature et de la communication des substances*, § 13), Sur les rapports de Leibniz et de Malebranche, voir André Robinet, *Malebranche et Leibniz. Relations personnelles*, Paris, Vrin, 1955.

5. Leibniz a constamment repris, à travers toutes ses œuvres, l'exposé de la théorie de l'harmonie préétablie et des comparaisons, — horloges bien réglées, musiciens bien accordés, — qui en donnent une image. Voir dans le *Discours*, § 14-15 et 32, et dans la *Correspondance avec Arnauld*, Lettres IX, p. 113, — X, p. 123-124, — XVI, p. 138-141, — XVII, p. 143-144, — XX, p. 159-164, — XXVI, p. 180-184. Voir éga-

lement : *Lettre à Foucher*, juillet 1686 (éd. G., t. I, p. 382-383) ; — *Specimen inventorum* (éd. G., t. VII, p. 312-313) ; — *Système nouveau de la nature et de la communication des substances*, § 12-18, suivi de l'*Eclaircissement du nouveau système de la communication des substances* (éd. G., t. IV, p. 483-487 et 493-500) et de l'*Extrait d'une lettre de M. Leibniz sur son hypothèse de philosophie* (éd. G., t. IV, p. 500-503) ; — *De ipsa natura*, § 10 (éd. G., t. IV, p. 509-510) ; — *Éclaircissement des difficultés de Bayle* (éd. G., t. IV, p. 517-524) ; — *Réponse aux réflexions de Bayle* (éd. G., t. IV, p. 554-571) ; — *Nouveaux Essais sur l'entendement*, Liv. II, ch. XXI, § 72 (éd. G., t. V, p. 195-196) ; — *Considérations sur les principes de vie* (éd. G., t. VI p. 539-546) ; — *Essais de Théodicée*, I, § 59-66, et II, § 188 (éd. G., t. VI, p. 135-139 et 228-229); — *Monadologie*, § 49-62 (éd. G., t. VI, p. 615-617) ; — *Principes de la nature et de la grâce*, § 12-13 (éd. G., t. VI, p. 603-604).

6. Les mots — « nous avons dit... suite de sa notion, donc » — ont été ajoutés par Leibniz postérieurement à la rédaction primitive.

7. Les mots — « de l'âme... répondent d'elles-mêmes » — ont été ajoutés par Leibniz postérieurement à la rédaction primitive.

8. Les mots — « et plus parfaitement à ce qui arrive » — ont été ajoutés par Leibniz postérieurement à la rédaction primitive.

9. Les mots — « en quelque façon et pour un temps » — ont été ajoutés par Leibniz postérieurement à la rédaction primitive.

10. Toute la fin de l'article a été ajoutée par Leibniz postérieurement à la rédaction primitive.

11. L'exposé de la théorie de l'harmonie préétablie conduit Leibniz à noter, sous forme de remarque incidente, que dans la perspective qui est la sienne « notre corps nous appartient sans être néanmoins attaché à notre essence ». En déclarant que notre corps nous appartient, Leibniz veut dire que notre corps correspond au point de vue d'où nous voyons et d'où nous exprimons l'univers, et qu'à cet égard il représente le centre de notre action idéale ; mais en ajoutant que ce corps ne fait pas partie de notre essence, Leibniz entend signifier qu'il n'y a point union, mais seulement harmonie, du corps et de l'âme. Plus tard, il complètera sa doctrine sur ce point, en montrant que dans le fond l'âme et le corps constituent une unité substantielle, *unum per se* : « Car quoique je ne tienne point que l'âme change les lois du corps ni que le corps change les lois de l'âme, et que j'aie introduit l'harmonie préétablie pour éviter ce dérangement, je ne laisse pas d'admettre une vraie union entre l'âme et le corps qui en fait un suppôt. Cette union va au métaphysique, au lieu qu'une union d'influence irait au physique » (*Essais de Théodicée*, Discours préliminaire, § 55, éd. G., t. VI, p. 81. Voir dans le même sens, *Remarque de l'auteur du Système de l'harmonie préétablie*, 1708, éd. G., t. VI, p. 595-596 ; — *Essais de Théodicée*, Préface, éd. G., t. VI, p. 45 ; — *Lettre à Rémond*, 4 novembre 1715, éd. G., t. III, p. 657-658 ; — *Lettres au P. des Bosses*, 1712-1716, éd. G., t. II, p. 433-521). Sur les différents problèmes posés par cet élargissement de la pensée leibnizienne, voir M. Blondel, *Une énigme historique. Le « Vinculum substantiale » d'après Leibniz et l'ébauche d'un réalisme supérieur*, Paris, Beauchesne, 1930, et A. Boehm, *Le « Vinculum substantiale » chez Leibniz*, Paris, Vrin, 1938.

12. Le problème de l'étendue de la perception n'est, lui aussi, pour Leibniz, qu'un cas particulier du problème de la communication des

substances. L'idée de Leibniz est que les perceptions de l'âme s'étendent à l'infini, parce que chaque substance, tout en ne correspondant qu'à un point de vue sur l'univers, reflète de ce point de vue qui la définit la totalité des choses : parmi les perceptions qui l'affectent, sans doute en est-il de claires et de confuses ; car, d'un point de vue particulier, l'âme ne peut connaître de façon explicite qu'un petit nombre de choses ; Dieu seul, parce qu'il domine tous les points de vue, connaît tout avec une clarté parfaite ; mais, comme le fait comprendre l'exemple du bruit de la mer, les perceptions confuses, dans l'âme humaine, n'ont point de limite, puisque par nature l'âme porte en elle des traces de toutes choses. C'est en définitive le statut ontologique de la substance — constituée en dépendance de Dieu et comme un miroir de l'univers — qui explique l'étendue et les modalités de la perception. Voir ci-dessus, *Discours*, § 8-9 et 13-16 ; voir aussi *Correspondance avec Arnauld*, Lettres XX, p. 159-160, et XXVI, p. 181-183, et *Nouveaux Essais sur l'entendement*, Avant-propos.

ARTICLE 34

1. Ayant établi que les substances individuelles se trouvent par nature étroitement unies à Dieu (§ 32-33), Leibniz précise qu'il existe en fait différents degrés dans cette union et que les esprits atteignent seuls le degré supérieur (§ 34-35). Il distingue, à cet égard, différentes espèces de substances, dont les esprits sont les plus élevées (§ 34), et par suite différentes modalités d'union à Dieu, dont l'union des esprits est la plus haute (§ 35). — Primitivement, Leibniz avait commencé l'article 34 par la phrase suivante, qui a été ensuite supprimée : « C'est une chose que je n'entreprends pas de déterminer si les corps sont des substances, à parler dans la rigueur métaphysique, ou si ce ne sont que des phénomènes véritables comme est l'arc-en-ciel, ni par conséquent s'il y a des substances, âmes ou formes substantielles qui ne soient pas intelligentes. Mais supposant que les corps... ».

2. Les mots — « qui font *unum per se* comme l'homme » — ont été ajoutés par Leibniz postérieurement à la rédaction primitive.

3. En indiquant qu'il existe différentes espèces de substances, Leibniz s'attarde moins à décrire la hiérarchie complète des êtres qu'à souligner les caractères distinctifs des esprits. Il n'est donc pleinement intelligible, sur ce point, que si se trouve d'abord restitué l'ensemble de sa doctrine. De fait, l'échelle des êtres a été décrite dans des textes postérieurs au *Discours*, tels, par exemple, ceux du *Système nouveau de la nature et de la communication des substances*, § 4-8, ou de la *Monadologie*, § 18-36. Leibniz distingue alors : 1° la forme substantielle la plus simple ou monade nue, appelée *entéléchie* : elle se caractérise par un début de perception et d'appétition, c'est-à-dire par une ébauche très rudimentaire de ce qui deviendra la connaissance et l'action proprement dites ; elle assure ainsi l'unité des corps inorganiques composés ; — 2° la substance douée de sentiment, appelée *âme* : elle se caractérise, elle aussi, par la perception et l'appétition, mais, grâce à l'apport de la mémoire, ces facultés apparaissent plus distinctes et mieux développées ; au reste, l'âme assure la vie animale en donnant naissance à des consécutions empiriques ; — 3° l'âme douée de raison, appelée *esprit* : elle se caractérise encore par la perception et l'appétition, mais, cette fois, grâce au jeu de la réflexion, les facultés anciennes reçoivent un plein développement ; au reste, l'esprit permet à l'homme d'accéder à la connaissance des vérités éternelles

et à la véritable liberté intérieure. La hiérarchie que Leibniz présente offre ceci de remarquable que : 1° à chaque degré, la substance est caractérisée par deux traits constamment soulignés (voir ci-dessus § 8-9) : elle est principe d'unité, — d'où, chez elle, la perception, — et principe de spontanéité, d'où l'appétition ; — 2° d'un degré à l'autre, les substances révèlent une continuité profonde, en ce sens qu'aucune coupure ne les sépare de façon radicale et que seul les distingue un développement plus ou moins accusé des mêmes caractères intrinsèques. Ce sont finalement ces principes qui expliquent, aux yeux de Leibniz, la situation privilégiée des esprits. Aussi peut-il suffire de préciser, après cela, en quoi les différentes espèces de substances — y compris les esprits — se ressemblent, et en quoi, par ailleurs, elles s'opposent — notamment dans le cas des esprits.

4. Toutes les substances — formes substantielles, âmes ou esprits — se ressemblent : 1° en ce qu'elles ne peuvent périr : car, ne dépendant que de Dieu, elles ne peuvent être détruites par quoi que ce soit, et, étant simples, elles ne peuvent comporter de dissolution ; tout ce qui leur arrive n'est que développement ou enveloppement, c'est-à-dire changement (voir ci-dessus, *Discours*, § 9 et 32) ; — 2° en ce qu'elles expriment l'univers : car chacune d'elles correspond à un point de vue particulier sur le système des choses et, par conséquent, doit refléter le monde entier, quoique souvent de manière confuse (voir ci-dessus, *Discours*, § 9, 14-15, 26, 33). Cette double ressemblance s'explique par le fait que toutes les substances sont des *sujets réels*, posés par Dieu dans l'existence suivant l'économie d'un plan harmonieux.

5. La fin de la phrase a été ajoutée par Leibniz postérieurement à la rédaction primitive.

6. Parmi les substances, les esprits doivent être distingués et mis à part : 1° parce qu'ils accèdent à un degré d'être qu'ils sont seuls à posséder parmi les créatures : contrairement aux autres substances, ils sont capables de réflexion, c'est-à-dire de connaissance de soi ; partant, ils atteignent le plan de la raison, où se découvrent les vérités nécessaires, et le plan de la moralité, où elles deviennent de véritables personnes ; — 2° parce qu'ils accèdent à une forme d'immortalité qui leur est propre : l'immortalité dont jouissent les entéléchies et les âmes est en effet une simple persistance de l'être à travers mille transformations, si bien qu'elle équivaut pratiquement à une mort ; au contraire, l'immortalité des esprits n'est pas seulement une subsistance perpétuelle de l'être (immortalité métaphysique), mais aussi un enrichissement perpétuel de la personnalité (immortalité morale), grâce au souvenir et à la réflexion. Voir sur ces questions — outre le *Discours*, § 9, 32, 36, et la *Correspondance avec Arnauld*, Lettres IX, p. 109-111, — X, p. 117-119, — XX, p. 167, — XXVI; p. 191-192, — le *Système nouveau de la nature et de la communication des substances*, § 8 et 15-16, et les *Nouveaux Essais sur l'entendement*, Liv. II, ch. XXVII.

7. Les mots — « ni ce qu'elles font... n'ont point de qualité morale » — ont été ajoutés par Leibniz postérieurement à la rédaction primitive.

8. Les mots — « et subsiste » — ont été ajoutés par Leibniz postérieurement à la rédaction primitive.

9. Les mots — « bien plus que les autres » — ont été ajoutés par Leibniz postérieurement à la rédaction primitive.

10. Les mots — « dans la morale et la religion » — ont été ajoutés par Leibniz postérieurement à la rédaction primitive.

11. Les mots — « comme s'il venait de naître tout de nouveau » — ont été ajoutés par Leibniz postérieurement à la rédaction primitive.

12. Les mots — « ou quant aux effets dont on se peut apercevoir » — ont été ajoutés par Leibniz postérieurement à la rédaction primitive.

ARTICLE 35

1. Leibniz remarque que, si l'on admet la supériorité des esprits par rapport aux autres substances, quant à l'immortalité (§ 34), on doit reconnaître aussi, chez ces mêmes esprits, une ressemblance spéciale avec Dieu. Aussi peut-il indiquer, pour compléter son analyse, comment la ressemblance en question fonde et justifie une union nouvelle avec Dieu, plus étroite pour les esprits que pour les autres êtres. Il note ainsi : 1° du côté des esprits, comment ceux-ci expriment Dieu mieux que ne le font les autres substances et se trouvent par conséquent plus étroitement unis à lui (« *Car assurément, les esprits...* ») ; — 2° du côté de Dieu, comment celui-ci se complaît davantage dans les esprits que dans les autres substances et les unit par conséquent plus étroitement à sa personne (« *Et comme Dieu lui-même...* »).

2. Les mots entre parenthèse ont été ajoutés par Leibniz postérieurement à la rédaction primitive.

3. Que toutes les substances expriment l'univers et imitent Dieu, de façon très imparfaite sans doute, mais cependant très réelle, par le seul fait que chaque être correspond à un point de vue particulier sur l'univers et se trouve posé par Dieu dans l'existence, c'est ce que Leibniz a déjà rappelé maintes fois (voir ci-dessus, *Discours*, § 9, 14-16, 28, 30 ; voir également *Correspondance avec Arnauld*, Lettres X, p. 122, — XVII, p. 144, — XXVI, p. 191-192). Mais ce qui est ajouté ici, c'est que cette expression et cette imitation prennent une forme plus accusée dans le cas des esprits : grâce à la réflexion intelligente, ceux-ci accèdent en effet à une vision plus claire des choses ; partant, ils sont moins aveuglément asservis aux perspectives que leur impose la définition d'un point de vue particulier, et ils s'approchent davantage de Dieu qui, dominant tous les points de vue possibles, voit le système entier de l'univers avec une parfaite clarté ; en ce sens, ils « expriment plutôt Dieu que le monde », tandis que les autres substances « expriment plutôt le monde que Dieu ». Leibniz n'hésite pas finalement à marquer entre les esprits et Dieu une ressemblance si forte, que toute distinction de nature paraît s'évanouir, au profit d'une simple différence de degré, et que, suivant un principe de continuité métaphysique, se retrouve en Dieu comme dans les créatures l'homogénéité profonde de tout ce qui est : « on peut dire que les esprits créés ne diffèrent de Dieu que de plus à moins, du fini à l'infini » (*Correspondance avec Arnauld*, Lettre XXVI, p. 192). En soulignant de la sorte le progrès d'un développement paisible plutôt que les ruptures d'un retournement douloureux, Leibniz s'inspire au fond d'une conception néo-platonicienne plutôt que d'une expérience chrétienne.

4. Les mots — « entre les substances intelligentes et celles qui ne le sont point » — ont été ajoutés par Leibniz postérieurement à la rédaction primitive.

5. Après avoir envisagé l'union des esprits à Dieu à partir des esprits, Leibniz envisage cette même union à partir de Dieu. Il se borne d'ailleurs à noter que Dieu doit se complaire davantage dans la société des esprits, parce que ceux-ci, grâce à la conscience qu'ils prennent de leur être et de leur activité, peuvent être traités par Dieu, non comme de simples instruments, mais comme d'authentiques collaborateurs. Ainsi, pour Leibniz, l'union ici considérée devient-elle la plus haute qui se puisse concevoir et permet-elle, en définitive, la constitution d'une Cité de Dieu : c'est de cette Cité qu'il est d'ailleurs aussitôt question dans les derniers articles du *Discours*.

6. La fin de la phrase a été ajoutée par Leibniz postérieurement à la rédaction primitive.

ARTICLE 36

1. Les deux derniers articles du *Discours* (§ 36-37) dégagent les enseignements des articles précédents (§ 32-35) : après avoir montré que les esprits sont destinés, mieux que les autres êtres, à entrer en union étroite avec Dieu, Leibniz cherche en effet à définir la cité qui doit se trouver constituée par une telle union. En fait, Leibniz a ici recours à des formules qu'il emprunte aux Stoïciens (Cf. par exemple, Cicéron, *De finibus*, III, 19, 64, — Epictète, *Entretiens*, I, 9, — Marc Aurèle, *Pensées*, VII, 9) ou à saint Augustin (Cf. *De civitate Dei*, en particulier livres XIX-XXII) ; il parle ainsi de société, de république universelle ou de république des esprits, de cité ou, plus précisément, de la Cité de Dieu. Mais, au fond, et en dépit d'analogies verbales, sa pensée demeure personnelle, très différente de celle de ses devanciers et toujours inspirée par les principes de son propre système : sa doctrine de la substance individuelle exclut en effet radicalement le panthéisme des Stoïciens, comme la loi de continuité, à laquelle il se réfère en métaphysique, évacue l'idée de transcendance radicale chère à saint Augustin. Pour Leibniz, la Cité de Dieu se situe dans le prolongement de l'univers : toutes choses concourent d'abord à l'ordre de la nature, en vertu d'une finalité universelle ; mais, ensuite, du monde physique se dégage un monde moral formé par les esprits : tout se passe finalement comme si se développait une harmonie parfaite entre les deux règnes et, par conséquent, comme si la grâce n'était qu'un épanouissement de la nature (Voir — outre la *Correspondance avec Arnauld*, Lettres XX, p. 166-167, — XXVI, p. 191-192, — XXVIII p. 199, — *Système nouveau de la nature et de la communication des substances*, § 15-16, — *De rerum originatione radicali*, conclusion, — *Essais de Théodicée*, II, § 146, — Monadologie, § 84-90, — *Principes de la nature de la grâce*, § 15-18 ; voir également, sur ces questions, Grua, *Jurisprudence universelle et théodicée selon Leibniz*, Paris, P.U.F., 1953, ch. XI-XII). En cette fin du *Discours*, Leibniz précise d'abord la nature de la cité de Dieu (§ 36), et il en évoque ensuite la révélation par Jésus-Christ (§ 37).

2. Deux séries de considérations expliquent, aux yeux de Leibniz, la formation de la Cité de Dieu. Il est clair en effet, d'après les remarques précédentes : 1° que Dieu doit prendre plus de soin des esprits que des autres êtres, parce que les esprits, envisagés dans leur essence, offrent une plus grande perfection intrinsèque (« *En effet, les esprits sont les substances les plus perfectionnables...* ») ; — 2° que Dieu doit tirer plus de gloire des esprits que des autres êtres, parce que les esprits, envisagés dans leur existence, réalisent une meilleure imitation de Dieu (« *On peut même dire que Dieu, en tant qu'il est un esprit...*)».

3. Les mots — « ou plutôt qu'elles s'entr'aident... les plus parfaits amis » — ont été ajoutés par Leibniz postérieurement à la rédaction primitive.

4. Sur la volonté divine qui choisit le meilleur, voir ci-dessus, *Discours*, § 1-5, et plus spécialement § 5.

5. Le passage suivant — « Ainsi la qualité de Dieu... et cette considération lui est si chère que » — a été ajouté par Leibniz postérieurement à la rédaction primitive.

6. Reprise d'un mot de saint Paul, dans le discours d'Athènes devant l'Aréopage, *Actes*, XVII, 28. Les Stoïciens, notamment Cléanthe dans son hymne à Zeus, s'exprimaient en des termes semblables.

7. Voir ci-dessus, *Discours*, § 9 et 35.

8. Sur le thème de la gloire de Dieu, voir ci-dessus, *Discours*, § 2-3, 9, 14-15, 31, 35. Pour l'ensemble de la question, voir Jean Baruzi, *Leibniz et l'organisation religieuse de la terre*, Paris, Alcan, 1907, p. 427-509.

9. Ayant analysé les raisons qui expliquent la formation de la Cité de Dieu, Leibniz décrit maintenant la nature de cette Cité. Il la définit par une comparaison tirée du monde humain, — celle de la société que forment un monarque et ses sujets ou encore un père de famille et ses enfants (Cf. *Monadologie*, § 84), — afin de souligner par là l'union proprement morale qui existe entre des personnes. Il précise également la loi qui en commande l'économie : c'est une loi de félicité, qui assure par le don de la grâce le bonheur des esprits, comme la loi de perfection assurait dans l'acte créateur la bonté du monde (Cf. *De rerum originatione radicali*, conclusion), — en sorte qu'un parallélisme très étroit et, pour tout dire, une harmonie profonde apparaissent finalement entre l'ordre de la nature et l'ordre de la grâce (Cf. *Monadologie*, § 87-88, et *Principes de la nature et de la grâce*. § 15-16).

10. Toute cette phrase a été ajoutée par Leibniz postérieurement à la rédaction primitive.

11. La conséquence de l'organisation que Leibniz vient de définir est l'octroi aux esprits d'une immortalité de type supérieur. Toute substance individuelle jouit en effet par nature d'une immortalité métaphysique, puisqu'elle ne peut périr ni par destruction ni par dissolution (Cf. ci-dessus, *Discours*, § 9 et 32) ; mais les esprits jouissent en outre d'une immortalité morale, en ce sens qu'ils ne bénéficient pas seulement d'une simple persistance de leur être, mais aussi d'un enrichissement perpétuel de leur personnalité, grâce à la réflexion dont ils sont capables (Cf. ci-dessus, *Discours*, § 34). De là, pour les esprits, la possibilité de récompenses ou de châtiments, comme l'obligation d'aimer Dieu (Cf. *Monadologie*, § 89-90, et *Principes de la nature et de la grâce*, § 16-18).

12. Phrase remaniée : au lieu de — « non seulement... leur qualité morale » — Leibniz avait d'abord écrit simplement : « puissent vivre toujours ».

13. La fin de la phrase a été ajoutée par Leibniz postérieurement à la rédaction primitive.

14. Les mots — « étant en même temps le plus juste et le plus débonnaire des monarques » — ont été ajoutés par Leibniz postérieurement à la rédaction primitive.

ARTICLE 37

1. Leibniz évoque, pour finir, la révélation par Jésus-Christ du royaume des cieux, c'est-à-dire de la Cité de Dieu. Il mentionne brièvement le fait même de la révélation (« *Les anciens philosophes...* »), et il résume ensuite plus longuement le contenu de celle-ci (« *il nous a donné à connaître...* »).

2. Touchant le fait même d'une révélation faisant connaître la Cité de Dieu, Leibniz note : 1° que les philosophes ont méconnu les vérités qui s'y rapportent (à vrai dire, les philosophes ne les ont point tout à fait méconnues, puisque les Stoïciens, dont Leibniz a lui-même repris certaines formules, en ont entrevu le principe ; mais il est exact que les philosophes — même stoïciens — n'ont pas défini toutes les affirmations qu'implique la notion de cité, au sens fort du mot) ; — 2° que Jésus-Christ, au contraire, a dévoilé aux hommes ces vérités (aussi Leibniz peut-il dire avec raison que Jésus-Christ a fait comprendre d'une manière très claire les principes qui commandent la constitution d'une cité de Dieu). On doit reconnaître que, dans ce texte du *Discours*, Leibniz ne précise pas si, pour lui, Jésus-Christ est réellement Dieu, comme l'enseigne la foi, ou seulement un homme pénétré de l'esprit de Dieu : en fait, cependant, rien n'interdisait à Leibniz d'admettre sur ce point la doctrine chrétienne ; et d'ailleurs il écrivait sans hésitation, dans un *Dialogue entre Poliandre et Théophile*, que « la divinité qui habitait dans la nature humaine de Jésus-Christ, a fait la réunion de Dieu et des hommes » (*Dialogue*, publié par Baruzi dans la *Revue de métaphysique et de morale*, janvier 1905, p. 27). Ce qui est sûr, malgré tout, c'est qu'aux yeux de Leibniz l'apport de la révélation chrétienne apparaît, suivant une perspective d'unité et de continuité, comme un prolongement de l'analyse philosophique : elle est moins la manifestation d'une grâce surnaturelle que l'épanouissement d'une réflexion métaphysique.

3. Touchant le contenu proprement dit de la révélation, Leibniz note que Jésus-Christ a fait connaître avant tout aux hommes la cité de Dieu (« *il nous a donné à connaître le royaume des cieux...* »), et que plus précisément, pour justifier et assurer l'ordre de cette cité, il a enseigné : 1° l'amour que Dieu a pour les hommes (« *lui seul a fait voir combien Dieu nous aime...* »), — 2° la confiance que les hommes doivent avoir en Dieu (« *que nous ne devons point craindre...* »).

4. Le passage suivant — « le royaume des cieux... qui lui sont infiniment plus chères » — a été ajouté par Leibniz postérieurement à la rédaction primitive.

5. Les mots — « rien ne pouvant agir sur elles que Dieu seul » — ont été ajoutés par Leibniz postérieurement à la rédaction primitive.

6. Les considérations développées par Leibniz en cette fin du *Discours* rappellent assurément des vues exposées par saint Augustin : de part et d'autre, il est en effet question d'une Cité de Dieu dont l'épanouissement manifeste, au terme du monde, une union des esprits à Dieu dans le bonheur et la félicité. Mais, au fond, la divergence des doctrines est profonde. Pour saint Augustin, il y a deux cités hétérogènes, la Cité de la terre et la Cité de Dieu ; la première, fondée sur un amour de soi qui peut aller jusqu'au mépris de Dieu, est symbolisée par Babylone et n'obéit qu'à Satan ; la seconde, fondée sur un amour de Dieu

qui peut aller jusqu'au mépris de soi, est symbolisée par Jérusalem et n'obéit qu'au Christ ; en fait, l'une et l'autre sont actuellement mêlées, en dépit de leur opposition ; mais, par nature, elles demeurent antithétiques et seront un jour séparées : on ne peut donc passer de l'une à l'autre que par une *conversion totale*. Pour Leibniz, au contraire, il n'y a qu'une seule et unique Cité, celle que forment les esprits en union avec Dieu ; cette Cité correspond à l'épanouissement régulier d'un monde moral au sein du monde physique, l'un s'ajoutant à l'autre, sans le détruire, par élévation de ses éléments les plus purs ; elle s'épanouit dès lors comme l'achèvement suprême d'une harmonie universelle : on peut passer du règne de la nature à celui de la grâce par *développement continu*. Sous ce rapport, de toute évidence, Leibniz est aussi éloigné qu'il est possible des idées augustiniennes de lutte et de choix dramatiques, pour ou contre Dieu ; il reprend davantage les idées néo-platoniciennes de réflexion et de montée progressives, dont l'effet assure par étapes un retour de l'âme à Dieu.

CORRESPONDANCE ENTRE LEIBNIZ ET ARNAULD

LETTRE I

1. La plupart des lettres de Leibniz au Landgrave ou à Arnauld portent deux dates, avec un décalage constant de 10 jours de l'une à l'autre. Il y faut voir une conséquence du fait que la réforme grégorienne n'a pas été adoptée en même temps dans tous les pays d'Europe : en France, le nouveau calendrier a été suivi dès 1582 ; mais, dans les Etats protestants d'Allemagne, il fallut attendre pour une mesure analogue la fin du XVIIe siècle : ce ne fut qu'en 1699, à la diète de Ratisbonne, qu'on décida la suppression des derniers jours de janvier 1700. Dans les lettres de Leibniz au Landgrave ou à Arnauld, la première date reflète donc l'usage encore en vigueur en Allemagne, tandis que la seconde correspond à celui qui est alors établi en France depuis plus d'un siècle.

2. Sur le Landgrave, — à qui Leibniz envoie le Sommaire du *Discours*, pour que celui-ci soit transmis à Arnauld, — consulter, dans *Leibniz und Landgraf Ernst von Hessen-Rheinfels. Ein ungedruckter Briefwechsel*, herausgegeben von Chr. von Rommel, 2 vol., Francfort, 1847, la longue Introduction de Rommel, *Landgraf Ernst, Leibniz und der grosse Unionsversuche*, t. I, p. 11-240.

3. Seuls les articles de ce Sommaire ont été envoyés à Arnauld ; le texte même du *Discours* semble bien ne lui avoir jamais été communiqué. Par là s'explique peut-être, sinon le contenu, du moins la forme de certaines objections adressées par Arnauld à Leibniz.

LETTRE II

1. C'est à propos de l'article 13, qui lui-même est une suite de l'article 8, — c'est-à-dire à propos des questions relatives au problème de la liberté, envisagées à leur tour en fonction d'une certaine doctrine de la substance, — qu'Arnauld formule une première objection. Il est convaincu que Leibniz introduit par sa théorie de la liberté un véritable fatalisme. Si toute notion individuelle enferme à l'avance tout ce qui lui arrivera, ne semble-t-il pas en effet que Dieu, en posant tels ou tels êtres dans l'existence, n'ait pas pu ne pas poser avec chacun de ces êtres toute la suite des événements impliqués dans leurs notions ; ne semble-t-il pas, par conséquent, que Dieu, dans l'acte même de la création, ait vu sa liberté singulièrement restreinte et se soit senti lié par une loi supérieure, tout pouvoir se trouvant alors lui être retiré de conduire dans le détail le cours des choses, une fois prises certaines décisions initiales. De fait, pour répondre à cette critique, Leibniz sera contraint de reprendre, dans un exposé tout à la fois plus large et plus précis, l'explication de sa doctrine. Les premières lettres de la Correspondance ne sont remplies de la sorte que des discussions qui se rattachent à ce problème.

2. Allusion aux tentatives récentes faites par le Landgrave auprès de Leibniz : le Landgrave avait en effet invité Leibniz à se convertir au

catholicisme ; mais Leibniz lui avait toujours opposé un refus très courtois et très ferme. Voir ci-dessous, *Lettre* XXIV, note 1.

3. *Sunt innumerabiles quaestiones...* « Il y a d'innombrables questions, dont l'examen ne doit pas être achevé avant qu'on ait la foi, de peur que la vie s'achève sans qu'on ait la foi » (Saint Augustin, *Lettre* 102 *(Sex quaestiones contra Paganos expositae)*, Patrol. lat., t. XXXIII, col. 386).

LETTRE III

1. Cette lettre de Leibniz a été adressée au Landgrave pour être transmise à Arnauld ; elle était jointe à la lettre suivante (*Lettre* IV), écrite également le 12 avril 1686 au Landgrave, mais non destinée à Arnauld : la différence de ton qui existe entre l'une et l'autre s'explique donc sans peine, la première lettre étant naturellement plus déférente et plus modérée, la seconde, au contraire, plus directe et plus franche. Mais, en réalité, contrairement aux intentions de Leibniz, Arnauld a reçu communication des deux lettres à la fois, comme le prouve le fait que l'une et l'autre ont été retrouvées dans ses papiers (Cf. *Lettres de Leibniz à Arnauld*, éditées par Geneviève Lewis, Paris, P.U.F., 1952, p. 24-33) : c'est ce qui fait comprendre la réaction assez vive d'Arnauld dans sa réponse (Cf. ci-dessous, *Lettre* VI).

2. Allusion aux nombreuses polémiques dans lesquelles Arnauld n'a cessé d'être engagé, notamment avec les Jésuites et avec les Protestants ; mais, peut-être, allusion plus spéciale à la polémique que Arnauld a entretenue avec Malebranche : cette polémique avait commencé à la suite de la publication par Arnauld du traité *Des vraies et des fausses idées contre ce qu'enseigne l'Auteur de la Recherche de la vérité*, Cologne, 1683, et elle n'était pas encore terminée, en 1686, au moment où Leibniz écrit.

3. Arnauld avait accusé Leibniz d'introduire une sorte de fatalisme par sa théorie de la liberté. Mais, aux yeux de Leibniz, tout danger de ce genre se trouve écarté, si l'on remarque qu'une détermination *certaine* n'est pas pour autant une détermination *nécessaire* : il convient en effet de distinguer deux sortes de connexions, l'une qui est *nécessaire*, en ce sens que son contraire implique contradiction, comme dans l'enchaînement des vérités mathématiques, l'autre qui est *contingente*, en ce sens que son contraire n'implique pas contradiction, comme dans l'enchaînement des vérités de fait ; ou encore, si l'on préfère parler de *nécessité* dans l'un et l'autre cas, il convient de distinguer une *nécessité absolue*, qui ne présuppose aucune hypothèse et correspond à une détermination inconditionnelle, et une *nécessité hypothétique*, qui présuppose une hypothèse et correspond à une détermination conditionnelle. Le texte même du *Discours* (cf. § 13) est tout à fait explicite à cet égard ; mais déjà l'article du Sommaire envoyé à Arnauld est suffisamment net : « ces vérités, quoique assurées, ne laissent pas d'être contingentes ».

4. Arnauld s'était plaint d'être enrhumé (Cf. ci-dessus, *Lettre* II, p. 83) et de ne pouvoir en conséquence faire l'effort nécessaire à un examen d'ensemble de la pensée de Leibniz.

5. Une ligne avait en effet sauté, dans le texte parvenu à Leibniz. En fait, Arnauld avait écrit : « Dieu a été libre de créer < ou de ne pas créer Adam ; mais supposant qu'il l'ait voulu créer, > tout ce qui est depuis arrivé... » (Cf. ci-dessus, *Lettre* II, p. 83.)

6. Leibniz entreprend de réfuter l'objection d'Arnauld : 1° en montrant qu'une confusion a été commise entre nécessité hypothétique et nécessité absolue (« *Ces dernières paroles...* »), ainsi que l'indiquaient déjà les remarques de l'alinéa précédent ; — 2° en montrant que la confusion commise dérive d'une conception fausse de la volonté divine (« *Il est visible aussi que cette objection...* ») : la confusion vient en effet de ce qu'on s'imagine une suite de décisions divines indépendantes les unes des autres, comme si chacune d'entre elles n'impliquait pas déjà les suivantes et mettait Dieu dans l'obligation de subir par la suite certaines conséquences devenues inévitables (« *Il est visible aussi que cette objection...* ») ; toute confusion est au contraire dissipée, si l'on conçoit l'activité créatrice comme l'expression d'une volonté unique, qui choisit en une seule fois et par un décret général l'ensemble des choses (« *Mais il faut plutôt considérer que...* ») ; or, de toute évidence, la perfection divine s'accommode mieux d'un décret général que d'une série de décrets particuliers (« *En effet, plus on est sage...* »). Voir — outre *Discours*, § 13,— *De libertate* (éd. Foucher de Careil, *Nouvelles lettres et opuscules inédits de Leibniz*, Paris, 1857, p. 178-185) et *Essais de Théodicée*, III, § 414-416.

7. Les Sociniens se réclamaient des Sozzini (ou Socin), — de Lelio Sozzini (1525-1562) et, plus encore, du neveu de celui-ci, Fausto Sozzini (1539-1604), qui, réfugié en Pologne, avait recruté des partisans et organisé une Eglise. L'enseignement des Sociniens s'opposait à celui des Luthériens et des Calvinistes, tout autant qu'au Catholicisme traditionnel ; il tendait au déisme et au rationalisme, par la négation de la Trinité, de la divinité du Christ et du péché originel. Les Sociniens exercèrent une influence considérable — notamment en Hollande — par leur grand ouvrage, en 5 volumes, *Bibliotheca Fratrum Polonorum*, publié à Amsterdam par André Wissowatius, à partir de 1656 : on y trouvait, outre les œuvres de Fauste Socin, celles de Crell, de Jonas Schlichting et de quelques autres sociniens moins importants.

8. Voir *Discours*. § 14.

LETTRE IV

1. Cette lettre, que Leibniz avait jointe à la précédente, était destinée au Landgrave seul et ne devait pas être transmise, comme l'autre, à Arnauld. En fait, cependant, celui-ci en a eu communication et en a tenu compte dans sa réponse (Cf. *Lettre* VI).

2. *Santons* : primitivement, « religieux et ascètes musulmans » ; mais, ici, « petits saints ».

3. Voir ci-dessus, *Lettre* III, note 2.

4. Leibniz se contente de résumer ici la réponse développée dans la lettre précédente.

5. *Tange montes et fumigabunt* : « touchez les montagnes et elles fumeront » : Leibniz transpose ici, — en en changeant le sens, comme le prouve la libre interprétation de la phrase suivante, — un verset des *Psaumes* (*Ps.* 103, v. 32). Ce verset proclame en effet, — non sans faire allusion aux phénomènes volcaniques, pris comme symboles de la toute-puissance divine, — que Dieu se réjouit éternellement de ses œuvres, « lui qui regarde la terre, et elle tremble, qui touche les montagnes, et elles

fument » (*qui respicit terram et facit eam tremere, qui tangit montes et fumigant*).

LETTRE V

1. Cette lettre est un simple billet, écrit trois jours après les deux lettres précédentes et destiné à rectifier un passage de la *Lettre* III. En fait, cependant, c'est le premier texte de Leibniz — celui de la *Lettre* III — qui a été transmis par le Landgrave à Arnauld, comme le prouve la copie retrouvée dans les papiers de ce dernier (Cf. *Lettres de Leibniz à Arnauld*, éditées par Geneviève Lewis, Paris, P.U.F., 1952, p. 32-33).

2. Le passage dont Leibniz demande ici la modification correspond à la fin de l'avant-dernier alinéa de la *Lettre* III destinée à Arnauld.

3. Durand de Saint-Pourçain, maître dominicain, né vers 1270 et mort en 1334, avait enseigné à Paris et à la cour papale d'Avignon, avant de devenir évêque du Puy et de Meaux : il estimait que, pour tout ce qui n'est pas article de foi, l'autorité d'un docteur, si grand soit-il, doit toujours céder devant l'évidence de la raison ; aussi son *Commentaire sur les Sentences* lui avait-il attiré la censure du chapitre général de l'ordre et la condamnation d'un certain nombre d'articles : on lui reprochait de s'écarter indûment de saint Thomas. — Louis de Dôle, frère mineur capucin, mort en 1636, avait enseigné la philosophie et la théologie, à Dôle, et publié en 1634, pour répondre aux objections que cet enseignement avait soulevées, une *Disputatio quadripartita de modo conjunctionis concursuum Dei et creaturae ad actus liberos ordinis naturalis*. De fait, Louis de Dôle avait repris une doctrine déjà soutenue par Durand de Saint-Pourçain sur le concours de Dieu aux opérations de la créature : Durand de Saint-Pourçain avait en effet montré avec beaucoup de force que Dieu n'a point de part dans le péché, que par conséquent il ne prête pas son concours immédiat aux causes secondes et n'opère toujours que par l'intermédiaire des facultés qu'il a déposées et qu'il entretient dans les créatures : « il est la cause des actions du libre arbitre, en tant seulement que le libre arbitre est créé et conservé par lui » (*Commentaire sur les Sentences*, l. II, dist. XXXVII, q. 1) ; à son tour, et pour les mêmes raisons, Louis de Dôle avait donc déclaré que rien n'oblige d'admettre une coopération immédiate de Dieu dans l'ordre naturel.

LETTRE VI

1. Le souci de s'excuser s'explique, de la part d'Arnauld, par le fait qu'il avait eu communication, non seulement de la lettre que Leibniz lui avait écrite en termes mesurés (Cf. ci-dessus, *Lettre* III), mais encore de celle que Leibniz avait adressée au Landgrave sans voiler ses sentiments (Cf. ci-dessus, *Lettre* IV).

2. Son Altesse : le Landgrave Ernest de Hesse-Rheinfels, par l'intermédiaire de qui les premiers échanges de lettres se sont faits.

3. *Dum essem in admonendo sollicitus...* : « Préoccupé de donner un avertissement, j'ai dépassé la mesure et j'ai agi de façon inconsidérée dans mon blâme. Je ne m'en défends pas, mais je me le reproche ; je ne m'en excuse pas, mais je m'en accuse. Qu'il me pardonne, je l'en prie ; qu'il se souvienne de notre ancienne amitié, et qu'il oublie mon offense. Qu'il fasse ce qu'il est fâché que je n'aie pas fait ; qu'il ait

en me donnant son pardon la douceur que je n'ai pas eue en écrivant cette lettre » (Saint Augustin, *Lettre* 148, Augustinus Fortunatiano episcopo Siccensi, ut episcopum quemdam ipsi reconciliet, quem litteris asperioribus offenderat, Patr. lat., t. XXXIII, col. 623-624). En fait Arnauld a pratiqué quelques coupures dans le texte de saint Augustin : il a supprimé du passage cité tout ce qui était allusion au caractère épiscopal de l'ancien correspondant de saint Augustin ; il n'a retenu que les paroles où s'exprimait directement un regret sincère.

4. Arnauld va entreprendre une critique d'ensemble de la théorie leibnizienne de la substance individuelle, ainsi que de la doctrine qui en découle sur la liberté (Cf. *Discours*, § 8 et 13). Mais, pour commencer, il rappelle d'abord les termes de sa première critique (Cf. *Lettre* II, p. 83-84).

5. Voir ci-dessus les remarques de Leibniz, *Lettre* III, p. 86-88.

6. Arnauld présente sa critique de la conception leibnizienne en trois temps : 1° il se demande d'abord de quelle manière les prédicats sont liés au sujet, et c'est pour lui l'occasion d'opposer à Leibniz une première objection (« *Mais il me semble qu'après cela il reste à demander...* ») : le problème est en effet de savoir si la liaison des prédicats au sujet préexiste aux décrets libres de Dieu, en sorte que ces décrets devraient en tenir compte et s'y conformer, ou si la liaison des prédicats au sujet apparaît comme une suite des décrets de Dieu, si bien que ceux-ci joueraient à son égard le rôle de cause déterminante ; dans un cas, la liaison serait intrinsèque et par conséquent échapperait à la volonté divine, dans l'autre, elle serait extrinsèque et dépendrait d'une libre décision de Dieu ; Arnauld estime que Leibniz soutient la première thèse, mais, quant à lui, il croit que la seconde est seule acceptable ; la raison qu'il met en avant sur ce point est tirée de la considération de certains faits, par exemple de la venue au monde de certains personnages ou de la production de certains événements ; ces faits lui paraissent correspondre à une volonté particulière de Dieu et par suite n'être pas liés intrinsèquement, mais extrinsèquement, au reste du monde : Arnauld se réfère ainsi à une vision des choses toute contraire à celle de Leibniz, puisque, pour lui, la liaison des prédicats au sujet n'a pas la rigueur que Leibniz lui accorde ; — 2° Arnauld se demande ensuite si les prédicats d'un sujet sont tous enfermés dans la notion de celui-ci, et c'est pour lui l'occasion d'opposer à Leibniz une seconde objection (« *De plus, Monsieur, je ne sais comment...* ») : le problème est maintenant de savoir si tous les prédicats d'un sujet sont contenus à l'avance dans la notion de celui-ci, ou si certains d'entre eux seulement s'y trouvent à titre de propriété essentielle, les autres ne s'y trouvant point et n'apparaissant par la suite qu'accidentellement ; dans un cas, l'inhérence au sujet serait le fait de *tous* les prédicats sans exception, dans l'autre, elle ne serait le fait que de *certains* prédicats particuliers, à l'exclusion des autres ; Arnauld juge, à bon droit, que Leibniz admet la première conception, mais, pour sa part, il croit plus conforme au sens commun de soutenir la seconde ; ce qui lui paraît ici justifier une distinction, c'est la différence observée entre prédicats essentiels et prédicats accidentels ; les premiers, dit-il, ne peuvent pas être autres qu'ils ne sont, — tel le fait de penser pour un esprit, — tandis que les seconds peuvent toujours être modifiés selon les circonstances, — tel le fait, pour un homme, d'être marié ou célibataire, médecin ou théologien ; bref, pour lui, le premier groupe de prédicats est seul à pouvoir se trouver compris à l'avance dans la notion du sujet, alors que le second n'y est pas naturellement contenu : Arnauld

se réfère ici encore à une vision du monde toute contraire à celle de Leibniz, puisque, d'après lui, l'inhérence au sujet ne s'observe pas pour tous les prédicats ; — 3° finalement, Arnauld explique d'où vient l'opposition qui existe entre sa thèse et celle de Leibniz (« *Ce qui m'y confirme, c'est que j'ai de la peine à croire que...* ») : Leibniz juge des choses d'après les idées que Dieu en doit avoir, tandis que lui, Arnauld, prétend les juger d'après les idées que l'expérience en donne ; c'est à cette différence de points de vue que tient, à son dire, le conflit des doctrines ; contre Leibniz qui propose une vision du monde où tout paraît déterminé jusqu'au détail, Arnauld croit devoir maintenir une conception plus proche de celle du sens commun ; il considère que, mises à part certaines propriétés effectivement inséparables de la notion d'une substance, de nombreux accidents demeurent, en dernière analyse, absolument imprévisibles : l'univers, chez lui, n'offre donc pas la cohérence qu'il présente chez Leibniz.

LETTRE VII

1. Toute la fin de cette lettre — sauf la dernière phrase — est sans rapport avec les idées de Leibniz. Arnauld fait allusion à son *Apologie pour les Catholiques*, dont les 2 volumes avaient été publiés, en 1681-1682, contre Jurieu et les Protestants.

2. Arminiens et Gomaristes, partisans d'Arminius (Jacques Hermann, 1560-1609) et de Gomarus (François Gomar, 1563-1641), représentaient deux sectes protestantes dans le calvinisme hollandais. De longues et vives querelles avaient opposé les deux sectes, notamment à propos de la prédestination et du libre arbitre, les Arminiens soutenant que la liberté humaine coopère à la grâce de Dieu, qui est offerte à tous, et les Gomaristes maintenant dans toute leur rigueur les thèses de Calvin sur la prédestination.

LETTRE VIII

1. Cette lettre est un simple billet d'envoi, destiné à transmettre à Leibniz la lettre d'Arnauld du 13 mai 1686 (*Lettre* VI). Elle n'a par ailleurs aucun rapport direct avec le débat philosophique engagé.

LETTRE IX

1. Cette lettre est une première ébauche de la lettre suivante (*Lettre* X), qui seule a été envoyée à Arnauld. Après quelques remarques préliminaires, Leibniz y répond aux trois séries de considérations présentées par Arnauld (*Lettre* VI), — 1° « *Or M. Arnauld déclare...* » (p. 106), — 2° « *J'avais dit que la supposition...* » (p. 108), — 3° « *Maintenant je crois que M. Arnauld...* » (p. 110), — et, pour finir, il souligne l'importance de sa thèse (« *La proposition dont il s'agit...* », p. 113).

2. Cf. *Lettre d'Arnauld*, VI, p. 95.

3. Cf. *Lettre de Leibniz*, III, p. 86-87.

4. Cf. *Lettre d'Arnauld*, VI, p. 95.

5. Leibniz enregistre un accord, après l'échange de lettres qui a eu

lieu. Mais, pour justifier pleinement sa pensée, il précise immédiatement deux points : 1° il rappelle que, d'après lui, Dieu a voulu créer Adam comme individu pleinement déterminé (Cf. *Discours*, § 8-9) ; — 2° il ajoute que la détermination des événements qui surviennent à Adam est par conséquent certaine, quoique non nécessaire (Cf. *Discours*, § 13).

6. Cf. *Lettre d'Arnauld*, VI, p. 95-96.

7. Pour dissiper entièrement l'impression de paradoxe que sa thèse a pu laisser à Arnauld, Leibniz va distinguer deux espèces de déterminations et préciser quelle différence les sépare, selon qu'il s'agit d'une notion spécifique, comme celle de sphère, ou d'une notion individuelle, comme celle d'Adam. Mais, de toute évidence, cette distinction suppose qu'on admette d'abord, — comme le fait Arnauld d'ailleurs, mais contrairement à l'opinion de Descartes sur la création des vérités éternelles, — que toutes les vérités ne dépendent pas également d'un acte créateur de Dieu. Leibniz estime en effet que les vérités éternelles ou de raison, auxquelles correspondent les notions spécifiques, ne sont fondées que sur l'entendement divin, indépendamment de tout choix volontaire de la part de Dieu, et que les vérités temporelles ou de fait, auxquelles correspondent les notions individuelles, supposent non seulement des idées conçues par l'entendement de Dieu, mais un décret de la volonté divine qui décide librement des existences. Il est clair, après cela, que la détermination des prédicats n'est pas la même dans les deux cas, et que, si elle peut toujours être considérée comme *certaine*, elle se révèle absolument *nécessaire* dans le premier cas, puisque le contraire impliquerait alors contradiction, tandis qu'elle demeure *contingente* dans le second, puisqu'elle repose, cette fois, sur un choix initial de Dieu (Cf. *Discours*, § 13).

8. *Quae versantur circa singularia* : « qui se rapportent aux choses singulières ». Voir *Discours*, § 8.

9. Cf. *Lettre d'Arnauld*, VI, p. 96.

10. Leibniz répond ici à la première objection d'Arnauld (Cf. *Lettre* VI, p. 96-97), qui avait posé la question de savoir si la liaison des prédicats au sujet est intrinsèque, en sorte qu'elle préexisterait aux décrets libres de Dieu, ou si elle est extrinsèque, en sorte qu'elle apparaîtrait comme une conséquence de ces décrets. Or, en fait, pour Leibniz, — qu'Arnauld supposait partisan de la première thèse, — on ne saurait légitimement poser la question sous la forme d'un dilemme : Leibniz estime, comme il vient de le dire, « qu'il y a quelque milieu » ; dans le cas des substances individuelles, la liaison des prédicats au sujet est en un sens extrinsèque, parce qu'elle dépend de quelques décrets libres primitifs de Dieu et qu'elle suppose le choix appelant à l'existence un monde déterminé ; mais cette liaison des prédicats au sujet n'est pas purement extrinsèque, car elle ne requiert pas de décrets particuliers pour le détail des choses ; elle est dès lors intrinsèque, dans la mesure où les différents événements qui composent le monde, y compris les miracles, découlent de l'ordre général de l'univers, dont le principe a été retenu dès l'origine et dont l'économie demeure fixée une fois pour toutes : en somme la conception de Leibniz s'inspire toujours de l'idée que l'acte créateur est l'expression d'un unique dessein de Dieu, qui a égard au monde entier (Cf. *Discours*, § 13 ; voir également ci-dessous, *Lettre* X, p. 116-117).

11. Sur le cas des miracles ou opérations extraordinaires de Dieu, voir *Discours*, § 6-7 et 16.

12. Cf. *Discours*, § 8-9 et 14.

13. Leibniz aborde maintenant l'examen de la seconde objection d'Arnauld et se réfère à la *Lettre* VI, p. 97-98. Il s'agit de savoir si, dans le cas d'une substance individuelle, tous les prédicats ou certains d'entre eux seulement se trouvent contenus à l'avance dans la notion du sujet. Or, pour Leibniz, — comme le principe en a déjà été rappelé au début de la lettre actuelle (p. 104-105), — il ne fait point de doute que, si l'on considère une substance individuelle, par exemple celle d'Adam, *sub ratione generalitatis*, on doit avouer que tous ses prédicats ne sont point contenus d'avance dans la notion supposée, mais, si l'on considère la même substance individuelle, comme celle d'Adam, avec les particularités qui lui sont propres et qui la déterminent entièrement, on doit reconnaître que tous ses prédicats, sans exception, y sont enfermés à l'avance ; dès lors, puisque Dieu n'appelle pas à l'existence une substance comme celle d'Adam *sub ratione generalitatis*, mais avec toutes les particularités qui la déterminent, il est bien clair que ce sont *tous* les prédicats d'Adam ou de la substance individuelle en question, et non quelques-uns d'entre ces prédicats seulement, qui se trouvent compris dans la notion du sujet créé (Cf. *Discours*, § 8-9 et 13).

14. *Solo numero* : « par le nombre seulement ». Voir *Discours*, § 9.

15. *Insunt eidem subjecto* : « se trouvent contenus dans le même sujet ». Voir *Discours*, § 8 et 13.

16. *Praedicatum inesse subjecto verae propositionis* : « que dans une proposition vraie le prédicat se trouve contenu dans le sujet ». Voir *Discours*, § 8 et 13.

17. Leibniz invoque maintenant les dernières remarques d'Arnauld sur l'origine de la divergence de vues qui les sépare (Cf. *Lettre* VI, p. 98-99). Il reconnaît qu'on ne doit point prétendre trop haut et croire posséder une connaissance exacte de ce que Dieu pense ; mais il ajoute que, même en jugeant les choses d'après les notions que nous en pouvons avoir, c'est-à-dire en ne tenant compte que des possibles qu'un entendement conçoit, le bien fondé des thèses précédentes se trouve suffisamment établi (Cf. ci-dessous, *Lettre* X, p. 118-119).

18. Cf. *Lettre d'Arnauld*, VI, p. 98-99.

19. Voir à ce sujet : *Essais de Théodicée*, I, § 7 et 78-80 ; II, § 201-202 et 225 ; — *Monadologie*, § 53-55 ; — *Principes de la nature et de la grâce*, § 9-11 ; — *Recueil des Lettres entre Leibniz et Clarke*, Ve Ecrit de Leibniz, § 6-10.

20. La différence déjà soulignée entre les notions spécifiques et les notions individuelles, envisagées les unes et les autres dans leurs fondements (Cf. ci-dessus, p. 105-106), a pour suite une différence non moins importante dans la connaissance que ces notions comportent : les premières n'exigent qu'une analyse finie pour être clairement comprises, alors que les secondes réclament une analyse infinie, qui s'étend à la totalité du monde et dont par conséquent l'entendement humain n'est point capable : le recours à l'expérience devient ici nécessaire (Cf. *Discours*, § 8 et 13).

21. La proposition dont il s'agit est celle qui correspond à l'article 13 du Sommaire envoyé par Leibniz à Arnauld, et dont l'examen vient de faire l'objet de l'échange de lettres précédent, — à savoir « que la notion

individuelle de chaque personne enferme une fois pour toutes ce qui lui arrivera à jamais ». Pour finir, Leibniz souligne l'importance de la proposition considérée : celle-ci éclaire en effet d'un jour nouveau et le problème de la *nature* de la substance individuelle, ou plus précisément de la nature de l'âme, et le problème des *rapports* des substances entre elles, et particulièrement des rapports de l'âme et du corps. Les indications données ici ne font, au reste, que résumer certains développements du *Discours* : pour la nature de la substance, voir § 8-9, 32, 34 ; — pour les rapports des substances, voir § 14-16, 33.

LETTRE X

1. Cette lettre, qui a été effectivement envoyée à Arnauld, reprend et précise les remarques de l'ébauche précédente. On y peut discerner quatre développements : 1° des remarques préliminaires sur les explications déjà données (« *Comme je défère beaucoup à votre jugement...* », p. 114) ; — 2° la réponse aux difficultés principales rencontrées par Arnauld (« *Cela nous servira mieux pour entendre...* », p. 115) ; — 3° la réponse aux difficultés secondaires évoquées par Arnauld (« *Je crois, Monsieur, d'avoir maintenant satisfait...* », p. 119) ; — 4° des remarques complémentaires sur l'importance de la thèse en question (« *Au reste, la proposition qui a été l'occasion...* », p. 122).

2. Cf. Sommaire du *Discours*, § 13.

3. Cf. *Lettre d'Arnauld*, II, p. 83-84.

4. Cf. *Lettre de Leibniz*, III, p. 86-88.

5. Cf. *Lettre d'Arnauld*, VI, p. 95-96.

6. Cf. *Lettre d'Arnauld*, VI, p. 96.

7. Cf. *Lettre de Leibniz*, IX, p. 105-106.

8. Cf. *Lettre d'Arnauld*, VI, p. 96-97.

9. Pour résoudre les principales difficultés qu'Arnauld avait rencontrées, Leibniz reprend d'abord un premier groupe de considérations esquissées dans ses précédentes remarques (Cf. *Lettre* IX, p. 106-107, en réponse à la *Lettre* VI, p. 96-97). En posant un dilemme, à propos du mode de liaison des prédicats au sujet dans une substance individuelle, Arnauld avait rejeté, comme ruineuse de toute liberté, l'idée de liaison intrinsèque, et il avait évoqué, comme seule compatible avec une liberté véritable, l'idée de liaison extrinsèque. Or, Leibniz refuse de se laisser enfermer dans un dilemme, et il soutient que, dans le cas envisagé, la liaison des prédicats au sujet n'est ni purement intrinsèque, ni purement extrinsèque : elle apparaît d'abord intrinsèque, pour peu que l'on considère la notion pleine d'un individu ; cependant elle ne saurait être dite nécessaire, comme si son contraire impliquait contradiction ; elle demeure essentiellement contingente, parce qu'elle dépend, en dernière analyse, d'une décision libre de Dieu à l'origine des choses ; elle peut donc, à certains égards, être qualifiée d'extrinsèque, précisément dans la mesure où l'être individuel, possible ou actuel, suppose toujours un décret, également possible ou actuel, de la volonté divine : bref, une fois de plus, il est évident que, pour Leibniz, l'acte créateur et par conséquent la détermination complète des substances individuelles correspondent à un dessein d'ensemble relatif au monde en son entier.

10. Toujours en rapport avec les objections principales formulées par Arnauld, Leibniz reprend maintenant un autre groupe de considérations notées par lui dans ses précédentes remarques (Cf. *Lettre* IX, p. 110-113, en réponse à la *Lettre* VI, p. 98-99). En discutant de la méthode convenable dans l'étude des caractères de la substance, Arnauld avait reproché à Leibniz de prendre appui sur les idées de Dieu, qui demeurent insaisissables, et non sur les données de l'expérience, qui seules sont accessibles, et il avait soutenu que l'expérience, dûment consultée, ne justifie pas la thèse leibnizienne. Or, Leibniz répète : 1° qu'en tout état de cause une connexion certaine n'est pas pour autant nécessaire, en sorte qu'on peut dire, sans tomber dans le nécessitarisme, que tous les attributs d'une substance se trouvent contenus à l'avance dans la notion de celle-ci — 2° que, pour juger d'une substance individuelle, on peut sans doute faire appel aux données de l'expérience interne relatives au *moi*, mais on doit avouer aussi que ces données demeurent confuses et ne permettent point, faute d'une analyse qui devrait aller à l'infini, de discerner pleinement ce qu'elles enveloppent ; — 3° que finalement on juge mieux d'une substance individuelle, en la considérant à travers la notion que Dieu en doit avoir pour la créer et qu'il en a certainement puisqu'il la crée.

11. *Sub ratione generalitatis seu essentiae, seu notionis specificae sive incompletae* : « sous le rapport de la généralité ou de l'essence, ou de la notion spécifique ou incomplète ». Voir *Lettre* IX, p. 108-109.

12. *Semper enim notio praedicati inest subjecto in propositione vera* : « en effet dans une proposition vraie la notion du prédicat se trouve toujours contenue dans le sujet ». Voir *Lettre* IX, p. 109-110.

13. *Sub ratione possibilitatis* : « sous le rapport de la possibilité ». Voir *Lettre* IX, p. 107.

14. Allusion à Descartes. Voir ci-dessus, *Discours*, § 12.

15. Pour achever de résoudre certaines difficultés qu'Arnauld avait encore évoquées (Cf. *Lettre* VI, p. 97-98), Leibniz relève deux remarques, — l'une sur la pluralité des Adams possibles (« *Quant au premier point, vous dites...* »), l'autre sur la réalité des substances possibles (« *Quant à la réalité des substances purement possibles...* »), — et il précise à cette occasion le caractère des êtres créés et la nature de l'acte créateur.

16. Touchant la pluralité des Adams possibles (Cf. *Lettre* VI, p. 97), Leibniz explique en quel sens elle est ou n'est pas concevable. Elle est concevable, pour peu que l'on ne considère différents Adams possibles que *sub ratione generalitatis* et que, par conséquent, on ne définisse à leur propos qu'un nombre fini de prédicats. Mais elle est inconcevable, si l'on considère en Adam un individu pleinement déterminé, dont la notion enveloppe une infinité de prédicats et correspond par suite à une substance qui est proprement unique de son espèce. Or, de fait, dans la création, Dieu n'a posé dans l'existence que des individus pleinement déterminés. (Sur ce thème et sur l'allusion à saint Thomas, qui s'y rapporte, voir *Discours*, § 9, ainsi que *Lettres* IX, p. 108-109, et XII, p. 129-130 ; voir également *De ipsa natura*, § 13, et *Monadologie*, § 8).

17. Touchant la réalité des substances purement possibles (Cf. *Lettre* VI, p. 98-99), Leibniz explique en quel sens elle peut légitimement être affirmée. Cette réalité correspond à ce que conçoit l'entendement de Dieu avant l'acte créateur et, partant, à ce qui n'a pour propriété que

de ne point impliquer contradiction. Elle constitue le fondement du monde actuel et représente, pour chaque chose, l'essence que suppose l'existence. On doit reconnaître, après cela, que la réalité des possibles est requise pour que s'exerce le choix de Dieu au moment de la création : si le possible ne débordait pas l'actuel, Dieu ne serait pas libre et le monde paraîtrait nécessaire ; Dieu n'est libre et le monde ne paraît contingent que parce que, dans le principe, l'ordre des possibles précède l'initiative de la volonté créatrice. Voir *Discours*, § 1.

18. Il apparaît que toutes les réponses de Leibniz reposent sur un même principe général, qui peut s'énoncer d'abord en termes de pure logique, mais qui se vérifie aussi dans la nature des choses : *omne praedicatum inest subjecto*, « tout prédicat est compris dans le sujet ». Voir, sur ce thème, *Discours*, § 8 et 13.

19. Pour finir, Leibniz souligne à titre complémentaire la portée de la thèse logique impliquée dans l'article qu'Arnauld a pris comme thème de discussion (Cf. *Lettre* IX, p. 113). S'il est vrai que, dans toute proposition affirmative véritable, « la notion du prédicat est comprise en quelque sorte dans celle du sujet » (Cf. ci-dessus, p. 121), et s'il est constant d'autre part que « toute prédication véritable a quelque fondement dans la nature des choses » (Cf. *Discours*, § 8), il est permis de tirer des principes posés deux séries de considérations métaphysiques : l'une, sur la nature de la substance ; l'autre, sur le rapport des substances entre elles. En indiquant, à propos de ces problèmes, à quelles conclusions il pense être parvenu, Leibniz s'efforce de toute évidence d'élargir le débat et de provoquer un examen d'ensemble de sa philosophie.

20. Sur la nature de la substance, Leibniz se contente d'indiquer que les principes sur lesquels repose sa métaphysique permettent d'établir que chaque substance exprime l'univers d'un certain point de vue, mais ne dépend au fond que de Dieu, en sorte qu'elle apparaît proprement indestructible et immortelle : c'est là un résumé de vues développées dans le *Discours*, § 8-9, 14, 32, 34-35.

21. Sur le rapport des substances entre elles, Leibniz se contente également d'indiquer que les principes de sa métaphysique suggèrent l'hypothèse d'une harmonie préétablie : il résume de la sorte les idées développées dans le *Discours*, § 14-15.

22. Leibniz considère que le problème de l'union de l'âme et du corps est un cas particulier du problème plus général de la communication des substances et se résout par conséquent, comme ce problème, par la théorie de l'harmonie préétablie : Leibniz résume ici les remarques présentées dans le *Discours*, § 33 ; il y reviendra d'ailleurs plus longuement dans la suite de la *Correspondance avec Arnauld* (Cf. *Lettres* XVI, p. 139-140, — XVII. p. 143-144, — XX, p. 159-164, — XXVI, p. 180-184).

23. A propos de l'union de l'âme et du corps, qu'il vient d'expliquer par la théorie de l'harmonie préétablie, Leibniz introduit une remarque sur la nature des corps, dont l'examen prendra dans la suite une importance considérable. Il lui semble en effet que, si le corps est en relation avec l'âme conformément à l'hypothèse de la concomitance ou de l'harmonie, c'est que le corps est proprement une substance et que, comme tel, il ne se réduit pas à l'étendue, ainsi que l'imaginait Descartes, mais requiert une forme substantielle qui puisse répondre à l'âme. Voir *Discours*, § 10-12, et 18, ainsi que *Lettres* XVI, p. 141-142, — XVII, p. 144-147, — XX, p. 164-169, — XXVI, p. 186-187.

24. Sur la place faite par Leibniz à la notion scolastique de forme substantielle dans l'explication des phénomènes et sur l'évolution de sa pensée sur ce point, voir *Discours*, § 10-12.

25. Toute la fin de cette lettre manque dans la minute conservée par Leibniz à Hanovre et figure seulement dans la copie des lettres effectivement envoyées à Arnauld. Elle constitue en fait une addition, qui reproduit l'essentiel de l'article 17 du *Discours*, lui-même identique à la note publiée par Leibniz dans les *Acta eruditorum* de mars 1686, *Brevis demonstratio erroris memorabilis Cartesii*. Elle s'explique au reste par les remarques précédentes, puisque celles-ci soulignaient la valeur de la notion de forme substantielle en métaphysique et que les précisions actuelles apportent confirmation de ces remarques, sur le plan de la physique, par l'analyse de l'idée de force. Le fait que Leibniz ait cru devoir compléter sa lettre par un résumé de l'article 17 du *Discours* et le fait que, deux lignes plus haut, il n'ait fait allusion qu'à l'envoi d'un « Abrégé » du même *Discours* (c'est-à-dire du Sommaire des articles, donné *Lettre* I) prouvent, tous deux, qu'Arnauld n'a jamais eu entre les mains le texte même du *Discours*.

LETTRE XI

1. Cette lettre porte la même date que la lettre précédente et a dû, par conséquent, être expédiée à Arnauld par le même courrier ; mais le contenu en est très différent. Sans doute Leibniz s'y montre toujours soucieux de témoigner de son respect le plus profond pour un homme dont l'âge et l'autorité lui en imposent ; sans doute aussi laisse-t-il voir, plus nettement encore que dans les lettres antérieures, un très vif désir d'engager des discussions sur les problèmes qui le retiennent alors. Mais, en fait, il ne s'arrête plus aux objections qui lui ont été adressées et ne revient pas sur les réponses qu'il y a opposées ; plus simplement, il présente le bilan de quelques-uns de ses derniers travaux, — en jurisprudence, en minéralogie, en mathématiques, en métaphysique, — dans l'espoir, semble-t-il, de mieux se faire connaître et d'éveiller chez Arnauld quelque intérêt pour les recherches entreprises. A cet égard, cette lettre mérite d'être rapprochée de celle que, dès novembre 1671, Leibniz avait déjà envoyée à Arnauld (éd. G., t. I, p. 68-82) : dans les deux cas, on observe une même application à dresser, sous la forme d'une sorte d'inventaire, une liste des travaux poursuivis ; la seule différence vient de ce que la lettre de 1671, beaucoup plus longue, émanait d'un tout jeune homme, encore inconnu d'Arnauld et désireux d'entrer en rapport avec lui, tandis que la lettre actuelle, de quinze ans postérieure, s'adresse à quelqu'un que Leibniz a maintes fois rencontré pendant son séjour à Paris et avec qui maintenant il souhaite renouer, sur le plan intellectuel, d'étroites relations.

2. Leibniz s'est intéressé de bonne heure aux problèmes juridiques, comme en témoignent, dès son séjour à Mayence, la *Nova methodus discendae docendaeque jurisprudentiae* de 1667 (G.W. Leibniz, *Sämtliche Schriften und Briefe*, Reihe VI, Bd. I, p. 261-364), — la *Ratio corporis juris reconcinnandi* de 1668 (éd. Dutens, *Leibnitii Opera omnia*, t. IV, pars III, p. 235-252), — les *Specimena juris* de 1669, où se trouvent reprises et complétées deux dissertations antérieures, *Specimen quaestionum philosophicarum ex jure collectarum*, 1664, et *Disputatio de casibus perplexis in jure*, 1666 (G.W. Leibniz, *Sämtliche Schriften und Briefe*, Reihe VI, Bd. I, p. 71-95, 233-256, 367-430), — et, plus généralement, tous les essais entrepris pour la constitution d'un système

de droit civil, *Elementa juris naturalis* de 1669-1671 (*ibid.*, p. 431-485). Pendant son séjour à Paris, Leibniz a poursuivi les mêmes projets et composé des *Remarques considérables sur la jurisprudence*, en janvier 1676 (G.W. Leibniz, *Sämtliche Schriften und Briefe*, Reihe VI, Bd. I, p. 572 sq.). Dès son arrivée à Hanovre enfin, il a proposé au duc Jean-Frédéric des réformes de jurisprudence et n'a cessé de travailler à la rédaction d'un *Code* qui, dans sa pensée, devait se substituer au *Corpus* de Justinien. Pour les principaux textes juridiques de Leibniz, voir éd. Dutens, *G.G. Leibnitii Opera omnia*, t. IV, pars III, Genève, 1768, — Mollat, *Mittheilungen aus Leibnizens ungedruckten Schriften*, Leipzig, 1893, — Grua *G.W. Leibniz. Textes inédits*, 2 vol., Paris, P.U.F., 1948 (Cf. t. II, sect. VIII-X). Pour une étude de la pensée juridique de Leibniz, voir G. Hartmann, *Leibniz als Jurist und Rechtsphilosoph*, Tübingen, 1892, ainsi que G. Grua, *Jurisprudence universelle et théodicée selon Leibniz*, Paris, P.U.F., 1953, et *La justice humaine selon Leibniz*, Paris, P.U.F., 1956.

3. Leibniz fait allusion à l'effort de codification entrepris en France, sur les conseils de Colbert et par ordre de Louis XIV, à partir de 1665. A cette date, Louis XIV avait en effet créé un Conseil spécial, le *Conseil de Justice*, dont la fonction était de coordonner et de simplifier les règles juridiques en usage dans le royaume. Des travaux de ce *Conseil* sortirent l'*Ordonnance civile* en 1667 et l'*Ordonnance criminelle* en 1669, qui réformèrent, chacune dans son domaine, la procédure civile et la procédure criminelle ; cette œuvre de codification fut ensuite complétée par l'*Ordonnance des eaux et forêts*, en 1669, — par l'*Ordonnance du commerce*, en 1673, — par l'*Ordonnance de la marine*, en 1680, — par l'*Ordonnance touchant la police des Iles d'Amérique*, — vulgairement appelée *Code noir*, parce qu'elle réglait la condition des esclaves nègres aux colonies, — en 1685. (Cf. Paul Viollet, *Histoire du droit civil français*, Paris, 1892, et *Le roi et ses ministres*, Paris, 1912).

4. A partir de 1678, Leibniz a souvent visité les mines de cuivre et de plomb argentifère du Harz, qui faisaient partie du domaine de la maison de Brunswick. Il a proposé au duc Jean-Frédéric diverses améliorations techniques pour le traitement du minerai ; mais il a fait aussi sur le terrain « des observations considérables » relatives à « la connaissance des minéraux » : « J'ai donc trouvé bien des choses, écrit-il à Jean Gallois, que je puis démontrer touchant la génération des pierres et des mines des métaux ; par exemple je puis expliquer la production de la mine de plomb que Pline appelle *Galoenam* » (*Lettre à Jean Gallois*, octobre 1682, dans G.W. Leibniz, *Sämtliche Schriften und Briehe*, Reihe II, Bd. I, p. 530). Ces remarques ont été, pour Leibniz, le point de départ d'une théorie sur l'origine de la terre, qu'il a développée dans la *Protogaea* (publiée après sa mort par Scheidt, *G.G. Leibnitii Protogaea*, Göttingen, 1749 : cf. éd. Dutens, *Leibnitii Opera omnia*, t. II, pars III, p. 181-240) et qu'il a résumée dans les *Essais de Théodicée*, III, § 244-245.

5. Leibniz fut chargé en 1685, par le duc Ernest-Auguste, d'écrire l'histoire de la maison de Brunswick : c'est donc en qualité d'historiographe qu'il a été amené à étudier le diplôme auquel il fait ici allusion, *Sur la délimitation des frontières du territoire diocésain d'Hildesheim par l'Empereur Henri II, surnommé le Saint*, et à relever les mots qui l'ont étonné : *pour la sauvegarde de sa femme et de sa descendance royale*. De fait, le diplôme en question (Diplôme 256 a, dans l'édition des *Monumenta Germaniae, Diplomata regum et imperatorum Germaniae*, t. III, p. 296) a été donné en 1013 par Henri II, alors que celui-ci n'avait pas encore reçu la couronne impériale : il se présente comme une confirma-

tion par le roi de la délimitation du territoire diocésain d'Hildesheim, ainsi que d'un certain nombre de privilèges. La formule qui a surpris Leibniz — *pro conjugis prolisque regalis incolumitate* — paraît avoir été empruntée, par un scribe qui l'a recopiée sans discernement, à quelque formulaire carolingien : en 1013, Henri II et sa femme avaient abandonné, semble-t-il, depuis plusieurs années tout espoir de descendance ; mais, autant qu'on sache, ils n'avaient fait par ailleurs aucun vœu de virginité : sans doute est-ce une légende d'origine ecclésiastique, peut-être postérieure à la canonisation des deux époux, qui a fait croire à ce vœu. La remarque de Leibniz — en elle-même sans importance — n'offre ici qu'un intérêt psychologique : elle montre avec quel sérieux Leibniz entendait assumer ses fonctions d'historiographe ; ses travaux dans ce domaine n'aboutiront au reste que beaucoup plus tard, de 1707 à 1711, avec la publication des trois gros volumes, *Scriptores rerum Brunsvicensium.*

6. Allusion à la *Nova methodus pro maximis et minimis itemque tangentibus*, que Leibniz a publiée dans les *Acta eruditorum* d'octobre 1684 (éd. Gerhardt, *Leibnizens mathematische Schriften*, t. V, p. 220-226). La publication de cet article a été provoquée par deux notes de Tschirnhaus, *Nova methodus tangentes curvarum expedite determinandi*, publiée dans les *Acta eruditorum* de décembre 1682, et *Nova methodus determinandi maxima et minima*, publiée dans les *Acta eruditorum* de mars 1683. Mais elle s'insérait dans un ensemble de publications parallèles, consacrées par Leibniz au problème des tangentes et à la théorie des développements en séries : *De vera proportione circuli*, dans les *Acta eruditorum* de février 1682 (éd. Gerhardt, *Leibnizens mathematische Schriften*, t. V, p. 118-122), — *De dimensionibus figurarum inveniendis*, dans les *Acta eruditorum* de mai 1684 (*Ibid.*, t. V, p. 123-126), — *Additio ad schedam de dimensionibus curvilineorum*, dans les *Acta eruditorum* de décembre 1684 (*Ibid.*, t. V, p. 126-127), — *Meditatio nova de natura anguli contactus et osculi*, dans les *Acta eruditorum* de juin 1686 (*Ibid.*, t. VII, p. 326-329), — *De geometria recondita et analysi indivisibilium et infinitorum*, dans les *Acta eruditorum* de juin 1686 (*Ibid.*, t. V, p. 226-234). De fait, en exposant dans la *Nova methodus pro maximis et minimis* le principe de ce qu'il appelait son « nouveau calcul des différences », Leibniz faisait connaître l'idée fondamentale du calcul infinitésimal, dont la découverte remontait pour lui à 1675 (Sur ces questions, voir Brunschvicg, *Les étapes de la philosophie mathématique*, Paris, Alcan, 1912, p. 171-188 et p. 197-229.

7. C'est ce que met en évidence le titre complet de l'article publié dans les *Acta eruditorum* d'octobre 1684, auquel Leibniz vient de faire allusion : *Nova methodus pro maximis et minimis, itemque tangentibus, quae nec fractas, irrationales quantitates moratur, et singulare pro illis calculi genus* (éd. Gerhardt, *Leibnizens mathematische Schriften*, t. V, p. 220-226).

8. Allusion à la distinction entre les courbes dites algébriques, telles que les sections coniques, dont l'algèbre pratiquée par Descartes permettait de résoudre les équations, et les courbes dites mécaniques, telles que la cycloïde et la ligne que Leibniz appelle isochrone (voir ci-dessous, *Lettre* XXVII, minute de Hanovre), dont les équations, de degré indéfini, échappaient à l'analyse cartésienne.

9. Sur la distinction faite par Leibniz entre vérités primitives et vérités dérivées, voir *De libertate* (éd. Foucher de Careil, *Nouvelles lettres et opuscules inédits de Leibniz*, Paris, 1857, p. 181-184). — Sur les principes

d'identité et de raison suffisante, voir *Essais de Théodicée*, I, § 44, et *Monadologie*, § 31-37. — Sur la réserve indiquée par le mot *presque*, voir *Animadversiones in partem generalem Principiorum Cartesianorum*, I, § 7 (éd. G., t. IV, p. 357), où Leibniz compte parmi les vérités primitives certaines vérités de fait, comme sont le *Je pense* (ego cogito) et *les diverses choses pensées* (varia a me cogitantur). — Sur l'ensemble des questions soulevées ici, voir *Nouveaux Essais sur l'entendement*, Liv. II, ch. II-VII.

10. Sur la définition de la *similitude*, dont l'importance, aux yeux de Leibniz, est considérable, non seulement en métaphysique, mais aussi en mathématiques, voir *Lettre à Jean Gallois*, septembre 1677 (G.W. Leibniz, *Sämtliche Schriften und Briefe*, Reihe II, Bd. I, p. 380) : « Après avoir bien cherché, déclare Leibniz, j'ai trouvé que deux choses sont parfaitement semblables, lorsqu'on ne les saurait discerner que *per compraesentiam* ; par exemple deux cercles inégaux de même matière ne se sauraient discerner qu'en les voyant ensemble, car alors on voit bien que l'un est plus grand que l'autre ». Et il ajoute : « Par cette définition je démontre aisément des propositions très belles et très générales. Par exemple que deux choses étant semblables selon une opération ou considération, le sont selon toutes les autres ; par exemple soient deux villes inégales en grandeur, mais qui paraissent semblables parfaitement lorsqu'on les regarde du côté oriental, je dis qu'elles paraîtront aussi semblables quand on les regardera du côté occidental, pourvu que à chaque vue on découvre toute la ville. Cette proposition est aussi importante en Métaphysique et même en Géométrie et en Analyse, que celle du tout plus grand que sa partie. Et néanmoins personne que je sache l'a énoncée. On démontre par là aisément le théorème des triangles semblables, qui semble si naturel, et qu'Euclide démontre par tant de circuits. »

11. Sur la critique du principe des idées claires et distinctes, tel que Descartes le comprenait, et sur le recours à une méthode d'analyse, telle que Leibniz l'entend, voir *Discours*, § 1 et § 23 ; d'autre part, sur les différents types d'idées et de définitions, dont dépend la connaissance d'après Leibniz, voir *Discours*, § 24-25. Ces articles du *Discours*, que Leibniz résume ici, ne font d'ailleurs que reprendre des considérations qui avaient été exposées auparavant dans les *Meditationes de cognitione, veritate et ideis* de novembre 1684 (éd. G., t. IV, p. 422-426) et qui, plus anciennement encore, avaient été esquissées dans une *Lettre à Elisabeth* de 1678 (éd. G., t. IV, p. 290-296) et dans une *Lettre à Jean Gallois* d'otobre 1682 (G.W. Leibniz, *Sâmtliche Schriften und Briefe*, Reihe II, Bd. I, p. 529-532).

12. Allusion au livre d'Arnauld, *Des vraies et des fausses idées*, Cologne, 1683, qui contenait une critique d'ensemble de la philosophie de Malebranche, telle que l'avaient fait connaître *La Recherche de la vérité* (1674-1675), les *Conversations chrétiennes* (1676) et le *Traité de la nature et de la grâce* (1680).

LETTRE XII

1. Cette lettre avait été rangée par Gerhardt, sans indication de date, parmi les dernières de la *Correspondance entre Leibniz et Arnauld* (éd. G., t. II, p. 131-132) ; mais l'édition récente de l'Académie de Berlin permet, en lui restituant la date du 14 juillet 1686, de la classer à sa vraie place (G.W. Leibniz, *Sâmtliche Schriften und Briefe*. Reihe I, Bd. IV, p. 404).

2. En envoyant les deux lettres précédentes au Landgrave, pour que celui-ci les fasse parvenir à Arnauld, Leibniz a soin de souligner l'idée centrale de sa doctrine, dont il maintient contre toute critique le bien fondé ; mais, à cette occasion, il insiste avant tout sur la question de savoir si la théorie soutenue par lui ne correspond pas, aux yeux des théologiens catholiques, à une opinion qui demeure libre. Les inquiétudes ainsi manifestées, — comme le souci d'entente intellectuelle entre penseurs appartenant à des confessions différentes, — reparaissent à maintes reprises dans la *Correspondance entre Leibniz et le Landgrave de Hesse-Rheinfels* : voir, par exemple, *Lettre de Leibniz au Landgrave*, janvier 1684 (G.W. Leibniz, *Sämtliche Schriften und Briefe*, Reihe II, Bd. I, p. 537-539) ; voir également, ci-dessous, *Lettre* XIII, p. 131.

3. Leibniz résume seulement, pour en réaffirmer le bien fondé, sa thèse relative à la notion de substance individuelle, et il reprend, une fois de plus, la comparaison déjà esquissée avec saint Thomas : voir *Discours*, § 8-9 et 13 ; voir aussi *Lettres* III et X.

4. *Specie differre dicere possumus...* : « Nous pouvons dire que diffèrent spécifiquement toutes les choses qui comportent une différence consistant en une notion explicable en soi : ainsi deux ellipses, dont l'une a ses deux axes — le plus grand et le plus petit — dans un rapport double, et dont l'autre les a dans un rapport triple. Mais au contraire deux ellipses, qui ne diffèrent point par le rapport de leurs axes, ni par suite par aucune marque distinctive explicable en soi, mais qui diffèrent par la seule grandeur ou position, ne comportent pas de différence spécifique. Il faut savoir cependant que les êtres complets ne peuvent différer par la seule grandeur. »

LETTRE XIII

1. Cette lettre avait été datée par Gerhardt du 30 avril 1687 et placée en conséquence après la lettre de la même date adressée par Leibniz à Arnauld (éd. G., t. II, p. 103) ; mais l'édition récente de l'Académie de Berlin permet de lui restituer sa vraie date du 2/12 août 1686 et de la situer par suite immédiatement après l'envoi du 14 juillet 1686, comme un complément de la lettre précédente au Landgrave (G.W. Leibniz, *Sämtliche Schriften und Briefe*, Reihe I, Bd. IV, p. 406).

2. Allusion à un livre réclamé par le Landgrave à Leibniz : voir *Lettres du Landgrave à Leibniz*, 4/14 février 1686 et 13/23 mars 1686 (G.W. Leibniz, *Sämtliche Schriften und Briefe*, Reihe I, Bd. IV, p. 399 et 400).

3. Voir *Lettre* XII, p. 129.

4. Allusion aux discussions qui ont opposé thomistes et molinistes sur le problème des rapports entre la grâce et la liberté, mais qui n'ont jamais été tranchées par une décision du magistère ecclésiastique : Cf. *Discours*, § 31.

LETTRE XIV

1. Cette longue lettre d'Arnauld met d'abord un terme aux discussions que contenaient les lettres précédentes ; mais elle inaugure ensuite, par de nouvelles questions, un élargissement du débat. Deux séries de difficultés subsistent en effet, aux yeux d'Arnauld, relatives l'une et

l'autre aux précisions données par Leibniz à la fin de la *Lettre* X, p. 122-124 ; ces difficultés visent : 1° l'hypothèse de la concomitance ou de l'accord des substances entre elles, c'est-à-dire la théorie de l'harmonie préétablie (« *La première est ce que vous entendez par...* », p. 133) ; — 2° la définition de la forme substantielle au principe même des choses, c'est-à-dire l'explication de la nature des corps (« *La deuxième chose sur quoi je désirerais d'être éclairci...* », p. 134). Il faut noter que les remarques d'Arnauld n'évoquent ici que des problèmes métaphysiques en rapport avec la notion de substance et ne portent, à propos de ces problèmes, que sur des points où la pensée de Leibniz s'écarte délibérément de la doctrine cartésienne ; mais il faut aussi reconnaître que les remarques ainsi présentées constituent moins des objections positives que des demandes d'éclaircissements.

2. Voir ci-dessus, *Lettre* X, p. 117-119 et 121-122.

3. Voir ci-dessus, *Lettre* X, p. 116-117 et 120-121.

4. Voir ci-dessus, *Lettre* X, p. 122-124, qui se réfère au *Discours*, § 33.

5. Les difficultés qui empêchent Arnauld d'accepter sans de nouvelles précisions l'hypothèse leibnizienne de la concomitance ne sont présentées ici qu'à travers deux exemples, d'ailleurs complémentaires : le premier évoque le sentiment que l'âme éprouve quand elle paraît subir une action du corps ; le second évoque l'initiative que l'âme exerce quand elle paraît imprimer une détermination au corps : or il semble que l'hypothèse de l'harmonie préétablie oblige à supposer dans l'âme, pour rendre compte de ces expériences, soit une connaissance relative au corps, qu'en fait l'âme n'a pas, soit un pouvoir sur le corps, que par principe on refuse à l'âme.

6. Voir ci-dessus, *Lettre* X, p. 123-124, qui se réfère au *Discours*, § 10-12.

7. Les difficultés qui empêchent Arnauld d'accepter sans de nouvelles précisions la théorie leibnizienne sur la nature du corps viennent toutes d'une prise de position cartésienne qui n'est pas discutée : acceptant le dualisme de Descartes et réduisant comme lui la matière à l'étendue, Arnauld ne peut trouver place pour des formes substantielles dans le monde des corps.

8. Allusion à Géraud de Cordemoy, *Le discernement du corps et de l'âme*, Paris, 1666 (réédité en 1671 et en 1679). Sur Cordemoy, voir Bouillier, *Histoire de la philosophie cartésienne*, 3e éd., 2 vol., Paris, 1868 (t. I, p. 514-516) ; — Prost, *Essai sur l'atomisme et l'occasionalisme dans la philosophie cartésienne*, Paris, 1907 ; — Gouhier, *La vocation de Malebranche*, Paris, Vrin, 1926 (p. 95-101) ; — Mouy, *Le développement de la physique cartésienne*, 1646-1712, Paris, Vrin, 1934 (p. 102-106).

9. Allusion à la *Brevis demonstratio erroris memorabilis Cartesii*, publiée par Leibniz dans les *Acta eruditorum* de mars 1686 (éd. Gerhardt, *Leibnizens mathematische Schriften*, t. VI, p. 117-119) : Leibniz en avait reproduit le texte, à peu de choses près, dans le *Discours*, § 17 ; et il en avait adressé un bref résumé à Arnauld, *Lettre* X, p. 124 : il s'agissait, pour lui, de justifier contre Descartes et les Cartésiens la distinction de la force et de la quantité de mouvement.

10. Voir, sur ce point, l'explication de la pesanteur déjà donnée par Descartes, *Principes de la philosophie*, IV, § 20.

11. Allusion à un petit écrit de Descartes, *Explication des engins par l'aide desquels on peut avec une petite force lever un fardeau fort pesant* : cet écrit avait été envoyé par Descartes à Huygens, dans une lettre datée du 5 octobre 1637 (Descartes, *Correspondance*, publiée par Ch. Adam et G. Milhaud, t. II, p. 33-41).

12. C'est vers 1670 que Leibniz a conçu le principe d'une machine arithmétique capable d'effectuer les 4 opérations et l'extraction des racines carrées ou cubiques. Plus tard, au cours de son séjour à Paris, il a mis au point son projet et l'a présenté à l'Académie des sciences. Mais la *Brevis descriptio machinae arithmeticae* n'a été publiée pour la première fois que dans les *Miscellanea Berolinensia* de 1710 (éd. Dutens, *Leibnitii Opera omnia*, t. III, p. 413-415).

13. C'est également vers 1670 que Leibniz s'est intéressé à la question des horloges. Il a fait connaître ses idées sur ce sujet dans un *Extrait d'une Lettre de M. Leibniz touchant le principe de justesse des horloges portatives de son invention*, paru dans le *Journal des savants* de mars 1675 (éd. Dutens, *Leibnitii Opera omnia*, t. III, p. 135-136).

LETTRE XV

1. Simple billet d'envoi, qui prouve qu'Arnauld, comme Leibniz, avait recours au Landgrave pour l'échange des correspondances.

LETTRE XVI

1. Cette lettre n'est qu'une ébauche de la lettre suivante, qui seule a été envoyée effectivement à Arnauld. Leibniz se contente d'esquisser ici une réponse de principe aux deux séries de remarques présentées par Arnauld, *Lettre* XIV, p. 133-135 ; il insiste seulement : 1° sur l'hypothèse de l'harmonie préétablie entre les substances (« *L'hypothèse de la concomitance est une suite...* », p. 138) ; — 2° sur la définition de la forme substantielle à propos des corps (« *L'autre difficulté est sans comparaison plus grande...* », p. 141).

2. Sur l'hypothèse de l'harmonie préétablie, Leibniz commence par exposer les grandes lignes de sa doctrine (« *L'hypothèse de la concomitance est une suite...* », p. 138), avant d'aborder plus loin l'examen des difficultés d'Arnauld (« *L'hypothèse de la concomitance ou de l'accord des substances entre elles suit de ce que j'ai dit...* », p. 139). Dans l'exposé d'ensemble par lequel il débute, il montre que sa théorie découle en principe de la définition même de la substance, puisque, d'après cette définition, la notion de la substance enveloppe à l'avance tous ses prédicats et qu'elle exprime d'ailleurs la totalité de l'univers d'un certain point de vue ; mais il précise également en quel sens cette théorie souffre pratiquement l'emploi du langage commun, puisqu'en fait elle permet de parler comme s'il y avait action et passion réelles des substances. Sur la notion même de substance, voir *Discours*, § 8-9 et 13, ainsi que *Lettres* IX, p. 104-113, et X, p. 116-122 ; — sur le principe de l'harmonie préétablie, voir *Discours*, § 14-15 et 33, ainsi que *Lettres* IX, p. 113, et X, p. 122-124 ; — ces remarques seront reprises *Lettres* XVII, p. 143-144 — XX, p. 159-164, — XXVI, p. 180-184.

3. Voir *Discours*, § 15. La remarque sur la relativité du mouvement et l'exemple du navire « voguant dans l'eau » sont destinés à faire voir

que, du point de vue métaphysique, on ne doit point parler d'influence réelle, mais seulement de concomitance ou d'accord, quoique, du point de vue pratique, on puisse continuer à parler d'action et de passion, pour décrire plus aisément ce qui arrive.

4. Après le résumé général qu'il vient de faire pour rappeler les principes de sa doctrine, Leibniz s'applique maintenant à répondre d'une façon plus directe aux remarques d'Arnauld ; il applique ainsi sa théorie de la concomitance ou harmonie préétablie aux deux exemples sur lesquels des éclaircissements lui avaient été demandés (Cf. *Lettre* XIV, p. 133-134), touchant l'impression douloureuse que l'âme paraît éprouver du fait du corps, et touchant l'initiative volontaire qu'elle paraît prendre dans l'exécution du mouvement.

5. De fait, Descartes admettait la réalité d'une action de l'âme sur le corps et du corps sur l'âme : Leibniz lui-même l'a maintes fois reconnu (voir, par exemple, *Discours*, § 33). Mais, par les principes mêmes de sa philosophie, qui définissaient un dualisme rigoureux, comme aussi par certaines de ses expressions sur les causes qui peuvent « donner occasion » à l'âme d'éprouver tels ou tels sentiments, Descartes pouvait parfois donner à penser qu'il excluait l'idée d'interaction réelle ; et puisque, d'autre part, il n'invoquait point, comme devait le faire Malebranche, l'idée d'une intervention immédiate de Dieu, il pouvait laisser croire, à la rigueur, qu'il inclinait vers l'hypothèse de la concomitance plus que vers celle des causes occasionnelles.

6. Sur la définition de la forme substantielle, dont l'existence est, semble-t-il, requise pour comprendre la nature des corps, Leibniz ne procède ici qu'à une justification rapide de sa doctrine, sans examiner dans le détail les observations d'Arnauld (Voir, à propos de l'ensemble de ces remarques, *Discours*, § 10-12). Leibniz montre successivement : 1° que la substance corporelle, dont l'unité ne fait pas de doute, ne s'explique point par l'étendue, comme le pensait Descartes (car l'étendue, qui est essentiellement divisible, n'offre aucun principe d'unité), mais requiert toujours une forme, qui confère à chaque être une unité réelle (« *Premièrement, il faudrait être assuré que...* ») : voir *Discours*, § 12 ; — 2° que la substance individuelle, dont la spontanéité ne fait pas de doute, ne s'explique point par l'étendue (car l'étendue, qui est essentiellement passive, ne recèle aucun principe de mouvement), mais requiert toujours une force, qui assure en chaque être une spontanéité propre (« *Mais aussi la notion générale de la substance individuelle...* ») : voir *Discours*, § 18 ; — 3° que les considérations sur la forme substantielle conçue comme principe d'unité et de spontanéité entraînent un certain nombre de conséquences métaphysiques relatives à l'indestructibilité de ces formes, indestructibilité simple pour les âmes des bêtes et immortalité proprement dite pour les âmes humaines (« *Cependant, j'avoue qu'il est bien difficile...* ») : voir *Discours*, § 9 et 34-36 ; — 4° que cependant ces mêmes considérations laissent subsister certains problèmes, car, si la forme substantielle paraît nécessaire à l'explication des corps organisés, elle ne paraît pas avoir la même nécessité pour l'explication des corps inertes, tels un cadavre ou un carreau de marbre (« *Je ne sais pas si le corps...* »). L'ensemble de ces vues se trouvera d'ailleurs précisé dans les lettres suivantes : *Lettres* XVII, p. 144-147, — XX, p. 164-169, — XXVI, p. 184-192.

7. Allusion aux questions posées par Arnauld, *Lettre* XIV, p. 134-135.

8. Pour saint Thomas, l'âme des bêtes, comme toute âme, est indivisible, parce qu'elle est un principe de vie qui informe un corps organisé (Cf. *Contra Gentiles*, II, ch. 65) ; cependant les âmes des bêtes, contrairement à celles des hommes, ne sont pas immortelles (Cf. *Contra Gentiles*, II, ch. 82). Leibniz est revenu plusieurs fois sur cette observation : voir, par exemple, *Système nouveau de la nature et de la communication des substances*, § 4.

9. Leibniz pense trouver une confirmation de sa thèse sur l'indestructibilité de l'âme des bêtes dans les travaux de Leeuwenhoeck. Celui-ci — dans une lettre adressée en novembre 1677 au Secrétaire de la Société Royale de Londres, *Observationes D. Anthonii Lewenhoeck de natis e semine genitali animalculis*, et publiée en janvier 1678 dans les *Philosophical Transactions*, — avait relaté ses observations sur des « animalcules vivants » ou animalcules spermatiques ; et il avait cru trouver dans cette découverte une confirmation de la théorie de la préformation, voire même de l'emboîtement des germes. Leibniz a maintes fois signalé l'importance des travaux de Leeuwenhoeck : voir ci-dessous, *Lettre* XXVI, p. 189-190 ; voir également, *Système nouveau de la nature et de la communication des substances*, § 6-7 (éd. G., t. IV, p. 480-481), — *Lettre à Hartsoeker*, 30 octobre 1710 (éd. G., t. III, p. 507-508), — *Essais de Théodicée*, Préface, et I, § 90-91 (éd. G., t. VI, p. 40 et p. 152-153), — *Monadologie*, § 73-74 (éd. G., t. VI, p. 619-620), — *Principes de la nature et de la grâce*, § 6 (éd. G., t. VI, p. 601-602).

10. Voir *Essais de Théodicée*, I, § 88-91.

11. Voir *Discours*, § 19-22.

LETTRE XVII

1. Cette lettre, qui a été envoyée effectivement à Arnauld, reprend et précise les indications contenues dans l'esquisse précédente ; Leibniz répond maintenant de façon directe aux questions d'Arnauld, en suivant de très près les développements de celui-ci. On distingue de la sorte trois grandes séries de considérations : 1° sur l'hypothèse de l'harmonie préétablie (« *Et quant au premier, je trouve que vous expliquez...* », p. 143) : — 2° sur la définition de la forme substantielle (« *Je souhaiterais de me pouvoir expliquer si nettement...* », p. 144) ; — 3° sur la distinction de la force et de la quantité de mouvement (« *Je viens à vos considérations sur mon objection contre le principe cartésien...* », p. 147). Ces remarques ont été préparées par certaines indications déjà données dans les *Lettres* X et XVI ; elles seront bientôt reprises et complétées dans les *Lettres* XX et XXVI.

2. Citation abrégée d'un vers d'Horace, *Epîtres*, I, 1, v. 32 : *Est quodam prodire tenus, si non datur ultra* ; « on peut s'avancer jusqu'à un certain point, même si on ne va pas plus loin ».

3. Sur l'hypothèse de la concomitance, c'est-à-dire de l'harmonie préétablie, Leibniz répond en termes assez brefs à la demande d'éclaircissements formulée par Arnauld, *Lettre* XIV, p. 133-134. Le problème avait été déjà abordé par Leibniz dans les *Lettres* IX, p. 113, — X, p. 122-124, — XVI, p. 138-141 ; mais, en fait, Arnauld n'avait reçu que la *Lettre* X, et par conséquent il n'avait eu connaissance que d'un exposé rapide. D'autre part, le même problème sera repris dans les *Lettres* XX, p. 159-164, et XXVI, p. 180-184, qui achèveront d'éclairer Arnauld.

Sur l'ensemble des problèmes relatifs à la question de l'harmonie préétablie, voir *Discours*, § 14-15 et 33.

4. La minute conservée à Hanovre contient ici une phrase que Leibniz n'a pas transcrite dans la lettre envoyée à Arnauld : « *Et cet accord est une des plus belles preuves qu'on puisse donner de la nécessité d'une substance souveraine cause de toutes choses.* » Sur ce rapport que Leibniz souligne entre le fait de la concomitance des substances et la preuve de l'existence de Dieu, on trouvera des allusions dans le *Discours*, § 14, et dans le *Système nouveau de la nature et de la communication des substances*, § 16.

5. Sur la question des formes substantielles dont l'existence est invoquée au principe des corps, Leibniz répond longuement aux observations présentées par Arnauld, *Lettre* XIV, p. 134-135, en s'arrêtant tour à tour sur chacune des sept remarques qui faisaient difficulté. Le problème avait été déjà soulevé par lui dans la *Lettre* X, p. 123-124, mais en termes très brefs ; quant aux développements actuels, préparés par l'esquisse de la *Lettre* XVI, p. 141-142, ils seront repris et complétés dans les *Lettres* XX, p. 164-169, et XXVI, p. 184-192. Sur l'ensemble de la question, voir *Discours*, § 10-12.

6. La première remarque d'Arnauld (Cf. *Lettre* XIV, p. 134-135) était inspirée par la thèse cartésienne, qui fait de l'âme et du corps deux substances radicalement distinctes et qui par suite ne semble pas laisser de place à l'idée de forme substantielle. Leibniz y répond en des termes qui rappellent la doctrine aristotélicienne, — reprise par la scolastique, — selon laquelle le corps ne constitue point par lui-même une substance, mais requiert la présence d'un principe formel. Voir *Discours*, § 10-12 ; voir également *Système nouveau de la nature et de la communication des substances*, § 10-11, — *De ipsa natura*, § 3, — *Nouveaux Essais sur l'entendement*, Liv. III, ch. VI, § 24, — *Monadologie*, § 63-70, — *Principes de la nature et de la grâce*, § 3 ; voir enfin la *Correspondance avec le P. Des Bosses*, 1706-1716 (éd. G., t. II, p. 291-521).

7. Le cinquième Concile de Latran (1512-1517), dans la Session VIII du 13 décembre 1513, avait défini l'âme humaine, dont il entendait souligner l'immortalité, comme la forme du corps : *per se et essentialiter humani corporis forma* (Denzinger, *Enchiridion Symbolorum*, n° 738, p. 272).

8. Dans la perspective cartésienne où il s'était placé, Arnauld s'était demandé si la forme substantielle définie par Leibniz est en elle-même divisible ou indivisible. Leibniz lui répond, en accord avec la tradition scolastique, que la forme substantielle est indivisible ; mais il ajoute — dans une thèse dont il souligne la portée en des termes qui lui sont propres, — qu'elle est également indestructible et ingénérable : voir *Discours*, § 9, 32, 34-36.

9. Voir *Lettre* XVI, p. 141 (note 8).

10. Pour Albert le Grand, ce qui distingue chaque chose de toute autre et lui confère une individualité propre, c'est le sujet ou la substance, c'est-à-dire ce que cette chose est en soi comme sujet de son être (Cf. *Summa theologiae*, II, Tr. I, Q. 4, a. I, part. 2) : on comprend donc qu'à ce titre on ne puisse pas plus parler de génération ou de destruction que de division.

11. Allusion au grand principe énoncé dans le traité hippocratique

Du régime (περὶ διαίτης, I, 4) : « Aucun parmi les êtres ne périt, et rien ne naît qui n'existait auparavant ».

12. Voir *Discours*, § 9.

13. Voir *Essais de Théodicée*, I, § 88-91.

14. A Arnauld qui demandait ce que peut devenir la forme substantielle d'un carreau de marbre, lorsque celui-ci vient à être cassé en deux (Cf. *Lettre* XIV, p. 135), Leibniz répond en distinguant deux espèces de corps : les corps organisés, c'est-à-dire les composés véritables *(unum per se)*, tel un vivant, qui sont proprement des substances et qui par suite requièrent l'existence de formes substantielles, — et les corps inorganiques, c'est-à-dire les simples agrégats *(unum per accidens)*, tel un tas de pierres, qui ne correspondent qu'à des assemblages de parties et qui par conséquent ne comportent pas nécessairement de formes substantielles ; finalement il n'y a de forme substantielle que là où il y a une unité, c'est-à-dire un lien dominant les phénomènes et donnant réalité à leur composition même, à l'image de ce que l'expérience fait connaître de façon immédiate dans la conscience du *moi* individuel. Voir *Discours*, § 8-9 et 10-12.

15. La distinction établie par Leibniz entre corps organisés et corps inorganiques permet de répondre aux difficultés d'Arnauld relatives à l'unité d'objets tels que la terre, le soleil ou n'importe quel mixte (Cf. *Lettre* XIV, p. 135) : ces corps ne correspondent sans doute, d'après Leibniz, qu'à des êtres par agrégation et non à de véritables substances, en sorte que la question de la forme substantielle peut ne pas se poser à leur propos (Cf. ci-dessus la réponse à la question 3°, note 14).

16. Arnauld, d'un point de vue cartésien, avait objecté que la notion de forme substantielle ne correspond pas à une idée claire et distincte et qu'elle ne paraît d'ailleurs d'aucun usage pour une explication mécaniste des phénomènes (Cf. *Lettre* XIV, p. 135). Leibniz répond : 1° que la notion de substance individuelle est parfaitement claire, puisqu'elle correspond à celle d'une proposition vraie, sa définition l'assimilant à un sujet qui enveloppe ses prédicats (voir *Discours*, § 8 ; voir aussi *Lettre* X, p. 122) ; — 2° que, même obscure ou confuse, cette notion ne devrait pas moins être acceptée, comme le sont certaines idées, — par exemple à propos de la composition du continu, — dont la connaissance est loin d'être claire et distincte (voir *Discours*, § 10 ; voir aussi *Lettre à Foucher*, janvier 1692, éd. G., t. I, p. 416, et *Remarques sur les objections de M. Foucher*, 1695, éd. G., t. IV, p. 491-492) ; — 3° que cette notion ne doit d'ailleurs pas être évoquée pour l'intelligence des phénomènes particuliers, ceux-ci pouvant toujours s'expliquer à partir des principes du mécanisme (voir *Discours*, § 10).

17. Leibniz a soin de souligner, comme Arnauld l'y avait invité (Cf. *Lettre* XIV, p. 135), la différence qui sépare sa théorie de la forme substantielle de l'atomisme défini par Cordemoy. Au début de ses discours sur *Le discernement du corps et de l'âme*, Paris, 1666 (réédité en 1671 et 1679), Cordemoy avait en effet cherché à rendre compte du double fait que les corps, parce qu'ils constituent des substances, sont indivisibles, et que la matière, parce qu'elle est répandue dans l'espace, est toujours divisible ; dès lors, pour concilier ces considérations contraires, il avait imaginé que le monde physique est composé d'atomes : ceux-ci, d'après lui, correspondraient à des indivisibles, mais par leur assemblage ils formeraient les différents corps de la nature. Or, pour sa part, Leibniz

accepte l'énoncé du problème, mais il en transpose la solution. Comme il le précisera plus tard, en 1695, dans le *Système nouveau de la nature et de la communication des substances*, § 11, il reconnaît que « s'il n'y avait pas de véritables unités substantielles, il n'y aurait rien de substantiel ni de réel dans la collection », — ce qui revient à dire que la question a été convenablement posée par Cordemoy ; mais il note aussitôt que « les atomes de matière sont contraires à la raison », et que seuls « les atomes de substance », qu'on pourrait encore appeler « points métaphysiques », constituent vraiment des « unités réelles et absolument destituées de parties », — en sorte que, pour finir, l'atomisme n'est concevable qu'à la condition d'être défini en termes nouveaux, par transposition du plan corporel au plan spirituel. Voir ci-dessous *Lettres* XX, p. 164, et XXVI, p. 185-186.

18. Après les éclaircissements relatifs à l'hypothèse de l'harmonie préétablie et à la définition de la forme substantielle, Leibniz consacre la dernière partie de sa lettre à une justification du principe de sa dynamique, c'est-à-dire à la distinction de la force et de la quantié de mouvement. Cette question avait déjà fait l'objet de la *Brevis demonstratio erroris memorabilis Cartesii*, publiée dans les *Acta eruditorum* de mars 1686 et reproduite dans le *Discours de métaphysique*, § 17 ; par ailleurs, l'idée centrale en avait été résumée pour Arnauld à la fin de la Lettre X, p. 124. Mais Arnauld, continuant à raisonner en cartésien, avait fait remarquer que, dans la chute des corps, l'accélération pourrait sans doute s'expliquer, non par l'existence de quelque force interne, mais par l'action extérieure de corpuscules invisibles qui pousseraient les corps en leur communiquant des mouvements proportionnels à leurs masses (Cf. *Lettre* XIV, p. 135-136). Dès lors, pour éclaircir pleinement sa pensée et pour établir en même temps le bien fondé de sa thèse, Leibniz développe, en manière de réponse, deux séries de considérations : 1° il se débarrasse tout d'abord des observations d'Arnauld, en soulignant que sa démonstration est indépendante de toute hypothèse sur la nature même de la pesanteur, — 2° il développe ensuite une nouvelle preuve de la distinction de la force et de la quantité de mouvement par une étude directe du choc des corps.

19. Pour Leibniz, la distinction de la force et de la quantité de mouvement est indépendante de toute hypothèse sur la nature de la pesanteur. Dans ses écrits de jeunesse, il avait admis, lui aussi, une théorie de la pesanteur qui faisait dépendre celle-ci d'un mouvement de l'éther (voir la *Theoria motus concreti* de 1671, § 15-18, éd. G., t. IV, p. 185-186, et la *Lettre à Arnauld* de novembre 1671, éd. G., t. I, p. 77-79) ; plus tard, il admettra encore une explication du même type (voir le *Tentamen de motuum coelestium causis*, publié dans les *Acta eruditorum* de février 1689, éd. Gerhardt, *Leibnizens mathematische Schriften*, t. VI, p. 144-161, auquel il sera fait allusion dans la dernière *Lettre à Arnauld*, ci-dessous, p. 202-203 ; voir également la *Lettre à des Billettes*, 4/14 décembre 1696, éd. G., t. VII, p. 452-453). Mais, de toute évidence, de telles vues sur la *nature* des faits ne sont nullement en cause, lorsqu'il s'agit d'analyser les *faits* eux-mêmes, dont on voudrait rendre compte ; elles laissent par conséquent toute sa valeur à la démonstration produite contre Descartes et justifiée par une étude directe des phénomènes.

20. Pour Leibniz, la distinction de la force et de la quantité de mouvement se trouve encore confirmée, d'une manière incontestable, par l'analyse des phénomènes relatifs au choc des corps. Leibniz fait voir en effet : 1° que, si l'on définit le choc, comme il le propose, en fonction de l'idée de force, on peut concevoir sans peine, comme le veut la raison,

la conservation de la force en quantité constante ; — 2° que, si l'on définit au contraire le choc, comme l'a fait Descartes, à partir de la seule idée de mouvement, on est obligé d'admettre, contre toute vraisemblance, soit une déperdition, soit une création de force, à l'occasion du choc. Il suit de là qu'une explication par l'idée de force s'impose, pour ne point heurter le principe de l'égalité de la cause et de l'effet, et que par conséquent la distinction de la force et de la quantité de mouvement ne peut être sérieusement mise en doute. — Les lois cartésiennes du choc, auxquelles Leibniz fait allusion, se trouvent exposées dans les *Principes de la philosophie*, II, § 40-53. La conception leibnizienne, telle qu'elle est évoquée ici, a été précisée, à l'époque même du *Discours* et de la *Correspondance avec Arnauld*, dans la polémique avec l'abbé Catelan et avec Malebranche, à la suite de la publication de la *Brevis demonstratio erroris memorabilis Cartesii* dans les *Acta eruditorum* de mars 1686 (voir les pièces essentielles de cette polémique dans l'éd. G., t. III, p. 40-55) ; elle a été développée plus tard, entre 1691 et 1695, dans l'*Essai de dynamique* (éd. Gerhardt, *Leibnizens mathematische Schriften*, t. VI, p. 215-231), dans le *Specimen dynamicum (Ibid.*, p. 234-254) et dans les *Animadversiones in partem generalem Principiorum Cartesianorum*, II, § 40-53 (éd. G., t. IV, p. 373-384). Sur l'ensemble de la question, voir *Discours*, § 17.

21. Allusion à l'*Explication des engins par l'aide desquels on peut avec une petite force lever un fardeau fort pesant*, que Descartes avait envoyée à Huygens en appendice à une lettre du 5 octobre 1637 (Descartes, *Correspondance*, publiée par Ch. Adam et G. Milhaud, t. II, p. 33-41) : Leibniz reconnaît, pour finir, que les principes de Descartes, jugés inacceptables en dynamique, peuvent être considérés comme valables en statique. Déjà dans la *Brevis demonstratio erroris memorabilis Cartesii*, il avait remarqué que le cas des machines simples (le levier, la roue, la poulie, le coin, la vis) peut être expliqué, dans la pratique, à partir des principes cartésiens : il avait précisé que « c'est par accident qu'il arrive ici que la force puisse être estimée par la quantité de mouvement » ; mais, avait-il ajouté aussitôt, « il est d'autres cas, tel que celui que nous avons rapporté plus haut, où la force et la quantité de mouvement ne coïncident pas » (éd. Gerhardt, *Leibnizens mathematische Schriften*, t. VI, p. 119).

22. Les *Nouvelles de la République des Lettres*, dans leur numéro de septembre 1686, avaient publié — sous le titre de *Démonstration courte d'une erreur considérable de M. Descartes et de quelques autres* — une traduction abrégée de la *Brevis demonstratio erroris memorabilis Cartesii*, parue dans les *Acta eruditorum* du mois de mars de la même année. Cette traduction était suivie d'une *Courte remarque de M. l'abbé D.C. où l'on montre à M. Leibniz le paralogisme contenu dans l'objection précédente* (éd. G., t. III, p. 40-42). Or, dans cette note, le contradicteur de Leibniz — l'abbé Catelan — faisait grief à son adversaire de n'avoir pas eu égard au temps : Leibniz avait en effet choisi, dans sa *Brevis demonstratio*, un exemple où les temps de chute sont inégaux ; « puis donc que les temps sont inégaux, observe l'abbé Catelan, il n'est pas étrange qu'il trouve inégales dans cette chute les quantités du mouvement, quoiqu'elles eussent été trouvées égales dans une chute que l'égalité de temps rendait tout à fait différente de celle-ci » (p. 42). Leibniz ne répond ici que brièvement. Il remarque : 1° que l'abbé Catelan limite abusivement le principe cartésien « au seul cas des puissances *isochrones* », c'est-à-dire au cas des mouvements imprimés en temps égaux ; — 2° que d'ailleurs, même dans ce cas, le principe cartésien se trouve ruiné, car, si la force peut croître

avec le temps de chute, comme on le suppose, elle ne peut rester proportionnelle à la quantité de mouvement et doit par conséquent en être distinguée. Mais Leibniz observe surtout que, dans les exemples en question, la considération du temps ne doit pas entrer en ligne de compte, puisque les temps de chute peuvent être rendus égaux, pour des corps différents, « selon les inclinations qu'on donne aux plans dans lesquels ils doivent descendre ». Au reste, Leibniz répondra directement et de façon plus détaillée à l'abbé Catelan, dans une *Réplique de M. L. à l'abbé D. C.*, qui paraîtra dans les *Nouvelles de la République des Lettres* de février 1687 (éd. G., t. III, p. 42-49) ; la polémique prendra même assez vite une certaine ampleur par l'entrée en lice de Malebranche : voir *Extrait d'une Lettre du P. M. à M. l'abbé D. C.*, dans les *Nouvelles de la République des Lettres* d'avril 1687, — *Remarque de M. l'abbé D. C. sur la Réplique de M. L. touchant le principe mécanique de M. Descartes*, ibid., juin 1687, — *Extrait d'une Lettre de M. L. sur un principe général, utile à l'explication des lois de la nature*, ibid., juillet 1687 (éd. G., t. III, p. 51-55), — *Réponse de M. L. à la Remarque de M. l'abbé D. C.*, ibid., septembre 1687 (éd. G., t. III, p. 49-51).

23. La fin de cet alinéa et l'alinéa suivant manquent dans la minute de Leibniz conservée à Hanovre et figurent seulement dans la copie des lettres effectivement envoyées à Arnauld.

24. Voir *Lettre* XIV, p. 136.

LETTRE XVIII

1. Cette lettre n'est destinée, en principe, qu'à assurer l'envoi de la lettre précédente à Arnauld par l'intermédiaire du Landgrave, mais elle tourne vite en considérations sur la valeur de la recherche désintéressée et de la spéculation pure.

2. Voir *Discours*, § 11, *sub fine*.

3. Voir *Discours*, § 32 et 34-36.

4. Peut-être y a-t-il ici, de la part de Leibniz, une réminiscence de la distinction établie par Spinoza entre les différents genres de connaissance ; voir Spinoza, *De intellectus emendatione*, § 18-29, et *Ethique*, II, pr. 40-43.

5. *De pane lucrando* : « de gagner son pain ».

6. Citation de Juvenal, *Satires*, VIII, v. 84 : *Et propter vitam vivendi perdere causas* : « et, pour vivre, perdre les raisons de vivre ».

LETTRE XIX

1. Arnauld reprend ici l'examen des difficultés qu'il avait évoquées déjà dans sa lettre du 28 septembre 1686 (Cf. *Lettre* XIV), et, sans se contenter des éclaircissements apportés en réponse par Leibniz dans la lettre du 28 nov./8 déc. 1686 (Cf. *Lettre* XVII), il revient sur la double question de l'harmonie préétablie (« *Je ne comprends pas bien, Monsieur, ce que vous entendez...* », p. 154) et de la forme substantielle (« *Pour la deuxième difficulté, je connais présentement...* », p. 155).

2. Sur la question de l'harmonie préétablie, Arnauld se borne à de-

mander une explication et à suggérer un rapprochement : 1° l'idée selon laquelle l'âme porte une expression plus distincte de ce qui arrive à son corps doit être éclaircie ; — 2° la doctrine de l'harmonie préétablie ne semble guère se distinguer de la théorie des causes occasionnelles. Arnauld se réfère, dans ces remarques, à la *Lettre* XVII, p. 143-144 ; mais Leibniz se trouve lui avoir répondu par avance dans le *Discours*, § 14-15 et 32-33.

3. Sur la question de la forme substantielle, Arnauld développe une longue série d'observations, qui se réfèrent toutes à la *Lettre* XVII, p. 144-147. Il comprend désormais que les formes substantielles, telles que Leibniz les a définies, sont par nature indivisibles, et par conséquent ingénérables et indestructibles (Cf. les remarques de Leibniz, *Lettre* XVII, p. 144-145) ; mais il se demande dès lors où peuvent vraiment se rencontrer, dans la nature, des formes substantielles ainsi conçues (Cf. les remarques de Leibniz, *Lettre* XVII, p. 145-147). Pour préciser sa pensée, il considère tour à tour le cas des corps matériels, celui des plantes et des animaux, enfin celui de l'homme ; et, après examen, il constate qu'en suivant le principe posé par Leibniz on se trouve conduit à d'inextricables difficultés : en effet, — mis à part le cas de l'âme humaine, dont l'unité et l'indivisibilité absolues ne font point de doute, — les êtres qui composent l'univers — corps matériels et simples vivants — paraissent bien désormais n'avoir pas l'unité et l'indivisibilité qui caractérisent les substances, et par suite correspondre seulement, avec des degrés variables de composition, à de purs agrégats, dépourvus en tant que tels de toute forme substantielle.

4. Leibniz a noté ici, en marge même de la lettre d'Arnauld : « S'il y a des agrégés de substances, il faut qu'il y ait aussi des véritables substances dont tous les agrégés soient faits. »

5. Voir Leibniz, *Lettre* XVII, p. 147. Arnauld reprend ici, en faveur d'une explication mécaniste de la vie animale, une remarque que Descartes lui avait jadis adressée à lui-même : voir Descartes, *Réponses aux IV*e *Objections*, Réponse à la Première Partie, *sub fine* (éd. A. T., t. IX, p. 177-179).

6. *Quid ergo fit, cum irrita cadunt...* : « Qu'arrive-t-il donc, quand la semence se perd sans qu'il y ait conception ? Qu'arrive-t-il, chez les animaux, quand les mâles n'approchent point des femelles pendant toute la durée de leur vie ? »

7. Allusion à ce qu'avait écrit Leibniz, *Lettre* XVII, p. 147-149.

8. Allusion à l'article de l'abbé Catelan, publié dans les *Nouvelles de la République des Lettres*, à la suite d'une traduction abrégée de la *Brevis demonstratio erroris memorabilis Cartesii* de Leibniz : *Courte remarque de M. l'abbé D. C. où l'on montre à M. Leibniz le paralogisme contenu dans l'objection précédente* (éd. G., t. III, p. 40-42). Leibniz avait cité cet article, *Lettre* XVII, p. 149-150 ; et il y avait en fait déjà répondu, dans une *Réplique de M. L. à M. l'abbé D. C.*, parue, avant même la lettre actuelle d'Arnauld, dans les *Nouvelles de la République des Lettres* de février 1687 (éd. G., t. III, p. 42-49).

9. Voir *Lettre* XVII, p. 150.

LETTRE XX

1. Cette lettre est une réponse à la lettre précédente d'Arnauld du 4 mars 1687 (Cf. *Lettre* XIX) ; elle en suit le plan et traite par conséquent, tour à tour, de l'harmonie préétablie (« *Je ne crois pas qu'il y ait de la difficulté dans ce que j'ai dit...* », p. 159) et de la forme substantielle (« *Si l'opinion que j'ai, que la substance demande...* », p. 164).

2. Sur la question de l'harmonie préétablie, Arnauld avait demandé une explication et suggéré un rapprochement (Cf. *Lettre* XIX, p. 154-155). Leibniz donne l'explication, en montrant comment l'âme peut exprimer plus distinctement ce qui appartient à son corps (« *Je ne crois pas qu'il y ait de la difficulté dans ce que j'ai dit...* ») ; mais il repousse le rapprochement, en montrant ce qui distingue sa doctrine de l'harmonie préétablie de la théorie des causes occasionnelles (« *J'avais dit que Dieu a créé l'univers en sorte que...* »). Dans les deux cas, il ne fait d'ailleurs que reprendre ou préciser des idées contenues dans le *Discours* : sur le premier point, voir l'exposé du *Discours*, § 14-15 et 33, et les indications des *Lettres* IX, p. 113, — X, p. 122-124, — XVI, p. 138-139, — XVII, p. 144 ; — sur le second point, voir *Discours*, § 14 et 32-33, et les *Lettres* IX, p. 113, — X, p. 122-124, — XVI, p. 138-141, — XVII, p. 143-144 : l'ensemble de ces remarques se trouvera d'ailleurs repris *Lettre* XXVI, p. 180-184.

3. Allusion au texte de Platon, *Théétète*, 174 a, où Socrate fait le portrait du philosophe et raconte l'histoire de Thalès qui « observait les astres et, le regard aux cieux, venait choir dans un puits ».

4. Le même exemple se trouve déjà dans le *Discours*, § 33 ; et il sera repris dans les *Nouveaux Essais sur l'entendement*, Avant-propos.

5. Pour distinguer sa thèse de la théorie des causes occasionnelles, telle qu'elle avait été soutenue par Malebranche, Leibniz invoque ici une raison particulière. Dans le *Discours*, § 33, — comme aussi, plus tard, dans le *Système nouveau de la nature et de la communication des substances*, § 13, — Leibniz se contente d'une critique d'ordre général contre l'occasionalisme : « il n'est pas raisonnable, dit-il, de recourir simplement à l'opération extraordinaire de la cause universelle dans une chose ordinaire et particulière » (*Discours*, § 33) ; c'est « faire intervenir ce qu'on appelle *Deum ex machina* » (*Système*, § 13). Ici, au contraire, Leibniz précise la critique précédente en dégageant le principe métaphysique qui la fonde : si l'intervention de Dieu ne doit pas être invoquée pour rendre compte des rapports de l'âme et du corps, c'est que les causes secondes constituées par les différentes substances possèdent une efficace qui leur est propre ; sans doute ne sont-elles point capables d'agir réellement les unes sur les autres, mais elles tirent effectivement d'elles-mêmes tout ce qui leur arrive, — l'âme, ses pensées, et le corps, ses mouvements : bref la nature de la substance, telle que Leibniz la conçoit, exclut l'hypothèse d'une intrusion de Dieu dans le cours des choses et justifie du même coup l'idée d'une concomitance voulue par Dieu dès l'origine.

6. Allusion à la remarque d'Arnauld, *Lettre* XIX, p. 155. Leibniz, — dans une digression qui rompt la suite du développement et dont on peut se demander si elle ne trouverait pas mieux sa place dans la seconde partie de la lettre, — exprime son incertitude touchant la présence ou l'absence de formes substantielles dans le monde végétal ; il incline cependant à admettre l'existence de formes inférieures et, par

suite, il se montre prêt à concevoir une continuité de formes de plus en plus déterminées, depuis les êtres les plus humbles jusqu'à Dieu : c'est au reste ce que préciseront, en 1705, les *Considérations sur les principes de vie et sur les natures plastiques* (éd. G., t. VI, p. 539-546). Sur la question particulière de la greffe, voir *Nouveaux Essais sur l'entendement*, Liv. III, ch. VI, § 23 (éd. G., t. V, p. 294-296).

7. La question du miracle, qui retient maintenant Leibniz, est naturellement introduite par la critique dirigée contre l'occasionalisme : car, si l'on ne doit point imaginer des interventions constantes de Dieu dans le cours de la nature, et si l'on doit concevoir l'accord des êtres et des choses par le seul effet d'une harmonie préétablie, on est obligé de poser en termes nouveaux le problème classique du miracle. En fait, Leibniz résout ce problème en modifiant certaines vues de Malebranche : pour celui-ci, Dieu n'agit pas à tout instant par des volontés particulières, en vue d'accorder l'âme et le corps, mais il agit constamment par une volonté générale (tout en pouvant manifester quelquefois une volonté particulière, qui d'ailleurs demeure toujours conforme au principe de l'ordre) ; or, pour Leibniz, — plus encore que pour Malebranche, — Dieu n'agit point par des volontés particulières, mais seulement par une volonté générale, en sorte que le miracle se trouve lui-même compris dans le dessein d'ensemble de cette volonté et qu'il rentre dans le plan auquel répond l'harmonie préétablie : on comprend que le miracle ne se définisse point par sa rareté, mais seulement par son opposition aux quelques « maximes subalternes » qui caractérisent les simples lois de la nature matérielle. Aux yeux de Leibniz, une analyse attentive de la notion de miracle ne peut ainsi qu'apporter la confirmation des principes dont découle l'hypothèse de l'harmonie préétablie ; elle finit même par y mettre en évidence une conception des choses plus satisfaisante que celle qui commande la théorie des causes occasionnelles. Sur l'ensemble de la question, voir *Discours*, § 7 et 16, ainsi que les notes correspondantes, qui renvoient aux principaux textes de Leibniz.

8. La minute conservée à Hanovre contient ici quelques lignes que Leibniz a supprimées dans la lettre envoyée à Arnauld : « Par exemple, si Dieu faisait qu'un corps étant mis en mouvement circulaire par le moyen d'une fronde, continuât d'aller librement en ligne circulaire quand il serait délivré de la fronde, sans être poussé ou retenu par quoi que ce soit, ce serait un miracle, car, selon les lois de la nature, il devrait continuer en ligne droite par la tangente ; et si Dieu décernait que cela devrait toujours arriver, il ferait des miracles naturels, ce mouvement ne pouvant point être expliqué par quelque chose de plus simple. Ainsi de même il faut dire que, si la continuation du mouvement... »

9. La minute conservée à Hanovre contient ici quelques lignes que Leibniz a supprimées dans la lettre envoyée à Arnauld : « au lieu que selon les auteurs des causes occasionnelles Dieu change les lois des corps à l'occasion de l'âme et *vice versa*. C'est là la différence essentielle entre nos sentiments. Ainsi on ne doit pas... »

10. Après le développement relatif à la question du miracle, Leibniz termine l'examen des questions soulevées à propos de la théorie de l'harmonie préétablie par un résumé de sa doctrine sur ce point ; et il y ajoute, comme il l'a fait souvent ailleurs, une remarque et un exemple : remarque sur le caractère possible et même probable de son hypothèse (Cf. *Système nouveau de la nature et de la communication des substances*, § 15-17, éd. G., t. IV, p. 485-486) ; exemple de l'accord des musiciens ou des chanteurs « jouant séparément leurs parties » (à rapprocher de l'exemple des horloges bien réglées, dans l'*Eclaircissement du nouveau système de*

la communication des substances, éd. G., t. IV, p. 493-500). Sur l'ensemble de la question, voir *Discours*, § 14-15 et 33.

11. Voir *Discours*, § 15.

12. Sur la question de la forme substantielle, Arnauld avait développé une longue série d'observations (Cf. *Lettre* XIX, p. 155-158), dans lesquelles, — considérant tour à tour les corps, les animaux et l'homme, — il s'était demandé où se rencontrent, dans la nature, des formes substantielles telles que Leibniz les définit : ne pourrait-on pas prétendre en effet que, sauf dans le cas de l'âme humaine, on ne trouve en fait que des agrégats de substances. A quoi Leibniz va répondre d'abord par une affirmation de principe : là où ne se rencontre qu'un agrégat, il n'y a pas d'être réel ; pour qu'il y ait un être réel, il doit nécessairement y avoir une unité substantielle ; il est donc clair que « s'il y a des agrégés de substances, il faut bien qu'il y ait aussi des véritables substances dont tous les agrégés sont faits » : l'existence de formes substantielles ne fait, en principe, aucun doute. Dès lors, une fois rappelée cette thèse, Leibniz n'a point d'hésitation à soutenir que la présence de formes substantielles est requise à tous les plans : au niveau de la matière, sous peine de ne voir dans les corps que de pures apparences phénoménales, on doit bien admettre, outre l'étendue et le mouvement, un principe comparable à quelque forme substantielle ; au niveau des vivants, à plus forte raison, on doit également admettre, sous le nom d'âmes, la réalité de formes substantielles, sans lequelles ne seraient concevables ni unité, ni spontanéité. Voir *Discours*, § 10-12, et *Lettres* X, p. 123-124, — XVI, p. 141-142, — XVII, p. 144-147 ; voir aussi, plus loin, *Lettre* XXVI, p. 184.

13. *Distinguendo unum per se...* : « en distinguant l'un par soi et l'un par accident, la forme substantielle et la forme accidentelle, les mixtes imparfaits et parfaits, naturels et artificiels ». Allusion au vocabulaire de la philosophie péripatéticienne, pour qui la forme — substantielle ou accidentelle — assure l'unité d'un être, — unité essentielle ou simple unité de composition, — et pour qui les mixtes correspondent aux corps composés des quatre éléments (feu, air, eau, terre), — l'unité de composition pouvant d'ailleurs être plus ou moins stable (mixtes parfaits ou imparfaits) et réalisée ou non réalisée dans la nature (mixtes naturels ou artificiels).

14. Voir ci-dessus *Lettre* XVII, p. 147.

15. Voir ci-dessus *Lettre* XVII, p. 145-146.

16. La minute conservée à Hanovre contient ici quelques lignes que Leibniz a supprimées dans la lettre envoyée à Arnauld : « J'ai donc cru qu'il me serait permis de distinguer les êtres d'agrégation des substances, puisque ces êtres n'ont leur unité que dans notre esprit, qui se fonde sur les rapports ou modes des véritables substances. Si une machine est une substance, un cercle d'hommes qui se prennent par les mains le sera aussi, et puis une armée, et enfin toute une multitude de substances. »

17. Voir *Discours*, § 8 et 13.

18. Voir *Discours*, § 12.

19. Voir *Discours*, § 10.

20. Voir *Discours*, § 9.

21. Voir *Discours*, § 13.

22. La minute conservée à Hanovre contient ici quelques lignes que Leibniz a supprimées dans la lettre envoyée à Arnauld : « Et il me semble qu'il y a autant de préjudice à ne pas entrer dans cette idée si raisonnable qu'il y en a à ne pas reconnaître la grandeur du monde, la subdivision à l'infini et les explications machinales de la nature. On se trompe autant de concevoir l'étendue comme une notion primitive sans concevoir la véritable notion de la substance et de l'action, qu'on se trompait autrefois en se contentant de considérer les formes substantielles en gros sans entrer dans le détail des modifications de l'étendue. »

23. Voir, pour ce qui suit, *Discours*, § 34, — *Système nouveau de la nature et de la communication des substances*, § 4, — *Considérations sur les principes de vie et sur les natures plastiques*, — *Essais de Théodicée*, I, § 89-90, — *Monadologie*, § 3-6, — *Principes de la nature et de la grâce*, § 2.

24. La minute conservée à Hanovre contient ici deux lignes que Leibniz a supprimées dans la lettre envoyée à Arnauld : « et tant les grenouilles des Egyptiens que les cailles des Israélites dont vous parlez, Monsieur, n'y approchent point. »

25. La minute conservée à Hanovre contient ici deux lignes que Leibniz a supprimées dans la lettre envoyée à Arnauld : « ou bien il faut que ces révolutions des corps servent à l'économie divine par rapport aux esprits. »

26. La minute conservée à Hanovre contient ici une parenthèse que Leibniz a supprimée dans la lettre envoyée à Arnauld : « (au moins du corps grossier) ».

27. La minute conservée à Hanovre contient ici une fin de phrase que Leibniz a supprimée dans la lettre envoyée à Arnauld : « leur unité substantielle à cause des corps vivants qui y sont enveloppés sans nombre ».

28. Voir les remarques d'Arnauld, *Lettre* XIX, p. 157-158.

29. Allusion à la formule de Démocrite : « Les principes de toutes choses sont les atomes et le vide, tout le reste n'est qu'opinion » (Diogène Laerce, *Vies et doctrines des philosophes*, IX, § 44).

30. *Arena sine calce* : « sable sans chaux ».

31. La minute conservée à Hanovre contient ici une fin de phrase que Leibniz a supprimée dans la lettre envoyée à Arnauld : « et c'est là l'unique moyen d'établir des principes solides et réels. »

32. Voir *Lettres* XVII, p. 149-150, et XIX, p. 158.

LETTRE XXI

1. Allusion à la lettre précédente (Cf. *Lettre* XX) : l'insistance de Leibniz et son désir d'obtenir une réponse d'Arnauld montrent l'intérêt porté à la discussion actuelle.

2. Voir *Lettres* XVII, p. 149-150, — XIX, p. 158, — XX, p. 169. Leibniz avait répondu aux critiques de l'abbé Catelan par une *Réplique de M. L. à M. l'abbé D. C.*, parue dans les *Nouvelles de la République des*

Lettres de février 1687 (éd. G., t. III, p. 42-49) ; mais dans cette réplique il avait évoqué les idées de Malebranche sur le mouvement et discuté la thèse développée dans le dernier chapitre de *La Recherche de la vérité* (Liv. VI, part. II, ch. IX). Malebranche, directement visé, répondit aussitôt par une courte note, adressée à l'abbé Catelan, *Extrait d'une lettre du P. M. à M. l'abbé D. C.*, qui parut dans les *Nouvelles de la République des Lettres* d'avril 1687 : « la cause des paradoxes qui suivent des règles que j'ai données dans les cas que les corps se choquent par des mouvements contraires, disait-il, vient de ce que j'ai raisonné sur cette fausse supposition que j'ai bien voulu faire, qu'il y eut dans le vide des corps parfaitement durs. » Or, pour Leibniz, le défaut des analyses de Malebranche vient d'ailleurs : il vient de la méconnaissance du principe général de *continuité* ; comme le laisse entendre la lettre actuelle, et comme le précise dans le même temps la *Lettre de M. L. sur un principe général utile à l'explication des lois de la nature*, parue dans les *Nouvelles de la République des Lettres* de juillet 1687 (éd. G., t. III, p. 51-55), le principe en question énonce que « lorsque la différence de deux cas peut être diminuée au-dessous de toute grandeur donnée *in datis* ou dans ce qui est posé, il faut qu'elle se puisse trouver aussi diminuée au-dessous de toute grandeur donnée *in quaesitis* ou dans ce qui en résulte », et par suite il permet de dire qu'en physique « le repos peut être considéré comme une vitesse infiniment petite », ou que, plus généralement, « l'égalité peut être considérée comme une inégalité infiniment petite » (éd. G., t. III, p. 52-53).

3. De fait, Leibniz a répondu à Malebranche dans une *Lettre de M. L. sur un principe général utile à l'explication des lois de la nature*, parue dans les *Nouvelles de la République des Lettres* de juillet 1687 (éd. G., t. III, p. 51-55) : il a repris alors et développé les réflexions présentées ici à Arnauld (voir note précédente).

LETTRE XXII

1. Cette lettre, qui est la dernière de celles qu'Arnauld ait écrites à Leibniz, est une réponse tardive à la lettre du 30 avril 1687 (Cf. *Lettre* XX) et semble même n'avoir été envoyée qu'en raison de l'insistance manifestée par Leibniz (Cf. *Lettre* XXI) : Arnauld y montre toujours — comme il n'avait cessé de le faire dans ses rapports avec Leibniz — peu de goût pour la controverse et peu d'empressement à poursuivre la discussion. Les observations présentées se rapportent aux difficultés que signalaient déjà les lettres du 28 septembre 1686 (*Lettre* XIV) et du 4 mars 1687 (*Lettre* XIX) : elles évoquent à nouveau les problèmes relatifs à la théorie de l'harmonie préétablie (1° et 2°) et à la définition de la forme substantielle (3°).

2. A propos de la théorie de l'harmonie préétablie, Arnauld revient à la charge, en rappelant l'explication qu'il a demandée (1° « *Je n'ai point d'idée claire...* ») et le rapprochement déjà suggéré (2° « *Sur ce qu'on raisonne ainsi...* »). La demande d'explication a été formulée, *Lettre* XIX, p. 154 ; Leibniz y a répondu, *Lettre* XX, p. 159-160 ; mais Arnauld souligne encore la difficulté qu'il éprouve à distinguer « expression » et « connaissance » et à concevoir l'une sans l'autre. La comparaison avec la théorie des causes occasionnelles avait été développée *Lettre* XIX, p. 154-155 ; Leibniz y avait également répondu, *Lettre* XX, p. 160-164 ; mais, toujours insatisfait, Arnauld relève la difficulté qu'il éprouve à comprendre, dans l'hypothèse de l'harmonie, le mouvement des corps,

et à conserver, dans cette même hypothèse, la preuve thomiste de l'existence de Dieu à partir du mouvement.

3. A propos de la notion de forme substantielle, Arnauld revient également à la charge, en reprenant l'examen des questions déjà soulevées. Les premières observations d'Arnauld sur ce point se trouvent *Lettre* XIV, p. 134-135 ; Leibniz y a répondu, *Lettre* XVII, p. 144-147 ; Arnauld a renouvelé ses critiques, *Lettre* XIX, p. 155-158 ; Leibniz y a une fois de plus répliqué, *Lettre* XX, p. 164-169 ; mais finalement Arnauld ne s'estime pas satisfait, car, pour lui, on ne peut aisément concevoir, — ni au niveau des corps (1°, 2°, 3°), ni au niveau des vivants (4°, 5°, 6°), — la nature des formes substantielles dont l'existence est postulée : 1° quant aux corps, il semble qu'on puisse admettre l'existence d'agrégats sans principe d'unité, mais qu'on ait quelque peine à imaginer un principe d'unité joint à une pluralité ; — 2° quant aux vivants, il ne paraît pas qu'on puisse définir ce qu'y seraient des formes substantielles, s'il est vrai, comme le veut Descartes, qu'il n'existe que deux espèces de substances, les corps et les esprits ; et, plus encore, il semble impossible de concevoir la permanence de ces formes, dès que l'on songe aux accidents qui provoquent la destruction des organismes ou, tout simplement, aux conditions que requiert la génération sexuée.

4. Allusion à la *Remarque de M. l'abbé D. C. sur la réplique de M. L. touchant le principe mécanique de M. Descartes*, parue dans les *Nouvelles de la République des Lettres* de juin 1687. Dans cet article, l'abbé Catelan répondait à la *Réplique de M. L. à M. l'abbé D. C.*, parue dans les *Nouvelles de la République des Lettres* de février 1687 (éd. G., t. III, p. 42-49), qui était elle-même une réponse de Leibniz à la critique formulée par l'abbé Catelan contre la *Brevis demonstratio*. Voir, ci-dessus, *Lettres* X, p. 124, — XIV, p. 135-136, — XVII, p. 147-150, — XIX, p. 158, — XX, p. 169, — XXI, p. 170-171.

LETTRE XXIII

1. Cette lettre, — qui est un simple billet destiné à assurer l'envoi de la lettre précédente, — n'offre qu'un intérêt limité : elle montre cependant, chez Arnauld, une opposition très nette, mêlée d'ailleurs de quelque indifférence, aux théories physiques de Leibniz et un souci, d'autre part très profond et pénétrant, d'obtenir la conversion de son correspondant au catholicisme.

2. Allusion au livre de Nicole, *Traité de l'unité de l'Eglise ou Réfutation du nouveau système de M. Jurieu*, Paris, 1687.

LETTRE XXIV

1. Ce billet du Landgrave n'est qu'une addition de ce dernier à la lettre précédente d'Arnauld. Il manifeste, chez le Landgrave, un souci égal à celui d'Arnauld d'obtenir la conversion de Leibniz. A maintes reprises, dans le passé, le Landgrave était intervenu en ce sens auprès de Leibniz ; mais Leibniz avait toujours répondu très fermement qu'il entendait demeurer dans le protestantisme. Voir la Correspondance entre le Landgrave et Leibniz, dans l'édition de l'Académie de Berlin, G.W. Leibniz, *Sämtliche Schriften und Briefe* : Landgrave à Leibniz, 23 août/2 septembre 1683 (Reihe I, Bd. III, p. 324-327) ; — Leibniz

au Landgrave, janvier 1684 (Reihe I, Bd. IV, p. 320-321) ; — Landgrave à Leibniz, 5/15 février 1684 (*ibid.*, p. 323) ; — Leibniz au Landgrave, mars 1684 (*Ibid.*, p. 325-326) ; — Leibniz au Landgrave, avril 1684 (Reihe II, Bd. I, p. 539-541) ; — Landgrave à Leibniz, 1/11 novembre 1684 (Reihe I, Bd. IV, p. 337); — Landgrave à Leibniz, 10/20 janvier 1685 (*Ibid.*, p. 343-344); — Leibniz au Landgrave, 4/14 mars 1685 (*Ibid.*, p. 352-355) ; — Leibniz au Landgrave, 23 mars/2 avril 1685 (*Ibid.*, p. 364) ; — Leibniz au Landgrave, 8/18 mai 1685 (*Ibid.*, p. 366-367) ; — Landgrave à Leibniz, 6/16 octobre 1685 (*Ibid.*, p. 377-379) ; — Leibniz au Landgrave, octobre 1685 (*Ibid.*, p. 379-383) ; — Leibniz au Landgrave, 13/23 décembre 1685 (*Ibid.*, p. 392-394).

2. *Et hodie si vocem Domini...* « Et aujourd'hui si vous avez entendu la voix du Seigneur, n'endurcissez pas votre cœur. »

LETTRE XXV

1. Cette lettre est un projet de réponse aux deux lettres précédentes d'Arnauld et du Landgrave ; mais elle n'a pas été envoyée. Elle date, selon toute vraisemblance, de septembre ou octobre 1687 et montre la réaction de Leibniz aux tentatives qui avaient été faites pour obtenir sa conversion ; elle doit donc être rapprochée des lettres similaires et des échanges de vues avec le Landgrave sur le problème général de l'union des Eglises et des rapports entre catholiques et protestants. Voir G.W. Leibniz, *Sâmtliche Schriften und Briefe*, Reihe I, Bd. III, p. 243-334, — Bd. IV, p. 319-444, — Bd. V, p. 8-21.

2. Leibniz fait sans doute allusion aux négociations menées par Spinola, — d'abord évêque de Tina en Croatie, puis évêque de Neustadt en Autriche, — sous les auspices de l'empereur Léopold et avec l'approbation du pape Innocent XI, — pour la réunion des protestants à l'Eglise romaine. Voir l'opuscule de Leibniz, composé en novembre 1687, *Des méthodes de réunion* (éd. Foucher de Careil, *Œuvres de Leibniz*, t. II, p. 1-21, — ou éd. Klopp, *Die Werke von Leibniz*, t. VII, p. 19-36, — ou encore G.W. Leibniz, *Sâmtliche Schriften und Briefe*, Reihe I, Bd. V, p. 10-21) ; voir également, sur l'attitude de Leibniz, le livre de Jean Baruzi, *Leibniz et l'organisation religieuse de la terre*, Paris, Alcan, 1907 (Partie II).

LETTRE XXVI

1. Cette lettre est la réponse de Leibniz à la lettre d'Arnauld du 28 août 1687 (Cf. *Lettre* XXII). Elle en suit rigoureusement le plan : 1° à propos de l'harmonie préétablie (« *J'avais dit que l'âme exprimant naturellement tout l'univers...* », p. 180), elle répond donc à la demande d'éclaircissements sur l'idée d'expression et aux questions soulevées par le rapprochement avec la doctrine des causes occasionnelles ; — 2° à propos de la notion de forme substantielle (« *Je viens à l'article des formes ou âmes...* », p. 184), elle reprend enfin la série des observations où se trouvaient résumées les principales difficultés à résoudre.

2. Leibniz commence par répondre à la demande d'éclaircissements sur l'idée d' « expression » ; puis, à cette occasion, il reprend l'exposé de sa théorie de l'harmonie préétablie. De fait, le terme d' « expression » avait été introduit par lui dès la *Lettre* XVII, p. 144, qui résumait d'ail-

leurs, sur ce point, une thèse du *Discours*, § 14-15 et 33. Ce terme avait fait aussitôt l'objet d'une demande d'explication de la part d'Arnauld, *Lettre* XIX, p. 154 ; et Leibniz avait alors sommairement répondu, *Lettre* XX, p. 159-160. Cependant Arnauld, saisissant mal le sens de la formule leibnizienne, était revenu à la charge, dans la *Lettre* XXII, p. 172, en disant la difficulté qu'il éprouvait à distinguer « expression » et « connaissance ». Aussi Leibniz précise-t-il maintenant sa pensée, en traitant la question dans toute son ampleur.

3. Voir ci-dessus les remarques présentées par Arnauld, *Lettre* XXII, p. 172.

4. Sur la notion d' « expression », voir le *Discours*, § 14. Une définition similaire à celle que Leibniz donne ici à Arnauld se trouve déjà dans une *Lettre à Foucher* de juillet 1686 (éd. G., t. I, p. 382-384). D'une façon générale, en désignant par « expression » un « rapport constant et réglé » entre deux choses, Leibniz entend montrer que les états de chaque substance individuelle correspondent à des réalités extérieures, — qui, de proche en proche, comprennent tout l'univers, — mais que ces états ne dépendent au fond, dans chaque substance, que d'une spontanéité interne, — qui, pour l'être en question, définit son essence.

5. La minute conservée à Hanovre contient ici une phrase que Leibniz a supprimée dans la lettre envoyée à Arnauld : « On ne peut point douter de la possibilité d'une telle représentation de plusieurs choses dans une seule, puisque notre âme nous en fournit un exemple. Mais cette représentation... »

6. Voir *Discours*, § 33, et *Lettre* XX, p. 160.

7 L'idée d'expression, telle qu'elle vient d'être définie, implique toute la théorie de l'harmonie préétablie : aussi Leibniz se trouve-t-il amené très naturellement à reprendre l'exposé de cette théorie ; il précise seulement, pour commencer, que sa théorie suppose l'existence d'un nombre infini de substances ou âmes, jusque dans le monde animal. Sur l'ensemble de la question, voir *Discours*, § 14-15 et 33, ainsi que *Lettres* IX, p. 113, — X, p. 122-124, — XVI, p. 138-141, — XVII, p. 143-144, — XX, p. 159-164.

8. *Nodus vindice dignus...* : c'est, dit Leibniz, « une difficulté digne d'un libérateur, pour laquelle il faut qu'intervienne un *Deus ex machina* ». En fait, Leibniz rappelle ici, non sans le déformer, un vers d'Horace, *Art poétique*, v. 191 : *Nec deus intersit, nisi dignus vindice nodus — Inciderit* : « Qu'aucun dieu n'intervienne, à moins que l'intrigue se soit trouvée digne d'un libérateur ».

9. Voir *Discours*, § 8-9.

10. *Jura poli rerum fidem...* : « L'ordre du ciel, l'harmonie de la nature, les lois des dieux, tout cela le vieux Syracusain (c'est-à-dire Archimède) l'a reproduit grâce à sa science. » (Claudien, *Epigrammes*, XVI).

11. Voir *Recueil des Lettres entre Leibniz et Clarke*, Ve Ecrit de Leibniz, § 47 (éd. G., t. VII, p. 400-402).

12. Arnauld avait encore invoqué contre l'hypothèse de l'harmonie deux difficultés majeures, mises en évidence par une comparaison avec la théorie des causes occasionnelles : comment concevoir désormais le mouvement des corps et comment maintenir la preuve thomiste de l'exis-

tence de Dieu (Cf. *Lettre* XXII, p. 172) ? Leibniz répond rapidement, et dans le même alinéa, à ces deux questions.

13. Pour rendre compte tout d'abord du mouvement des corps, Leibniz invoque, conformément aux principes de sa dynamique, la réalité de la force ou, plus exactement, de la force dérivative. Leibniz avait d'abord terminé sa phrase en écrivant :« ce qu'il y a de réel dans le mouvement à chaque moment, c'est-à-dire la force dérivative, dont il est une suite » : pour lui, en effet, la force *primitive* correspond à une puissance d'agir, qui constitue la loi de développement d'une substance, et la force *dérivative*, à l'état présent de cette force en tant qu'il prépare l'état futur, soit sous forme de force vive, c'est-à-dire comme principe du mouvement, soit sous forme de puissance morte, c'est-à-dire comme effort aussitôt arrêté ; mais finalement, c'est toujours par le déploiement de la force ainsi conçue que le mouvement s'explique. Voir, au sujet de la distinction entre force primitive et force dérivative : *Specimen dynamicum*, I (éd. Gerhardt, *Leibnizens mathematische Schriften*, t. VI, p. 236-239) ; — *Système nouveau de la nature et de la communication des substances*, § 3 (éd. G., t. IV, p. 478-479) ; — Opuscule de mai 1702, *Nullum quidem librum* (éd. G., t. IV, p. 393-399) ; — *Lettre à Jaquelot*, 22 mars 1703 (éd. G., t. III, p. 457-458) ; — *Lettre à de Volder*, 21 janvier 1704 (éd. G., t. II, p. 262) ; — *Nouveaux Essais sur l'entendement*, Liv. II, ch. XXI, § 1 (éd. G., t. V, p. 155-156).

14. Pour maintenir enfin la preuve de l'existence de Dieu, que la tradition thomiste prétend établir à partir du mouvement, Leibniz se borne à remarquer que, même dans son système, il faut toujours rendre raison du commencement du mouvement, comme d'ailleurs des dispositions initiales de l'âme. Voir sur ce point : *De rerum originatione radicali*, début ; — *Essais de Théodicée*, I, § 7 ; — *Monadologie*, § 37-38 ; — *Principes de la nature et de la grâce*, § 7-8.

15. En abordant, avec la seconde partie de sa lettre, l'examen des questions relatives à la notion de forme substantielle, Leibniz commence par évoquer une série de témoignages favorables à la thèse qu'il soutient : la valeur de ces témoignages est très inégale, les auteurs cités n'ayant pas tous donné à leurs formules la signification que Leibniz leur prête ; mais l'énumération elle-même est révélatrice, car elle montre, chez Leibniz, un souci constant de s'appuyer sur la tradition et d'effectuer une synthèse d'idées anciennes. — Pour Parménide et son disciple Mélissos, Leibniz se contente de rappeler le thème fondamental de l'Eléatisme. Parménide n'a cessé en effet de répéter que « l'Etre est incréé ainsi qu'impérissable, parce qu'il est aussi bien complet qu'immobile et sans fin » (frag. 8) ; et Mélissos a redit, dans le même sens, que « ce qui était, était de toute éternité et sera de toute éternité » (frag. 1). Certes, l'idée d'être ainsi définie paraît sans rapports avec la notion de forme, telle que Leibniz la conçoit ; Leibniz croit cependant pouvoir en retenir une suggestion sur la réalité métaphysique d'un principe de permanence dans les choses. — Pour Aristote, Leibniz renvoie à un texte précis du *De coelo*, III, ch. II, 301 *b* 30 — 302 *a* 10, où il est expliqué, à propos des corps simples, qu'il ne peut y avoir de génération absolue, mais seulement des transformations. — Pour Hippocrate, il fait également allusion à un aphorisme du traité *Du régime*, déjà mentionné *Lettre* XVII, p. 144 : « Aucun parmi les êtres ne périt, et rien ne naît qui n'existait auparavant » (περι διαίτης, I, 4). — Pour Albert le Grand et Jean Bacon, il se borne à un rappel assez général. Peut-être l'attention de Leibniz a-t-elle été attirée sur la pensée d'Albert le Grand (1206-1280) du fait que les œuvres complètes de celui-ci venaient d'être éditées, *Opera*

omnia, éd. Jammy, 21 vol., Lyon, 1651. Quant à Jean Bacon (né avant 1300 — mort vers 1348), — qui a été accusé d'averroïsme, mais à tort, semble-t-il, — il était surtout connu par un *Commentaire sur les Sentences*. — Pour Fernel (1497-1558), Leibniz fait simplement état de la doctrine exposée dans le traité *De abditis rerum causis*, publié pour la première fois en 1548, mais souvent réédité au XVIe et au XVIIe siècles dans la collection des œuvres complètes de Fernel, *Universa medicina*. Fernel voyait en l'âme, — conçue comme une forme simple immanente au corps, — le principe substantiel qui assure le mouvement et l'unité de la vie ; mais il assignait à cette âme une origine proprement divine, comme si l'homme et les animaux supérieurs ne pouvaient être animés que sous l'action d'une influence céleste (Cf. *De abditis rerum causis*, liv. I, ch. VIII-IX).

16. Sur la pensée de Leibniz à ce sujet, voir ci-dessus, *Lettres* XVI, p. 141-142, — XVII, p. 145, — XX, p. 167 ; voir également *Système nouveau de la nature et de la communication des substances*, § 4 (éd. G., t. IV, p. 479), — *De rerum originatione radicali*, sub fine (éd. G., t. VII, p. 307-308), — *Considérations sur la doctrine d'un esprit universel unique* (éd. G., t. VI, p. 529-538), — *Considérations sur les principes de vie et sur les natures plastiques* (éd. G., t. VI, p. 539-546), — *Monadologie*, § 83 (éd. G., t. VI, p. 621), — *Principes de la nature et de la grâce*, § 14 (éd. G., t. VI, p. 604-605).

17. Leibniz continue à relever divers témoignages favorables à la thèse qu'il soutient. — Jean Philopon, philosophe et théologien chrétien du VIe siècle, est connu principalement par ses commentaires sur les livres d'Aristote ; il a cependant composé, d'autre part, différents ouvrages de théologie ou de philosophie, parmi lesquels un traité *Sur l'éternité du monde contre Proclus* : il s'y appliquait à réfuter les arguments de Proclus en faveur de l'éternité du monde et à justifier rationnellement le dogme de la création ; c'est à cet ouvrage, dont la première édition a été publiée à Venise en 1535, que Leibniz fait ici allusion. — Gabriel Biel (né vers 1410 — mort en 1495) est connu surtout par son *Epitome pariter et collectorium circa quatuor Sententiarum libros*, qu'utilisaient dans leur enseignement, au début du XVIe siècle, les tenants de la *via moderna* en théologie scolastique. — Saint Thomas a déjà été cité précédemment par Leibniz sur la même question : voir *Lettre* XVI, p. 141 (Cf. en particulier note 8). — Quant aux Cartésiens, Leibniz se contente également d'une allusion assez générale : il songe sans doute à la thèse, communément admise parmi eux, selon laquelle l'âme est une substance indépendante du corps et demeure par conséquent soustraite aux accidents qui affectent celui-ci ; il songe aussi à la théorie des animaux-machines, qui complète naturellement, dans une perspective dualiste, la thèse de la substantialité de l'âme pensante ; mais il précise aussitôt que, chez Descartes lui-même, certaines réserves ou du moins certaines précautions de langage n'ont cessé de paraître touchant les animaux ; il rappelle notamment les termes de la *Lettre à Morus* du 5 février 1649 (éd. A. T., t. V, p. 276-278) : « quoique je tienne pour démontré, avait dit Descartes, qu'on ne peut prouver qu'il y a quelque pensée dans les bêtes, je ne crois pas pour cela qu'on puisse démontrer qu'il n'y en a aucune, car l'esprit humain ne pénètre pas dans leur cœur » (*Ibid.*, p. 276-277).

18. Leibniz est revenu plus tard sur ces considérations : voir, en particulier, les *Considérations sur la doctrine d'un esprit universel unique*, 1702 (éd. G., t. VI, p. 529-538).

19. Leibniz répond maintenant point par point aux objections et aux difficultés qu'Arnauld lui avait exposées, touchant la notion de forme substantielle, *Lettre* XXII, p. 173-175 ; ce lui est une occasion pour reprendre et préciser les indications déjà données précédemment dans les *Lettres* XVII, p. 144-147, et XX, p. 164-168.

20. Voir *Lettres* XVII, p. 145, et XX, p. 164-165.

21. Voir *Lettre* XXII, p. 173.

22. *Qui aurait été apparente* : c'est-à-dire, qui aurait eu une apparence de valeur.

23. Voir les *Considérations sur les principes de vie et sur les natures plastiques*, début (éd. G., t. VI, p. 539-540).

24. La fin de la phrase a été remaniée, au moment de l'envoi à Arnauld ; la minute conservée à Hanovre porte ici : « ...ou au moins doués d'une entéléchie primitive, ou (si vous permettez qu'on se serve si généralement du nom de vie) d'un principe vital, c'est-à-dire des substances corporelles dont on pourra dire en général de toutes qu'elles sont vivantes ».

25. Voir *Lettre* XXII, p. 173.

26. Sur la matière conçue comme un pur phénomène, voir *Discours*, § 14, et ci-dessus *Lettres* XVI, p. 141-142, et XVII, p. 145-146.

27. Leibniz avait d'abord écrit : « ...sans les entéléchies ».

28. La minute conservée à Hanovre contient ici le développement suivant, qui a été supprimé par Leibniz au moment de l'envoi à Arnauld : « Que si on prend pour matière de la substance corporelle, non pas la masse sans formes, mais une matière seconde qui est la multitude des substances dont la masse est celle du corps entier, on peut dire que ces substances sont des parties de cette matière, comme celles qui entrent dans notre corps en font la partie ; car, comme notre corps est la matière, et l'âme est la forme de notre substance, il en est de même des autres substances corporelles. Et je n'y trouve pas plus de difficulté qu'à l'égard de l'homme, où l'on demeure d'accord de tout cela. Les difficultés qu'on se fait en ces matières viennent entre autres qu'on n'a pas communément une notion assez distincte du tout et de la partie, qui dans le fond n'est autre chose qu'un réquisit immédiat du tout, et en quelque façon homogène. Ainsi des parties peuvent constituer un tout, soit qu'il ait ou qu'il n'ait point une unité véritable. Il est vrai que le tout qui a une véritable unité peut demeurer le même individu à la rigueur, bien qu'il perde ou gagne des parties, comme nous expérimentons en nous-mêmes ; ainsi les parties ne sont des réquisits immédiats que *pro tempore*. Mais si on entendait par le terme de matière quelque chose qui soit toujours essentiel à la même substance, on pourrait, au sens de quelques scolastiques, entendre par là la puissance passive primitive d'une substance, et en ce sens la matière ne serait point étendue ni divisible, bien qu'elle serait le principe de la divisibilité ou de ce qui en revient à la substance. Mais je ne veux pas disputer de l'usage des termes. »

29. Voir *Lettre* XXII, p. 173.

30. Leibniz avait d'abord écrit « entéléchie », au lieu de « forme substantielle ».

31. Leibniz avait d'abord écrit « entéléchies », au lieu de « formes substantielles ».

32. Voir *Lettre* XXII, p. 173-174.

33. Leibniz remarque très justement que l'objection d'Arnauld suppose admis le postulat cartésien du dualisme, opposant la substance pensante et la substance étendue, et que par conséquent elle tombe d'elle-même, si ce postulat est écarté comme le suggèrent les enseignements de l'expérience.

34. Voir *Discours*, § 24. L'article du *Discours* résume les analyses développées auparavant par Leibniz dans les *Meditationes de cognitione, veritate et ideis* (éd. G., t. IV, p. 422-426) : publiées dans les *Acta eruditorum* de novembre 1684, les *Meditationes* avaient été écrites à l'occasion de la polémique entre Arnauld et Malebranche, quelques années après la publication de *La Recherche de la vérité* ; elles n'étaient donc pas ignorées d'Arnauld, alors que le texte même du *Discours* lui était inconnu.

35. Voir Malebranche, *De la Recherche de la vérité*, Liv. III, part. II, ch. VII, § 4, ainsi que le *XI*e *Eclaircissement*.

36. Leibniz développera plus tard ses idées sur l'échelle des êtres : voir *Système nouveau de la nature et de la communication des substances*, § 4-8, et *Monadologie*, § 18-36.

37. Voir Malpighi, *Anatomes plantarum idea*, Londres, 1675. Malpighi (1628-1694) avait cru apercevoir une ressemblance entre les végétaux et les insectes dans le mode de respiration : il avait en effet découvert que les insectes respirent, non par des poumons, mais par un système compliqué de tubes, les *trachées* ; dès lors, ayant observé chez les végétaux une structure spiralée, il s'imagina que l'air y est amené par des *vaisseaux spiralés* depuis les racines jusqu'aux différentes parties de la plante et que, par conséquent, les plantes respirent comme les insectes.

38. Voir *Lettre* XXII, p. 173-174.

39. Pour répondre à Arnauld, Leibniz se borne à invoquer ici les observations de Leeuwenhoeck qui lui paraissent confirmer sa thèse : voir les remarques déjà esquissées par Leibniz, *Lettre* XVI, p. 141-142 (Cf. en particulier note 9).

40. Voir *Lettre* XXII, p. 174-175.

41. Leeuwenhoeck (1632-1723) et Swammerdam (1637-1680) avaient tous deux soutenu la théorie de la préformation, voire même de l'emboîtement des germes ; mais, tandis que Swammerdam, dans le *Miraculum naturae* de 1672, accordait une importance prépondérante à l'œuf, Leeuwenhoeck, dans ses *Observationes de natis e semine genitali animalculis* de 1678, invoquait l'existence d' « animalcules spermatiques ». Leibniz croit donc pouvoir trouver dans leurs doctrines une confirmation de ses vues sur le développement des êtres vivants. Voir ci-dessus, *Lettre* XVI, p. 141-142 ; voir également *Système nouveau de la nature et de la communication des substances*, § 6-7, — *Nouveaux Essais sur l'entendement*, Liv. III, ch. VI, § 24, — *Essais de Théodicée*, Préface, et I, § 90-91, — *Lettre à Hartsoeker*, 30 octobre 1710 (éd. G., t. III, p. 507-508), — *Monadologie*, § 73-74, — *Principes de la nature et de la grâce*, § 6.

42. Voir *Lettre* XX, p. 166-167 ; voir également *Système nouveau de la nature et de la communication des substances*, § 6-7, — *Considérations sur la doctrine d'un esprit universel unique*, — *Monadologie*, § 71-77, — *Principes de la nature et de la grâce*, § 6.

43. *Per saltum* : « par un saut ». Ce « saut », caractéristique de la mort, — et qui distingue celle-ci de la génération dont le développement se fait davantage par degrés, — ne constitue pas, malgré tout, aux yeux de Leibniz, une véritable rupture.

44. Leibniz avait d'abord écrit « entéléchies », au lieu de « formes substantielles ».

45. Leibniz avait d'abord écrit « entéléchies », au lieu de « formes ».

46. Sur les esprits et sur les caractéristiques qui les distinguent des simples formes substantielles, voir *Discours*, § 34-37 : toutes les remarques présentées ici résument les derniers articles du *Discours*.

47. *Et non magis datur...* « et il n'y a pas plus de vide de formes que de vide de corps ». Voir les *Considérations sur les principes de vie et sur les natures plastiques* (éd. G., t. VI, p. 539-546).

48. La minute conservée à Hanovre contient ici un alinéa, qui a été supprimé par Leibniz au moment de l'envoi à Arnauld : « Enfin, pour ramasser mes pensées en peu de mots, je tiens que toute substance renferme dans son état présent tous ses états passés et à venir, et exprime même tout l'univers suivant son point de vue, rien n'étant si éloigné de l'autre qu'il n'ait commerce avec lui, et cela particulièrement selon le rapport aux parties de son corps, qu'elle exprime plus immédiatement ; et par conséquent, rien ne lui arrive que de son fond, et en vertu de ses propres lois, pourvu qu'on y joigne le concours de Dieu. Mais elle s'aperçoit des autres choses parce qu'elle les exprime naturellement, ayant été créée d'abord en sorte qu'elle le puisse faire dans la suite et s'y accommoder comme il faut, et c'est dans cette obligation imposée dès le commencement que consiste ce qu'on appelle l'action d'une substance sur l'autre. Quant aux substances corporelles, je tiens que la masse, lorsqu'on n'y considère que ce qui est divisible, est un pur phénomène ; que toute substance a une véritable unité à la rigueur métaphysique, et qu'elle est indivisible, ingénérable et incorruptible ; que toute la matière doit être pleine de substances animées ou du moins vivantes ; que les générations et les corruptions ne sont que des transformations du petit au grand ou *vice versa*, et qu'il n'y a point de parcelle de la matière dans laquelle ne se trouve un monde d'une infinité de créatures, tant organisées qu'amassées ; et surtout que les ouvrages de Dieu sont infiniment plus grands, plus beaux, plus nombreux et mieux ordonnés qu'on ne croit communément ; et que la machine ou l'organisation, c'est-à-dire l'ordre, leur est comme essentiel jusque dans les moindres parties. Et qu'ainsi il n'y a point d'hypothèse qui fasse mieux connaître la sagesse de Dieu que la nôtre, suivant laquelle il y a partout des substances qui marquent sa perfection et sont autant de miroirs, mais différents, de la beauté de l'univers ; rien ne demeurant vide, stérile, inculte et sans perception. Il faut même tenir pour indubitable que les lois du mouvement et les révolutions des corps servent aux lois de justice et de police, qui s'observent sans doute le mieux qu'il est possible dans le gouvernement des esprits, c'est-à-dire des âmes intelligentes qui entrent en société avec lui et composent avec lui une manière de cité parfaite dont il est le monarque. »

49. Leibniz avait d'abord écrit : « sentiments ».

50. Voir *Lettre* XXII, p. 175 (Cf. en particulier note 4). Il s'agit encore ici de la *Remarque de M. l'abbé D. C. sur la réplique de M. L. touchant*

le principe mécanique de M. Descartes, parue dans les *Nouvelles de la République des Lettres* de juin 1687.

51. Il s'agit de la *Réponse de M. L. à la Remarque de M. l'abbé D. C.*, parue dans les *Nouvelles de la République des Lettres* de septembre 1687 (éd. G., t. III, p. 49-51).

52. Le texte suivant est donné par Gerhardt, en appendice à la lettre précédente du 9 octobre 1687, comme une « Lettre à part de Monsieur Arnauld à laquelle le discours précédent a été joint ». En réalité, il s'agit d'une variante des deux derniers alinéas de la lettre précédente : le texte en a été conservé parmi les minutes de la correspondance de Leibniz à Hanovre ; mais il ne figure pas dans la copie, retrouvée à La Haye, des lettres effectivement envoyées à Arnauld.

53. Seconde variante du dernier alinéa précédent.

LETTRE XXVII

1. Cette lettre, — qui laisse entièrement de côté les discussions précédentes sur la théorie de l'harmonie préétablie et sur la notion de forme substantielle, — se rattache aux derniers épisodes de la polémique suscitée par la *Brevis demonstratio erroris memorabilis Cartesii* (Cf. *Lettres* X, p. 124, — XIV, p. 135-136, — XVII, p. 147-150, — XIX, p. 158, — XX, p. 169, — XXI, p. 170-171, — XXII, p. 175, — XXVI, p. 193-195). Leibniz y fait allusion dès le début à l'article, *Réponse de M. L. à la Remarque de M. l'abbé D. C.*, qu'il avait fait paraître dans les *Nouvelles de la République des Lettres* de septembre 1687 (éd. G., t. III, p. 49-51). Cet article, qu'annonçait déjà la lettre précédente (*Lettre* XXVI, p. 193-195), était une réponse aux critiques de l'abbé Catelan et une justification nouvelle de la distinction établie entre la force et la quantité de mouvement. Or, il se terminait par l'énoncé d'un problème précis : « J'ajouterai seulement, comme hors d'œuvre, disait Leibniz, que j'accorde à M. l'Abbé qu'on peut estimer la force par les temps, mais c'est avec précaution. Par exemple on connaît la force acquise, par le temps que le corps pesant a mis à l'acquérir en descendant, pourvu qu'on sache la ligne de la descente ; car selon qu'elle est plus ou moins inclinée, le temps changera : au lieu qu'il suffit de savoir la hauteur pour juger de la force que le corps a acquise en descendant de cette hauteur. Or cette variété de temps m'a fait penser à un fort joli *problème* que je viens de résoudre présentement, et que je veux marquer ici, afin que notre dispute donne quelque occasion à l'avancement de la science : *Trouver une ligne de descente, dans laquelle le corps pesant descende uniformément, et approche également de l'horizon en temps égaux.* L'analyse de Messieurs les Cartésiens le donnera peut-être aisément » (éd. G., t. III, p. 51). A la question ainsi posée, l'abbé Catelan ne répondit pas ; mais Huygens donna aussitôt une solution du problème, *Solution du problème posé par M. L.*, qui parut, mais sans démonstration, dans les *Nouvelles de la République des Lettres* d'octobre 1687 (p. 1110-1111). Leibniz reconnut que la solution de Huygens s'accordait exactement avec la sienne : il écrivit dans ce sens une *Lettre à Huygens* en janvier 1688 (éd. Gerhardt, *Leibnizens mathematische Schriften*, t. II, p. 39-40), en se bornant à développer sur la question quelques remarques complémentaires ; il publia, d'autre part, sa propre solution, *De linea isochrona, in qua grave sine acceleratione descendit, et de controversia cum Dn. Abbate D. C.*, dans les *Acta eruditorum* d'avril 1689 (éd. Gerhardt, *Leibnizens mathematische Schriften*, t. V, p. 234-237) ; enfin, il fit parvenir à Bayle, éditeur des

Nouvelles de la République des Lettres, une note additionnelle, qui d'ailleurs ne parut point, *Addition de M. L. à la solution de son problème donnée par M. H.* (éd. Gerhardt, *Leibnizens mathematische Schriften*, t. V, p. 238-241).

2. Leibniz insiste encore une fois sur la portée de la distinction qu'il a établie entre la force et la quantité de mouvement : voir *Discours*, § 17-18.

3. Leibniz insiste également sur le fait que le principe de sa dynamique ne contredit nullement la théorie de l'harmonie préétablie. Voir, sur la théorie de l'harmonie préétablie, *Discours*, § 14-15 et 33, ainsi que *Lettres* IX, p. 113, — X, p. 122-124, — XVI, p. 138-141, — XVII, p. 143-144, — XX, p. 159-164, — XXVI, p. 180-184.

4. Malebranche était intervenu dans la polémique qui opposait Leibniz et l'abbé Catelan. Mis en cause par Leibniz, dans la *Réplique de M. L. à M. l'abbé D. C.*, publiée dans les *Nouvelles de la République des Lettres* de février 1687 (éd. G., t. III, p. 42-49), Malebranche avait cru devoir répondre indirectement, *Extrait d'une Lettre du P. M. à M. l'abbé D. C.*, dans les *Nouvelles de la République des Lettres* d'avril 1687 (p. 448-450). Aussi Leibniz avait-il à son tour répliqué à Malebranche, dans une *Lettre de M. L. sur un principe général, utile à l'explication des lois de la nature, par la considération de la sagesse divine, pour servir de réplique à la réponse du R. P. M.*, qui parut dans les *Nouvelles de la République des Lettres* de juillet 1687 (éd. G., t. III, p. 51-55).

5. Allusion aux nombreux travaux de logique que Leibniz n'a jamais cessé de poursuivre. De fait, Leibniz n'a lui-même publié sur ces questions que la *Dissertatio de arte combinatoria* de 1666 (éd. G., t. IV, p. 27-104) ; mais il a accumulé, tout au long de sa vie, d'innombrables études, notes ou esquisses, où il a repris inlassablement l'examen des mêmes problèmes. Voir les textes réunis par Gerhardt sous le titre *Scientia generalis* (éd. G., t. VII, p. 43-247), ainsi que le volume d'*Opuscules et fragments inédits de Leibniz*, publié par Couturat, Paris, Alcan, 1903.

6. Cette lettre a été profondément remaniée au moment de l'envoi à Arnauld : le texte actuel correspond à celui de la copie de La Haye ; mais la minute conservée à Hanovre donne un texte assez différent : en voici la reproduction intégrale.

Nuremberg, 14 janvier 1688.

Monsieur,

Vous aurez peut-être vu dans les *Nouvelles de la République des Lettres* du mois de septembre ce que j'ai répliqué à M. l'abbé C. C'est une chose étrange de voir que bien des gens répondent non pas à ce qu'on leur dit, mais à ce qu'ils s'imaginent. Voilà ce que M. l'abbé a fait jusqu'ici. C'est pourquoi il a fallu briser court, et le ramener à la première objection. J'ai pris seulement occasion de cette dispute de proposer un problème géométrico-mécanique des plus curieux et que je venais de résoudre, qui est de trouver une ligne que j'appelle isochrone dans laquelle le corps pesant descend uniformément et approche également de l'horizon en temps égaux, nonobstant l'accélération qui lui est imprimée que je récompense par le changement continuel de l'inclination. Ce que j'ai fait afin de faire dire quelque chose d'utile et de faire sentir à monsieur l'abbé que l'analyse ordinaire des cartésiens se trouve bien courte dans les problèmes difficiles. J'y ai réussi en partie. Car M. Huygens en a donné la solution dans les *Nouvelles* d'octobre. Je savais assez que M. Huygens le pouvait faire ; c'est pourquoi je ne m'attendais pas qu'il en prendrait la peine, ou au moins qu'il publierait sa solution et dégagerait monsieur l'abbé. Mais comme la solution de M. Huygens est énigmatique en partie, apparemment pour reconnaître si je l'ai eue aussi, je lui en envoie le supplément, et cependant nous verrons ce qu'en dira M. l'abbé. Il est vrai que, lorsqu'on sait une fois la nature de la ligne que M. Huygens a publiée, le reste s'achève par l'analyse ordinaire. Mais sans cela la chose est difficile. Car la converse des tangentes ou *data tangentium proprietate invenire lineam*, où se réduit ce problème proposé, est une question dont M. Descartes lui-même a avoué dans ses lettres n'être pas maître. Car le plus souvent elle monte aux transcendantes, comme je l'appelle, qui sont de nul degré, et quand elle s'abaisse aux courbes d'un certain degré, comme il arrive ici, un analyste ordinaire aura de la peine à le reconnaître.

Au reste, je souhaiterais de tout mon cœur que vous puissiez avoir le loisir de méditer une demi-heure sur mon objection contre les cartésiens que monsieur l'abbé tâche de résoudre. Vos lumières et votre sincérité m'assurent que je vous ferais toucher le point et que vous reconnaîtriez de bonne foi ce qui en est. La discussion n'est pas longue, et l'affaire est de conséquence, non seulement pour les mécaniques, mais encore en métaphysique, car le mouvement en lui-même séparé de la force est quelque chose de relatif seulement, et on ne saurait déterminer son sujet. Mais la force est quelque chose de réel et d'absolu, et son calcul étant différent de celui du mouvement, comme je le démontre clairement, il ne faut pas s'étonner que la nature garde la même quantité de la force et non pas la même quantité de mouvement. Cependant il s'ensuit qu'il y a dans la nature quelque autre chose que l'étendue et le mouvement, à moins que de refuser aux choses toute la force ou puissance, ce qui serait les changer de substances, qu'elles sont, en modes ; comme fait Spinoza, qui veut que Dieu seul est une substance et que toutes les autres choses n'en sont que des modifications. Ce Spinoza est plein de rêveries bien embarrassées, et ses prétendues démonstrations *de Deo* n'en ont pas seulement le semblant. Cependant je tiens qu'une substance créée n'agit pas sur une autre dans la rigueur métaphysique, c'est-à-dire avec une influence réelle. Aussi ne saurait-on expliquer distinctement en quoi consiste cette influence, si ce n'est à l'égard de Dieu, dont l'opération est une création continuelle et dont la source est la dépendance essentielle des créatures. Mais, afin de parler comme les autres hommes, qui ont raison de dire qu'une substance agit sur l'autre, il faut donner une autre notion à ce qu'on appelle action, ce qu'il serait trop long de déduire ici, et au reste je me rapporte à ma dernière lettre qui est assez prolixe.

Je ne sais si le R. P. Malebranche a répliqué à ma réponse donnée dans quelque mois d'été de l'année passée où je mets en avant encore un autre principe général, servant en mécanique comme en géométrie, qui renverse manifestement tant les règles du mouvement de Descartes que celles de ce Père avec ce qu'il a dit dans les *Nouvelles* pour les excuser.

Si je trouve un jour assez de loisir, je veux achever mes méditations sur la caractéristique générale ou manière de calcul universel qui doit servir dans les autres sciences comme dans les mathématiques. J'en ai déjà de beaux essais ; j'ai des définitions, axiomes, théorèmes et problèmes fort remarquables de la coïncidence, de la détermination (ou de *de unico*), de la similitude, de la relation en général, de la puissance ou cause, de la substance, et partout je procède par lettres d'une manière précise et rigoureuse, comme dans l'algèbre. J'en ai même quelques essais dans la jurisprudence, et on peut dire en vérité qu'il n'y a point d'auteurs dont le style approche davantage de celui des géomètres que le style des jurisconsultes dans les Digestes. Mais comment, me direz-vous, peut-on appliquer ce calcul aux matières conjecturales ? Je réponds que c'est comme MM. Pascal, Huygens et autres ont donné des démonstrations *de alea*. Car on peut toujours déterminer le plus probable et le plus sûr autant qu'il est possible de connaître *ex datis*.

Mais je ne dois pas vous arrêter davantage, et peut-être est-ce déjà trop. Je n'oserais pas le faire si souvent si les matières sur lesquelles j'ai souhaité d'apprendre votre jugement n'étaient importantes. Je prie Dieu de vous conserver encore longtemps afin que nous puissions profiter toujours de vos lumières, et je suis avec zèle,

Monsieur, etc...

LETTRE XXVIII

1. Cette lettre — la dernière que Leibniz ait écrite à Arnauld — est postérieure de plus de deux années à la lettre précédente : Arnauld n'avait répondu ni à la lettre de Leibniz du 9 octobre 1687 (*Lettre* XXVI), ni à celle du 14 janvier 1688 (*Lettre* XXVII) ; Leibniz tente donc une dernière fois de reprendre contact avec son ancien correspondant. En fait, dès l'automne 1687, Leibniz, qui avait été nommé historiographe de la Maison de Brunswick (Cf. ci-dessus, *Lettre* XI, p. 126-127, note 5), s'était mis en route pour l'Autriche et l'Italie, dans la pensée qu'il pourrait sans doute trouver à Modène des documents généalogiques établissant la liaison de la Maison de Brunswick et de la Maison d'Este. Le voyage se prolongea plus longtemps qu'il n'avait été d'abord prévu, et il ne se termina qu'en 1690, après de nouveaux arrêts à Venise et à Vienne, par un retour à Hanovre dans le courant de juin. C'est sur le chemin de ce retour que Leibniz s'adresse encore une fois à Arnauld : il laisse désormais de côté les discussions qui avaient fait l'objet de ses lettres antérieures, et, comme jadis dans sa *Lettre* de novembre 1671 (éd. G., t. I, p. 68-82) ou, plus récemment, dans sa *Lettre* du 4/14 juillet 1686 (*Lettre* XI), il s'efforce, après quelques allusions à des événements récents, de donner une vue d'ensemble de sa doctrine ; sans doute estime-t-il qu'un tel résumé ne peut manquer de retenir l'attention d'Arnauld et de l'engager par là même à reprendre avec lui la correspondance interrompue : Arnauld cependant ne répondra point ; déjà fort âgé, il mourra quelques années plus tard, à Bruxelles, le 8 août 1694.

2. Allusion à la première des *Cinq dénonciations du péché philosophique*, publiée par Arnauld en juillet 1689, *Nouvelle hérésie dans la morale dénoncée au pape et aux évêques, aux princes et aux magistrats*, Cologne, 1689 (Cf. Arnauld, *Œuvres complètes*, t. XXXI, p. 1 et suiv.). Leibniz se trouvait à Rome, quand y parvint, en octobre 1689, la première dénonciation d'Arnauld : il en prit aussitôt connaissance ; et, quelques mois plus tard, il lut également la seconde dénonciation, parue en février 1690 (Cf. Grua, *G.W. Leibniz. Textes inédits*, Paris, P.U.F., 1948, p. 235-240).

3. Allusion au livre du P. Le Tellier, jésuite, *Défense des nouveaux chrétiens et des missionnaires de la Chine, du Japon et des Indes, contre deux livres intitulés La morale pratique des Jésuites et L'esprit de M. Arnauld*, Paris, 1687. Arnauld y avait répondu, dès 1687, dans une lettre adressée au Landgrave de Hesse-Rheinfels, *Lettre d'un théologien à une personne de qualité sur le nouveau livre des Jésuites contre la morale pratique, intitulé « Défense des nouveaux chrétiens »* (Cf. Arnauld, *Œuvres complètes*, t. XXXII, p. 448-468).

4. L'abrégé que donne Leibniz constitue un résumé de toute sa méta-

physique, telle que l'a exposée le *Discours* ; mais le plan suivi est ici quelque peu différent : alors que le *Discours* partait de la considération de Dieu, pour passer ensuite à la définition des substances individuelles, toucher à l'étude de la nature, et faire voir les moyens d'un retour vers Dieu, avant de décrire, en terminant, l'union qui s'achève dans la cité des esprits, l'abrégé actuel ne suit plus ce double mouvement de descente et de remontée, qui rappelait la marche des Sommes médiévales, mais il procède, comme le feront plus tard la *Monadologie* et les *Principes de la nature et de la grâce*, suivant une voie de composition progressive, qui va de la notion de substance jusqu'à Dieu et montre en Dieu le monarque de l'univers.

5. *Legem continuationis...* : « la loi suivant laquelle se développe la série de ses opérations ».

6. L'étude de la physique, à laquelle le *Discours* faisait une place dans le cadre de la métaphysique générale, se trouve maintenant évoquée à part ; mais les idées qui la commandent sont toujours celles qu'ont établies les discussions antérieures sur les problèmes du mouvement et de la force. Voir *Discours*, § 17-18, et *Lettres* X, p. 124, — XVII, p. 147-150, — XX, p. 169, — XXI, p. 170-171 ; — XXVI, p. 193-195, — XXVII, p. 196-197, — ainsi que les notes correspondantes.

7. Allusion au *Tentamen de motuum coelestium causis*, que Leibniz avait publié dans les *Acta eruditorum* de février 1689 (éd. Gerhardt, *Leibnizens mathematische Schriften*, t. VI, p. 144-161). Pendant son voyage en Autriche et en Italie, Leibniz s'était fait envoyer régulièrement les *Acta eruditorum* de Leipzig ; or, en juin 1688, les *Acta eruditorum* avaient donné un compte rendu des *Philosophiae naturalis principia mathematica* de Newton, parus l'année précédente ; Leibniz s'aperçut aussitôt que Newton traitait, dans son livre, de questions que lui-même avait souvent étudiées ; il voulut donc préciser à nouveau ce qu'il pensait des mêmes problèmes, et il rédigea trois articles pour les *Acta eruditorum* : 1° *De lineis opticis*, publié dans les *Acta eruditorum* de janvier 1689 (éd. Gerhardt, *Leibnizens mathematische Schriften*, t. VII, p. 329-331) ; — 2° *Schediasma de resistentia medii et motu projectorum gravium in medio resistante*, publié également dans les *Acta eruditorum* de janvier 1689 (éd. Gerhardt, *Leibnizens mathematische Schriften*, t. VI, p. 135-143) ; — 3° *Tentamen de motuum coelestium causis*, publié dans les *Acta eruditorum* de février 1689 (éd. Gerhardt, *Leibnizens mathematische Schriften*, t. VI, p. 144-161).

8. Allusion à un article publié par Leibniz quelques années auparavant, *Nova methodus pro maximis et minimis, itemque tangentibus, quae nec fractas, irrationales quantitates moratur, et singulare pro illis calculi genus*, dans les *Acta eruditorum* d'octobre 1684 (éd. Gerhardt, *Leibnizens mathematische Schriften*, t. V, p. 220-226) : Leibniz en a déjà fait connaître le principe à Arnauld dans sa lettre du 4/14 juillet 1686 (Cf. ci-dessus, *Lettre* XI, p. 127). Voir, sur les circonstances de cette publication et sur les travaux parallèles de Leibniz, *Lettre* XI, p. 127, en particulier notes 6, 7, 8.

9. Cet appendice, — qui reproduit un texte conservé à Hanovre, — est une première rédaction, plus développée, de l'avant-dernier alinéa de la lettre précédente.

TABLE DES MATIÈRES

Achevé d'imprimer en France par Dupli-Print
à Domont (95) en août 2014

N° d'impression : 2014071671